Fundamentos de Simulação

Adriano Maniçoba da Silva
Autor de *Pesquisa operacional aplicada à logística*

Fundamentos de Simulação

Aplicações em **planilha eletrônica**, **Python** e **R**

PLANEJAR,
EXECUTAR e
COMPLETAR
um bom estudo
com simulação
requer mais do que
boas habilidades
em programação.

ALTA BOOKS
GRUPO EDITORIAL
Rio de Janeiro, 2025

Fundamentos de Simulação

ISBN:978-85-508-2620-2

Impresso no Brasil — 1ª Edição, 2025 — Edição revisada conforme o Acordo Ortográfico da Língua Portuguesa de 2009.

Dados Internacionais de Catalogação na Publicação (CIP)
(BENITEZ Catalogação Ass. Editorial, MS, Brasil)

S586f
1.ed. Silva, Adriano Maniçoba da
Fundamentos de simulação : aplicações em planilha eletrônica, Python e R / Adriano Maniçoba da Silva. – 1.ed. – Rio de Janeiro : Alta Books, 2025.
384 p.; 15,7 x 23 cm.

ISBN 978-85-508-2620-2

1. Ciência da computação. 2. Dados – Análise. 3. Planilhas eletrônicas. 4. Python (Linguagem de programação para computadores). 5. Simulação computacional. I. Título.

03-2025/217 CDD 006

Índice para catálogo sistemático:
1. Simulação computacional : Planilhas eletrônicas : Ciência da computação 006
Aline Graziele Benitez – Bibliotecária – CRB-1/3129

Grupo Editorial Alta Books

Produção Editorial: Grupo Editorial Alta Books
Diretor Editorial: Anderson Vieira
Editor da Obra: Rosana Arruda
Vendas Governamentais: Cristiane Mutüs
Gerência Comercial: Claudio Lima

Produtora Editorial: Ana Clara Tambasco
Revisão: Camila Maia e Leandro Menegaz
Diagramação: Rita Motta
Capa: Rita Motta

ALTA BOOKS
GRUPO EDITORIAL

Rua Viúva Cláudio, 291 — Bairro Industrial do Jacaré
CEP: 20.970-031 — Rio de Janeiro (RJ)
Tels.: (21) 3278-8069 / 3278-8419
www.altabooks.com.br — altabooks@altabooks.com.br
Ouvidoria: ouvidoria@altabooks.com.br

Editora **afiliada à:**
ASSOCIADO

Para Rafaela, Luiz Miguel e Maria Alice.

Agradecimentos

Meus agradecimentos ao Prof. Fernando Gonzales Tavares (*in memorian*), caro amigo que prefaciou esta obra e nos deixou saudosos de paixão pela estatística e pela matemática. Agradeço também ao Grupo Editorial Alta Books, principalmente, a Rosana Silva — Editora de Aquisições da Alta —, que acreditou na proposta deste livro.

(...)
See the blind man
Shooting at the world
Bullets flying
Taking toll
(...)
You'd better close your eyes
Oh
Bow your head
Wait for the ricochet
(...)

Deep Purple – *Child in Time*

Prefácio

Neste livro, o autor Prof. Adriano Maniçoba da Silva, que já demonstrou, em outros trabalhos, suas habilidades para abordar temas relevantes na área de Administração — com ênfase em Logística, Produção e Operações, Programação linear (PL) e Simulação —, agora nos traz um tema que, além de pertinente, é oportuno. O livro destina-se a cursos superiores da área de Administração, escolas de Engenharia e profissionais que atuam nas áreas de gestão em várias especialidades.

Problemas de simulação podem ser analisados por meio de experimentos reais ou representados por modelos que atendem algum interesse particular. Possuem uma natureza dinâmica, que usam variáveis aleatórias e são formados por entidades que interagem entre si de forma lógica para algum fim.

O livro aborda tópicos de diferentes áreas e métodos, com o objetivo de trazer referências importantes para o aprofundamento do tema "Simulação". Desse modo, a obra propõe ao leitor avançar, de maneira independente, para áreas mais específicas dos cursos de graduação e pós-graduação, com abordagem em simulação computacional. Apresentado em dez capítulos, seu conteúdo utiliza um texto claro e objetivo em que, por meio de problemas resolvidos e propostos de interesse tanto teórico como prático, apresenta diferentes técnicas de aplicação de simulação computacional.

No decorrer de cada capítulo, o leitor encontrará atividades com o propósito de reforçar o conteúdo apresentado, utilizando como recurso para a resolução dos problemas de planilha eletrônica programas escritos em linguagem de programação Python e R, voltados para manipulação, visualização e análise de dados, contribuindo assim na tomada de decisão diante de um cenário de incertezas.

O leitor tem em suas mãos uma rica coletânea de exemplos aplicados que evidenciam a capacidade de resolver problemas e analisá-los, os quais são mais importantes do que o simples uso de uma ferramenta computacional. Ou seja, planejar, executar e completar um bom estudo com simulação requer mais do que boas habilidades em programação.

Por fim, agradeço ao Prof. Adriano Maniçoba por me conceder a honra de prefaciar esta obra e o parabenizo pela importante contribuição para o meio acadêmico e profissional, bem como ao Grupo Editorial Alta Books pela publicação.

Prof. Dr. Fernando Gonzales Tavares
(*in memorian*)

Sumário

Apresentação

Este livro aborda a simulação no contexto da tomada de decisão, principalmente aplicada à área de Administração e Engenharia de Produção, trazendo temas de operações, produção, transporte e finanças. A obra pode ser adotada tanto para cursos de graduação quanto de pós-graduação, em disciplinas de Simulação e Pesquisa Operacional, ou aquelas que fazem uso de problemas que podem ser abordados com uso de simulação.

Ao longo da obra, são desenvolvidos os diversos conceitos necessários para aplicar tanto a simulação de Monte Carlo quanto a simulação de eventos discretos. O livro utiliza uma abordagem prática em que as técnicas utilizadas são apresentadas em planilha eletrônica, linguagem Python e R, além de uma extensa prática na forma de exercícios propostos, sem que seja obrigatório um conhecimento prévio em programação.

O diferencial deste livro reside no fato de ser inteiramente dedicado ao tema simulação, sendo que em outras obras ele é tratado em apenas um ou dois capítulos. O primeiro capítulo apresenta uma introdução à simulação e apresenta exemplos da simulação de Monte Carlo e da simulação de eventos discretos.

Nos capítulos 2, 3 e 4 são apresentados os fundamentos da geração de números aleatórios e diversos modelos de variáveis aleatórias, que podem ser utilizados numa simulação. O capítulo 5 traz a modelagem de dados empíricos e seu ajuste a uma distribuição de probabilidade conhecida.

A simulação de Monte Carlo é mostrada no capítulo 6, bem como a análise de cenários e uma introdução ao desenho de experimentos. No capítulo seguinte, são apresentados diversos modelos aplicados à simulação de Monte Carlo. As filas e sua solução analítica são desenvolvidas no capítulo 8, além de ser proposta uma forma de executar sua simulação.

Por fim, nos capítulos 9 e 10 são desenvolvidos os fundamentos e apresentados diversos casos aplicados da simulação de eventos discretos. Cada capítulo dispõe de diversos exercícios propostos cujas soluções são encontradas ao final do livro, juntamente com um glossário de termos técnicos. Recomendam-se a leitura e o estudo dos temas na ordem em que são apresentados nos capítulos. No início de cada capítulo, o leitor poderá encontrar uma epígrafe que sugere uma reflexão de algum tema tratado no mesmo.

Bons estudos!

01

Introdução à simulação

"Naquele Império, a arte da cartografia alcançou tal perfeição que o mapa de uma única província ocupava uma cidade inteira, e o mapa do Império, uma província inteira. Com o tempo, esses mapas desmedidos não bastaram, e os colégios de cartógrafos levantaram um mapa do Império que tinha o tamanho do Império e coincidia com ele ponto por ponto. Menos dedicadas ao estudo da cartografia, as gerações seguintes entenderam que esse dilatado mapa era inútil e, não sem impiedade, o entregaram às inclemências do Sol e dos Invernos. Nos desertos do Oeste, perduram despedaçadas ruínas do mapa, habitadas por animais e por mendigos; em todo o país não há outra relíquia das disciplinas geográficas."

Jorge Luiz Borges
– História universal da infâmia (1935)

OBJETIVOS DO CAPÍTULO

A simulação é uma ferramenta valiosa para a tomada de decisão sob incerteza. Sua utilização possibilita a quem decide a antecipação de consequências e efeitos de eventos aleatórios, que podem ser analisados sob diferentes cenários. Neste capítulo, serão introduzidos conceitos fundamentais da simulação por meio de exemplos aplicados e serão abordados os principais marcos de sua história. Ao final do capítulo, o leitor será capaz de:

- **Entender os conceitos fundamentais da simulação.**
- **Conhecer os principais tipos de simulação.**
- **Exercitar os conceitos e tipos de simulação por meio de exemplos aplicados.**
- **Conhecer os marcos históricos da simulação.**

1.1 Conceitos de simulação

A palavra simulação vem do latim *simulatio*, proveniente do verbo *simulare*, que significa imitar ou fingir. Esse verbo se originou do adjetivo *similis*, que significa semelhante ou similar. O termo também é utilizado para denotar fingimento ou enganação. Aplicada ao contexto de tomada de decisão, é consenso que a simulação assume o papel de reproduzir uma realidade em que há controle de condições por meio de um simulador, a fim de estudar as consequências de eventos aleatórios em cenários distintos.

As correspondências em dicionários da palavra simulação mais adequadas ao nosso propósito convergem para a imitação do funcionamento de um processo, ou ainda, uma experiência em que os modelos têm comportamentos análogos aos da realidade.

Assim, a simulação é o processo de analisar uma realidade por meio de um modelo cujos parâmetros representam um ou mais cenários que se deseja estudar, sendo ainda afetada por eventos aleatórios. O modelo, com seu respectivo cenário e sujeito aos eventos aleatórios, tem seu funcionamento possibilitado por um simulador. Logo, são constituintes de um processo de simulação o modelo, os cenários, os eventos aleatórios e o simulador. Vamos analisar, então, esses conceitos por meio de um exemplo.

1.1.1 Exemplo 1.1

Considere um vendedor de sorvetes cuja demanda em determinado dia é diretamente afetada pelo clima que, de forma simplificada, pode se manifestar por dois eventos aleatórios mutuamente exclusivos: dia ensolarado ou chuvoso, com igual chance de ocorrência, de 50% cada. Sabe-se pelo histórico que, em dias ensolarados, vendem-se, em média, 150 sorvetes e, em dias chuvosos, apenas 50. Cada sorvete é vendido por R$5 e tem custo de R$3.

Diante desse contexto, o vendedor de sorvetes pode chegar à Equação 1.1 para calcular seu lucro em um determinado dia:

$$L = 5\{\min[(150x + 50y); Q]\} - 3Q \tag{1.1}$$

No qual:

L: Lucro em um determinado dia.

x: Variável binária que assume o valor de 1 se o dia for ensolarado e 0 se o dia for chuvoso.

y: Variável binária que assume o valor de 1 se o dia for chuvoso e 0 se o dia for ensolarado.

Q: Quantidade comprada de sorvete.

Veja que a Equação 1.1 representa um modelo da realidade do vendedor de sorvetes. O preço de venda de R\$5 é multiplicado pela quantidade vendida. Note que essa quantidade será de 150 em um dia ensolarado e de 50 em um dia chuvoso. É preciso ainda limitar a quantidade vendida à quantidade comprada. Por isso, a quantidade vendida será o mínimo entre a quantidade comprada e a quantidade demandada.

Por exemplo, caso o sorveteiro compre 100 unidades, mesmo num dia ensolarado em que a demanda média é de 150 unidades, apenas 100 serão vendidas. Da mesma forma, num dia chuvoso, apenas 50 unidades serão demandadas, mesmo que o sorveteiro tenha comprado as mesmas 100. Por fim, a Equação 1.1 mostra que o lucro é obtido subtraindo da receita o custo de compra das unidades.

Também se pode adicionar a esse modelo um cenário em que são compradas 100 unidades de sorvete, ou seja, Q=100, conforme mostrado na Equação 1.2:

$$L = 5\{\min[(150x + 50y); 100]\} - 3(100) \tag{1.2}$$

Diante desse cenário, podem ocorrer dois eventos aleatórios: dia ensolarado ou dia chuvoso, que afetarão a quantidade vendida e o lucro. Se o dia for ensolarado, o vendedor de sorvete lucra R\$200, conforme mostra a Equação 1.3, em que é apresentada a simulação de uma observação:

$$L = 5\{\min[(150(1) + 50(0)); 100]\} - 3(100) = 200 \tag{1.3}$$

Por outro lado, caso o dia seja chuvoso, o vendedor de sorvetes fica com um prejuízo de R\$50, conforme mostra a Equação 1.4. Nessa equação é apresentada uma replicação com uma observação em que ocorreu um evento aleatório distinto da observação anterior:

$$L = 5\{\min[(150(0) + 50(1)); 100]\} - 3(100) = -50 \tag{1.4}$$

Considerando esse mesmo contexto, um terceiro cenário poderia ser analisado. Qual seria o lucro, ou prejuízo, diante da possibilidade de ocorrência de um desses dois eventos, se em vez de comprar 100 sorvetes, fossem comprados apenas 50? O leitor pode realizar os cálculos, a partir das equações apresentadas, e obter um lucro de R\$100, para a ocorrência de qualquer um dos eventos, conforme mostram as equações 1.5 e 1.6:

$$L = 5\{\min[(150(1) + 50(0)); 50]\} - 3(50) = 100 \tag{1.5}$$

$$L = 5\{\min[(150(0) + 50(1)); 50]\} - 3(50) = 100 \quad (1.6)$$

Agora que analisamos o modelo do vendedor de sorvetes sob dois cenários de quantidades compradas e dois eventos aleatórios que afetaram a demanda, é preciso determinar a forma como esses eventos serão simulados, isto é, precisa-se escolher um simulador apropriado. Como na simulação do vendedor de sorvetes há apenas dois eventos aleatórios possíveis com igual probabilidade de ocorrência, o lançamento de uma moeda seria o suficiente para simular a ocorrência de um dia ensolarado, caso o resultado do lançamento da moeda fosse "cara", por exemplo, sendo que o resultado "coroa" implicaria na ocorrência de um dia chuvoso.

A Tabela 1.1 resume os elementos da simulação e os conceitos presentes no Exemplo 1.1:

Tabela 1.1 - Conceitos de simulação presentes no Exemplo 1.1

Elemento	Conceito	Aplicação no Exemplo 1.1
Simulação	Processo de analisar uma realidade representada por um modelo com cenários e sujeito a eventos aleatórios.	Resultado do modelo representado pela equação de lucro sob os cenários e eventos aleatórios.
Simulador	É a ferramenta utilizada para gerar os eventos aleatórios.	Lançamento de uma moeda representando dois eventos equiprováveis (cara ou coroa).
Modelo	Protótipo do funcionamento de uma realidade.	Equação que representa o lucro.
Cenário	Conjuntura específica representada pelos parâmetros do modelo.	Quantidades compradas que representam cenários distintos.
Eventos aleatórios	Acontecimentos com incerteza que afetam o modelo.	Condições climáticas que afetam a demanda.
Observação	Simulação de um evento aleatório sob um determinado cenário.	Simulação de uma observação (Equação 1.3).
Replicação	Um conjunto de observações.	Simulação de outra observação (Equação 1.4).

Fonte: O autor.

Desta forma, o funcionamento da simulação inicia-se com um simulador criando eventos aleatórios, que serão insumos para o modelo, com seus respectivos parâmetros e cenários, gerando, assim, os resultados, conforme mostra a Figura 1.1:

Figura 1.1 – Funcionamento da simulação

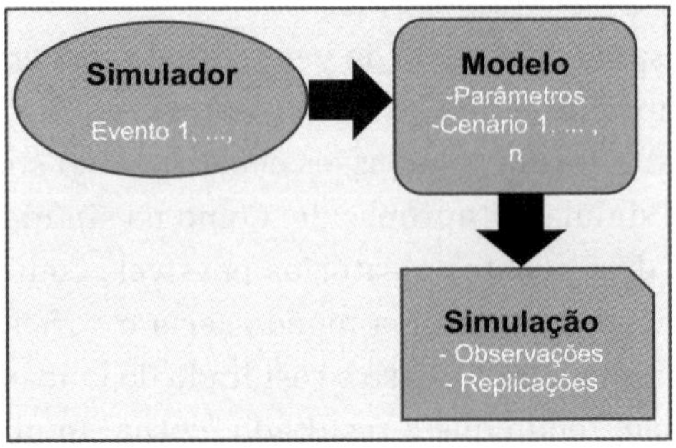

Fonte: O autor.

Em uma simulação, a cada experimentação é gerada uma observação na qual o modelo, com seus parâmetros e cenários, é exposto aos eventos aleatórios. A ideia é reproduzir uma quantidade suficiente de observações para analisar os resultados, conforme mostra a Figura 1.2:

Figura 1.2 – Simulação de observações

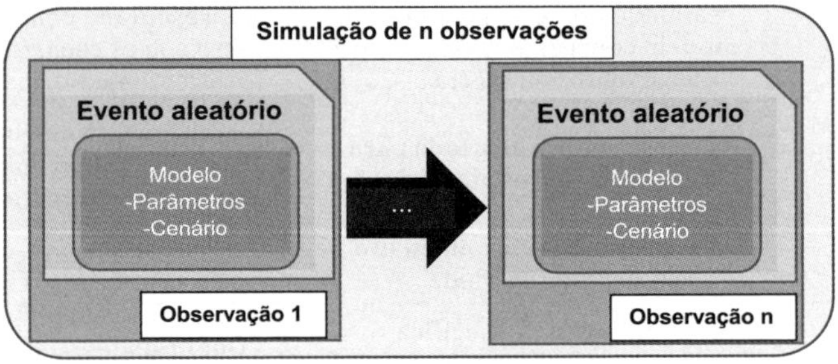

Fonte: O autor.

Por fim, é possível fazer replicações das observações geradas com a finalidade de analisar diferentes cenários do modelo em cada replicação, conforme mostra a Figura 1.3:

Figura 1.3 – Simulação de replicações das observações

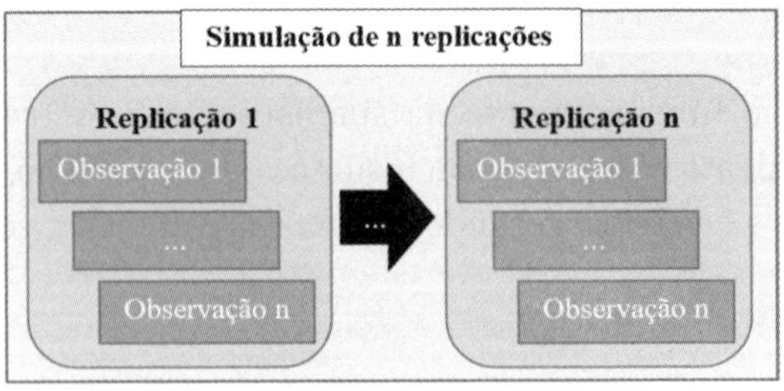

Fonte: O autor.

A próxima seção vai abordar duas formas distintas para resolver o problema do vendedor de sorvetes.

1.1.2 Resolução analítica e com simulação

Na seção anterior, estudamos o modelo do vendedor de sorvetes, e as equações 1.3 e 1.4 mostraram os resultados possíveis — lucro de R$200 ou prejuízo de R$50 —, visto que dois eventos aleatórios afetaram o desempenho do sorveteiro. Contudo, em uma realidade sujeita a eventos aleatórios por vários períodos, não se sabe o que pode acontecer a menos que se busque uma solução analítica para o problema, de forma a prever o lucro esperado do modelo.

Um exemplo, considerando os casos extremos, é o lucro esperado do modelo do vendedor de sorvetes para dez dias em um cenário em que se compra cem unidades. Esse lucro pode ser tanto de R$2.000,00, assumindo que os dez dias analisados sejam ensolarados, ou pode-se obter um prejuízo de R$500,00, caso ocorram dez dias chuvosos. No horizonte de dez dias, esses são os resultados otimista e pessimista, respectivamente. Contudo, pode-se chegar em uma ponderação das probabilidades dos eventos com a abordagem analítica.

Uma abordagem analítica para esse problema buscaria obter qual seria o lucro esperado diante desses eventos incertos. Assim, com essa abordagem, o lucro esperado para o cenário em que Q=100 e a demanda seja de 150 é de R$200, ou seja, L(150)=200, e o prejuízo, caso a demanda seja de 50, é de R$50, L(50)=–50. Portanto, como as probabilidades de ocorrência de sol ou chuva são de 50% cada, somam-se a multiplicação dessas probabilidades pelos resultados esperados, conforme mostra a Equação 1.7:

$$L(150)(0{,}50) + L(50)(0{,}50) = 200(0{,}50) - 50(0{,}50) = 75 \tag{1.7}$$

Veja que o lucro médio esperado é de R$75, pois é o resultado da multiplicação dos lucros (prejuízos) em função das demandas possíveis, de 150 e 50, pelas respectivas probabilidades de ocorrência, ambas de 50%. Esse resultado é a solução analítica e é para esse valor que deve convergir o lucro médio, caso se opte pela abordagem da simulação.

Usando a abordagem de simulação, pode-se simular a ocorrência de eventos aleatórios, ou ainda, replicações de um conjunto de eventos para se calcular o lucro médio. Em cada observação é gerado um evento aleatório por meio de um simulador, e é calculado o lucro. Cada observação também pode ser considerada como um experimento. A Tabela 1.2 mostra uma simulação com dez observações:

Tabela 1.2 – Simulação de dez observações do Exemplo 1.1

Observação	Evento aleatório	Demanda	Lucro (R$)
1	cara	150	200
2	coroa	50	-50
3	cara	150	200
4	coroa	50	-50
5	coroa	50	-50
6	cara	150	200
7	cara	150	200
8	coroa	50	-50
9	cara	150	200
10	cara	150	200
		Média	100

Fonte: O autor.

Note que, diferentemente da solução analítica, a simulação de dez observações resultou em um lucro médio de R$100. Também foi utilizada a média para resumir os lucros incorridos na simulação. Analisar o resultado pela média pode ser útil, já que esse recurso pode resumir um conjunto de dados em um único valor.

A média pode ser calculada pela fórmula exibida na Equação 1.8:

$$\bar{x} = \frac{\sum_{i=1}^{n} x_i}{n} \qquad (1.8)$$

Em que:
$\bar{x}$: A média.
i: O índice associado a cada observação.
n: A quantidade de observações.
x_i: O valor observado na observação.

Com o intuito de verificar se é possível obter um resultado diferente, a Tabela 1.3 mostra outra replicação de dez observações:

Tabela 1.3 – Replicação da simulação de dez observações do Exemplo 1.1

Observação	Evento aleatório	Demanda	Lucro (R$)
1	coroa	50	-50
2	cara	150	200
3	coroa	50	-50
4	coroa	50	-50
5	coroa	50	-50
6	cara	150	200
7	coroa	50	-50
8	cara	150	200
9	cara	150	200
10	coroa	50	-50
		Média	50
		Desvio-padrão	129,09

Fonte: O autor.

Veja que nesta replicação o lucro médio foi menor do que na primeira simulação, em virtude do lançamento da moeda ter obtido maior quantidade de eventos "coroa" do que eventos "cara". Outro ponto importante foi o cálculo do desvio-padrão, que possibilita analisar a variação dos valores na replicação.

O cálculo do desvio-padrão pode ser feito com a Equação 1.9, na qual s é o desvio-padrão:

$$s = \sqrt{\frac{\sum_{i=1}^{n}(x_i - \bar{x})^2}{n-1}} \quad \textbf{(1.9)}$$

O desvio-padrão dessa replicação foi de 129,09. Pode-se calcular o desvio--padrão da replicação anterior chegando ao mesmo valor. Isso quer dizer que as duas replicações tiveram variância similar.

Somente como decorrência da simulação de elevada quantidade de eventos, ou de suas replicações, será possível obter uma solução próxima da analítica por uma simulação, o que também reduzirá o desvio-padrão, conforme mostra a Tabela 1.4. Esta traz o resumo da simulação de 10 mil observações que, no contexto do sorveteiro, representariam, em dias de operação, cerca de 27 anos:

O exame da Tabela 1.4 é útil para mostrar que a solução por simulação só convergirá com a solução analítica após a ocorrência de uma quantidade significativa de eventos aleatórios. A comparação das simulações mostra que, em um período de dez dias e com limitação de apenas duas replicações, o vendedor de sorvetes pode esperar um lucro de R$100 ou de R$50, ao passo que, numa simulação de 10 mil observações, espera-se um lucro de R$74,15.

Tabela 1.4 – Simulação de 10 mil observações do Exemplo 1.1

Observação	Evento aleatório	Demanda	Lucro (R$)
1	cara	150	200
2	cara	150	200
3	cara	150	200
4	coroa	50	-50
...	...	...	...
9.996	coroa	50	-50
9.997	coroa	50	-50
9.998	cara	150	200
9.999	coroa	50	-50
10.000	cara	150	200
		Média	74,15
		Desvio-padrão	124,99

Fonte: O autor.

É possível verificar que o desvio-padrão das médias das replicações é menor que o das observações. O lucro médio também convergiu para o nível da solução analítica.

Sendo assim, em vez de uma simulação de 10 mil observações, cada qual representando um dia de operação, se poderia realizar outra com 10 mil replicações de 10 observações cada, como mostrado na Tabela 1.5:

Tabela 1.5 – Simulação de 10 mil replicações de 10 observações do Exemplo 1.1

Replicação/ Observação	1	2	3	4	5	6	7	8	9	10	Lucro médio
1	200	-50	-50	-50	200	-50	-50	200	200	-50	50
2	200	200	200	200	200	200	200	-50	-50	200	150
3	200	200	-50	-50	-50	200	-50	200	200	-50	75
4	200	-50	200	200	200	200	-50	-50	-50	-50	75
...	...	...	...	...	...	...	...	...	...	...	...
9996	-50	-50	-50	-50	-50	200	200	200	-50	200	50
9997	200	-50	-50	-50	200	-50	200	200	-50	-50	50
9998	200	-50	-50	200	-50	-50	-50	200	200	200	75
9999	-50	200	200	-50	200	-50	-50	200	-50	200	75
10000	200	-50	200	-50	-50	200	-50	-50	200	200	75
										Média	75,13
										Desvio-padrão	39,24

Fonte: O autor.

No Exemplo 1.1 foi possível observar que, dado o cenário em que o sorveteiro compra cem sorvetes, após a ocorrência de muitos dias, terá um lucro médio de R$75. A simulação também é útil para auxiliar na tomada de decisão sob diferentes cenários. O próximo exemplo ilustra esse caso.

1.1.3 Exemplo 1.2

Uma empresa analisou seus dados históricos e descobriu que seu mercado consumidor possui uma demanda que, desconsiderando eventos aleatórios, reage ao seu preço de acordo com a Equação 1.10:

$$Q = 36 - P \tag{1.10}$$

Na qual:
Q: É a quantidade demandada pelo mercado.
P: É o preço praticado pela empresa.

De acordo com a Equação 1.10, caso a empresa pratique um preço de R$5, venderá 31 unidades: Q=36–5=31. Por outro lado, se decidir estabelecer um preço de R$2, o leitor pode verificar que a quantidade vendida será de 34. Dessa maneira, essa empresa deve decidir qual preço praticar de modo a maximizar sua receita. Para tanto, é preciso ainda definir o modelo que calcula a receita da empresa a partir da decisão do preço praticado. Como a receita é a multiplicação do preço pela quantidade, a Equação 1.11 representa a receita da empresa em função do preço:

$$RT = P(Q) \rightarrow P(36 - P) \rightarrow 36P - P^2 \rightarrow -P^2 + 36P \tag{1.11}$$

Em que:
RT: Receita total.

Assim, a ideia é encontrar o valor de P que maximiza a Equação 1.11. Utilizando a abordagem analítica, pode-se estudar o comportamento da receita total em função de diferentes cenários de preço, conforme mostra a Figura 1.4:

Pela análise da Figura 1.4, pode-se verificar que o modelo tem raízes nos pontos 0 e 36 e forma de parábola, ou seja, contém um ponto máximo. Para obter o preço que gera o ponto máximo da receita total, pode-se derivar a Equação 1.11 e resolvê-la, conforme exibido na Equação 1.12:

$$\frac{dRT}{dP} = 36 - 2P \rightarrow 36 - 2P = 0 \rightarrow P = 18 \tag{1.12}$$

Figura 1.4 – Comportamento da Equação 1.7

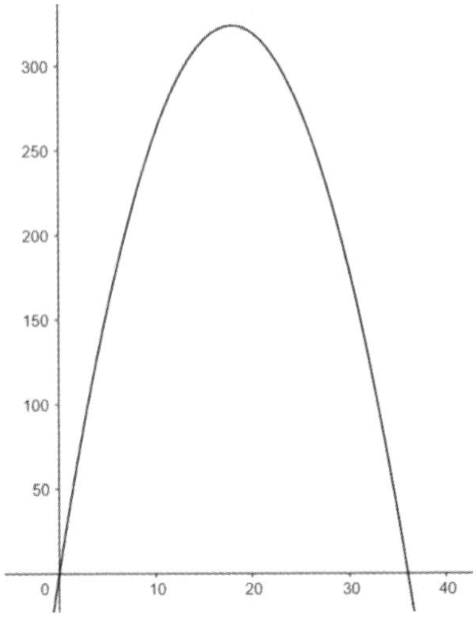

Fonte: O autor.

Desse modo, é possível verificar que o preço que maximiza a receita total é R$18.

Ademais, a empresa observou que a ocorrência de eventos aleatórios, tal como a ação da concorrência, afeta a demanda com igual chance de ocorrência de 1/6, ou seja, 16,66%. A empresa observou que esses seis eventos aleatórios ocorrem com igual chance, e seu efeito na demanda é mostrado na Tabela 1.6:

Tabela 1.6 – Efeito de eventos externos na demanda

Evento (i)	**Probabilidade de ocorrência**	**Efeito na demanda (% de realização)**
1	16,66%	50%
2	16,66%	60%
3	16,66%	70%
4	16,66%	80%
5	16,66%	90%
6	16,66%	100%

Fonte: O autor.

O exame da Tabela 1.6 permite identificar que o Evento 1 é adverso à realização da demanda pela empresa e reduz a mesma em 50%. Então, por exemplo, caso a empresa pratique um preço de R$18, aplicando a Equação 1.10, pode-se inferir que incorreria em uma demanda de 18 unidades. Contudo, caso o Evento 1 ocorra, essa demanda cai para 9 unidades. Por outro lado, neste mesmo cenário, e caso o Evento 6 ocorra, a demanda da empresa é realizada em 100%, sendo demandado neste caso 18 unidades. Nesse contexto, pode-se adicionar essa incerteza ao modelo, gerando a Equação 1.13:

$$RT = (-P^2 + 36P)r_i \quad (1.13)$$

Na qual:
r_i: Percentual de realização de demanda quando ocorre o evento i.
$i \in \{1,2,3,4,5,6\}$

Para esse caso, usar uma moeda como simulador não será mais suficiente, pois é necessário simular seis eventos aleatórios diferentes com iguais chances de ocorrência representados pelos eventos de um a seis. Podemos representar um simulador de seis eventos equiprováveis com o lançamento de um dado de seis faces.

Antes de executar a simulação, é preciso definir a correspondência adequada do evento no simulador, conforme exibido na Tabela 1.7:

Tabela 1.7 – Correspondência entre eventos no simulador

Face do dado	Evento aleatório
1	Evento 1
2	Evento 2
3	Evento 3
4	Evento 4
5	Evento 5
6	Evento 6

Fonte: O autor.

Uma simulação de dez observações para três cenários de preço do Exemplo 1.2 é mostrada na Tabela 1.8:

A Tabela 1.8 mostra a média da simulação de dez observações para três cenários de preços: R$17, R$18 e R$19. Mesmo com a simulação de apenas dez observações, nota-se que a prática de preço de R$18 possibilitou auferir maior lucro médio. Os problemas analisados nos exemplos 1.1 e 1.2 ilustram a aplicação da simulação de Monte Carlo.

A próxima seção apresenta outro tipo de simulação que é muito importante para o apoio da tomada de decisão.

Tabela 1.8 – Simulação de dez observações e três cenários do Exemplo 1.2

Observação	Face do dado	RT(17)	RT(18)	RT(19)
1	5	290,7	291,6	290,7
2	2	193,8	194,4	193,8
3	1	161,5	162	161,5
4	2	193,8	194,4	193,8
5	2	193,8	194,4	193,8
6	6	323	324	323
7	6	323	324	323
8	5	290,7	291,6	290,7
9	5	290,7	291,6	290,7
10	4	258,4	259,2	258,4
	Média	251,94	252,72	251,94

Fonte: O autor

1.2 Tipos de simulação

A simulação pode ser dividida em dois tipos principais: a simulação de Monte Carlo e a simulação de eventos discretos. Na simulação de Monte Carlo, introduzida de forma aplicada pelos exemplos 1.1 e 1.2, um modelo com determinado cenário é analisado em face à ocorrência de eventos aleatórios. Nesse tipo de simulação, deseja-se estudar o comportamento de um ou vários cenários sob a ocorrência dos eventos aleatórios. Na simulação de Monte Carlo não há necessariamente o rastreamento e o acompanhamento de uma entidade ao longo do tempo, como acontece no caso da simulação de eventos discretos.

Além disso, a simulação de eventos discretos costuma ter um elemento que não é utilizado na simulação de Monte Carlo, que é a entidade. Uma entidade é um elemento cuja trajetória será analisada no modelo de simulação, e o tempo em que ocorrem as etapas do processo de simulação será relevante e registrado de forma discreta, seguindo a ocorrência dos processos aos quais a entidade está sujeita.

Assim, na simulação de Monte Carlo, um ou mais cenários de um modelo são analisados sob a ocorrência de uma grande quantidade de eventos aleatórios e independentes entre si. Após a simulação de muitas observações, é analisada a convergência dos indicadores do modelo. Em contraste com a independência entre os eventos aleatórios da simulação de Monte Carlo, na simulação de eventos discretos, os eventos aleatórios são analisados cumulativa e consecutivamente, e sua interdependência afeta os indicadores do modelo. Sob essa perspectiva, costuma-se afirmar que essa simulação é dinâmica porque é estudada ao longo do tempo, já a simulação de Monte Carlo é estática na maioria de suas aplicações.

Na simulação de eventos discretos, cada alteração no sistema é rastreada ao longo do tempo. A caracterização discreta advém do objeto de estudo desse tipo de simulação ocorrer em pontos não contínuos no tempo. Essa abordagem contrasta com a simulação utilizada para estudar fenômenos físicos, como, por exemplo, a variação de temperatura de determinado corpo que pode ser estudada de forma contínua. Na simulação de eventos discretos, os eventos no tempo não são monitorados de forma contínua, mas registrados no relógio da simulação toda vez que um evento relevante ocorre.

O exemplo 1.3 exemplifica a simulação de eventos discretos.

1.2.1 Exemplo 1.3

Um consumidor chega a um caixa eletrônico para sacar dinheiro e percebe que há uma fila de outros clientes que desejam realizar o mesmo procedimento. Um funcionário do banco, que é um bom observador, verificou que há uma chance de 50% de que um novo cliente chegue logo após outro depois de se passar 10 segundos, e uma chance de 50% de que esse tempo seja de 20 segundos. Os clientes que chegam ao caixa eletrônico fazem operações distintas que têm iguais probabilidades de ocorrência e demandam tempos diferentes, conforme mostra a Tabela 1.9.

Tabela 1.9 – Tipos de operações, chances de ocorrência e tempo em segundos

Operação	Probabilidade de ocorrência	Tempo de operação (em segundos)
Investimento	16,66%	30
Depósito	16,66%	18
Transferência	16,66%	20
Consulta	16,66%	10
Saque	16,66%	15
Empréstimo	16,66%	50

Fonte: O autor.

Dado esse contexto, diversas perguntas são possíveis de se responder com o uso da simulação de eventos discretos, como, por exemplo, se o banco abrir o acesso aos caixas eletrônicos às 8h, qual será o tamanho da fila às 8h10? Ou ainda, qual será o tamanho da fila após a chegada de quinze clientes? Quanto tempo em média os clientes esperam na fila para serem atendidos?

Ao resolver esse problema com a simulação de eventos discretos, o elemento novo aqui é o cliente, que será a entidade a ser monitorada durante todo o processo, desde a chegada na fila até o momento em que é atendido e vai embora. Veja que estamos diante de um problema sujeito a dois conjuntos de eventos aleatórios: o tempo entre as chegadas dos clientes com espaço amostral de tamanho dois e o tempo do processo a ser executado pelo cliente no caixa eletrônico cujo espaço amostral tem tamanho seis. Logo, podemos utilizar como simuladores nesse exemplo uma moeda para simular o tempo entre as chegadas dos clientes e um dado para simular o tempo do processo a ser executado pelo cliente no caixa eletrônico.

Considerando o evento "cara" como a chegada de um cliente após 10 segundos e "coroa" a chegada após 20 segundos e, representando os eventos aleatórios da Tabela 1.9 na ordem em que são apresentados, as faces dos dados um a seis, a Tabela 1.10 mostra uma simulação de eventos discretos desse exemplo. A tabela considera os dez eventos ocorridos com o lançamento da moeda e do dado apresentados nas Tabelas 1.2 e 1.8.

Tabela 1.10 – Geração de dez eventos aleatórios

Evento	Face da moeda	Tempo entre as chegadas dos clientes (em segundos)	Face do dado	Operação no caixa eletrônico	Tempo de operação (em segundos)
1	cara	10	5	Saque	15
2	coroa	20	2	Depósito	18
3	cara	10	1	Investimento	30
4	coroa	20	2	Depósito	18
5	coroa	20	2	Depósito	18
6	cara	10	6	Empréstimo	50
7	cara	10	6	Empréstimo	50
8	coroa	20	5	Saque	15
9	cara	10	5	Saque	15
10	cara	10	4	Consulta	10

Fonte: O autor.

Com os eventos aleatórios gerados, é possível executar a simulação, conforme mostra a Tabela 1.11:

Tabela 1.11 – Simulação de dez eventos do Exemplo 1.3

Relógio	Tempo acumulado (segundos)	Chegada	Início do Atendimento	Término do atendimento e saída	Clientes na fila	Clientes no banco
8h00m00s	0	-	-	-	0	0
8h00m10s	10	Cliente 1	Cliente 1		0	1
8h00m25s	25			Cliente 1	0	0
8h00m30s	30	Cliente 2	Cliente 2		0	1
8h00m40s	40	Cliente 3			1	2
8h00m48s	48		Cliente 3	Cliente 2	0	1
8h01m00s	60	Cliente 4			1	2
8h01m20s	80	Cliente 5			2	3
8h01m28s	88		Cliente 4	Cliente 3	1	2
8h01m30s	90	Cliente 6			2	3
8h01m40s	100	Cliente 7			3	4
8h01m46s	106		Cliente 5	Cliente 4	2	3
8h02m00s	120	Cliente 8			3	4
8h02m04s	124		Cliente 6	Cliente 5	2	3
8h02m10s	130	Cliente 9			3	4
8h02m20s	140	Cliente 10			4	5
8h02m54s	174		Cliente 7	Cliente 6	3	4
8h03m44s	224		Cliente 8	Cliente 7	2	3
8h03m59s	239		Cliente 9	Cliente 8	1	2
8h04m14s	254		Cliente 10	Cliente 9	0	1
8h04m24s	264			Cliente 10	0	0

Fonte: O autor.

A Tabela 1.11 mostra a chegada e o atendimento de dez clientes sujeitos a dois tipos de eventos incertos, que foram os diferentes tempos entre as chegadas e os tipos de operações. É possível notar que a simulação acompanha cada evento ao qual os clientes estão sujeitos. É mostrado ainda o relógio da simulação, que registra o tempo dos eventos relevantes e também a quantidade de clientes na fila e no banco, mostrada em gráfico na Figura 1.5:

O exame da Figura 1.5 indica que a quantidade de clientes no banco aumentou com a passagem do tempo, chegando a um valor máximo de cinco que, a partir daí, foi diminuindo até ter seu valor zerado com o passar de 250 segundos.

Note que nesse exemplo a entidade foi representada por um cliente que chega a um caixa eletrônico, mas, em outros contextos, pode-se utilizar a simulação de eventos discretos para simular o comportamento de outras entidades em um determinado processo, como produtos passando por um processo de produção, veículos passando por um pedágio e muitas outras situações que serão exploradas nos capítulos 9 e 10.

Figura 1.5 – Quantidade de clientes no banco

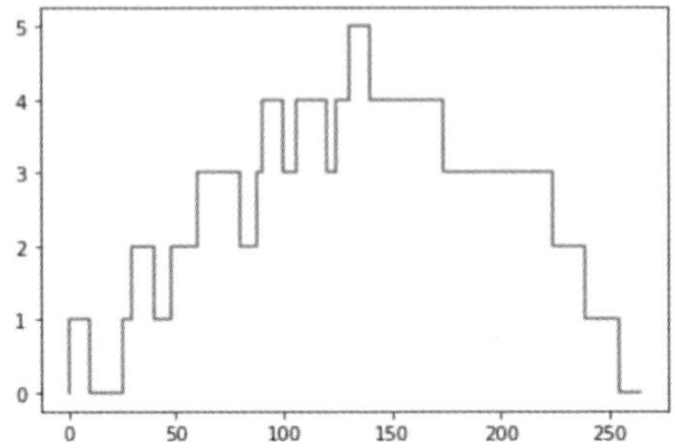

Fonte: O autor.

A próxima seção traz a história da simulação.

1.3 História da simulação

O pioneirismo no uso da simulação é remetido a Georges-Louis Leclerc, o conde de Buffon, que, em 1777, utilizou a simulação com uso de alfinetes para estimar o valor de pi (π). O conde de Buffon fez uma experiência na qual jogou diversos alfinetes aleatórios em um plano demarcado com faixas que mediam o dobro do alfinete. Ao medir a proporção de alfinetes que incidiam sobre as demarcações, foi observado que a razão convergia para a constante π tanto quanto fosse maior a quantidade de alfinetes lançados no plano.

Desse modo, artefatos distintos, como uma moeda e um dado, foram usados ao longo da história para simular a ocorrência de eventos aleatórios diversos e com capacidade limitada. Outros recursos, como o baralho e a roleta de um cassino, ampliaram esse espaço amostral.

O avanço da computação possibilitou a execução de simulações com maior número de observações e simuladores capazes de gerar uma grande quantidade de eventos aleatórios. O uso de computadores para executar simulações se iniciou no período da Segunda Guerra Mundial. O projeto que desenvolveu a bomba atômica se beneficiou extensivamente da simulação, pois era analisado um modelo com sistemas de equações complexas sem solução analítica (Harisson et al., 2007). Em 1946, vários cientistas — entre eles, Stanislaw Ulam e John Von Neumann — utilizaram métodos de Monte Carlo num computador. O método ganhou essa alcunha pela similaridade com que Ulam relacionava a técnica de experimentação de números aleatórios em modelos com as probabilidades em jogos de cartas (Goldsman et al., 2010).

Na década de 1950, o uso de computadores — principalmente com o método de Monte Carlo como abordagem numérica para resolver problemas — havia se difundido (Nance; Sargent, 2002). Nessa década também foi potencializada a pesquisa na área de geração de números aleatórios que, como veremos no capítulo 2, são importantes elementos para executar uma simulação.

Na década de 1960, os fundamentos da simulação de eventos discretos foram germinados com o início da discussão sobre mecanismos de fluxo temporal e um gerenciador de eventos que permitisse rastrear as entidades no tempo (Nance; Sargent, 2002). Sendo assim, devido à limitação da capacidade dos computadores da época, até a década de 1970 era comum a preocupação com o gerenciamento de memória, que era impactada pela quantidade de eventos simulados. Nesse período, também se avançou para a discussão de pontos essenciais em uma simulação, que eram a quantidade de eventos para a simulação atingir certa convergência nos resultados, a variância destes e a escolha de cenários comparativos apropriados.

Nas décadas seguintes, o uso da simulação foi popularizado, principalmente pelo lançamento de livros-texto de simulação, softwares comerciais e eventos científicos — como a *Winter Simulation Conference* —, no exterior; e os congressos da Sociedade Brasileira de Pesquisa Operacional, no Brasil. Hoje, diversos softwares disponíveis possibilitam a simulação de quantidade elevada de observações e eventos aleatórios.

A próxima seção apresenta a modelagem de simulação na planilha eletrônica, no Python e na linguagem R.

1.4 Uso de softwares em simulação

As planilhas eletrônicas podem ser utilizadas para analisar diversos problemas com simulação de Monte Carlo e modelos simples de simulação de eventos discretos. Para simular modelos mais complexos e, caso se deseje maior agilidade na geração das observações, replicações e eventos, podem-se utilizar as linguagens Python e R.

1.4.1 A planilha eletrônica

É possível simular os eventos aleatórios "cara" e "coroa" do Exemplo 1.1 no Excel com o uso da função:

```
=ALEATÓRIOENTRE(1;2)
```

Essa função retorna os valores 1 ou 2 com 50% de chance cada. Ao digitar essa função em uma célula de planilha do Excel, o leitor notará que a cada alteração na planilha, ou toda vez que pressionar a tecla F9, será gerado um novo evento aleatório. Assim, em planilha eletrônica, cada nova alteração resultará em uma simulação com uma sequência de eventos aleatórios diferentes.

A simulação no Excel referente à Tabela 1.2 é mostrada na Figura 1.6:

Figura 1.6 – Simulação de dez observações do Exemplo 1.1 no Excel

	A	B	C	D
1	Observação	Resultado do simulador	Demanda	Lucro (R$)
2	1	coroa	50	-50
3	2	cara	150	200
4	3	coroa	50	-50
5	4	coroa	50	-50
6	5	coroa	50	-50
7	6	coroa	50	-50
8	7	cara	150	200
9	8	coroa	50	-50
10	9	coroa	50	-50
11	10	coroa	50	-50
12			Média	0

Fonte: O autor.

A Tabela 1.12 mostra as fórmulas utilizadas na planilha da Figura 1.6:

Tabela 1.12 – Fórmulas utilizadas para simular dez eventos do Exemplo 1.1

Célula	Fórmula
B2	=SE(ALEATÓRIOENTRE(1;2)=1;"cara";"coroa")
C2	=SE(B2="cara";150;50)
D2	=5*MÍNIMO(C2;100)-3*100
D12	=MÉDIA(D2:D11)

Fonte: O autor.

A cada vez que se pressionar F9, o leitor pode verificar que a simulação apresentará uma média diferente com grande variação. Com essa mesma estrutura, podem ser simuladas também 10 mil observações, arrastando as fórmulas até o local da célula apropriada. Como será necessário gerar um número elevado de observações, pode-se utilizar o recurso "Inserir Série". No menu inicial, clique em "Preencher > Série", conforme mostra a Figura 1.7:

Figura 1.7 – Preenchendo uma série no Excel

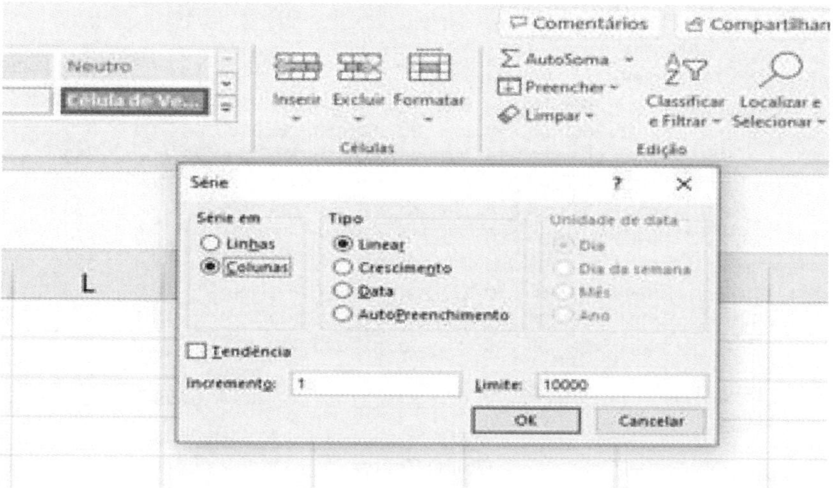

Fonte: O autor.

A simulação de 10 mil observações é apresentada na Figura 1.8:

Figura 1.8 – Simulação com 10 mil observações

	A	B	C	D
1	Observação	Resultado do simulador	Demanda	Lucro (R$)
2	1	coroa	50	-50
3	2	coroa	50	-50
4	3	coroa	50	-50
5	4	coroa	50	-50
6	5	cara	150	200
9998	9997	cara	150	200
9999	9998	coroa	50	-50
10000	9999	cara	150	200
10001	10000	coroa	50	-50
10002			média	74,7
10003			desvio padrão	125,01
10004				

Fonte: O autor.

Assim, ao pressionar F9 para alterar a média da simulação, é possível verificar que a variação da média com as 10 mil observações é consideravelmente menor do que na simulação com 10 observações. Podem-se, ainda, simular 10 mil replicações de 10 observações cada, tal como exibido na Tabela 1.5, conforme mostrado na Figura 1.9:

Figura 1.9 – As 10 mil simulações de 10 observações cada

	A	B	C	D	E	F	G	H	I	J	K	L
1	Replicação/ observação	1	2	3	4	5	6	7	8	9	10	Lucro médio
2	1	200	-50	200	-50	-50	200	-50	200	-50	-50	50
3	2	200	200	-50	200	200	-50	-50	-50	200	200	100
4	3	200	-50	-50	-50	-50	-50	-50	200	200	200	50
5	4	-50	200	-50	200	-50	200	200	-50	-50	200	75
9996	9995	-50	-50	200	-50	-50	200	-50	200	200	-50	50
9997	9996	200	200	-50	-50	200	-50	200	-50	-50	-50	50
9998	9997	200	200	200	200	200	200	200	-50	-50	-50	125
9999	9998	200	-50	-50	-50	200	-50	-50	200	-50	-50	25
10000	9999	200	200	-50	-50	200	200	200	200	-50	200	125
10001	10000	200	-50	200	-50	-50	200	200	200	200	-50	100
10002										média		75,15
10003										desvio padrão		39,44
10004												

Fonte: O autor.

Veja que o comando ALEATÓRIOENTRE(1;2) simulou dois eventos aleatórios com igual probabilidade de ocorrência, ou seja, equivalente a utilizar uma moeda como simulador.

Para calcular o desvio-padrão, pode-se utilizar a seguinte função:

```
=DESVPAD.A(L2:L10001)
```

A fórmula utilizada para executar as observações, como, por exemplo, na célula B2, foi a seguinte:

```
=5*MÍNIMO(SE(ALEATÓRIOENTRE(1;2)=1;150;50);100)-3*100
```

Assim, pode-se utilizar a mesma função para simular o lançamento de um dado com seis eventos aleatórios equiprováveis. A resolução do Exemplo 1.2 vai ser deixada como exercício para o leitor.

Portanto, executar a simulação em planilha eletrônica possibilita visualizar todos os elementos da simulação ao mesmo tempo. Contudo, para simular grandes quantidades de observações ou replicações, as linguagens de programação possibilitam automatizar uma série de operações e são flexíveis para que o modelo seja customizado de acordo com o problema.

A próxima seção explica como criar uma simulação com Python.

1.4.2 Python

O Python é uma linguagem de programação com sintaxe mais simples quando comparada a outras linguagens. Assim, um ambiente acessível e com funcionamento em nuvem pelo qual os códigos do Python possam ser executados é o Google Colab. Para acessar o ambiente, é necessário logar com a conta Google no seguinte endereço: https://colab.research.google.com/.

Ao clicar em "Arquivo> Novo Notebook", é gerado o ambiente que pode ser visualizado na Figura 1.10:

Figura 1.10 – Ambiente do Google Colab

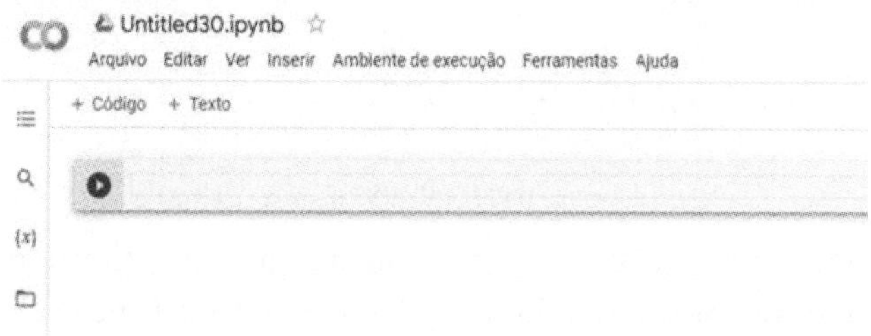

Fonte: O autor.

Para desenvolver a simulação do Exemplo 1.1 é necessário criar as variáveis presentes na Tabela 1.2. Logo, para criar a coluna das observações, pode-se gerar um vetor com a sequência de um a dez. Para tanto, utilizaremos um pacote do Python chamado NumPy, facilitando as operações. Assim, será necessário importar o pacote e definir a sigla *np* pela qual o pacote será chamado, conforme o script:

```
import numpy as np
```

Após executar a linha de código clicando no ícone de execução para que o ambiente importe o pacote, deve-se clicar em "+ Código" para adicionar uma nova linha de código e, para criar o vetor com a sequência de observações, utiliza-se o seguinte script para o criar e visualizar:

O vetor *obs* é visualizado da seguinte forma:

```
array([ 1,  2,  3,  4,  5,  6,  7,  8,  9, 10])
```

A Figura 1.11 mostra a criação e a exibição do vetor no Colab:

Figura 1.11 – Criação de vetor no Colab

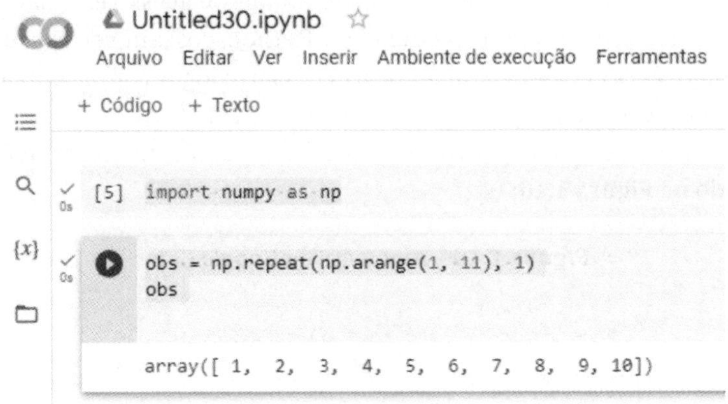

Fonte: O autor.

Agora é necessário criar os eventos aleatórios. Para tanto, importaremos todos os métodos do pacote Random e utilizaremos uma função chamada *choice* para simular o lançamento de uma moeda. Assim, será necessário digitar o seguinte texto em uma nova caixa de código no Colab:

```
from random import *
choice(['cara', 'coroa'])
```

O resultado do código poderá ser diferente a cada execução e terá a seguinte forma:

```
'cara'
```

Agora, criaremos um vetor vazio e o preencheremos com os eventos aleatórios, utilizando o seguinte código:

```
eventos=np.array([])
for i in range(len(obs)):
    eventos = np.append(eventos, choice(['cara', 'coroa']))
eventos
```

O resultado é um vetor representando o lançamento de uma moeda dez vezes:

```
array(['coroa', 'cara', 'coroa', 'cara', 'cara', 'cara', 'coroa',
'cara', 'coroa', 'cara'], dtype='<U32')
```

Seguindo o mesmo caminho, criaremos o vetor "demanda" com o seguinte código:

```
demanda = np.array([])
for i in eventos:
    if i=="cara":
        demanda = np.append(demanda,150)
    else:
        demanda = np.append(demanda,50)
demanda
```

Com esse código, é obtido o seguinte resultado:

```
array([ 50., 150., 50., 150., 150., 150., 50., 150., 50., 150.])
```

Por fim, será criado o vetor *lucro* com o seguinte script:

```
lucro = np.array([])
for i in demanda:
    lucro = np.append(lucro,5*min(i,100)-3*100)
lucro
```

O resultado é visualizado dessa forma:

```
array([-50., 200., -50., 200., 200., 200., -50., 200., -50., 200.])
```

O lucro médio pode ser obtido pelo comando:

```
sum(lucro)/len(lucro)
```

O resultado dessa simulação será um lucro médio de R$100.

1.4.2.1 *Simulação em banco de dados*

Também se pode organizar esses vetores no Python, de modo que sua visualização fique semelhante à da planilha eletrônica. Para isso é preciso utilizar o pacote Pandas, agrupar os vetores e convertê-los em um Dataframe:

```
import pandas as pd
df = pd.DataFrame({"Observações":obs,"Resultado do
simulador":eventos,"Demanda":demanda,"Lucro(R$)":lucro})
df
```

O resultado é mostrado na Figura 1.12:

Figura 1.12 – Simulação na forma de banco de dados

	Observações	Resultado do simulador	Demanda	Lucro(R$)
0	1	coroa	50.0	-50.0
1	2	cara	150.0	200.0
2	3	coroa	50.0	-50.0
3	4	cara	150.0	200.0
4	5	cara	150.0	200.0
5	6	cara	150.0	200.0
6	7	coroa	50.0	-50.0
7	8	cara	150.0	200.0
8	9	coroa	50.0	-50.0
9	10	cara	150.0	200.0

Fonte: O autor.

Nesse formato, a média da coluna "Lucro(R$)" pode ser calculada com o script:

```
df['Lucro(R$)'].mean()
```

1.4.2.2 *Gerando observações com as funções*

A vantagem da utilização do Python e da linguagem R para executar simulações reside na possibilidade de se realizar as operações descritas acima de forma mais automatizada. A primeira forma seria reunir essas operações em uma única função na qual, a partir do lançamento do parâmetro de quantidade de observações desejadas, a função forneceria o lucro médio das observações.

O seguinte script cria essa função:

```
def simula(n):
    from random import choice
    import numpy as np
    lucro = np.array([])
    for i in range(n):
        lucro = np.append(lucro,5*min(choice([150,50]), 100)-3*100)
    return sum(lucro)/n
```

Ao executar essa função, o ambiente estará pronto para executar n observações do modelo de simulação. Como exemplo, os seguintes comandos executam simulações de 10 e 10 mil observações, respectivamente, e mostram o lucro médio.

```
simula(10)
simula(10000)
```

Ao executar esses comandos, o leitor verificará que o primeiro resultado gerará uma média diferente a cada execução, resultado dos diferentes eventos aleatórios gerados cada vez que a função é executada. No caso da função que simula 10 mil observações, a média obtida será um valor próximo da obtida pela solução analítica, que é de R$75,00.

Com essa função, é possível simular também 10 mil replicações de 10 observações cada, criando outra função para registrar e calcular a média ao final das replicações. O código da função e a execução dela, com o contexto definido, resultará em um valor que converge para a solução analítica:

```
def replica(rep,obs):
    import numpy as np
    replicacao = np.array([])
    for i in range(rep):
        replicacao = np.append(replicacao,simula(obs))
    return sum(replicacao)/rep

replica(10000,10)
```

1.4.2.3 *Usando a programação orientada a objetos*

Além da função, outro recurso que otimiza a geração de simulações é a programação orientada a objetos. Com esse fim, deve ser criada uma classe chamada "Simulacao" e definidos métodos que gerarão as observações (simula), que mostrem os resultados (exibeSimula), que realizem replicações (replica) e que mostrem os resultados das replicações (exibeReplica). O seguinte código parametriza a classe "Simulacao" com esses métodos:

```
class Simulacao():
    def _ _init_ _(self):
        pass
    def simula(self,n):
        import numpy as np
        from random import choice
        self.lucro = np.array([])
        for i in range(n):
            self.lucro = np.append(self.
lucro,5*min(choice([150,50]),100)-3*100)
        return sum(self.lucro)/len(self.lucro)
    def exibeSimula(self):
        print(self.lucro)
    def replica(self,rep,obs):
        import numpy as np
        self.replicacao = np.array([])
        for i in range(rep):
            self.replicacao = np.append(self.replicacao,self.
simula(obs))
        return sum(self.replicacao)/len(self.replicacao)
    def exibeReplica(self):
        print(self.replicacao)
```

Após executar o código acima, os comandos abaixo podem ser executados os para criar um objeto (oSim) — que representará a simulação —, simular dez observações, exibi-las e simular e exibir dez replicações de dez observações cada.

```
oSim = Simulacao()
oSim
oSim.simula(10)
oSim.exibeSimula()
oSim.replica(10, 10)
oSim.exibeReplica()
```

A próxima seção apresenta a linguagem de programação R.

1.4.3 R

O R é uma linguagem de programação que se destaca por conter diversas funções nativas que favorecem a execução e a análise de simulações. O R pode ser executado por meio de um ambiente em nuvem, denominado RStudio, no endereço eletrônico https://posit.co/products/cloud/cloud/. Após o login, é exibido o ambiente RStudio em nuvem, no qual, ao criar um novo projeto em RStudio e clicar em "Arquivo>Novo > R Script", pode-se visualizar a tela exibida na Figura 1.13:

Figura 1.13 – Ambiente do RStudio em nuvem

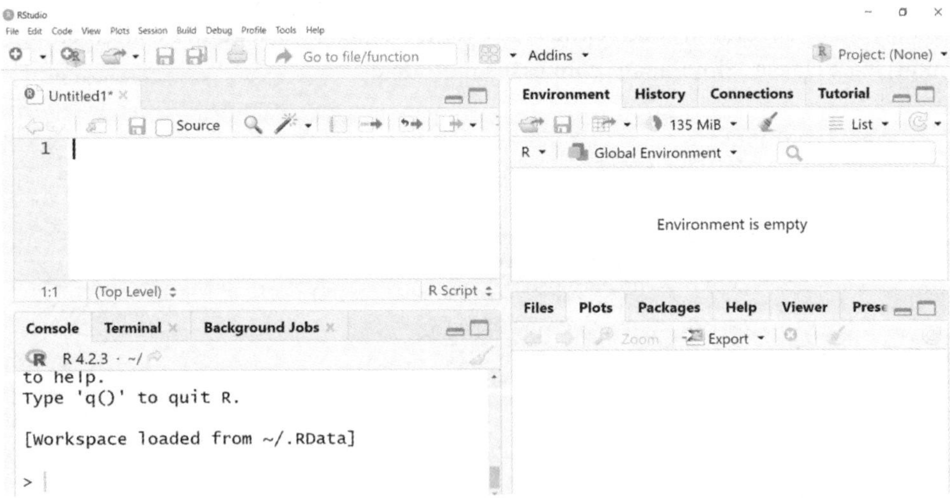

Fonte: O autor.

É possível também instalar o R, que pode ser baixado no endereço: https://www.r-project.org/, e o RStudio, no endereço: https://posit.co/download/rstudio-desktop/. Assim como o Python, pode-se criar um vetor no RStudio com o comando exibido na Figura 1.14:

Figura 1.14 – Criação de vetor no RStudio

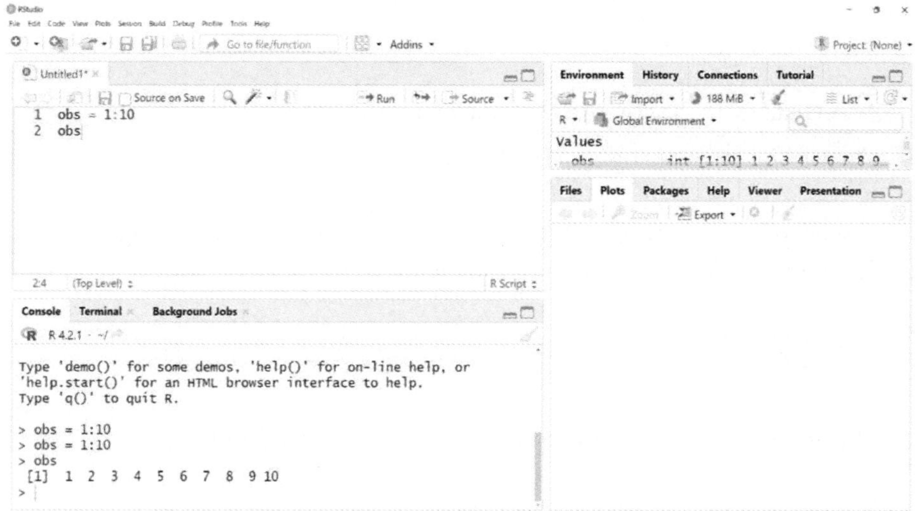

Fonte: O autor.

Como se verifica na Figura 1.11, o código do vetor é exibido na parte superior esquerda, e o resultado na parte inferior.

O comando que cria e exibe um vetor de eventos aleatórios, simulando o lançamento de uma moeda dez vezes, pode ser escrito da seguinte forma:

```
eventos = sample(c("cara","coroa"),size=10,replace=TRUE)
eventos
```

Com esse comando, é gerado o seguinte resultado:

```
> eventos
 [1] "coroa" "cara"  "cara"  "cara"  "cara"  "cara"  "cara"
 [8] "coroa" "coroa" "coroa"
```

No R, uma função que pode executar n observações do lucro do exemplo 1.1 pode ser escrita da seguinte forma:

```
simula=function(n){
  lucro = replicate(n,5*min(sample(c(50, 150), size=1,
replace=TRUE),100)-3*100)
  mean(lucro)
}
```

Para executar replicações do mesmo modelo, pode-se definir a seguinte função:

```
replica=function(rep,obs){
  replicacao = replicate(rep,simula(obs))
  mean(replicacao)
}
```

Assim, o leitor pode verificar que a execução dos seguintes códigos gerarão um lucro médio próximo ao da solução analítica:

```
simula(10000)
replica(10000,10)
```

A próxima seção traz os exercícios propostos do capítulo.

1.5 Exercícios propostos

1. Considerando o Exemplo 1.1, em que a quantidade de sorvete comprada é de 100, caso as probabilidades de fazer sol e chover sejam de 75% e 25% respectivamente, qual é o lucro esperado, utilizando a abordagem da solução analítica?

2. Assim como foi feito na Tabela 1.2, simule dez observações do Exemplo 1.1, alterando a quantidade comprada de 100 para 50. Qual é o lucro médio e o desvio-padrão das dez observações?

3. No problema apresentado no Exemplo 1.2, caso a função demandada seja $Q = 40 - P$, qual o preço que maximiza o lucro?

4. A exemplo da simulação de eventos discretos, realizada na Tabela 1.11, simule a chegada de dez clientes e as diferentes operações que realizarão no caixa eletrônico. No momento de chegada do décimo cliente, qual é o tamanho da fila?

5. Usando a função *choice* do Python, escreva um código que simule o lançamento de um dado.

6. Escreva uma função no Python que simule a quantidade de observações desejadas do problema do vendedor de sorvetes na qual a quantidade comprada é de 50 unidades.

7. Qual comando cria um vetor no R que simule dez observações do lançamento de um dado?

8. Refaça o exercício 6, utilizando o R em vez do Python.

9. Escreva uma função no Python que simule a quantidade de observações desejadas do problema mostrado no Exemplo 1.2 para um preço de R$18.

10. Refaça o exercício 9, utilizando o R em vez do Python.

RESUMO

Neste capítulo, foram vistos os principais conceitos relacionados à simulação. Foi destacado que a simulação visa representar uma realidade por meio de um modelo com parâmetros e cenários definidos, que apresentarão resultados em função dos eventos aleatórios ocorridos. Ainda foram debatidos os principais marcos da história da simulação.

Para analisar os resultados de um modelo sujeito a eventos aleatórios, é necessário simular uma quantidade considerável de observações, a fim de que os resultados se aproximem da eventual solução analítica. Também é possível estudar os resultados em função de diferentes cenários em que são alterados os parâmetros do modelo. Isso é possível pela simulação de replicações que representam os cenários distintos.

A geração de eventos aleatórios para serem utilizados na simulação é realizada com uso de um simulador. Também foi visto que uma moeda pode ser um simulador de dois eventos aleatórios; já um dado pode ser um simulador para seis eventos aleatórios distintos. Essa quantidade de eventos aleatórios gerados pode se mostrar insuficiente para representar uma determinada realidade.

Dessa maneira, considere, por exemplo, o caso do vendedor de sorvetes visto no Exemplo 1.1, que deseja verificar o efeito que a diminuição ou aumento de temperatura causa na demanda. Nesse caso, para cada grau Celsius que aumenta ou diminui, haverá um efeito diferente na demanda. Para simular esse modelo, seria necessário utilizar um simulador que gerasse mais eventos aleatórios. No próximo capítulo, será explicado como desenvolver simuladores que geram uma quantidade grande e confiável de eventos aleatórios e que podem tornar a simulação ainda mais verossímil para representar um contexto da realidade.

Geração de números aleatórios

02

"Percebi ainda outra coisa debaixo do sol: os velozes nem sempre vencem a corrida; os fortes nem sempre triunfam na guerra; os sábios nem sempre têm comida; os prudentes nem sempre são ricos; os instruídos nem sempre têm prestígio; pois o tempo e o acaso afetam a todos."

Eclesiastes 9:11

No capítulo anterior, apresentamos três exemplos que utilizaram simulação para analisar o problema em seu devido contexto e gerar informações para a tomada de decisão. Os eventos aleatórios mostrados nos problemas do capítulo 1 foram gerados por simuladores com capacidade limitada, tal como uma moeda que gera dois eventos aleatórios, e um dado que gera seis. Existem dispositivos que possibilitam gerar mais eventos, como uma roleta ou um baralho.

Contudo, conforme exposto na seção 1.3 do capítulo 1, com o uso do método da simulação de Monte Carlo para fins científicos, a partir da década de 1940, os pesquisadores desenvolveram técnicas que possibilitaram gerar um espaço amostral maior.

Desta forma, convencionou-se que a geração de números aleatórios seria entre 0 e 1 para, em seguida, gerar os eventos aleatórios desejados aos problemas estudados. Sendo assim, usando os números aleatórios neste intervalo, é possível simular quantidades satisfatórias de eventos aleatórios necessários à simulação dos mais variados problemas.

Cabe salientar que os métodos que veremos neste capítulo geram números considerados pseudoaleatórios, pois, ao conhecer os parâmetros do gerador, é possível reproduzir os números aleatórios gerados.

OBJETIVOS DO CAPÍTULO

- **Conhecer diferentes tipos de geradores de números aleatórios.**
- **Gerar números aleatórios com planilha eletrônica, Python e R.**

Na próxima seção, veremos o gerador aleatório linear congruente.

2.1 Geradores lineares congruentes

O gerador linear congruente, que foi um dos primeiros geradores de números aleatórios a ser desenvolvido, pode ser modelado pela Equação 2.1.

$$Z_i = mod(aZ_{i-1} + c; m) \tag{2.1}$$

Em que:
a: É o multiplicador.
c: É o incremento.
$mod()$: É o resto da divisão de $(aZ_{i-1} + c)$ por m.
Z_0: É a semente.
m: É a constante que representa a quantidade de números aleatórios diferentes a serem gerados.

Com a Equação 2.1, é possível gerar o número aleatório, aplicando-o na Equação 2.2.

$$U_i = \frac{Z_i}{m} \tag{2.2}$$

Na qual:
U_i: É o número aleatório entre 0 e 1.

É importante salientar um componente essencial do modelo de gerador de números aleatórios, que é a semente. A semente é o componente que é definido no início da geração e, se modificado, gerará um conjunto de números aleatórios diferentes. Veremos nas seções posteriores que alguns softwares possibilitam a definição da semente para gerar números aleatórios semelhantes.

A próxima seção, então, desenvolve um exemplo numérico.

2.2 Exemplo 2.1

Considere-se que é desejável gerar dezesseis números aleatórios distintos com os seguintes parâmetros (Harrell et al., 2004):

a=21
c=3
Z_0 = 13
m=16

A Figura 2.1 mostra a geração de vinte números aleatórios do Exemplo 2.1.

Figura 2.1 - Geração de vinte números aleatórios

	A	B	C	D
1	i	Zi	Ui	
2	0	13		
3	1	4	0,25	
4	2	7	0,4375	
5	3	6	0,375	
6	4	1	0,0625	
7	5	8	0,5	
8	6	11	0,6875	
9	7	10	0,625	
10	8	5	0,3125	
11	9	12	0,75	
12	10	15	0,9375	
13	11	14	0,875	
14	12	9	0,5625	
15	13	0	0	
16	14	3	0,1875	
17	15	2	0,125	
18	16	13	0,8125	
19	17	4	0,25	
20	18	7	0,4375	
21				

Fonte: O autor.

As fórmulas utilizadas na geração dos números aleatórios podem ser visualizadas na Tabela 2.1:

Tabela 2.1 - Fórmulas utilizadas na geração dos números aleatórios

Célula	Fórmula
B2	=13
B3	=MOD(21*B2+3;16)
C3	=B3/16

Fonte: O autor.

É possível notar que foram gerados dezesseis números aleatórios diferentes, sendo que na décima sétima observação foi gerado o mesmo número aleatório da primeira. Também vale salientar que cada replicação de uma simulação deve utilizar uma sequência de números aleatórios diferentes. Assim, caso seja utilizado o gerador linear congruente, é importante que, para cinco replicações de mil observações cada, sejam gerados 5 mil números aleatórios diferentes.

Um tamanho seguro de replicação está em, mais ou menos, 10 mil observações (L'Ecuyer et al., 2000). Logo, o software ProModel utiliza o gerador congruente linear multiplicativo, em que (Harrell et al., 2004):

a=630360016

c=0

m=2^{31} - 1

Portanto, para a geração de muitas observações e replicações, os métodos lineares congruentes não são indicados (L'Ecuyer & Simard, 2001).

A próxima seção traz um método de geração de números aleatórios que considera geradores combinados.

2.3 Geradores combinados

Um gerador superior ao linear congruente é o gerador MRG32k3a (L'Ecuyer et al., 2002), que é utilizado pelo software Arena (Kelton et al., 2015). Esse gerador pode criar períodos de 2^{191} números aleatórios diferentes, utilizando seis sementes aleatórias.

As equações relevantes do gerador MRG32k3a são:

$$\begin{cases} R_{1,i} = (1403580(R_{1,i-2}) - 810728(R_{1,i-3})[\mathrm{mod}(2^{32} - 209)] \\ R_{2,i} = (527612(R_{2,i-1}) - 1370589(R_{2,i-3})[\mathrm{mod}(2^{32} - 22853)] \\ Y_i = (R_{1,i} - R_{2,i})[\mathrm{mod}(2^{32} - 209)] \\ U_i = Y_i/(2^{32} - 209) \\ \{R_{1,0}, R_{1,1}, R_{1,2}, R_{2,0}, R_{2,1}, R_{2,2}\} = \{12345, 12345, 12345, 12345, 12345, 12345\} \end{cases}$$

Em que:

$R_{1,0}, R_{1,1}, R_{1,2}, R_{2,0}, R_{2,1}, R_{2,2}$: São as sementes.

U_i: É o número aleatório gerado.

A próxima seção implementa esse gerador.

2.4 Exemplo 2.2

Suponha que se queira gerar cinco números aleatórios utilizando o MRG32k3a. Os parâmetros e sementes serão os mesmos definidos na seção anterior.

A Figura 2.2 mostra a planilha na qual foram gerados os números aleatórios:

Figura 2.2 – Geração de cinco números aleatórios com o MRG32k3a

	A	B	C	D	E	F
1	i	Ui	Yi	R2,i	R1,i	
2	0			12345	12345	
3	1			12345	12345	
4	2			12345	12345	
5	3	0,127011	5,46E+08	2,478E+09	3,024E+09	
6	4	0,318528	1,37E+09	1,656E+09	3,024E+09	
7	5	0,309186	1,33E+09	2,057E+09	3,385E+09	
8	6	0,825847	3,55E+09	2,07E+09	1,322E+09	
9	7	0,221630	9,52E+08	1,978E+09	2,93E+09	
10						

Fonte: O autor.

As fórmulas utilizadas na geração dos números aleatório são apresentadas na Tabela 2.2:

Tabela 2.2 – Fórmulas utilizadas na geração dos números aleatórios com o MRG32k3a

Célula	Fórmula
B5	=C5/(2^32-209)
C5	=MOD(E5-D5;2^32-209)
D5	=MOD((527612*D4-1370589*D2);2^32-22853)
E5	=MOD((1403580*E3)-(810728*E2);2^32-209)

Fonte: O autor.

No Python, podem ser gerados números aleatórios com o gerador MRG32k3a por meio da seguinte função:

```
def aleatorio(n):
  #Vetores com 6 sementes
  r1=[12345,12345,12345]
  r2=[12345,12345,12345]
  #Geração dos vetores de apoio e o dos números aleatórios
  yi=[]
  ui=[]
  for i in range(0,n):
    r1.append((1403580*r1[-2]-810728*r1[-3])%(2**32-209))
    r2.append((527612*r2[-1]-1370589*r2[-3])%(2**32-22853))
    yi.append((r1[i+3]-r2[i+3])%(2**32-209))
    ui.append(yi[i]/(2**32-209))
  return ui
```

Executada a função, é possível gerar o histograma de 10 mil números aleatórios desse simulador com o comando:

```
import matplotlib.pyplot as plt
plt.hist(aleatorio(10000))
```

O resultado é mostrado na Figura 2.3:

Figura 2.3 – Histograma de 10 mil números aleatórios do gerador MRG32k3a no Python

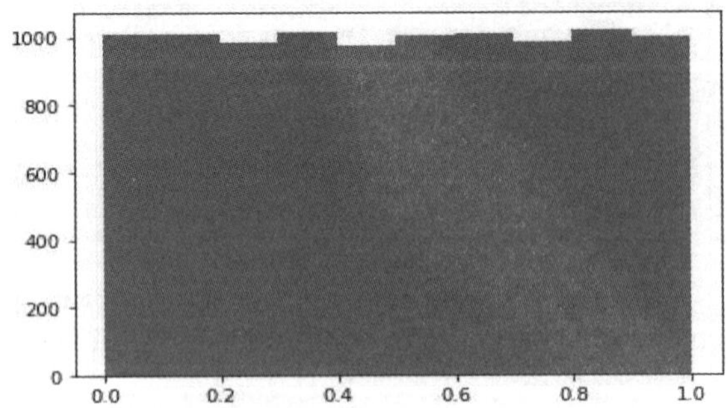

Fonte: O autor.

Na linguagem R, pode-se gerar um resultado semelhante, conforme mostra a Figura 2.4, com o seguinte código:

```
aleatorio <- function(n) {
  # Vetores com 6 sementes
  r1 <- c(12345, 12345, 12345)
  r2 <- c(12345, 12345, 12345)
  # Geração dos vetores de apoio e o dos números aleatórios
  yi <- numeric(n)
  ui <- numeric(n)
  for (i in 1:n) {
    r1 <- c(r1, (1403580 * r1[length(r1) - 1] - 810728 * r1[length(r1)
- 2]) %% (2 ^ 32 - 209))
    r2 <- c(r2, (527612 * r2[length(r2)] - 1370589 * r2[length(r2) -
2]) %% (2 ^ 32 - 22853))
    yi[i] <- (r1[length(r1)] - r2[length(r2)]) %% (2 ^ 32 - 209)
    ui[i] <- yi[i] / (2 ^ 32 - 209)
  }
  return(ui)
}
hist(aleatorio(10000))
```

Figura 2.4 – Histograma de 10 mil números aleatórios do gerador MRG32k3a na linguagem R

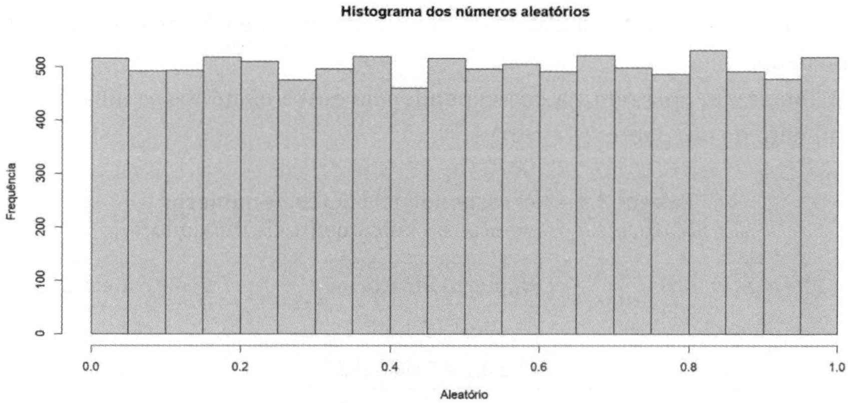

Fonte: O autor.

Com os números aleatórios gerados, agora será possível criar os eventos aleatórios exibidos no capítulo 1.

2.5 Gerando eventos aleatórios

Agora que sabemos gerar números aleatórios, é preciso criar uma correspondência para que eles gerem eventos aleatórios. Para isso, será necessário estabelecer faixas nos números aleatórios que, se atingidas, gerarão um evento aleatório específico.

Desse modo, por exemplo, para estabelecer uma correspondência entre os números aleatórios gerados com igual chance, entre 0 e 1, e os eventos decorrentes do lançamento de uma moeda, divide-se o conjunto de números aleatórios, que podem ocorrer no espaço contínuo entre 0 e 1, em blocos que corresponderão aos eventos possíveis "cara" ou "coroa", ou seja, em duas faixas.

A Tabela 2.3 divide o universo dos números aleatórios possíveis em duas faixas, definindo a correspondência com os eventos aleatórios "cara" e "coroa":

Tabela 2.3 – Correspondência entre números aleatórios e os eventos do lançamento de uma moeda

Bloco de valores	Números aleatórios	Evento aleatório
Bloco 1	De 0 a 0,49	cara
Bloco 2	De 0,50 a 1	coroa

Fonte: O autor.

A coluna de números aleatórios mostrada na Tabela 2.3 também é conhecida como distribuição acumulada. Assim, da mesma forma que foi definida a correspondência entre os números aleatórios e os eventos do lançamento de uma moeda, pode-se definir o paralelo entre os números aleatórios e o lançamento de um dado.

A Tabela 2.4 apresenta a correspondência entre os números aleatórios e o lançamento de um dado:

Tabela 2.4 – Correspondência entre os números aleatórios e os eventos do lançamento de um dado

Bloco de valores	Números aleatórios	Evento aleatório
Bloco 1	De 0 a 0,1666	1
Bloco 2	De 0,1667 a 0,3332	2
Bloco 3	De 0,3333 a 0,4999	3
Bloco 4	De 0,50 a 0,66	4
Bloco 5	De 0,67 a 0,83	5
Bloco 6	De 0,84 a 1	6

Fonte: O autor.

A Tabela 2.5 apresenta a geração de eventos aleatórios de uma moeda e de um dado para dez números aleatórios, que foram criados nos geradores linear congruente e combinado.

É possível visualizar na Tabela 2.5 que os números aleatórios gerados nos simuladores linear congruente e combinado resultam em eventos aleatórios específicos, tanto resultantes do lançamento de uma moeda quanto de um dado.

Tabela 2.5 – Geração de dez eventos aleatórios

Número aleatório	Gerador linear congruente	Moeda	Dado	MRG32k3a	Moeda	Dado
1	0,25	cara	2	0,1270	cara	1
2	0,4375	cara	3	0,3185	cara	2
3	0,375	cara	3	0,3092	cara	2
4	0,0625	cara	1	0,8258	coroa	5
5	0,5	coroa	4	0,2216	cara	2
6	0,6875	coroa	5	0,5334	coroa	4
7	0,625	coroa	4	0,4808	cara	3
8	0,3125	cara	2	0,3556	cara	3
9	0,75	coroa	5	0,1360	cara	1
10	0,9375	coroa	6	0,7559	coroa	5

Fonte: O autor.

A próxima seção traz a geração de números aleatórios nos softwares.

2.6 Geração de números aleatórios em softwares

A seção anterior utilizou os números aleatórios criados pelos dois geradores apresentados. Nesse sentido, na planilha eletrônica, é possível criar números aleatórios entre 0 e 1 com a seguinte função:

```
=ALEATÓRIO()
```

A Figura 2.5 mostra dez números aleatórios gerados no Excel com uso dessa função.

Portanto, o leitor que criar números em seu computador notará que os números gerados são diferentes, porque, a cada geração, a planilha eletrônica muda a semente aleatória. Assim, por meio dessa função não é possível definir a semente aleatória, nem travar os números aleatórios gerados. Uma solução possível seria gerar os números aleatórios e copiar apenas os valores para outra coluna, a fim de trabalhar com números aleatórios estáveis.

Figura 2.5 – Dez números aleatórios gerados no Excel

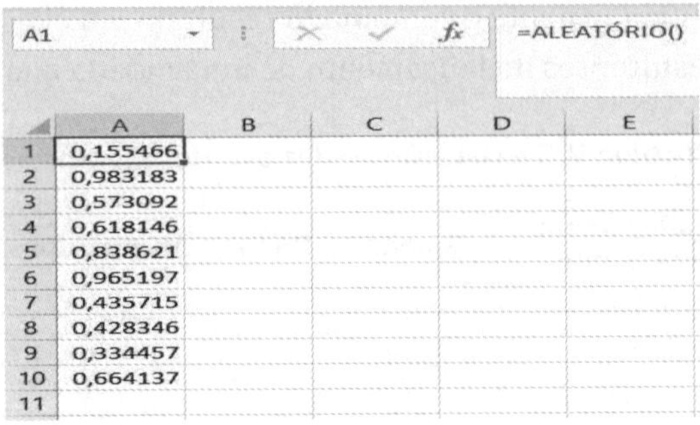
A1 =ALEATÓRIO()

	A	B	C	D	E
1	0,155466				
2	0,983183				
3	0,573092				
4	0,618146				
5	0,838621				
6	0,965197				
7	0,435715				
8	0,428346				
9	0,334457				
10	0,664137				
11					

Fonte: O autor.

No entanto, diferentemente das planilhas eletrônicas, a linguagem R gera um número aleatório que não varia por meio do comando em que logo abaixo se apresenta o resultado:

```
runif(1)
[1] 0.7576316
```

Cada vez que esse comando for executado, será gerado um número aleatório diferente entre 0 e 1. Para criar e exibir um vetor com dez números aleatórios, pode-se usar o comando:

```
numAleat=runif(10)
numAleat
[1] 0.87658135 0.07183075 0.43200527 0.64245308 0.20371738 0.50298926
0.62449992 0.23532835 0.77734056 0.93191398
```

Os números gerados são estáveis, isto é, uma vez armazenados, não se alteram quando a execução é continuada pelo vetor criado.

Outra vantagem do uso do R reside no fato de se definir a semente sob a qual os números aleatórios serão gerados, o que possibilita gerar números aleatórios idênticos, caso se utilize a mesma semente. Para tanto, pode-se redigir o seguinte script e visualizar o resultado que, mesmo que seja executado seguidamente, gerará o mesmo conjunto de números aleatórios:

```
set.seed(1)
runif(1)
[1] 0.2655087
```

Para verificar a aleatoriedade da função, podem-se plotar os vetores criados ao comparar a geração de diferentes números aleatórios e sua distribuição em um gráfico de dispersão, que pode ser criado com a execução dos seguintes comandos:

```
par(mfrow=c(2,2))
plot(runif(1), main="Um número aleatório")
plot(runif(10), main="Dez números aleatórios")
plot(runif(1000), main="Mil números aleatórios")
plot(runif(10000), main="10 mil números aleatórios")
```

A Figura 2.6 mostra os quatro gráficos criados:

Figura 2.6 – Geração de números aleatórios no R

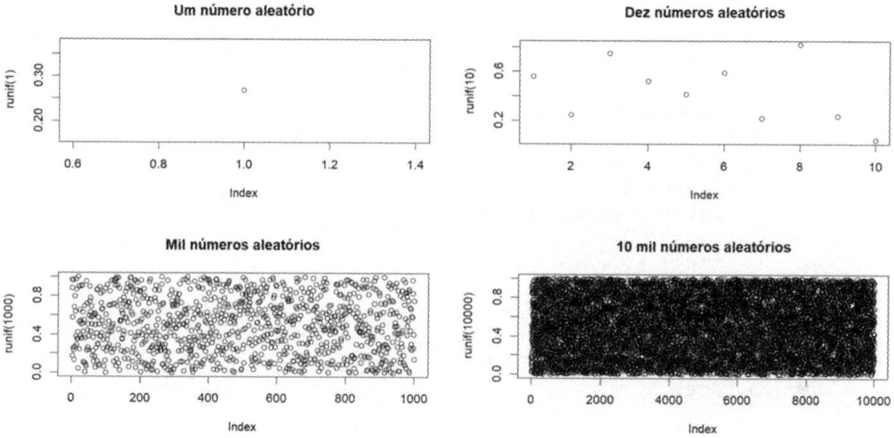

Fonte: O autor.

A visualização da Figura 2.6 possibilita verificar visualmente que os números aleatórios criados são distribuídos uniformemente entre 0 e 1.

Dessa maneira, para a geração de números aleatórios no Python, é necessário antes importar o pacote Random. Os comandos necessários para importá-lo, definir uma semente e gerar um número aleatório são:

```
import random as rd
rd.seed(1)
rd.random()
```

O resultado é mostrado da seguinte maneira:

```
0.13436424411240122
```

Foi visto na seção 1.4 do capítulo 1 que a função *sample()* do R e a função *choice()* do pacote Random do Python podem simular eventos aleatórios específicos em seus argumentos. A título de ilustração, uma função no Python que possibilita a geração dos eventos aleatórios do lançamento de um dado, utilizando números aleatórios, pode ser realizada com o seguinte script:

```
def simulaDado(n):
    import random as rd
    aleatorios=[]
    faces = []
    for i in range(n):
        aleatorios.append(rd.random())
    for i in aleatorios:
        if i<1/6:
            faces.append("face1")
        elif i<1/6*2:
            faces.append("face2")
        elif i<1/6*3:
            faces.append("face3")
        elif i<1/6*4:
            faces.append("face4")
        elif i<1/6*5:
            faces.append("face5")
        else:
            faces.append("face6")
    return faces
```

Após executada essa função, é esperado que as faces tenham igual probabilidade de ocorrência, já que essa característica deve convergir em um número grande de observações. Logo, utilizando o pacote Matplotlib, pode-se fazer o gráfico das faces geradas com os comandos a seguir:

```
import matplotlib.pyplot as plt
import numpy as np
faces, frequencia = np.unique(simulaDado(10000),
return_counts=True)
plt.bar(faces, frequencia)
plt.show()
```

A Figura 2.7 mostra o gráfico gerado, resultante dos comandos citados:

Figura 2.7 – Distribuição de frequência do simulador do dado

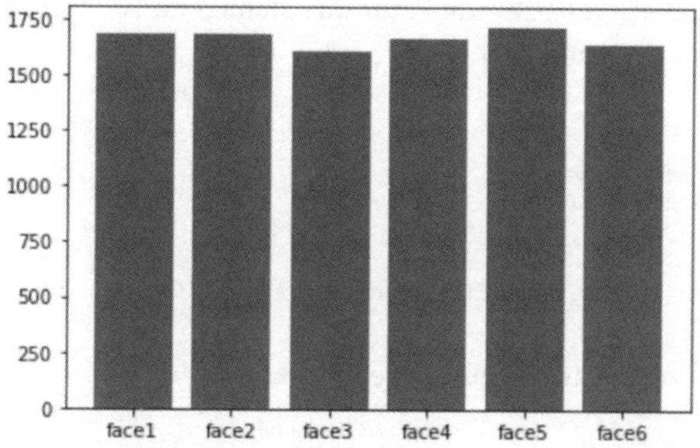

Fonte: O autor.

Outro exemplo aplicado à geração de eventos aleatórios é a simulação que sorteia uma carta de baralho. No R, podem-se criar dois vetores que registram os naipes e os valores das cartas:

```
naipes <- c("Copas", "Espadas", "Ouros", "Paus")
valores <- c("Ás", "2", "3", "4", "5", "6", "7", "8", "9", "10",
"Valete", "Dama", "Rei")
```

A quantidade de naipes e de valores vai gerar um espaço amostral de 52 eventos possíveis (13x4). É preciso ainda criar uma função que imprima o valor da carta associado ao naipe:

```
imprimir_carta <- function(valor, naipe) {
  cat("Carta sorteada: ", valor, "de", naipe, "\n")
}
```

Após, criar objetos que sorteiam um naipe e um valor:

```
valor <- sample(valores, 1)
naipe <- sample(naipes, 1)
```

A execução da função gera uma carta aleatória:

```
imprimir_carta(valor, naipe)
```

E a função gera o seguinte resultado aleatório:

```
Carta sorteada: 5 de Paus
```

Para verificar se, de fato, as cartas são sorteadas aleatoriamente com igual chance (1/52), é possível criar um vetor que armazene 100 mil eventos e calcule a frequência com que cada carta é sorteada:

```
for (i in 1:100000) {
  valor <- sample(valores, 1)
  naipe <- sample(naipes, 1)
  resultados[[i]] <- paste(valor, "de", naipe)
}
print(prop.table(table(unlist(resultados)) * 100))
```

Esse código vai gerar o seguinte resultado:

```
        10 de Copas      10 de Espadas          10 de Ouros
            0.01928            0.01871              0.01936
         10 de Paus         2 de Copas         2 de Espadas
            0.01954            0.01886              0.01925
         2 de Ouros          2 de Paus           3 de Copas
            0.01952            0.01917              0.01951
       3 de Espadas         3 de Ouros            3 de Paus
            0.01883            0.01937              0.01968
         4 de Copas       4 de Espadas           4 de Ouros
            0.01924            0.01861              0.01860
          4 de Paus         5 de Copas         5 de Espadas
            0.01942            0.01896              0.01914
         5 de Ouros          5 de Paus           6 de Copas
            0.01914            0.01895              0.02031
       6 de Espadas         6 de Ouros            6 de Paus
            0.01893            0.01917              0.01860
         7 de Copas       7 de Espadas           7 de Ouros
            0.01903            0.01963              0.01907
          7 de Paus         8 de Copas         8 de Espadas
            0.01930            0.01935              0.01896
         8 de Ouros          8 de Paus           9 de Copas
            0.01919            0.01921              0.01958
       9 de Espadas         9 de Ouros            9 de Paus
            0.01874            0.01957              0.01937
        Ás de Copas      Ás de Espadas          Ás de Ouros
            0.01977            0.01942              0.01967
         Ás de Paus      Dama de Copas      Dama de Espadas
            0.01900            0.02013              0.01962
      Dama de Ouros       Dama de Paus         Rei de Copas
            0.01928            0.01900              0.01842
     Rei de Espadas       Rei de Ouros          Rei de Paus
            0.01980            0.01920              0.01891
    Valete de Copas  Valete de Espadas      Valete de Ouros
            0.01951            0.01877              0.01861
     Valete de Paus
            0.01974
```

É possível visualizar neste resultado que a chance de cada carta ser selecionada é similar — em torno de 0,019 —, aproximando-se da solução analítica de (1/52).

A próxima seção traz os exercícios propostos do capítulo.

2.7 Exercícios propostos

1. Gere 101 números aleatórios com o gerador linear congruente, usando os seguintes parâmetros:
   a=30
   c=2
   Z_0= 18
   m=101
   Qual é o último número aleatório gerado?

2. Ao utilizar o gerador combinado MRG32k3a com as sementes mostradas no exemplo, qual é o valor do centésimo número aleatório gerado?

3. Crie uma função no Python que gere a quantidade de números aleatórios desejada com os parâmetros do gerador linear congruente mostrado no Exemplo 2.1.

4. Refaça o exercício 2, alterando as seis sementes para 54321 cada. Qual é o centésimo número aleatório gerado?

5. A partir da geração de números aleatórios, escreva uma função em Python que simule o lançamento de uma moeda.

6. Utilizando a função criada no exercício 5, quais comandos podem ser utilizados no Python para gerar uma simulação de 10 mil lançamentos de uma moeda e também mostrar o gráfico da frequência de cada face?

7. Deseja-se simular um espaço amostral de três eventos aleatórios distintos. Esses eventos são as condições do tempo: sol, chuva e nublado. Qual correspondência se pode criar para gerar esses três eventos a partir de números aleatórios gerados entre 0 e 1?

8. Gere cem eventos aleatórios com o mesmo contexto do exercício 7, utilizando números aleatórios em planilha eletrônica.

9. Crie uma função no Python que gere os eventos aleatórios do exercício anterior.

10. Construa uma função no Python que gere números aleatórios, utilizando o gerador usado no ProModel com semente de 20.

RESUMO

Neste capítulo, foram apresentados modelos que possibilitam gerar números aleatórios entre 0 e 1 e, a partir destes, gerar eventos aleatórios de acordo com as necessidades do modelo. Foi ainda apresentada a geração de números aleatórios em planilhas eletrônicas e nas linguagens R e Python. Além disso, foi visto que essas últimas ferramentas possibilitam gerar números aleatórios de forma a controlar a semente inicial.

Até este capítulo, foram gerados eventos aleatórios com espaço amostral limitado de tamanho dois, no caso da moeda, e seis, que simulou o lançamento de um dado. Todavia, esses eventos aleatórios são discretos e têm espaço amostral pequeno. Considere, por exemplo, o problema de simular a geração de diversas temperaturas que variem de 20ºC a 40ºC. No próximo capítulo, será abordado como simular variáveis aleatórias, sendo possível gerar espaços amostrais maiores e definidos a partir de faixas contínuas para a sua ocorrência.

03

Simulação de variáveis aleatórias

"(...)
Da áurea balança tomando, Zeus pai, que bulcões acumula,
Pôs sobre as conchas as Queres que a morte fatal determinam,
A do divino Pelida e a de Heitor domador de cavalos,
E pelo meio a librou: baixa o dia funesto de Heitor
Para o negro Hades; (...)"

Ilíada de Homero, Canto XXII – tradução de Carlos Alberto Nunes

Muitas vezes, é necessário simular eventos aleatórios com um espaço amostral maior do que os eventos aleatórios simulados no capítulo anterior. Dessa maneira, considere, por exemplo, o caso em que uma empresa precisa simular a demanda que varia de duzentos a oitocentos no universo dos números inteiros. Assim, a demanda pode assumir seiscentos valores diferentes.

Com um espaço amostral maior do que o anterior, seria o caso de uma indústria que precisa simular seu custo de produção, podendo variar em um contínuo entre 3,1235 e 6,1818. Considerando que os valores simulados retornam com quatro casas decimais, há mais de 30 mil eventos aleatórios possíveis nesse espaço amostral. Assim, simulações, neste contexto, podem utilizar variáveis aleatórias aderentes a uma distribuição de probabilidade conhecida por simular tamanha quantidade de eventos aleatórios.

OBJETIVOS DO CAPÍTULO

- **Construir uma distribuição empírica a partir de dados coletados na realidade.**
- **Conhecer métodos de geração de variáveis aleatórias.**
- **Gerar variáveis aleatórias de acordo com as distribuições normal e exponencial.**

A próxima seção traz o caso sobre quando não se conhece a distribuição dos dados e, nas seções seguintes, veremos como simular dados que se comportam conforme as distribuições de probabilidade conhecidas.

3.1 Distribuição empírica

A distribuição empírica é utilizada quando não se tem informação se um conjunto de dados tem aderência a uma distribuição de probabilidade conhecida. Para realizar a simulação da distribuição empírica, é necessário executar os seguintes passos:

- Resumir os dados por meio de uma distribuição de frequências.
- Definir as probabilidades associadas a cada faixa de frequências.
- Construir a distribuição acumulada.
- Realizar a simulação com números aleatórios e com faixas de frequências.
- Esses passos serão operacionalizados por meio de um exemplo.

3.1.1 Exemplo 3.1

Suponha que uma empresa deseje simular sua demanda mensal e, por isso, coletou dados históricos de 50 meses passados, que são apresentados na Tabela 3.1:

Tabela 3.1 – Dados históricos de demanda mensal

446	492	482	621	553
519	641	347	595	634
577	538	741	434	664
311	575	435	391	487
458	473	391	296	468
526	664	521	463	674
581	397	803	599	467
406	644	421	412	574
443	490	505	324	439
728	652	628	559	678

Fonte: O autor.

Para se ter uma ideia da forma de distribuição dos dados da demanda, o próximo passo é construir a distribuição de frequências desses dados. Essa distribuição pode ser realizada com os seguintes passos:

a. Calcular a quantidade de classes, que será a raiz quadrada da quantidade de observações.
b. Dividir a quantidade de observações pela quantidade de classes para descobrir a amplitude de cada classe.
c. Definir os limites de amplitudes das classes.
d. Alocar cada observação na respectiva classe.
e. Calcular a distribuição de probabilidade das classes.
f. Calcular a distribuição acumulada.
g. Executar a simulação com a distribuição acumulada e os limites superiores das classes.

Os passos de a) a c) podem ser definidos conforme mostrado na Tabela 3.2:

Tabela 3.2 – Definições iniciais da tabela de frequência

Passo	Descrição	Resultado
a) Quantidade de classes	Raiz quadrada da quantidade de observações.	$\sqrt{50} \cong 7$
b) Amplitude das classes	Dividir a amplitude das observações pela quantidade de classes.	$\frac{803-296}{7} = 72{,}43$
c) Limites de amplitude das classes	Definir os limites, iniciando pelo mínimo das observações e somando a amplitude das classes.	296,00→368,42 368,43→440,85 440,86→513,28 513,29→585,71 585,72→658,14 658,15→730,57 730,58→803,01

Fonte: O autor.

No passo a), a quantidade de classes foi arredondada para o inteiro mais próximo. Logo, para obter a amplitude das classes, foi subtraído o valor máximo pelo valor mínimo do conjunto de dados e, depois, dividido pela quantidade de classes. Por fim, a partir do mínimo dos dados, soma-se a amplitude das classes para obter o limite inferior da próxima classe (296+72,43=368,43) e subtrai-se pela menor unidade decimal para obter o limite superior da classe (368,43–0,01=368,42).

Com essas definições, os passos de d) a f) são implementados conforme mostrados na Tabela 3.3:

Tabela 3.3 – Distribuição de frequências e probabilidades, e distribuição acumulada do Exemplo 3.1

Limite inferior	Limite superior	Frequência absoluta	Frequência relativa	Frequência relativa acumulada	Demanda simulada
296	368,42	4	0,08	0	368,42
368,43	440,85	9	0,18	0,08	440,85
440,86	513,28	12	0,24	0,26	513,28
513,29	585,71	10	0,2	0,5	585,71
585,72	658,14	8	0,16	0,7	658,14
658,15	730,57	5	0,1	0,86	730,57
730,58	803,00	2	0,04	0,96	803,00

Fonte: O autor.

A frequência absoluta é obtida pela contagem de observações em relação àquelas cinquenta do conjunto de dados presentes no dado intervalo. Por exemplo, há quatro observações na Tabela 3.1 cujos valores estão entre 296 e 368,42. A frequência relativa é obtida dividindo-se a frequência absoluta pelo total de observações. Assim, a frequência relativa da primeira classe é 0,08 (4/50=0,08).

A frequência relativa acumulada, também conhecida como distribuição acumulada, é obtida definindo o valor de 0 para a primeira classe e, a partir desta, somando a frequência relativa acumulada anterior com a frequência relativa atual. Por exemplo, a frequência relativa da segunda classe é (0+0,08=0,08) e a da terceira classe é (0,08+0,18=0,26). Por fim, na última coluna, é definido o valor da demanda que será simulado. Escolheu-se, neste caso, os limites inferiores das classes.

Formalizando essa construção, pode-se dizer que a demanda é uma variável aleatória discreta com função de densidade de probabilidade *p(x)* representada por:

$$p(368{,}43) = 0{,}08, p(440{,}85) = 0{,}18, \dots, p(730{,}57) = 0{,}1, p(803) = 0{,}04$$

A função da distribuição acumulada empírica F_e é representada por:

$$P(X \leq 368{,}43) = 0{,}08, P(X \leq 440{,}8) = 0{,}26, \dots, P(X \leq 803) = 1$$

Desse modo, com a distribuição acumulada, é possível simular valores de demanda das classes a partir da correspondência de um número aleatório, com a respectiva frequência relativa acumulada ou com a distribuição acumulada. A Tabela 3.4 mostra a simulação de dez observações a partir de dez números aleatórios, gerados no MRG32k3a (ver seção 2.5 do capítulo 2):

Tabela 3.4 – Simulação de dez observações do Exemplo 3.1

Observação	Número aleatório	Demanda simulada
1	0,127	440,85
2	0,3185	513,28
3	0,3092	513,28
4	0,8258	658,14
5	0,2216	440,85
6	0,5334	585,71
7	0,4808	513,28
8	0,3556	513,28
9	0,136	440,85
10	0,7559	658,14

Fonte: O autor.

Já na planilha eletrônica, é possível executar os passos de a) a g) conforme mostra a Figura 3.1:

Figura 3.1 – Exemplo 3.1 implementado na planilha eletrônica

	A	B	C	D	E	F	G	H	I
1			Distribuição de frequências, acumulada e demanda média						
2	Demanda		Classe	Limite inferior	Limite superior	Frequência absoluta	Frequência relativa	Frequência relativa acumulada	Demanda simulada
3	446		1	296	368,42	4	0,08	0	368,42
4	519		2	368,43	440,85	9	0,18	0,08	440,85
5	577		3	440,86	513,28	12	0,24	0,26	513,28
6	311		4	513,29	585,71	10	0,2	0,5	585,71
7	458		5	585,72	658,14	8	0,16	0,7	658,14
8	526		6	658,15	730,57	5	0,1	0,86	730,57
9	581		7	730,58	803,00	2	0,04	0,96	803,00
10	406					0			
11	443			Simulação				Parâmetros	
12	728			Observação	Número aleatório	Demanda simulada		Mínimo	296
13	492			1	0,127	440,85		Máximo	803
14	641			2	0,3185	513,28		Amplitude	507
15	538			3	0,3092	513,28		Qtd_classes	7
16	575			4	0,8258	658,14		Amplitude das classes	72,43
17	473			5	0,2216	440,85			
18	664			6	0,5334	585,71			
19	397			7	0,4808	513,28			
20	644			8	0,3556	513,28			
21	490			9	0,136	440,85			
22	652			10	0,7559	658,14			

Fonte: O autor.

As fórmulas utilizadas na planilha são mostradas na Tabela 3.5:

Tabela 3.5 – Fórmulas utilizadas na implementação em planilha

Célula	Fórmula
D3	=I12
D4	=D3+$I$16
E3	=D3+$I$16-0,01
F3	=FREQUÊNCIA(A3:A52;E3:E9)
G3	=F3/SOMA($F$3:$F$9)
H3	=0
H4	=H3+G3
I3	=E3
I12	=MÍNIMO(A3:A52)
I13	=MÁXIMO(A3:A52)
I14	=I13-I12
I15	=ARRED(RAIZ(CONT.NÚM(A3:A52));0)
I16	=ARRED(I14/I15;2)
F13	=PROCV(E13;$H$3:$I$9;2)

Fonte: O autor.

Uma ferramenta muito útil na simulação é a visualização do histograma. O histograma é um gráfico de barras que mostra a distribuição de frequências de um conjunto de dados. No Excel, é possível fazer o histograma dos dados, selecionando as frequências absolutas da coluna F e inserindo o gráfico de barras. Deve-se alterar o eixo x para mostrar os rótulos das classes, selecionando os dados das colunas D e E. Depois, é possível remover os espaços entre as barras, clicando com o botão direito em qualquer uma e, ao formatar a série de dados, reduzir a largura do espaçamento a 0. Por fim, deve-se alterar a borda para uma linha sólida. O resultado é o gráfico mostrado na Figura 3.2:

Figura 3.2 – Histograma da distribuição de frequência

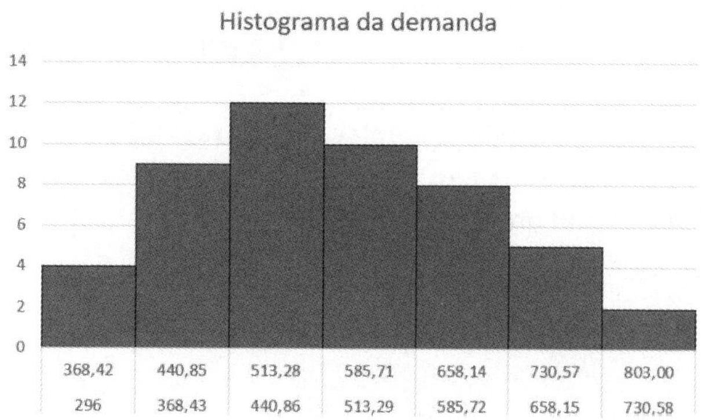

Fonte: O autor.

Pode-se ainda ampliar o número de observações da simulação do Exemplo 3.1 para 10 mil. Essa simulação pode ser feita com o comando visto no capítulo anterior:

```
=ALEATÓRIO()
```

Essa simulação é exibida na Tabela 3.6:

Tabela 3.6 – Simulação ampliada do Exemplo 3.1

Observação	Número aleatório	Demanda simulada
1	0,89668	730,57
2	0,48249	513,28
3	0,56313	585,71
4	0,96633	803
5	0,20435	440,85
...	...	...
9996	0,20684	440,85
9997	0,27967	513,28
9998	0,67500	585,71
9999	0,01219	368,42
10000	0,96445	803

Fonte: O autor.

Pode-se obter o histograma diretamente a partir das demandas simuladas com a ferramenta "Histograma", que está disponível no suplemento "Análise de dados". Ao selecionar "Dados> Análise de dados>Histograma", o intervalo de entrada é constituído por todas as células da demanda simulada e, no intervalo do bloco, pode ser selecionada a demanda simulada. Após, deve-se ativar a opção "Resultado do gráfico". Além disso, pode-se reduzir o espaçamento das colunas e definir as bordas em preto. O gráfico gerado pode ser visualizado na Figura 3.3.

É possível notar a semelhança entre as figuras 3.2 e 3.3, com a diferença de que a primeira foi gerada pelos dados originários do exemplo, e a última por uma simulação de 10 mil observações.

Figura 3.3 – Histograma da demanda simulada

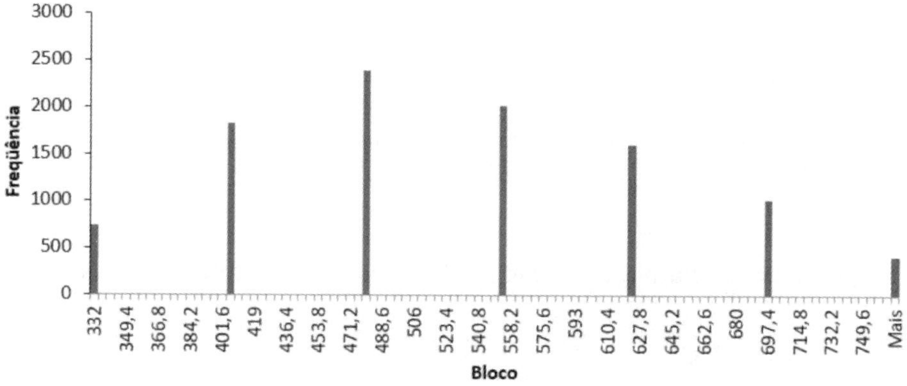

Fonte: O autor.

Já no R, pode-se criar um vetor com os dados da Tabela 3.1, copiando a sequência de valores de uma planilha eletrônica e, no R, digitar o seguinte comando:

```
demanda= scan()
```

Também é possível criar o vetor demanda, colando os dados no script e executando a seleção. Ao executar o vetor demanda, serão mostrados os valores:

```
[1]  446 519 577 311 458 526 581 406 443 728 492 641 538 575 473 664 397
[18] 644 490 652 482 347 741 435 391 521 803 421 505 628 621 595 434 391
[35] 296 463 599 412 324 559 553 634 664 487 468 674 467 574 439 678
```

O seguinte comando possibilita criar a distribuição de frequências absolutas dividida em sete classes:

```
freqAbsoluta = table(cut(demanda,breaks=7))
freqAbsoluta
```

O resultado é exibido em seguida:

```
(295,368] (368,441] (441,513] (513,586] (586,658] (658,731] (731,804]
        4         9        12        10         8         5         2
```

A frequência relativa e a exibição do resultado podem ser obtidos com os comandos:

```
freqRelativa = freqAbsoluta/sum(freqAbsoluta)
freqRelativa
```

A exibição ocorrerá da seguinte forma:

```
(295,368] (368,441] (441,513] (513,586] (586,658] (658,731] (731,804]
    0.08      0.18      0.24      0.20      0.16      0.10      0.04
```

A frequência relativa acumulada é obtida com os seguintes comandos:

```
freqAcumulada=0:(length(freqRelativa)-1)

for (i in 2:(length(freqRelativa))) {
freqAcumulada[i]=freqAcumulada[i-1]+freqRelativa[[i-1]]
}
freqAcumulada
```

E será visualizada como se segue:

```
0.00 0.08 0.26 0.50 0.70 0.86 0.96
```

Por fim, a demanda simulada pode ser obtida com os seguintes comandos:

```
demanda _ simulada=c()

freqAcumuladaAux=append(freqAcumulada,1)

for (i in 2:(length(freqAcumuladaAux))){
  demanda _ simulada=append(demanda _
simulada,quantile(demanda,freqAcumuladaAux[i])[[1]])
}

demanda _ simulada
```

A impressão da demanda simulada será:

```
[1] 387.48 441.96 512.00 585.20 653.68 728.52 803.00
```

E, com os vetores criados, é possível escrever uma função que gere a simulação a partir de um número n de observações desejadas, do vetor de frequência acumulada e da demanda simulada, cujo resultado pode ser visualizado no script abaixo:

```
distEmpirica <- function(freqAcumulada, demandaSimulada, n) {
  obs <- numeric(n)
  numAleat <- runif(n)

  for (i in 1:n) {
    for (j in 1:(length(freqAcumulada) - 1)) {
      if (numAleat[i] >= freqAcumulada[j] && numAleat[i] <
freqAcumulada[j + 1]) {
        obs[i] <- demandaSimulada[j]
        break
      }
    }
  }

  obs[obs == 0] <- demandaSimulada[length(demandaSimulada)]

  obs
}

distEmpirica(freqAcumulada,demanda_simulada,10000)
hist(distEmpirica(freqAcumulada,demanda_simulada,10000))
```

O histograma gerado pelo último comando pode ser visualizado na Figura 3.4:

Figura 3.4 – Histograma da simulação gerado no R

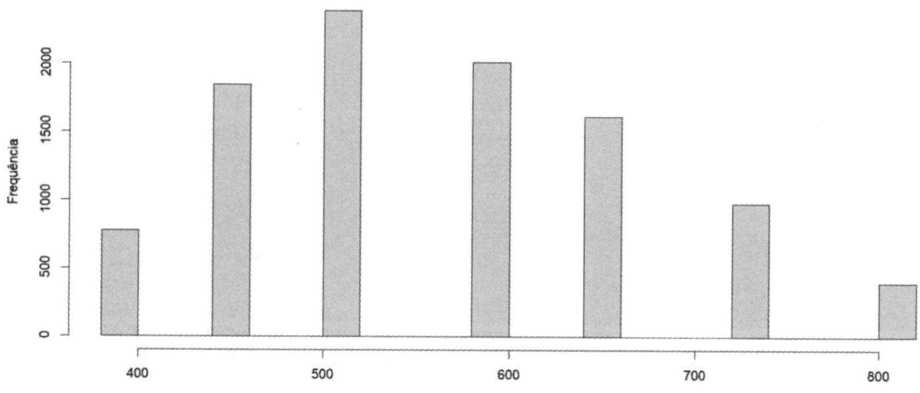

Fonte: O autor.

Dessa maneira, pode-se verificar que o histograma gerado é semelhante à função densidade de probabilidade (FDP) dessa distribuição empírica discreta. Para plotar essa função, as probabilidades podem ser obtidas por meio do seguinte código:

```
pdf=1:(length(freqRelativa))
for (i in 1:(length(freqRelativa))) {
        pdf[i]=freqRelativa[[i]]
        }
 pdf
```

O resultado será:

```
0.08 0.18 0.24 0.20 0.16 0.10 0.04
```

O gráfico FDP da distribuição empírica discreta é gerado pelo comando:

```
plot(demanda _ simulada,pdf,type="h")
```

E a Figura 3.5 mostra a FDP da distribuição empírica discreta do Exemplo 3.1:

Figura 3.5 – Gráfico da FDP do Exemplo 3.1

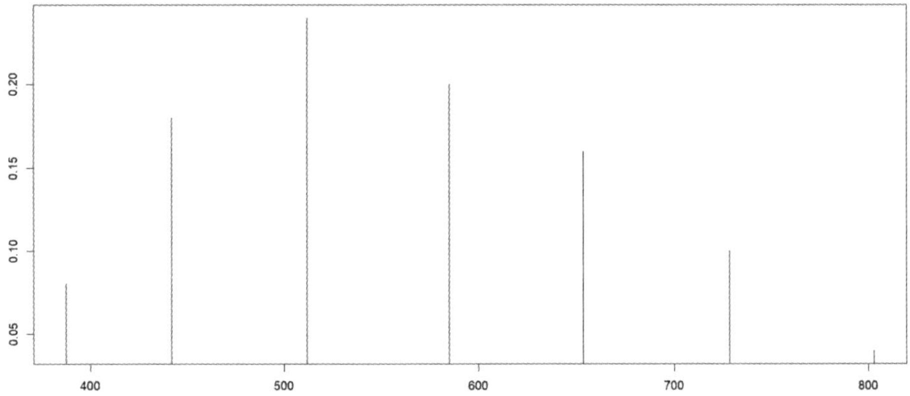

Fonte: O autor.

O gráfico da função de distribuição acumulada pode ser exibido com o seguinte comando:

```
plot(demanda _ simulada,freqAcumulada,type="l")
```

A função de distribuição acumulada (FDA) resultante é exibida na Figura 3.6:

Figura 3.6 – FDA do Exemplo 3.1

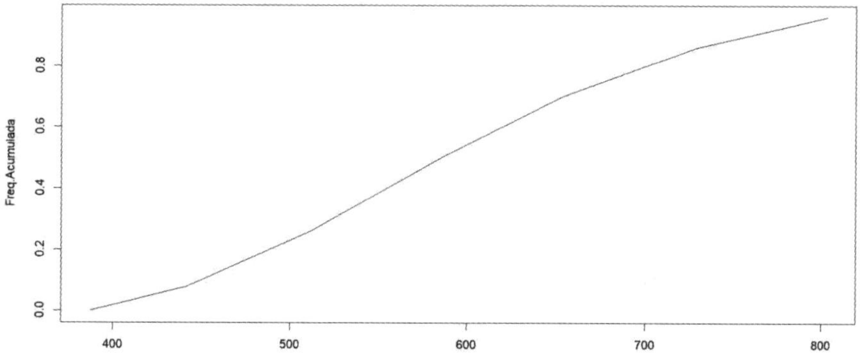

Fonte: O autor.

A simulação com a distribuição empírica discreta gerou poucas observações distintas. Logo, o leitor pode notar pelo vetor da demanda simulada que apenas oito valores foram efetivamente simulados.

Uma forma alternativa de executar a simulação desse conjunto de dados é construir uma distribuição empírica acumulada que gere probabilidades para todas as observações. Isso pode ser feito por meio da seguinte função:

```
fdaEmpirica=ecdf(demanda)
fdaEmpirica
```

Com esse comando, criou-se uma função que retorna a probabilidade acumulada de cada valor do conjunto de dados. Ao plotar esse objeto com o comando *plot(fdaEmpirica)*, nota-se uma curva mais precisa na função de densidade acumulada, conforme mostra a Figura 3.7:

Figura 3.7 – FDA completa do Exemplo 3.1

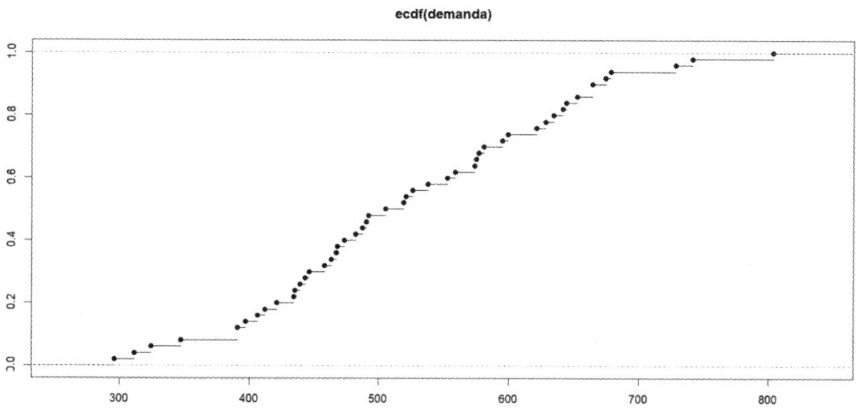

Fonte: O autor.

Uma simulação mais precisa também poderia ser executada com essa função que, em vez de apenas sete valores distintos, poderia gerar cinquenta valores diferentes. Os comandos abaixo geram 10 mil observações com esse recurso, apresentando o histograma que é exibido na Figura 3.8.

```
distEmpirica(fdaEmpirica(sort(demanda)),sort(demanda),10000)
hist(distEmpirica(fdaEmpirica(sort(demanda)),sort(demanda),10000))
```

Figura 3.8 – Histograma da simulação mais precisa do Exemplo 3.1

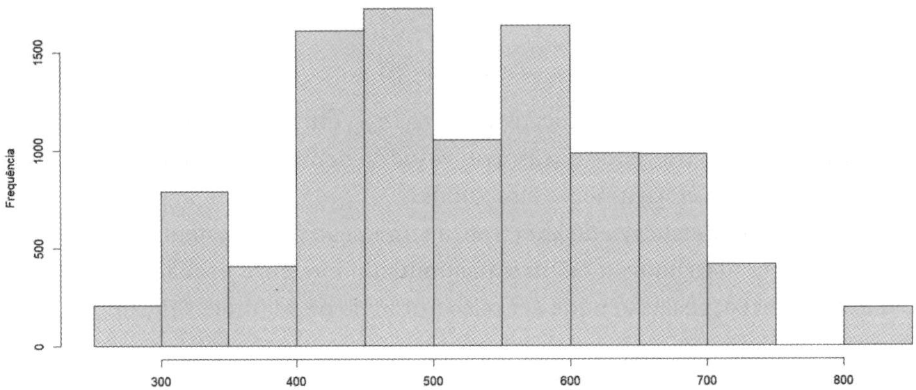

Fonte: O autor.

Portanto, mesmo simulando cinquenta valores diferentes, essa quantidade ainda pode ser inadequada para representar uma realidade, pois os valores simulados estão restritos ao histórico da demanda. As próximas seções apresentam métodos que possibilitam executar a simulação de uma variável, conforme uma distribuição de probabilidade em que a quantidade de eventos aleatórios possíveis aumentará a acurácia da análise por não estar restrita aos valores obtidos no histórico dos dados.

A próxima seção traz a distribuição normal.

3.2 Distribuição normal

Como foi visto na seção anterior, o histograma de um conjunto de dados apresenta a forma como os dados estão distribuídos. Por meio dele, é possível verificar a frequência dos dados ao longo dos intervalos de seus valores. Assim como transformamos as frequências absolutas em relativas, estas também podem ser chamadas de probabilidades de ocorrência da faixa de valores.

Por exemplo, considere as frequências relativas da Tabela 3.3. Por meio dela é possível inferir que há probabilidade de 24% de que a demanda para o próximo mês ocorra no intervalo de 440 a 513. Logo, um histograma mostra como as probabilidades estão distribuídas ao longo das faixas de valores.

Dessa maneira, ao longo do tempo, foram desenvolvidos vários modelos matemáticos que representam as mais variadas formas de ocorrência de dados nos seus respectivos intervalos. Esses modelos permitem analisar com precisão um conjunto de dados que tenha similaridade com determinada distribuição de probabilidade. Por ora, assume-se que, se o histograma de um conjunto de dados tem similaridade com um modelo de distribuição de probabilidade, infere-se que os dados têm aderência àquela distribuição.

Portanto, no decorrer das próximas seções — e no próximo capítulo — veremos vários modelos diferentes de distribuições de probabilidades que possibilitam representar o comportamento de diversos conjuntos diferentes de dados. Como o histograma dos dados do Exemplo 3.1 tem forma similar a uma distribuição normal, veremos nesta seção como modelar os dados seguindo essa distribuição e, assim, executar uma simulação mais precisa, que possa gerar mais eventos aleatórios além dos mostrados na Tabela 3.6.

A distribuição normal é o modelo de distribuição de probabilidade mais estudado ao longo da história, pois é muito comum encontrar dados na realidade que tenham aderência a essa distribuição. O Exemplo 3.1 pode ser modelado conforme uma distribuição normal com os seguintes comandos no Python:

```
import numpy as np
import matplotlib.pyplot as plt
import math

def normfdp(x, media, desvio):
    return math.exp(-(float(x)-float(media))**2/(2*desvio**2))/((2*math.
pi*desvio**2)**.5)
x = np.arange(50,1000,0.001)
demanda=[]
for i in x:
    demanda.append(normfdp(i,523.34,116.82))

plt.plot(x,demanda)
```

Com os comandos executados, foi gerada a Figura 3.9:

Figura 3.9 - Formato da distribuição normal aplicada ao Exemplo 3.1

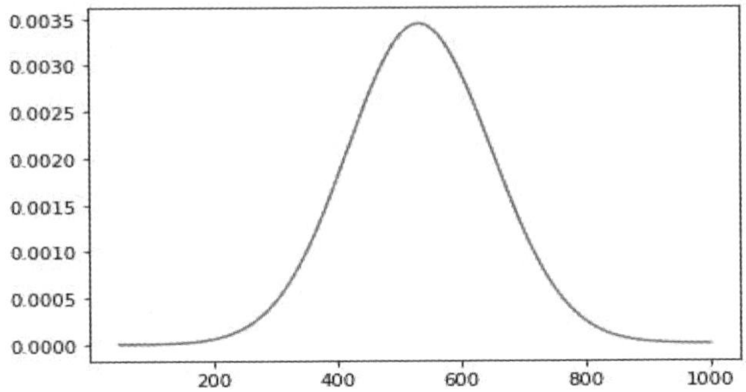

Fonte: O autor.

Como observado, a Figura 3.9 mostra o modelo de distribuição normal aplicada ao Exemplo 3.1. O modelo da distribuição normal toma dois parâmetros: a média e o desvio-padrão. A média dos dados do exemplo é 523,34; e o desvio-padrão é 116,82.

É possível verificar pelo exame da Figura 3.9 que os valores mais recorrentes estão na faixa com maior probabilidade de distribuição de frequência — que é a de 440 a 513. Nota-se também que o modelo atinge valores que não estão nos limites de máximo e mínimo dos valores apresentados na Tabela 3.1. Por exemplo, a Figura 3.9 mostra que há chance de ocorrência de demanda abaixo de 200, ainda que com pequena probabilidade.

Costuma-se representar uma variável aleatória X com distribuição normal com média (μ) e variância (σ^2), e com a seguinte notação: $X \sim N(\mu, \sigma^2)$.

Também vale notar que a variância é o desvio-padrão elevado ao quadrado. Diferentemente da distribuição empírica modelada na seção anterior, aqui a distribuição normal assume a forma de variável aleatória contínua. A função densidade de probabilidade de uma variável, com essa média e variância, é apresentada na Equação 3.1:

$$f(x|\mu,\sigma^2) = \frac{1}{\sigma\sqrt{2\pi}} e^{-\frac{1}{2}\left(\frac{x-\mu}{\sigma}\right)^2} \qquad para \qquad -\infty < x < \infty \tag{3.1}$$

Já a função de distribuição acumulada de uma variável aleatória, com distribuição normal, pode ser obtida ao integrar-se (3.1) de $-\infty$ até o valor desejado k, conforme mostrado em (3.2).

$$F(k) = \int_{-\infty}^{k} \frac{1}{\sigma\sqrt{2\pi}} e^{-\frac{1}{2}\left(\frac{x-\mu}{\sigma}\right)^2} dx \tag{3.2}$$

Como (3.2) não possui solução analítica e seu cálculo é dado por integração numérica, costuma-se utilizar uma variável aleatória normal, simplificada com média 0 e variância 1: X~N(0,1). Essa forma é conhecida como padronizada ou reduzida. Isso se deve ao fato de que é possível demonstrar que, para qualquer variável aleatória X, ao se subtrair a média (μ) e dividir o resultado pelo desvio-padrão (σ), o resultado terá distribuição normal com média de 0 e desvio-padrão de 1. Pode-se demonstrar isso da seguinte forma:

$$\frac{X-\mu}{\sigma} = \frac{1}{\sigma}X - \frac{\mu}{\sigma} = aX + b = \sim N(a\mu + b, a^2\sigma^2) = \sim N\left(\frac{\mu}{\sigma} - \frac{\mu}{\sigma}, \frac{\sigma^2}{\sigma^2}\right) = \sim N(0,1) \quad (3.3)$$

Para essa forma padronizada, (3.2) reduz-se a:

$$\Phi(z) = \int_{-\infty}^{z} \frac{1}{\sqrt{2\pi}} e^{-\frac{x^2}{2}} dx \quad (3.4)$$

Um exemplo do uso dessa relação é o cálculo da probabilidade de ocorrência de valores abaixo de 300 no conjunto de dados do Exemplo 3.1, em que os dados são modelados como variável aleatória e com distribuição normal. Assim, sendo a demanda (D), tem-se que D~$N(523{,}34\,,116{,}82^2)$. Logo, ao aplicar esses valores em 3.3 obtém-se:

$$z = \frac{x-\mu}{\sigma} = \frac{300 - 523{,}34}{116{,}82} = -1{,}91 \quad (3.5)$$

Utilizando esse resultado em (3.4) tem-se que:

$$\Phi(-1{,}91) = \int_{-\infty}^{-1{,}91} \frac{1}{\sqrt{2\pi}} e^{-\frac{x^2}{2}} dx$$

Essa integração pode ser feita no Python por meio do seguinte código:

```
import numpy as np
def normalProbabilityDensity(x):
    constant = 1.0 / np.sqrt(2*np.pi)
    return(constant * np.exp((-x**2) / 2.0) )
from scipy.integrate import quad
p, _ =quad(normalProbabilityDensity, np.NINF, -1.91)
print(p)
```

Essa probabilidade também pode ser calculada no Excel com o seguinte código:

```
=DIST.NORM.N(300;523,34;116,82;1)
```

Já na linguagem R, essa probabilidade pode ser obtida pelo código:

```
pnorm(300,523.34, 116.82)
```

No Python, essa probabilidade pode ser obtida dessa forma:

```
from scipy.stats import norm
scipy.stats.norm(523.34, 116.82).cdf(300)
```

Assim, a probabilidade de encontrar valores abaixo de 300 é de 2,8%. Alternativamente, essa probabilidade poderia ser obtida pelo valor padronizado, obtido em (3.5), com as seguintes funções no Excel, linguagem R e Python respectivamente:

```
=DIST.NORMP.N(-1,91;1)
```

```
pnorm(-1.91)
```

```
import scipy.stats
scipy.stats.norm.sf(abs(-1.91))
```

A próxima seção apresenta o teste de hipóteses, que é baseado em distribuições de probabilidade.

3.2.1 Distribuições de probabilidade e teste de hipóteses

No capítulo 5, veremos que é possível realizar um teste para verificar se determinado conjunto de dados é aderente a uma distribuição de probabilidade. Já nesta seção, aprenderemos a desenvolver um teste de hipóteses baseado na distribuição normal.

Primeiramente, é útil diferenciar uma amostra de uma população. Os dados apresentados no Exemplo 3.1 são uma amostra da população dos dados referentes à demanda mensal. Assim, pode ser realizado um teste de hipóteses para fazer inferência acerca dos parâmetros da amostra e verificar sua validade como representação da população.

Desse modo, como exemplo, podemos investigar se a média da demanda mensal da população é igual ou diferente de 500. A média obtida na amostra, que é de 523,34, nos faz desconfiar que a média da demanda mensal da população dos dados é diferente de 500. Contudo, tal afirmação ainda é baseada em uma suposição. Portanto, para conferir essa afirmação de pouca validade estatística, deve-se proceder com um teste de hipóteses, que poderá atribuir maior validade a essa suposição. O primeiro passo para realizar o teste é definir as hipóteses nula e alternativa.

3.2.1.1 *Definindo as hipóteses*

A hipótese geral que estamos investigando é se há evidências de que a média populacional seja diferente de 500. Logo, é útil dividir essa hipótese geral em duas hipóteses, chamadas de nula e de alternativa.

Pode-se definir a hipótese nula como uma suposição inicial que se deseja verificar. No caso apresentado, a hipótese nula é de que a demanda é igual a 500. Já a hipótese alternativa funciona como contraponto à hipótese nula, de forma que, se esta for rejeitada, a outra será útil para concluir o resultado do teste. Assim, podem-se definir as hipóteses nula (H_0) e alternativa (H_a) acerca do teste de hipóteses que será realizado sobre a média populacional (μ) a ser inferida a partir da amostra dos dados do Exemplo 3.1:

$$H_0: \mu = 500$$

$$H_a: \mu \neq 500$$

Ao testarmos essas hipóteses, pode-se incorrer em erros, como, por exemplo, no caso em que se rejeite uma hipótese que é verdadeira. A próxima seção desenvolve os tipos de erros que podem acontecer em um teste de hipóteses.

3.2.1.2 *Entendendo os erros tipo I e tipo II*

Quando se rejeita a hipótese nula, sendo ela verdadeira, incorre-se no erro tipo I. Caso contrário, quando não se rejeita a hipótese nula e ela é falsa, incorre-se no erro tipo II. Em nosso exemplo, cometer o erro tipo I seria deduzir que a média populacional seja diferente de 500 quando na realidade não é. Da mesma forma, incorre-se no erro tipo II se concluir que a média é igual a 500. É comum em um teste de hipóteses reduzir a chance de cometer o erro tipo I. Para tanto, precisaremos do conceito de nível de significância.

3.2.1.3 *Estabelecendo o nível de significância*

Define-se como nível de significância a probabilidade de cometer o erro tipo I. Sendo assim, a maioria dos testes de hipóteses buscará analisar essa probabilidade a fim de reduzir as chances de incorrer nesse erro. Costuma-se utilizar o símbolo alfa (α) para representar o nível de significância. Como essa medida representa um erro, quanto menor o seu valor, melhor será a precisão do teste. Muitos estudos utilizam um valor de corte para α de 0,05, ou seja, é aceitável rejeitar a hipótese nula com uma chance de incorrer no erro tipo I de 5%.

Outro detalhe importante é que, como geralmente não se controla o erro do tipo II, as conclusões possíveis são rejeitar ou não rejeitar H_0. Dessa maneira, estabelecido o nível de significância, o próximo passo será calcular a estatística do teste.

3.2.1.4 *Cálculo da estatística de teste*

No exemplo citado, supõe-se que o desvio-padrão populacional σ seja conhecido como valor de 116. Com isso, pode-se utilizar o teste Z para ajudar a concluir sobre as hipóteses delimitadas. A fórmula da estatística do teste Z é definida como:

$$z = \frac{\bar{x} - u_0}{\sigma/\sqrt{n}} \quad (3.6)$$

Em que:
$\bar{x}$: É a média amostral.
u_0: É o parâmetro populacional a ser testado.
σ: É o desvio-padrão populacional.
n= É o tamanho da amostra.

Pela fórmula apresentada, quanto maior for o valor da média amostral, maiores serão as evidências contra a hipótese nula, isto é, de que a média populacional será diferente de 500. Aplicando os valores do nosso exemplo em 3.6, tem-se o seguinte valor da estatística Z:

$$Z = \frac{523{,}34\ - 500}{116/\sqrt{50}} = 1{,}422 \quad (3.7)$$

Com esse valor da estatística do teste, calcula-se a probabilidade de incorrer no erro tipo I. Essa probabilidade também é chamada de p-valor. Assim, caso o p-valor da estatística Z seja pequeno — inferior a 0,05, por exemplo —, pode-se rejeitar a hipótese nula. Logo, obtém-se o p-valor da estatística Z com os seguintes códigos no Excel e na linguagem R, respectivamente:

```
=2*(1-DIST.NORMP.N(1,422;1))
```

```
2*(1-pnorm(1.422))
```

Nas fórmulas acima, caso o valor de Z fosse negativo, não seria necessário subtrair de 1 antes da multiplicação pelo 2.

No Python, o código pode ser escrito da seguinte forma:

```
import scipy.stats
scipy.stats.norm.sf(abs(1.422))*2
```

Como forma alternativa, no R, pode-se realizar o teste diretamente sobre o vetor com o seguinte código:

```
install.packages("BSDA")
library(BSDA)
z.test(demanda,mu=500,sigma.x=116)
```

O leitor notará que os códigos resultarão em um valor de 0,155. Veja ainda que as fórmulas apresentadas diferem das mostradas na seção 3.2 pelo fato de obtermos a probabilidade denominada bicaudal, sendo que naquela seção foi obtida a probabilidade unicaudal. Como esse valor é maior que 0,05, não se rejeita a hipótese nula, ou seja, não há evidências de que a média populacional seja diferente de 500.

A próxima seção traz a distribuição exponencial.

3.3 Distribuição exponencial

Um modelo bastante utilizado para simular as chegadas de entidades de processos é o da distribuição exponencial. Essa variável aleatória é muito utilizada na simulação de eventos discretos.

Por isso, uma variável aleatória, com distribuição exponencial, pode ser modelada com a seguinte função da densidade de probabilidade:

$$f(x) = \frac{1}{\lambda} e^{-x/\lambda} \; para \; x \geq 0 \tag{3.7}$$

A função acumulada dessa distribuição é:

$$F(x) = P\{X \leq x\} = 1 - e^{-x/\lambda} \; para \; x \geq 0 \tag{3.8}$$

O parâmetro lambda (λ) da distribuição exponencial é o valor esperado ou a média amostral.

3.3.1 Exemplo 3.2

Suponha que clientes cheguem a um caixa eletrônico, com tempo entre essas chegadas, conforme uma distribuição exponencial com média de 10 segundos.

Pode-se visualizar a forma da distribuição exponencial plotando o (3.7) e utilizando os dados do exemplo com o seguinte código no Python:

```
import numpy as np
import matplotlib.pyplot as plt
import math
def expfdp(x,media):
    return 1/media*math.exp(-x/media)
x = np.arange(0,50,0.001)
chegadas=[]
for i in x:
    chegadas.append(expfdp(i,10))
plt.plot(x,chegadas)
```

Com esse código, é possível gerar o gráfico mostrado na Figura 3.10:

Figura 3.10 – Forma da distribuição exponencial

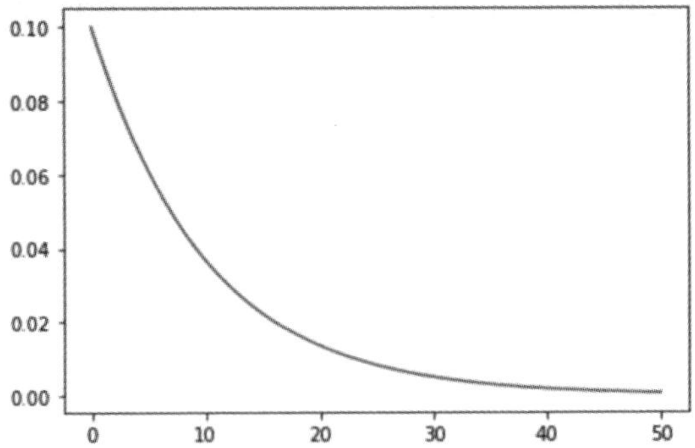

Fonte: O autor.

Utilizando o (3.8), pode-se calcular a probabilidade de que o tempo entre as chegadas dos clientes seja menor que 5 segundos com a seguinte fórmula:

$$P\{X \leq x\} = 1 - e^{-\frac{5}{10}} = 0{,}3934$$

Pode-se, também, obter o cálculo acima no Excel por meio da seguinte fórmula:

```
=1-EXP(-5/10)
```

Alternativamente, utilizando uma função no mesmo software, pode-se chegar ao mesmo resultado usando a fórmula:

```
=DISTR.EXPON(5;1/10;1)
```

No R, o código abaixo gera resultado similar:

```
pexp(5,1/10)
```

Em Python, deve-se importar a função *expon*, do pacote SciPy, e executar o script abaixo:

```
from scipy.stats import expon
expon.cdf(5,0,10)
```

A próxima seção explora formas para simular valores de acordo com as variáveis aleatórias vistas até esta seção.

3.4 Métodos de geração de variáveis aleatórias

Uma vez conhecida as distribuições de probabilidade, é preciso encontrar métodos para simular valores de acordo com a respectiva distribuição. Nesta seção, serão apresentados métodos distintos para a geração de variáveis aleatórias, que envolvem a consecução de dois passos. Inicialmente, é gerado um ou mais números aleatórios em que, posteriormente, são transformados em uma variável aleatória de uma distribuição específica. Existem vários métodos para realizar essa transformação.

A próxima seção traz o método da transformação inversa.

3.4.1 Transformação inversa

Com a distribuição contínua, o método da transformação inversa é útil para simular variáveis aleatórias cuja função de distribuição acumulada seja possível obter a função inversa de forma analítica.

A transformação inversa baseia-se na seguinte proposição (Ross, 2010, p.520): seja U uma variável aleatória uniforme no intervalo (0,1), para uma distribuição aleatória contínua F, a relação entre essa distribuição e uma variável aleatória Y é:

$$Y = F^{-1}(U)$$

Dessa relação, decorre que Y tem função de distribuição F.

E a próxima seção emprega esse método para simular uma variável aleatória exponencial.

3.4.1.1 *Geração de variável aleatória com distribuição exponencial*

Foi visto na seção 3.4 que a função de distribuição acumulada de uma variável aleatória com distribuição exponencial é:

$$F(x) = 1 - e^{-x/\lambda} \ para \ x \geq 0$$

Com essa função, é possível obter sua inversa para simular valores exponencialmente distribuídos, conforme a função:

$$F^{-1}(U) = -\lambda \log(U) \tag{3.8}$$

Aplicando os dados do Exemplo 3.2 a 3.8, podem-se gerar chegadas exponencialmente distribuídas, com média de 10 segundos entre as mesmas, com o seguinte código no Python:

```
import matplotlib.pyplot as plt
import random as rd
import math
n=10**4
chegadas=[]
for i in range(0,n):
    chegadas.append(-10*math.log(rd.random()))
plt.hist(chegadas)
```

Ao final do código, é gerado o histograma, que assume a forma exponencial vista na seção 3.4, conforme se pode ver na Figura 3.11.

Figura 3.11 – Histograma das variáveis aleatórias geradas

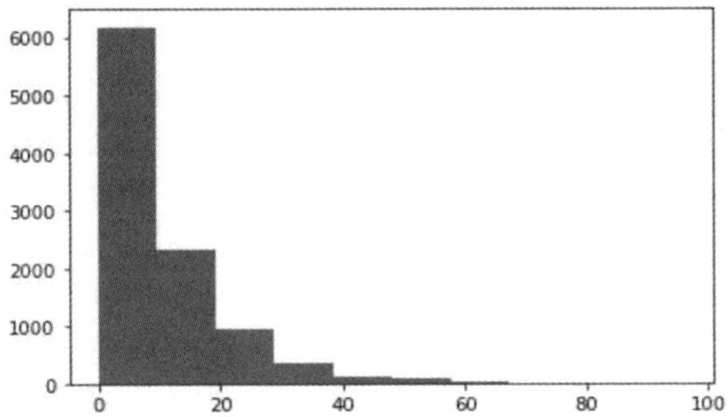

Fonte: O autor.

Executando os comandos abaixo, pode-se ter um resumo descritivo dos valores simulados:

```
from scipy import stats
stats.describe(chegadas)
```

O resultado é mostrado da seguinte forma:

```
DescribeResult(nobs=10000, minmax=(0.001221945042035608,
95.89085471289252), mean=10.021469039672375,
variance=100.39438756293004, skewness=1.9250910908480534,
kurtosis=5.186900827120148)
```

Assim, observam-se nesses valores que o tempo entre as chegadas pode assumir um valor máximo de até 95 segundos. Para se calcular a probabilidade de se obter um valor maior ou igual a esse, basta executar o seguinte comando:

```
sum(1 for i in chegadas if i >= 95)/len(chegadas)
```

Nota-se, ainda, que há probabilidade de 0,01% de isso ocorrer. Esse valor também é obtido com o uso da função:

```
from scipy.stats import expon
1-expon.cdf(95,0,10)
```

Como forma alternativa à função criada para simular uma variável de acordo com uma distribuição exponencial, pode-se utilizar o método do pacote Random, com o código aplicado ao Exemplo 3.2:

```
import random as rd
rd.expovariate(1/10)
```

Na planilha eletrônica, pode-se desenvolver (3.8) e simular a variável aleatória do Exemplo 3.2 com a fórmula:

```
=-10*LN(ALEATÓRIO())
```

Na linguagem R, é possível criar diretamente um vetor com 10 mil valores simulados de uma variável aleatória exponencial com média 10 e plotar o histograma com os seguintes comandos:

```
chegadas=rexp(10000,1/10)
hist(chegadas)
```

A próxima seção apresenta o método polar.

3.4.2 Método polar

O método polar é baseado na transformação em coordenadas polares (Ross, 2010, p. 524). Se X e Y, duas variáveis aleatórias, têm distribuição normal, suas coordenadas polares $R = \sqrt{X^2 + Y^2}$ e $\Theta = tg^{-1}\left(\frac{Y}{X}\right)$ são independentes, e R^2 tem distribuição exponencial com média 2 e $\Theta \sim U(0{,}2\pi)$. Assim, com dois números aleatórios distintos U_1 e U_2, podem-se representar as coordenadas polares em:

$$R = (-2logU_1)^{1/2}$$
$$\Theta = 2\pi U_2$$

Então acontece que as variáveis aleatórias com distribuição normal X e Y podem ser geradas a partir de:

$$X = R\cos\Theta$$

$$Y = R\,\text{sen}\,\Theta$$

A próxima seção utiliza essa relação para gerar observações de uma variável aleatória com distribuição normal.

3.4.2.1 *Geração de uma variável aleatória com distribuição normal*

Com a abordagem do método polar, pode-se utilizar o procedimento de Box-Muller para, a partir de dois números aleatórios entre 0 e 1, U_1 e U_2, gerar dois números aleatórios X_1 e X_2, que são distribuídos independentemente, conforme N(0,1), e obtidos a partir das relações entre X e Y, exibidas na seção anterior.

$$X_1 = \sqrt{-2\log(U_1)}\cos(2\pi U_2)$$

$$X_2 = \sqrt{-2\log(U_1)}\sin(2\pi U_2)$$

Assim, a partir da relação apresentada em (3.3), gera-se, a partir desses números aleatórios, uma variável aleatória com quaisquer parâmetros N(μ, σ²) desejados. Por exemplo, utilizando U_1 = 0,1270 e U_2 = 0,3185, podem-se gerar os seguintes valores aleatórios com distribuição normal:

$$X_1 = \sqrt{-2\log(0{,}1270)}\cos(2\pi 0{,}3185) = -0{,}8476$$

$$X_2 = \sqrt{-2\log(0{,}1270)}\sin(2\pi 0{,}3185) = 1{,}84626$$

Como esses são valores Z independentes, para encontrar os valores simulados aplicados ao Exemplo 3.1, é necessário encontrar o valor de x correspondente com a seguinte equação:

$$X_1 \rightarrow z = \frac{x-\mu}{\sigma} \rightarrow -0{,}8476 = \frac{x - 534{,}34}{116{,}82} \rightarrow x = 435{,}32$$

$$X_2 \rightarrow z = \frac{x-\mu}{\sigma} \rightarrow 1{,}84626 = \frac{x - 534{,}34}{116{,}82} \rightarrow x = 750{,}02$$

No Excel, X_1 pode ser calculado por meio da expressão:

```
=RAIZ(-2*LN(0,1270))*COS(2*PI()*0,3185)
```

Dessa maneira, para verificar que, de fato, o método Box-Miller gera números aleatórios, conforme uma N(0,1), executam-se os seguintes comandos no R, observando-se que é gerado um gráfico com distribuição normal para X_1 e X_2:

```
U1=runif(10000)
U2=runif(10000)
X1=sqrt(-2*log(U1))*cos(2*pi*U2)
X2=sqrt(-2*log(U1))*sin(2*pi*U2)
par(mfrow=c(1,2))
hist(X1)
hist(X2)
```

Ademais, os softwares modernos possuem funções que geram uma variável aleatória de acordo com a média e o desvio-padrão especificados, sem que seja necessário desenvolver os passos mostrados.

No Excel, há duas formas de gerar observações de uma distribuição normal com média e desvio-padrão especificados. Uma delas, é utilizando o seguinte código numa célula para gerar uma observação:

```
=INV.NORM.N(ALEATÓRIO();534,34;116,82)
```

Logo, o leitor vai notar que, devido ao uso do comando ALEATÓRIO(), a cada alteração na planilha, uma nova demanda será gerada. A outra forma de gerar um número aleatório é por meio do menu "Dados > Suplemento Análise de Dados > Geração de Número Aleatório". Ao clicar nesta opção, pode-se preencher a caixa com os parâmetros, como mostra a Figura 3.12:

Figura 3.12 – Geração de variáveis aleatórias no Excel

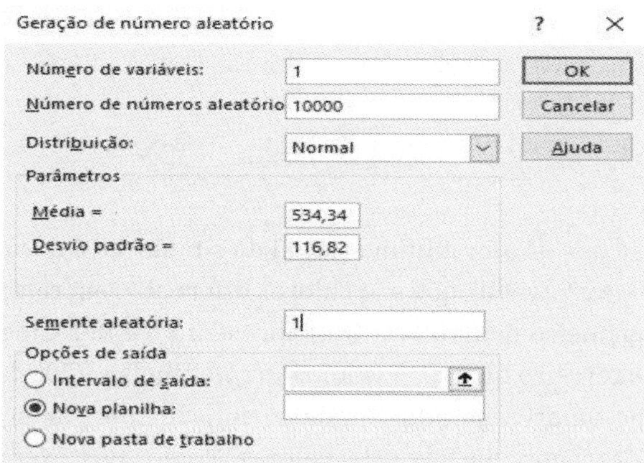

Fonte: O autor.

Note o leitor que, desta forma, pode-se inclusive definir a semente e gerar um conjunto de variáveis aleatórias estáveis.

Também se pode desenvolver o histograma da simulação por meio do menu "Inserir > Gráfico Histograma". As medidas descritivas da simulação podem ser obtidas rapidamente pelo suplemento de estatística descritiva em "Dados> Análise de dados".

No R, para gerar números aleatórios com distribuição normal, utiliza-se a função *rnorm* (n,média,desvio-padrão). Pode-se gerar uma simulação de 10 mil observações e plotar o histograma com o seguinte comando:

```
hist(rnorm(10000,534.34,116.82))
```

A Figura 3.13 mostra o resultado desse comando:

Figura 3.13 – Simulação de 10 mil observações do Exemplo 3.1

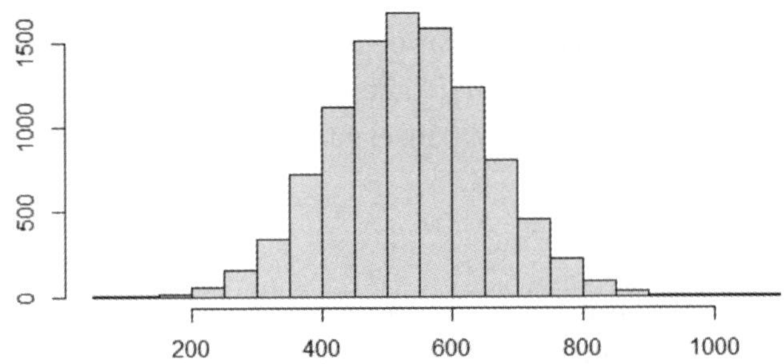

Fonte: O autor.

Assim, é possível obter um sumário estatístico dos dados em que são mostradas as principais medidas:

```
summary(rnorm(10000,534.34,116.82))
```

Já a impressão mostra o seguinte resultado:

```
  Min. 1st Qu.  Median  Mean  3rd Qu.    Max.
 110.9   454.8   533.2   533.4   612.1   980.5
```

Logo, nota-se que o valor mínimo (Min.) da simulação é de uma demanda de 110 e máximo (Max.) de 980, que são valores diferentes em relação ao da amostra original. O primeiro quartil (1st Qu.) apresenta o valor superior a 25% das observações, e o terceiro quartil, o valor com referência a 75% das observações.

A partir dos valores gerados, pode-se inferir sobre a probabilidade de ocorrência de determinada faixa de valores, como, por exemplo, calcular a probabilidade de ocorrência de valores, como o já citado abaixo de 200, cujo comando é:

```
sum(rnorm(10000,534.34,116.82)<200)/10000
```

O resultado do comando acima é de:

```
[1] 0.0014
```

Assim, conclui-se que, pelos resultados da simulação, a probabilidade de que a demanda seja menor que 200 é de 0,1%.

Então, para aumentar a acurácia da probabilidade, fazem-se replicações, obtendo a média da simulação. Para tanto, o comando abaixo obtém a média de mil replicações:

```
mean(replicate(1000,sum(rnorm(10000,534.34,116.82)<200)/10000))
```

O resultado é mostrado a seguir:

```
[1] 0.0020934
```

Assim, conclui-se que um valor mais preciso será de 0,2%. O leitor pode comparar essa probabilidade com a obtida pelas funções apresentadas na seção 3.2. Um sumário das replicações também pode ser executado em:

```
summary(replicate(1000,sum(rnorm(10000,534.34,116.82)<200)/10000))
```

O leitor notará que esse último valor obtido é mais próximo do resultado obtido de forma analítica:

```
    Min.  1st Qu.   Median     Mean  3rd Qu.     Max.
0.000700 0.001800 0.002100 0.002105 0.002400 0.003600
```

No Python, o conjunto de comandos que executa procedimento similar pode ser criado e executado com uma função:

```
def simulaNorm(n,media,desvpad):
    import random
    simulacao = []
    for i in range(n):
        simulacao.append(random.normalvariate(media,desvpad))
    return simulacao
```

Os comandos abaixo criam a simulação e mostram o histograma:

```
simulacao = simulaNorm(10000,534.34,116.82)
import matplotlib.pyplot as plt
plt.hist(simulacao)
```

Os seguintes comandos podem exibir a estatística descritiva:

```
from scipy import stats
stats.describe(simulacao)
```

E o comando exibe o seguinte resultado:

```
DescribeResult(nobs=10000, minmax=(52.757438702424906,
1000.8411458680525), mean=533.351590319563, variance=13766.729391015719,
skewness=0.016742520595798425, kurtosis=0.007792038140579383)
```

Para calcular a probabilidade de que uma simulação resulte em um valor inferior a 200 no Python, é possível executar o seguinte código e obter o resultado:

```
sum(1 for i in simulacao if i < 200)/len(simulacao)
```

Assim, é obtido o valor de 0,0021.

A próxima seção traz os exercícios propostos do capítulo.

3.5 Exercícios propostos

1. Considere o seguinte conjunto de dados e responda às questões abaixo:

432	671	733	558	560
556	605	451	360	464
579	726	618	393	633
521	733	672	529	401
377	628	660	442	456
513	577	567	567	593
492	590	569	599	675
387	665	518	670	540
424	786	332	334	626
407	457	518	749	574

a. Qual é o limite inferior e superior da primeira classe?
b. Qual é a frequência absoluta da terceira classe?
c. Qual é a frequência relativa da quinta classe?
d. Qual é o último valor da frequência acumulada?
e. Qual é o terceiro valor médio?
f. O histograma dos dados sinalizam aderência à distribuição normal ou à exponencial?
g. Ao assumir que esses dados têm distribuição normal, usando seus parâmetros, qual é a probabilidade teórica de ocorrer valores menores ou iguais a 200?
h. No modelo de distribuição normal padronizada, a qual valor Z se refere o valor de 400?
i. Qual é a probabilidade associada a esse valor de Z?
j. Deseja-se realizar um teste de hipóteses com os dados para verificar se a média populacional difere de 500. Sabendo que o desvio-padrão populacional é de 115, apresente os passos necessário e conclua com base no cálculo da estatística Z.
k. Execute o mesmo teste do exercício anterior para o caso em que se deseja verificar se a média populacional difere de 550.
l. Gere uma simulação com 10 mil observações, utilizando a média e o desvio-padrão oriundos dos dados e assumindo que são aderentes à distribuição normal. Compare o histograma, a média, o desvio-padrão, o mínimo e o máximo dos dados da simulação e dos originais.

2. Considere o seguinte conjunto de dados e responda às questões abaixo:

0,49	11,00	9,60	5,60	8,41
21,69	13,00	8,47	25,16	15,07
0,78	4,96	3,02	18,12	0,58
4,29	19,32	7,39	8,53	10,23
14,81	4,00	5,42	25,15	9,72
2,02	31,50	1,79	8,91	2,41
0,39	4,71	5,85	18,72	7,64
0,01	3,76	13,19	2,28	3,49
12,91	26,13	13,77	12,75	2,42
17,76	3,04	8,30	3,92	24,07

a. Qual é o limite inferior e superior da primeira classe?
b. Qual é a frequência absoluta da terceira classe?
c. Qual é a frequência relativa da quinta classe?
d. Qual é o último valor da frequência acumulada?
e. Qual é o terceiro valor médio?
f. O histograma dos dados sinalizam aderência à distribuição normal ou à exponencial?
g. Assumindo que os dados têm distribuição exponencial com média 9,731, qual é a probabilidade de obter valores menores ou iguais a 2?
h. Gere uma simulação com 10 mil observações, utilizando a média oriunda dos dados e assumindo que são aderentes à distribuição exponencial. Compare o histograma, a média, o mínimo e o máximo dos dados da simulação e dos originais.

3. Sabendo que determinado conjunto de dados tem distribuição normal, com média 455 e desvio-padrão de 100, qual é a probabilidade de, numa simulação com muitas observações, obter valores menores ou iguais 300?

4. Determinado conjunto de dados tem aderência a uma distribuição exponencial com média 10. Caso se utilize esse conjunto numa simulação, qual é a probabilidade de se obter valores menores ou iguais a 8?

5. Com o conjunto de dados abaixo, e sabendo que os mesmos são oriundos de uma distribuição normal, numa simulação, qual é a probabilidade de uma observação retornar valor negativo?

23,99	24,88	25,07	21,70	31,93
24,20	7,13	16,93	11,19	39,58
35,70	34,24	46,58	12,68	16,45
9,22	26,65	34,85	24,41	18,44
31,20	22,72	20,63	24,75	17,68
-2,03	46,27	10,32	18,48	3,92
35,97	14,99	14,93	22,45	32,35
17,54	26,43	20,30	38,03	37,21
23,04	44,16	33,74	21,92	41,74
26,14	5,95	8,96	32,31	61,28

6. Coletou-se os seguintes dados abaixo e, como são dados de tempo entre chegadas de clientes, assumiu-se que têm distribuição exponencial. Ao usar os dados em uma simulação, qual é a probabilidade de se obter valores menores ou iguais a 10?

9	6	13	34	5	3
20	8	2	15	4	3
3	16	0	1	2	12
1	15	72	4	31	1
1	5	29	9	4	5
7	4	5	2	4	6
0	9	39	3	2	10
1	14	2	3	8	6
6	28	3	13	8	1
20	3	27	1	7	15

7. Em um estudo de simulação, coletou-se os dados abaixo sob os quais não há informação sobre sua aderência a uma distribuição conhecida. Logo, obtenha a frequência absoluta acumulada e a frequência acumulada.

20	22	15	24	14
26	17	18	16	20
13	20	24	18	23
22	20	26	22	15
24	18	20	17	20
18	27	20	13	16
19	22	18	23	14
21	18	17	20	20
24	21	25	21	20
23	22	21	26	21

8. Com os resultados da questão anterior, crie um vetor de valores a serem simulados, com base na frequência acumulada.

9. Com os dados gerados a partir do exercício 7, gere uma simulação com 10 mil observações e apresente o histograma.

10. Uma fábrica de parafusos monitora a manutenção das suas cinco máquinas, que são cruciais para o bom andamento da produção. Foi feito um levantamento histórico e levantou-se a frequência, por dia, com que as máquinas ficavam paradas, aguardando o reparo. A partir da frequência absoluta, foi calculada a frequência relativa, que representa também a probabilidade de que determinada quantidade de máquinas esteja parada para reparo. Essas probabilidades são exibidas na tabela abaixo:

Quantidade de máquinas paradas para reparo	Frequência relativa (Probabilidade)
0	0,04
1	0,50
2	0,30
3	0,10
4	0,05
5	0,01

Sabendo que cada máquina em reparo gera em média um prejuízo de R$ 4.500, faça uma simulação com 10 mil observações e calcule o prejuízo diário esperado decorrente das máquinas ociosas.

RESUMO

Neste capítulo, foi estudado a modelagem de um conjunto de dados em uma distribuição empírica e utilizados alguns valores representativos do conjunto de dados para executar a simulação.

Foi visto ainda que, se executar a simulação com os dados modelados de acordo com uma distribuição de probabilidade, será possível gerar mais valores aleatórios, possibilitando que os dados representem melhor a realidade.

Foi aprendido ainda os modelos de distribuição normal e exponencial, e como gerar variáveis aleatórias de acordo com esses modelos.

No próximo capítulo, serão vistos outros modelos de distribuições usados com frequência em simulações.

04

Variáveis aleatórias relevantes

"Uncertainty must be taken in a sense radically distinct from the familiar notion of Risk, from which it has never been properly separated..... It will appear that a measurable uncertainty, or "risk" proper.... is so far different from an unmeasurable one that it is not in effect an uncertainty at all."

Frank H. Knight – *Risk, Uncertainty and Profit*

No capítulo anterior, foi visto que utilizar um modelo de distribuição de probabilidade conhecida apresenta diversas vantagens, entre elas a capacidade de simular uma grande quantidade de eventos aleatórios. Foram desenvolvidos os modelos de distribuição de probabilidade normal e exponencial para simular variáveis aleatórias aderentes a esses modelos.

Neste capítulo, veremos outros modelos de distribuição de probabilidade, que podem ser relevantes no âmbito da simulação, aumentando, assim, a possibilidade de escolher a distribuição mais adequada aos dados coletados na realidade.

A próxima seção define os objetivos do capítulo.

OBJETIVOS DO CAPÍTULO

- **Conhecer outros modelos de distribuição de probabilidade relevantes para utilizar em simulação:**
  - **uniforme;**
  - **triangular;**
  - **log-normal;**
  - **Weibull;**
  - **gama;**
  - **beta;**
  - **Qui-quadrado;**
  - **T de Student;**
  - **Poisson; e**
  - **binomial.**
- **Simular variáveis aleatórias aderentes aos modelos apresentados.**

A próxima seção apresenta a distribuição uniforme.

4.1 Distribuição uniforme

A distribuição uniforme é caracterizada pela ocorrência de eventos com a mesma probabilidade entre si. Os geradores de números aleatórios apresentados no capítulo 2, assim como os comandos mostrados para gerar números aleatórios nos softwares, geram valores uniformemente distribuídos entre 0 e 1. Por isso, costuma-se utilizar a seguinte notação para uma variável aleatória X com distribuição uniforme entre 0 e 1: *X~ U(0,1)*, em que 0 é o valor mínimo, já o 1, o valor máximo que pode ser gerado. Definindo como a o limite inferior, ou valor mínimo, e b o limite superior, ou valor máximo, uma variável aleatória X tem distribuição uniforme no intervalo (a,b), com função de densidade de probabilidade (FDP) dada por:

$$f(x) = \frac{1}{b-a} \; se \; a < x < b$$

A partir da FDP acima, a função de distribuição acumulada (FDA) de uma variável aleatória uniforme pode ser obtida com:

$$F(x) = \frac{x-a}{b-a} \; se \; a < x < b$$

Logo, para simular uma variável aleatória X, uniformemente distribuída com mínimo a e máximo b, utilizando um número aleatório U, pode-se usar a seguinte fórmula, obtida por transformação inversa da FDA:

$$F^{-1}(U) = a + (b-a)U \; para \; 0 < U < 1 \quad \textbf{(4.1)}$$

Por exemplo, suponha-se, hipoteticamente, que os dados apresentados no Exemplo 3.1 sejam uniformemente distribuídos. Assim, seria necessário simular uma variável aleatória com distribuição uniforme X, com mínimo 296 e máximo de 803, ou seja, $X \sim U(296,803)$. Utilizando como exemplo os números aleatórios 0,1270 e 0,3185, seriam simulados dois valores uniformemente distribuídos:

$$X_1 = 296 + (803 - 296)0{,}1270 = 360{,}38$$

$$X_2 = 296 + (803 - 296)0{,}3185 = 457{,}47$$

Na planilha eletrônica, podem ser gerados valores uniformes desses parâmetros com a seguinte fórmula:

```
=296+(803-296)*ALEATÓRIO()
```

Usando essa fórmula, desenvolve-se uma simulação com 10 mil observações, com a estrutura mostrada na Figura 4.1, na qual o histograma mostra a forma da distribuição uniforme.

Figura 4.1 – Simulação da distribuição uniforme

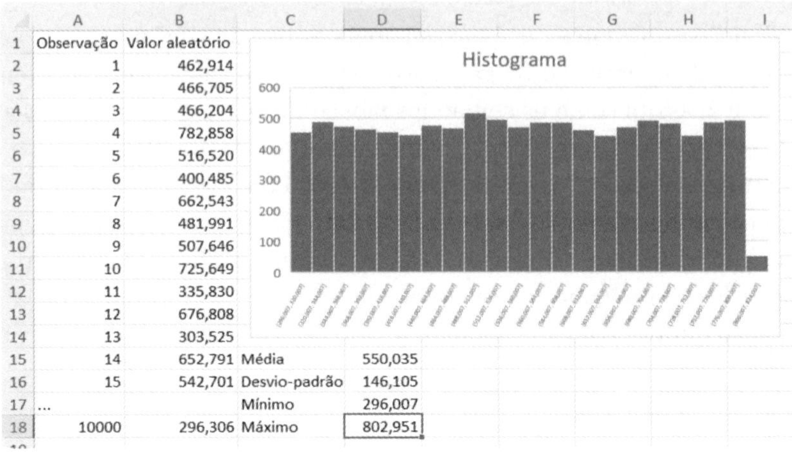

	A	B	C	D
1	Observação	Valor aleatório		
2	1	462,914		
3	2	466,705		
4	3	466,204		
5	4	782,858		
6	5	516,520		
7	6	400,485		
8	7	662,543		
9	8	481,991		
10	9	507,646		
11	10	725,649		
12	11	335,830		
13	12	676,808		
14	13	303,525		
15	14	652,791	Média	550,035
16	15	542,701	Desvio-padrão	146,105
17	...		Mínimo	296,007
18	10000	296,306	Máximo	802,951

Fonte: O autor.

Na linguagem R, o comando que gera um vetor com essa simulação e mostra o histograma pode ser executado da seguinte maneira:

```
hist(runif(10000,296,803))
```

Já no Python, a função *random.uniform*, do pacote Random, gera uma observação aderente ao exemplo:

```
import random
random.uniform(296, 803)
```

A próxima seção apresenta a distribuição triangular.

4.2 Distribuição triangular

A distribuição triangular possui três parâmetros: um valor mínimo (a), um valor máximo (b) e um valor cuja frequência de ocorrência é alta e denominada moda (c). A função de densidade de probabilidade da distribuição triangular é dada pela expressão:

$$f(x) = \begin{cases} \dfrac{2(x-a)}{(b-a)(c-a)} & para\; a \leq x < c \\ \dfrac{2}{b-a} & para\; x = c \\ \dfrac{2(b-x)}{(b-a)(b-c)} & para\; c < x \leq b \end{cases}$$

Já a função de probabilidade acumulada pode ser definida da seguinte forma:

$$F(x) = \begin{cases} \dfrac{(x-a)^2}{(b-a)(c-a)} & para\ a \leq x < c \\ \dfrac{c-a}{b-a} & para\ x = c \\ 1 - \dfrac{(b-x)^2}{(b-a)(b-c)} & para\ c < x \leq b \end{cases}$$

Para gerar números aleatórios conforme a distribuição triangular, e com parâmetros a, b e c, pode-se seguir o pseudoalgoritmo:

1. Gere um número aleatório $U(0,1)$
2. Se $U < \frac{c-a}{b-a}$, então $X = a + \sqrt{U(b-a)(b-c)}$, caso contrário $X = b - \sqrt{(1-U)(b-a)(b-c)}$

Supondo que os dados do Exemplo 3.1 sejam distribuídos conforme uma variável aleatória triangular — com mínimo e máximo já conhecidos e utilizados na seção anterior — e moda de 700, uma simulação de 10 mil observações realizada em planilha eletrônica, aplicando o algoritmo apresentado, é mostrada na Figura 4.2:

Figura 4.2 – Simulação de uma variável aleatória triangular

	A	B	C	D	E	F
1	Observação	Número Aleatório	X		Parâmetros	
2	1	0,061557632	408,2886		a	296
3	2	0,883953307	725,1535		b	803
4	3	0,573800202	638,827		c	700
5	4	0,395368776	580,5744			
6	5	0,511324286	619,6256			
7	6	0,79104712	698,5278			
8	7	0,063040515	409,633			
9	8	0,541977104	629,1848			
10	9	0,694491076	673,1621			
11	10	0,818765345	705,7156			
12	11	0,516366777	621,2174			
13	12	0,521051599	622,6894			
14	13	0,482860009	610,4889			
15	14	0,958915023	756,6805			
16	15	0,933732332	744,1734			
17	16	0,176584485	486,1827			
18	17	0,799985296	700,7994			
19	18	0,572655563	638,4849			
20	19	0,443466202	597,3873			

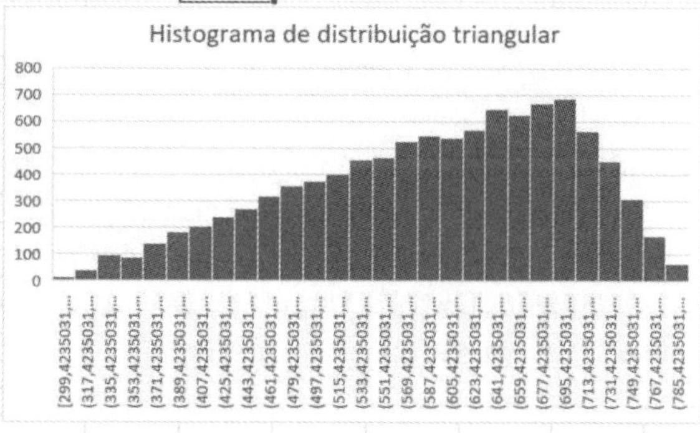

Fonte: O autor.

A fórmula empregada na coluna C, que implementa o algoritmo, foi redigida da seguinte forma:

```
=SE(B2<($F$4-$F$2)/($F$3-$F$2);$F$2+RAIZ(B2*($F$3-$F$2)*($F$4-$F$2));$F$3-
RAIZ((1-B2)*($F$3-$F$2)*($F$3-$F$4)))
```

No R, para executar o mesmo procedimento, é necessário instalar e carregar o pacote EnvStats que, juntamente com a função, gerará o histograma da simulação:

```
install.packages("EnvStats")
library(EnvStats)
hist(rtri(1000, min = 296, max = 803, mode = 700))
```

Em Python, a mesma simulação, e posterior exibição do histograma, pode ser feita com o método Random, do pacote NumPy, com o seguinte código:

```
import numpy as np
import matplotlib.pyplot as plt
plt.hist(np.random.triangular(296, 700, 803, size=10000))
```

A próxima seção apresenta a distribuição log-normal.

4.3 Distribuição log-normal

Semelhante à distribuição normal, a distribuição log-normal tem como parâmetros de referência a média e o desvio-padrão. Sua função de densidade de probabilidade pode ser representada da seguinte maneira:

$$f(x) = \frac{1}{x\sqrt{2\pi\sigma^2}} \mathrm{e}^{\frac{-(\log(x)-\mu)^2}{2\sigma^2}} \quad para\, x > 0$$

A distribuição log-normal pode ser estimada a partir da distribuição normal, de acordo com a seguinte relação: se $X \sim N(\mu, \sigma^2)$, então e^X tem distribuição log-normal com os mesmos parâmetros, sendo representada por: $LN(\mu, \sigma^2)$.

Dessa forma, para gerar uma variável aleatória com distribuição log-normal, gera-se uma variável aleatória normal X e, em seguida, gera-se e^X, que terá distribuição log-normal.

A Figura 4.3 mostra o resultado de uma simulação com 10 mil observações de valores com distribuição log-normal, com média 0 e desvio-padrão de 1.

Figura 4.3 – Simulação da distribuição log-normal

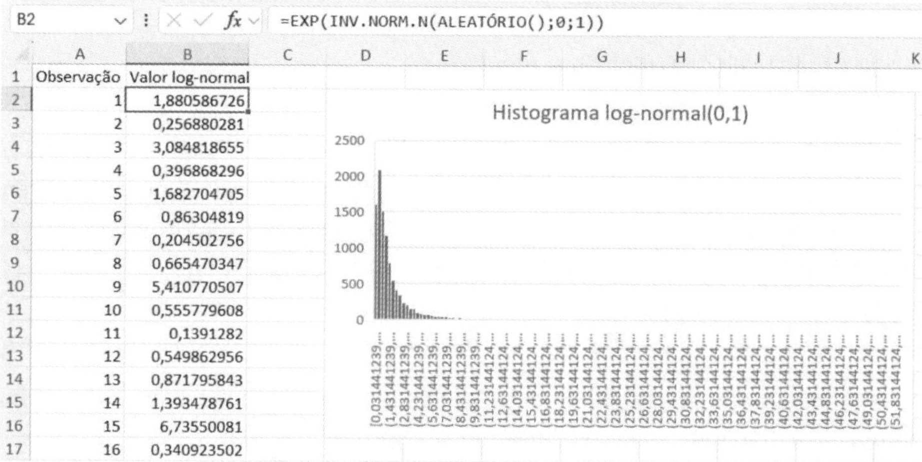

Fonte: O autor.

Nota-se a diferença entre essa distribuição e uma distribuição normal que, com parâmetros similares, resultaria no formato tradicional de uma curva em forma de sino.

Alternativamente, no Excel, pode-se utilizar a seguinte função para gerar um valor com distribuição log-normal com os mesmos parâmetros:

```
=INV.LOGNORMAL(ALEATÓRIO();0;1)
```

No R, a mesma visualização da Figura 4.3 pode ser obtida pelo comando:

```
hist(rlnorm(10000,0,1))
```

E em Python, figura similar é obtida com:

```
import numpy as np
import matplotlib.pyplot as plt
plt.hist(np.random.lognormal(0, 1, size=10000))
```

A próxima seção apresenta a distribuição de Weibull.

4.4 Distribuição de Weibull

A distribuição de Weibull tem dois parâmetros: α, que é uma medida de escala, e β, que representa a forma da distribuição. Sua função de densidade de probabilidade é dada pela fórmula:

$$f(x) = \left(\frac{\beta}{\alpha}\right) x^{\beta-1} e^{-(\frac{1}{\alpha})x^{\beta}} \quad para\ x > 0$$

Já a função de distribuição acumulada é:

$$F(x) = 1 - e^{-(\frac{1}{\alpha})x^{\beta}} \quad para\ x > 0$$

A partir da função de distribuição acumulada apresentada, é possível obter, pelo método de transformação inversa, a função que permite gerar uma variável aleatória com distribuição de Weibull da seguinte forma:

$$F^{-1}(x) = (-\alpha \ln(1-U))^{(\frac{1}{\beta})}$$

Também pode ser simulada em planilha eletrônica uma variável aleatória, conforme a distribuição de Weibull, com a seguinte fórmula:

```
=(-α*LN(1-ALEATÓRIO()))^(1/β)
```

Para se ter uma ideia da forma da distribuição de Weibull com α=1 e β=2, o seguinte comando no R gera 10 mil observações e plota o histograma, exibido na Figura 4.4:

```
hist(rweibull(10000, 2, 1))
```

Figura 4.4 – Histograma da distribuição de Weibull

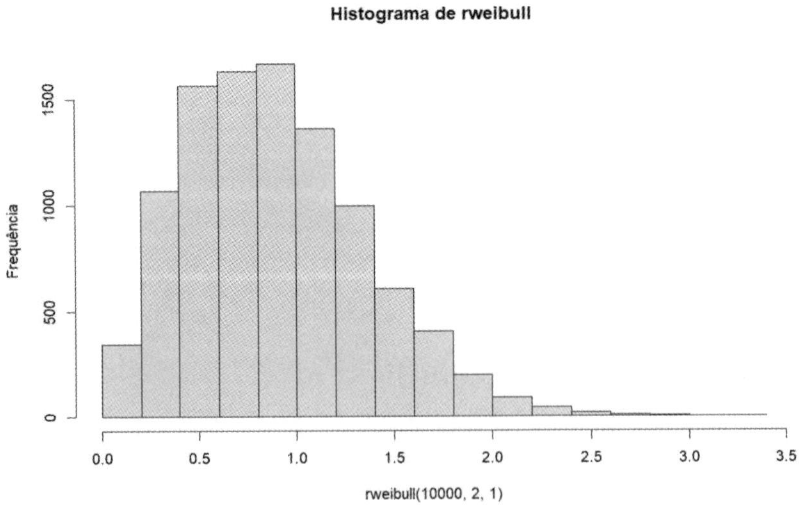

Fonte: O autor.

Caso os parâmetros sejam α=1 e β=9, a distribuição dos dados gerados terão a forma exibida na Figura 4.5 se forem executados os comandos desenvolvidos em Python:

```
from scipy.stats import weibull _ min
import matplotlib.pyplot as plt
plt.hist(weibull _ min.rvs(9, loc=0, scale=1, size=10000))
```

Figura 4.5 – Distribuição de Weibull no Python

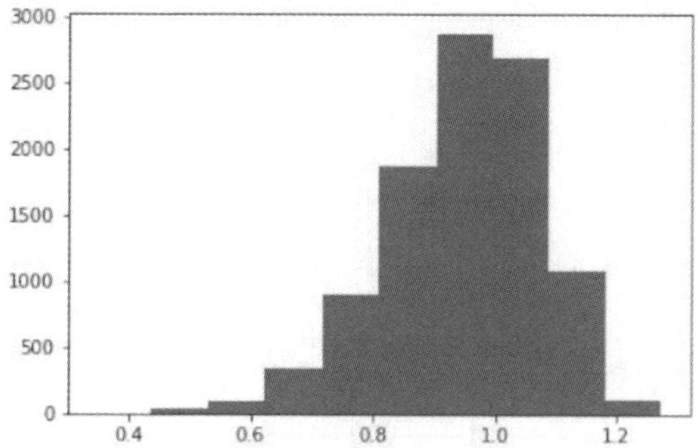

Fonte: O autor.

A próxima seção traz a distribuição gama.

4.5 Distribuição gama

A distribuição gama, com parâmetro de forma α e de escala β, tem função de distribuição de probabilidade em que:

$$f(x) = \frac{x^{\alpha-1} e^{-\beta x} \beta^{\alpha}}{\Gamma(\alpha)} \quad para \quad x, \alpha, \beta > 0$$

Para gerar números aleatórios, conforme uma distribuição gama X~Gama(α,1) para α≥1, pode-se utilizar o seguinte pseudoalgoritmo (Marsaglia; Tsang, 2000):

1. $d = \alpha - 1/3$ e $c = 1/\sqrt{9d}$.
2. Gerar duas variáveis distintas $Z > -1/c$ e $U \sim U(0,1)$.
3. Se $Z > -1/c$ e $\ln U < \frac{1}{2}Z^2 + d - dV + \ln V$, em que $V = (1 + cZ)^3$, retornar $X = dV$, se não deve retornar ao passo 2.

Em caso de α=1, pode-se gerar a variável a partir da seguinte relação (Kroese, Dirk P.; Taimre, Thomas; Botev, 2013):

$$XU^{1/\alpha} \sim Gama(\alpha, 1)$$

Também se pode criar uma função no Python para diferentes valores de alfa e beta, e assim simular uma distribuição gama (adaptado de Kroese, Dirk P.; Taimre, Thomas; Botev, 2013):

```
import numpy as np
def gamrand(alpha, lambd):
    if alpha > 1:
        d = alpha - 1/3
        c = 1/np.sqrt(9*d)
        flag = True
        while flag:
            Z = np.random.randn()
            if Z > -1/c:
                V = (1 + c*Z)**3
                U = np.random.rand()
                flag = np.log(U) > (0.5*Z**2 + d - d*V + d*np.log(V))
        x = d*V/lambd
    else:
        x = gamrand(alpha + 1, lambd)
        x = x*np.random.rand()**(1/alpha)
    return x
```

O código abaixo implementa o código acima em uma simulação de 10 mil observações, mostrando o histograma como é mostrado na Figura 4.6 para uma variável aleatória distribuída, de acordo com uma distribuição gama(2,1).

```
import matplotlib.pyplot as plt
x=[]
for i in range(0,10000):
    x.append(gamrand(2, 1))
plt.hist(x)
```

Figura 4.6 – Distribuição gama

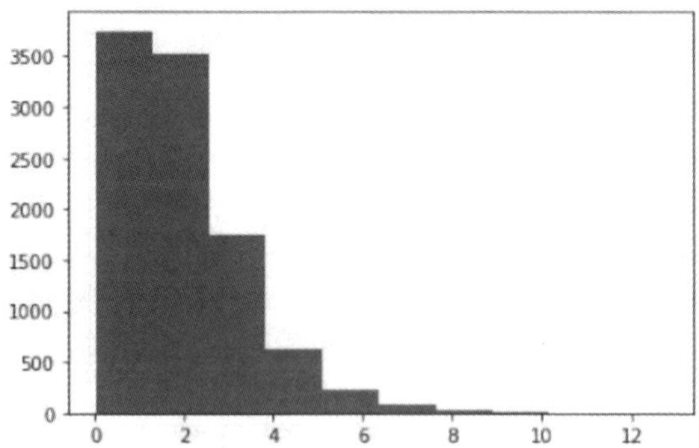

Fonte: O autor.

Ainda no Python, para gerar o mesmo histograma, pode-se utilizar o código, invocando um método do pacote Random do NumPy:

```
import numpy as np
import matplotlib.pyplot as plt
plt.hist(np.random.gamma(2, scale=1.0, size=10000))
```

Já no R, pode-se gerar uma simulação semelhante com o código:

```
rgamma(10000, 2, scale = 1/1)
```

E é possível ainda simular a distribuição gama em planilha eletrônica com a seguinte função do Excel:

```
=INV.GAMA(ALEATÓRIO();2;1)
```

A próxima seção traz a distribuição beta.

4.6 Distribuição beta

A distribuição beta tem parâmetros de foma α e β, possuindo a seguinte função de densidade de probabilidade:

$$f(x;\alpha,\beta) = \frac{x^{\alpha-1}(1-x)^{\beta-1}}{B(\alpha,\beta)} \quad \text{em que } x\epsilon\{0,1\} \text{ e } \alpha \text{ e } \beta>0$$

O denominador dessa função é chamado de função beta e é definido como função da distribuição gama (Γ):

$$B(\alpha,\beta) = \frac{\Gamma(\alpha)\,\Gamma(\beta)}{\Gamma(\alpha+\beta)}$$

Da relação expressa acima, pode-se simular uma distribuição beta com os parâmetros β, seguindo o algoritmo:

1. Gerar duas variáveis aleatórias distintas: $Y_1 \sim Gama(\alpha, 1)$ e $Y_2 \sim (\beta, 1)$.
2. Calcular $X = Y_1/(Y_1 + Y_2)$.

Em Python, o seguinte código implementa o algoritmo acima para uma simulação de 10 mil observações de uma distribuição beta, com α=0.5 e β=0.5, e é mostrado no histograma da Figura 4.7.

```
import numpy as np
import matplotlib.pyplot as plt
beta=[]
y1=np.random.gamma(0.5, scale=1.0, size=10000)
y2=np.random.gamma(0.5, scale=1.0, size=10000)
for i in range(0,10000):
    beta.append(y1[i]/(y1[i]+y2[i]))
plt.hist(beta)
```

Figura 4.7 – Histograma da distribuição beta

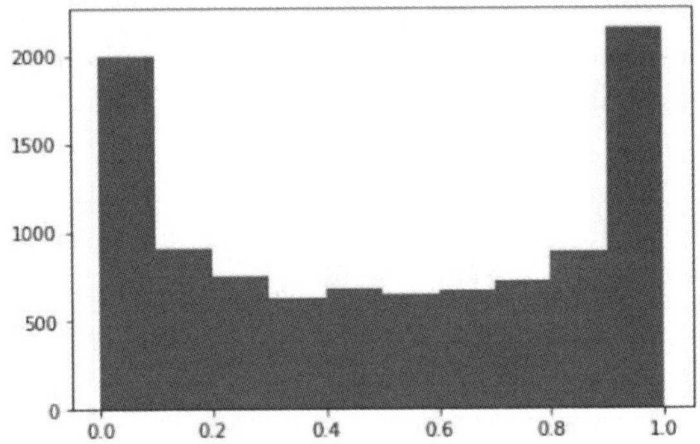

Fonte: O autor.

Resultado semelhante pode ser obtido diretamente pelo método beta do NumPy:

```
import numpy as np
import matplotlib.pyplot as plt
plt.hist(np.random.beta(0.5,0.5,size=10000))
```

No R, a mesma simulação pode ser realizada com o script:

```
hist(rbeta(10000, 0.5, 0.5))
```

Na planilha eletrônica, pode-se utilizar a seguinte função para gerar uma variável aleatória com distribuição beta:

```
=INV.BETA(ALEATÓRIO();0,5;0,5)
```

Os métodos apresentados geram uma variável aleatória distribuída entre 0 e 1. Opcionalmente, podem-se gerar tais valores ao definir um máximo, sendo, neste caso, necessário multiplicar a variável aleatória gerada por esse parâmetro.

A próxima seção apresenta a distribuição Qui-quadrado.

4.7 Distribuição Qui-quadrado

A distribuição Qui-quadrado é útil para a inferência estatística, principalmente na realização de um teste de hipóteses, que será visto no próximo capítulo.

Essa distribuição pode ser obtida a partir de uma distribuição gama com $\alpha=gl/2$ e $\beta=2$, em que gl são os graus de liberdade.

Logo, uma variável aleatória contínua X tem distribuição Qui-quadrado com gl graus de liberdade ($X^2(gl)$) e função de densidade de probabilidade representada por:

$$f(x; gl) = \frac{1}{\Gamma\left(\frac{gl}{2}\right)2^{gl/2}} x^{\frac{gl}{2}-1} e^{-x/2} \text{ para x>0}$$

Em que $\Gamma\left(\frac{gl}{2}\right)$ é a função gama.

Para visualizar a forma da distribuição Qui-quadrado é possível plotar essa função de densidade de probabilidade no Python, para valores de x de 0 a 10 e 3 graus de liberdade, com o seguinte código:

```
import math
import matplotlib.pyplot as plt
import numpy as np
def qui_quadrado_fdp(x, gl):
    return (1 / (2 ** (gl / 2) * math.gamma(gl / 2))) * (x ** (gl /
2 - 1)) * math.exp(-x / 2)
x = np.arange(0,10,0.01)
y=[]
for i in x:
    y.append(qui_quadrado_fdp(i,3))
plt.plot(x,y)
```

O gráfico dessa simulação é exibido na Figura 4.8:

Figura 4.8 – Forma da distribuição Qui-quadrado com três graus de liberdade

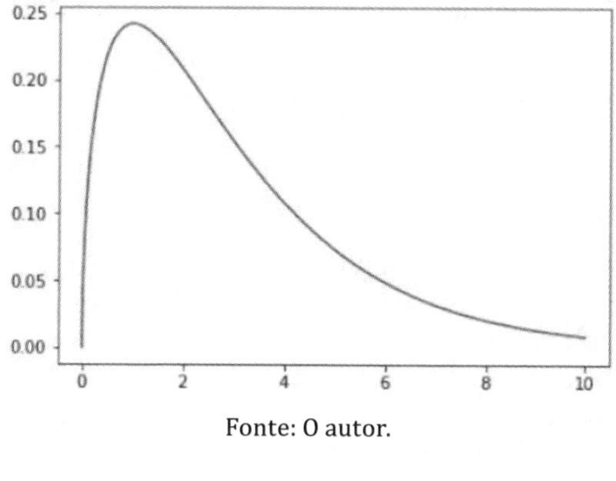

Fonte: O autor.

A partir da função de densidade de probabilidade mostrada no código acima, é possível calcular a função de distribuição acumulada, integrando a função apresentada com o pacote SciPy. Desse modo, por exemplo, suponha que se deseje obter a probabilidade de conseguir um valor menor ou igual a 18 para uma distribuição Qui-quadrado com 10 graus de liberdade, ou seja, *P(X ≤8)*. É possível calcular essa probabilidade com o seguinte código, depois de executada a função *qui_quadrado_fdp* no script acima:

```
import scipy.integrate as spi
def qui _ quadrado _ fda(x, gl):
    integrand = lambda t: qui _ quadrado _ fdp(t, gl)
    result, _ = spi.quad(integrand, 0, x)
    return result
qui _ quadrado _ fda(18, 10)
```

Com esse código, é obtido o valor de 0,945.

Outra alternativa em Python é utilizar uma função do SciPy com o seguinte código:

```
from scipy.stats import chi2
chi2.cdf(18, 10)
```

No R, pode-se utilizar o seguinte código para obter o mesmo resultado:

```
pchisq(18, 10)
```

Com a planilha eletrônica, é possível obter o mesmo valor com a função no Excel:

```
=DIST.QUIQUA(18;10;1)
```

A próxima seção apresenta a distribuição t de Student.

4.8 Distribuição t de Student

A distribuição t de Student é muito utilizada para a realização de inferência sobre uma população a partir de amostras.

A função de densidade de probabilidade de uma variável aleatória, com distribuição t de Student e com (v) graus de liberdade, é representada por:

$$f(t,v) = \frac{\Gamma\left(\frac{v+1}{2}\right)}{\Gamma\left(\frac{v}{2}\right)\sqrt{\pi v}}(1+\frac{t^2}{v})^{-(v+1)/2}\ para -\infty < t < \infty$$

Em que Γ é a função gama. A relação entre os parâmetros de uma amostra, oriundos de uma população, pode ser vista na fórmula do escore t:

$$t = \frac{\bar{x} - \mu}{\sqrt{s^2/n}} \sim t_{n-1}$$

Em que:
$\bar{x}$: É a média amostral.
μ: É a média populacional.
s: É o desvio-padrão amostral.
n: É o tamanho da amostra.
t_{n-1}: É a distribuição t de Student com n-1 graus de liberdade.

Sendo assim, pode-se utilizar a seguinte fórmula no R para calcular a probabilidade da distribuição t de Student, a partir do escore t (t) e da quantidade de graus de liberdade (gl) desejado:

```
pt(t, gl, lower.tail = FALSE)
```

No Python, utilizam-se os seguintes comandos:

```
from scipy.stats import t
1-t.cdf(t, gl)
```

Já no Excel, a fórmula é:

```
=1-DIST.T(t;gl;1)
```

Então, como exemplo, suponha-se que determinada estatística do teste t de Student tenha resultado em um valor de 3,05 para 30 graus de liberdade. O p-valor de 0,0023 associado a essa estatística de teste pode ser obtido pelas fórmulas acima.

As distribuições vistas até esta seção foram contínuas. A próxima seção traz uma distribuição discreta, que é a distribuição de Poisson.

4.9 Distribuição de Poisson

A distribuição de Poisson é um exemplo de variável aleatória discreta, tal como a distribuição empírica construída na seção 3.1 do capítulo 3. Para um dado valor esperado de ocorrências durante um intervalo, representado por λ, um conjunto de dados com distribuição de Poisson tem a seguinte função de densidade de probabilidade:

$$f(x) = \frac{e^{-\lambda}\lambda^{x}}{x!} \; para\; x \in Z^{+}$$

E a função de distribuição acumulada pode ser escrita da seguinte forma:

$$F(x) = e^{-\lambda} \sum_{i=0}^{|x|} \frac{\lambda^{i}}{i!} para\; x \geq 0$$

A Figura 4.9 mostra a função de densidade de probabilidade, implementada em planilha eletrônica no Excel para λ =2.

Figura 4.9 – Distribuição de Poisson com

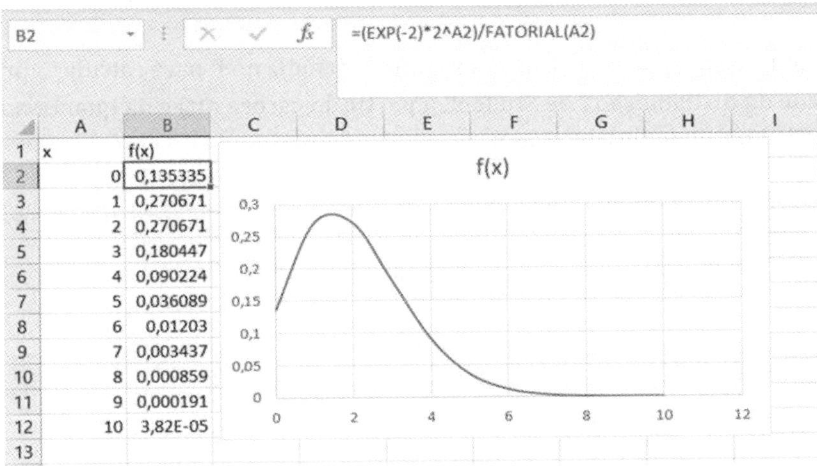
B2 =(EXP(-2)*2^A2)/FATORIAL(A2)

x	f(x)
0	0,135335
1	0,270671
2	0,270671
3	0,180447
4	0,090224
5	0,036089
6	0,01203
7	0,003437
8	0,000859
9	0,000191
10	3,82E-05

Fonte: O autor.

Uma forma alternativa à apresentada na Figura 4.9 é utilizar a função que pode calcular tanto a probabilidade pontual quanto a acumulada:

```
=DIST.POISSON(A2;2;0)
```

Para simular uma variável aleatória com a distribuição de Poisson, pode-se utilizar a relação do processo de Poisson com a distribuição exponencial (Kroese, Dirk P.; Taimre, Thomas; Botev, 2013). Logo, partindo-se do fato que $Y_i \sim Exponencial(\lambda)$, define-se:

$$X = \max\left\{ n: \sum_{j=1}^{n} Y_j \leq 1 \right\} \sim Poisson(\lambda)$$

Assim, a variável aleatória X pode ser obtida pela contagem do número máximo de vezes que a soma da variável exponencial não exceder 1.

Seguindo essa lógica, implementa-se o seguinte algoritmo em Python, que simula uma variável aleatória com distribuição de Poisson:

```
import math
import random
def simPoisson(lamb):
    T = 0
    n = -1
    while T < 1:
        E = -(1/lamb) * math.log(random.random())
        T += E
        n += 1
    N = n
    return N
```

Com essa função, cria-se uma simulação com 10 mil observações e plota o histograma da variável aleatória com a distribuição de Poisson, com λ=2 e o seguinte código:

```
import matplotlib.pyplot as plt
sim=[]
for i in range(0,10000):
    sim.append(simPoisson(2))
plt.hist(sim)
```

O resultado é mostrado na Figura 4.10:

Figura 4.10 – Histograma da simulação com distribuição de Poisson

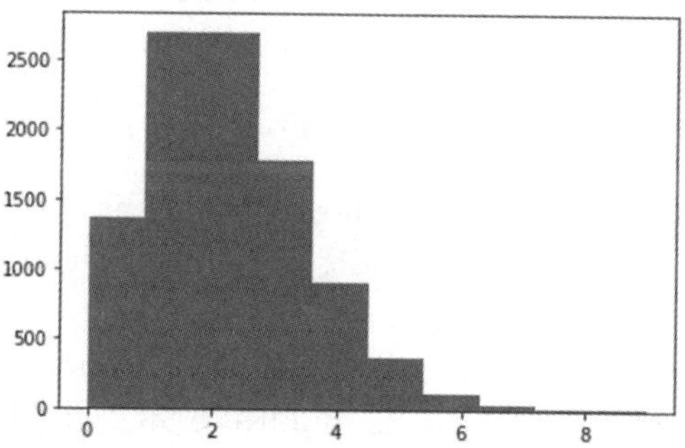

Fonte: O autor.

Pode-se executar a mesma simulação com um método do NumPy e com o seguinte script:

```
import numpy as np
import matplotlib.pyplot as plt
plt.hist(np.random.poisson(lam=2, size=10000))
```

No R, um gráfico semelhante é gerado com o comando:

```
hist(rpois(10000,2))
```

Pelo fato de a distribuição de Poisson derivar de uma quantidade de ocorrências em um período de tempo, a mesma também pode ser representada como um processo estocástico.

4.9.1 Processo de Poisson

Uma variável aleatória cujos valores evoluem no tempo é denominada um processo estocástico. Existem diversas variáveis aleatórias que podem ser representadas como um processo estocástico, entre as quais a variável aleatória com distribuição de Poisson, denominada processo de Poisson.

A probabilidade de ocorrer N eventos no intervalo de tempo [0,t] em um processo de Poisson, com taxa λ, é representado por:

$$P\{N(t) = x\} = \frac{e^{-\lambda t}\lambda t^x}{x!}$$

O processo de Poisson está relacionado com a distribuição exponencial, pois os tempos entre as ocorrências desse processo são exponencialmente distribuídos com média $\frac{1}{\lambda}$.

Esse fato pode ser obtido a partir da fórmula em que T_1 é o instante de ocorrência do primeiro evento, sendo generalizável para T_n (Ross, 2010, p. 494):

$$P\{T_1 > t\} = P\{N(t) = 0\} = e^{-\lambda t}$$

Sendo assim, suponha que se esteja analisando as chegadas de clientes em um caixa eletrônico e coletou-se os dados de quatro chegadas, conforme mostra a Figura 4.11:

A Figura 4.11 mostra os horários de chegadas de quatro clientes em um caixa eletrônico durante o período de 22 minutos e 58 segundos, ou seja, de 22,96 minutos. No que tange ao processo de Poisson, a taxa de chegada média é obtida dividindo-se a quantidade de clientes que chegaram no intervalo total, que é de 4/22,96=0,174 clientes por minuto. Assumindo que os tempos entre chegadas têm distribuição exponencial, a média dos tempos entre as chegadas é de 22,96/4=5,74. Note o leitor que esse é o mesmo resultado de 1/0,174.

Figura 4.11 – Relação entre o processo de Poisson e a distribuição exponencial

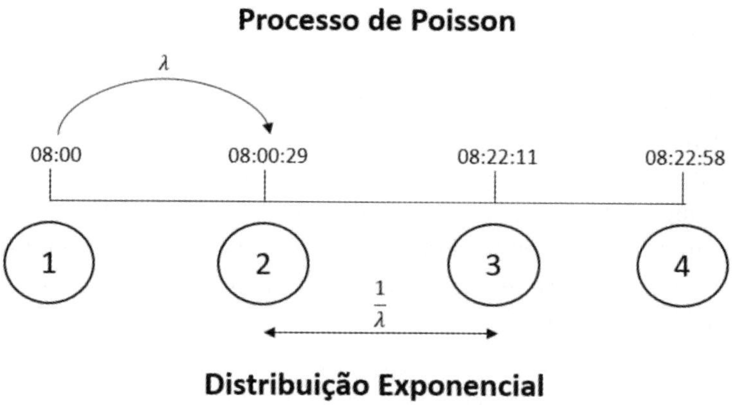

Fonte: O autor.

Quanto ao uso em simulação, podem ser utilizados tanto os tempos entre chegadas, com distribuição exponencial, quanto a taxa de chegadas, com distribuição de Poisson. No caso desta última, pode-se fazer a contagem, a cada minuto, da quantidade de clientes que chegaram ao caixa eletrônico. Por exemplo, no primeiro minuto, ocorreu a chegada de dois clientes. Nos 21 minutos seguintes, não ocorreram chegadas, sendo que os outros dois clientes chegaram no vigésimo segundo minuto. Assim, a contagem do processo de Poisson ficará da seguinte forma: 2, 0, ..., 0, 2.

A próxima seção traz a distribuição binomial.

4.10 Distribuição binomial

Quando uma variável aleatória assume apenas dois valores possíveis, 0 ou 1 — ou ainda, sucesso ou fracasso —, essa variável é chamada de variável de Bernoulli. Portanto, ao se simular experimentos independentes dessa natureza n vezes, pode-se enunciar a distribuição binomial, sendo constituída pela variável aleatória X do número de sucessos com probabilidade p.

A função de densidade de probabilidade de uma distribuição binomial pode ser definida da seguinte forma:

$$f(k,n,p) = \binom{n}{k} p^k (1-p)^{n-k}$$

Em que:

n: É o número de experimentos.

k: É o número de sucessos.

p: É a probabilidade de sucesso.

$\binom{n}{k} = \frac{n!}{k!(n-k)!}$

A média dessa variável aleatória é obtida por (np) e a variância, por (npq), sendo q=1-p.

Suponha-se, então, que a chegada de clientes em uma fila de caixa eletrônico pode ter tempo entre chegadas de 10 segundos com 20% de chance, enquanto que 20 segundos com probabilidade de 80%. Supondo que observemos a chegada de 10 clientes, a probabilidade de que exatamente 4 cheguem com tempo de 10 segundos entre si é de:

$$f(4{,}10{,}0{,}20) = \binom{10}{4} 0{,}20^4 (1 - 0{,}20)^{10-4}$$
$$= \frac{10!}{4!\,6!}\, 0{,}20^4 (0{,}80)^6 = 0{,}088$$

Na planilha eletrônica, resultado semelhante pode ser obtido por:

```
=DISTR.BINOM(4;10;0,2;0)
```

O mesmo resultado pode ser obtido no R:

```
dbinom(4,10,.2)
```

E em Python, pode ser utilizado o comando:

```
from scipy import stats
stats.binom.pmf(4, 10, 0.2)
```

Para esse exemplo, o número esperado de clientes que chegarão com tempo entre chegadas de 10 segundos, de uma quantidade total de 30 clientes é np=30(0,20)=6.

A próxima seção apresenta os exercícios do capítulo.

4.11 Exercícios propostos

1. Associe os seguintes histogramas aos respectivos modelos de distribuição de probabilidade. A lista de distribuições é uniforme (100, 200), triangular (2,6,8), log-normal (0,0,25), Weibull (2,2) e gama (1,4).

a.

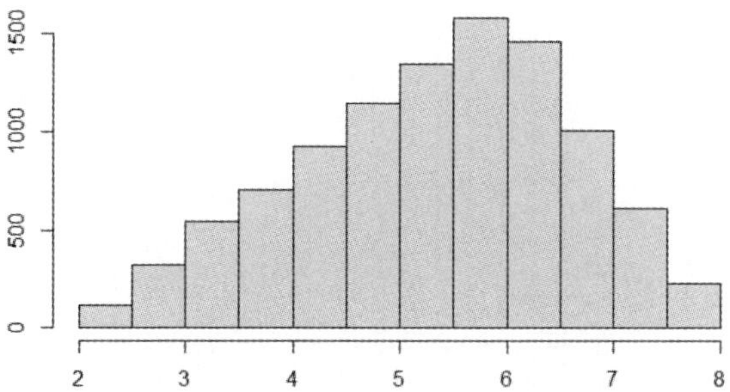
0
500
1000
1500
2
3
4
5
6
7
8

b.

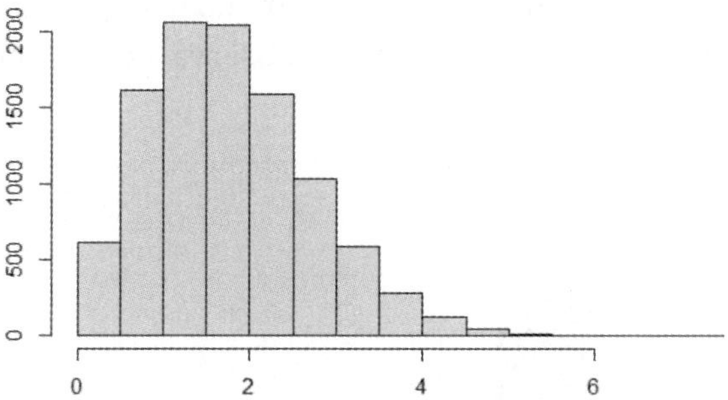
0
500
1000
1500
2000
0
2
4
6

c.

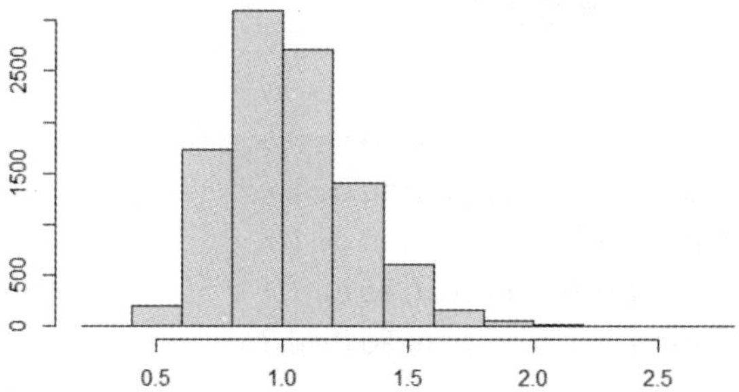
0
500
1500
2500
0.5
1.0
1.5
2.0
2.5

d.

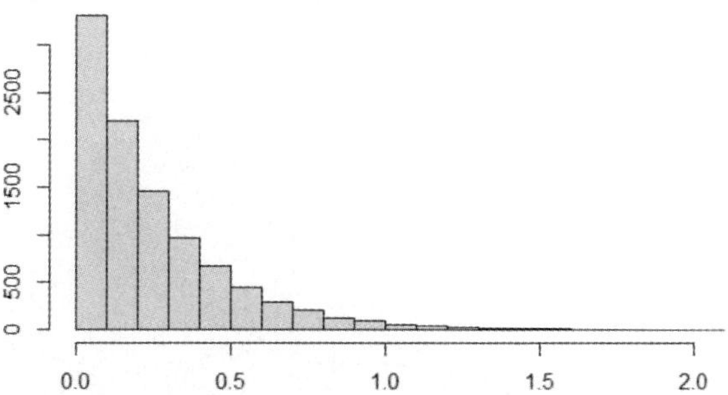
0
500
1500
2500
0.0
0.5
1.0
1.5
2.0

e.

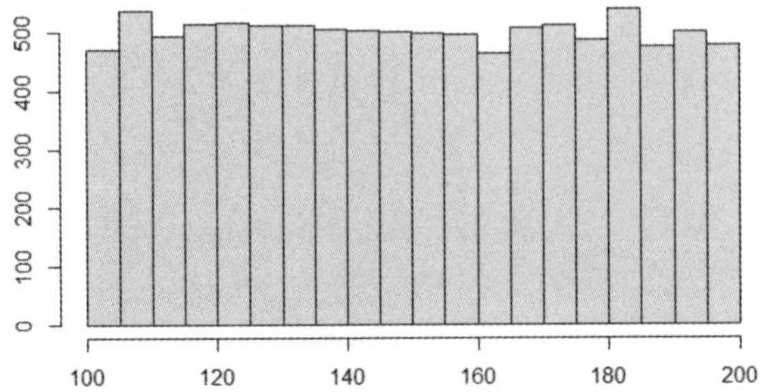

2. Quais são os parâmetros que a figura do histograma abaixo apresenta, com uma simulação de 10 mil observações de um modelo de distribuição de log-normal?

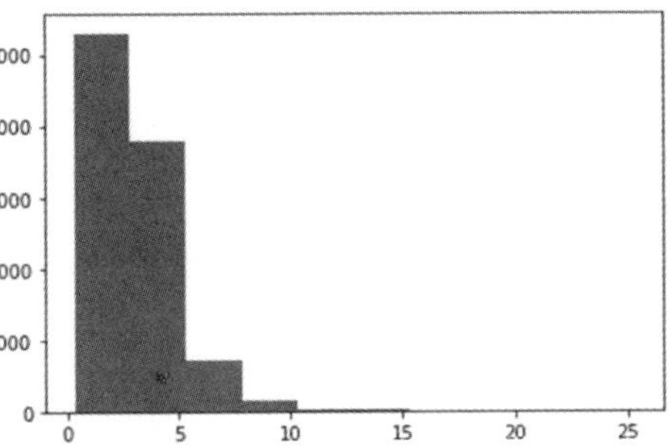

a. Média 1 e desvio-padrão de 0,5
b. Média 1 e desvio-padrão de 10
c. Média 1 e desvio-padrão de 1,5
d. Média 1 e desvio-padrão de 1
e. Média 1 e desvio-padrão de 0,25

3. O gráfico abaixo apresenta o histograma da distribuição de Weibull com α=2. Qual é o valor de β?

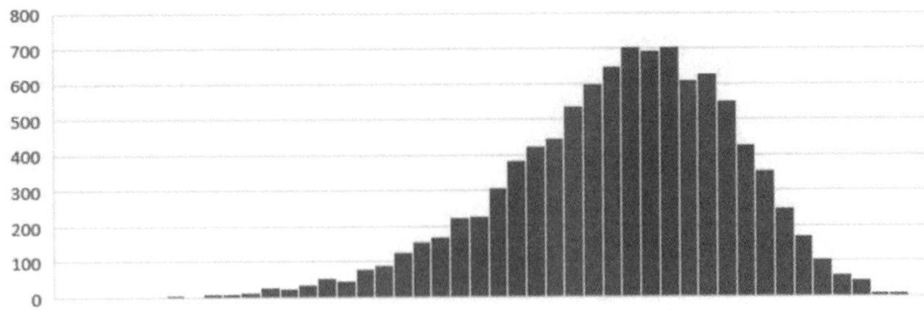

a. 10
b. 2
c. 0,5
d. 1
e. 0

4. Qual é a probabilidade de encontrar valores menores ou iguais a 5 em um conjunto de dados que tem distribuição Qui-quadrado com 5 graus de liberdade?

5. Quantos graus de liberdade há na figura abaixo, que mostra a forma da função de densidade de probabilidade de um modelo da distribuição Qui-quadrado?

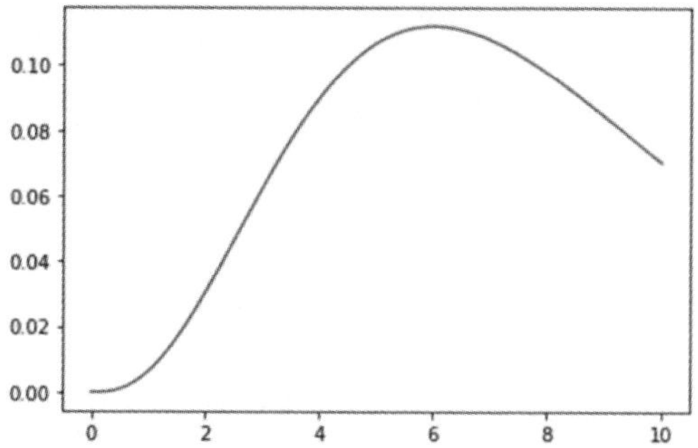

a. 8
b. 5
c. 2
d. 1
e. 0

6. Determinado teste t, conduzido a 100 graus de liberdade, resultou em um valor de 1,96. Qual é o p-valor associado a essa estatística?

7. Ao gerar uma simulação com 10 observações de uma distribuição de Poisson com λ=5, qual alternativa é a correta, considerando que a semente utilizada no R foi de 105?
a. [1] 2 12 4 4 5 7 8 7 5 1
b. [1] 3 6 4 8 5 1 6 5 5 9
c. [1] 5 4 2 3 3 4 4 3 4 6
d. [1] 3 5 5 5 11 5 2 5 8 4
e. [1] 5 3 6 14 4 5 5 6 5 1

8. Qual dos gráficos abaixo representa o histograma de uma variável aleatória com distribuição uniforme e com parâmetros de 42 a 55?

a.

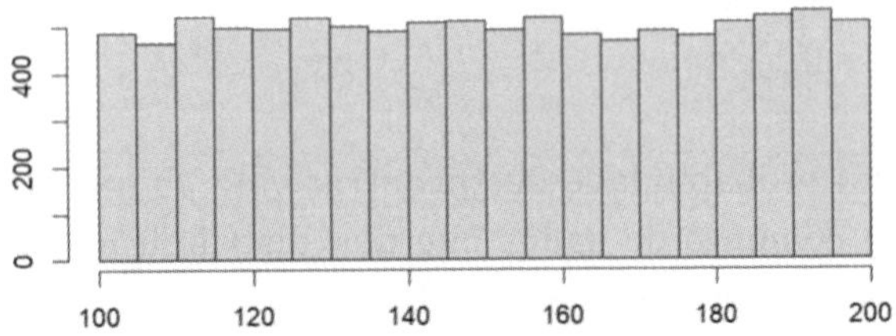

b.

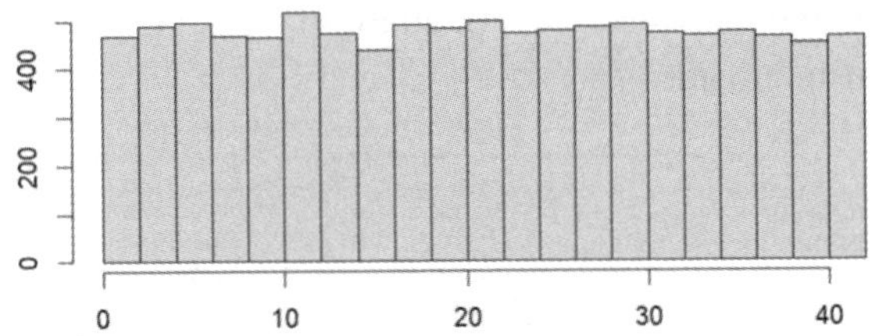

c.

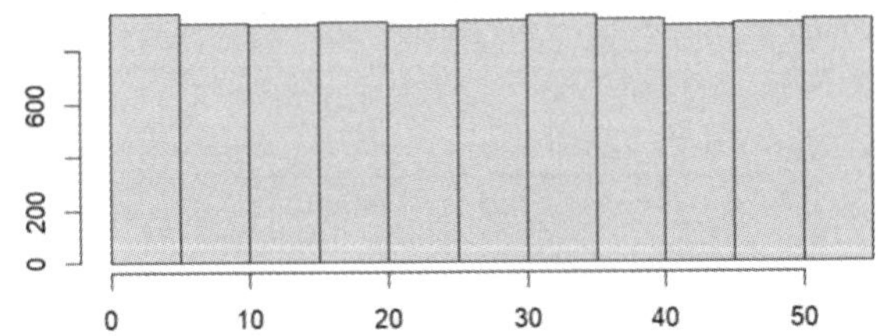

d.

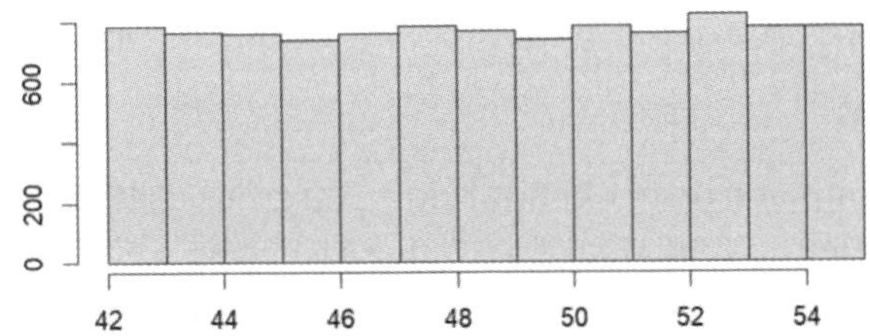

e.

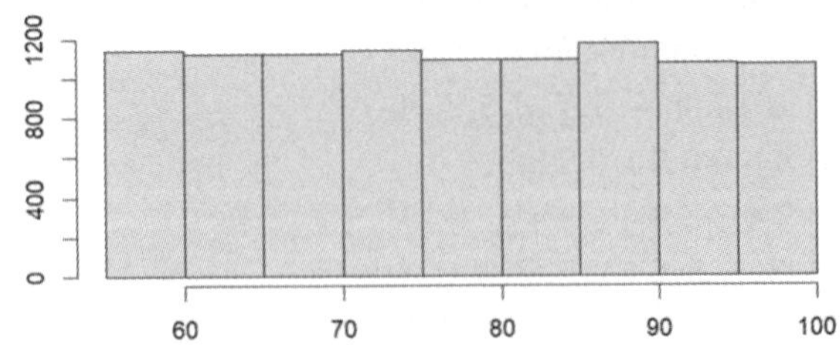

9. Abaixo é mostrado o histograma de uma simulação de 10 mil observações de uma variável aleatória com distribuição de Poisson com média 500. Quais parâmetros devem ser usados em uma distribuição normal para conseguir resultado visualmente similar?

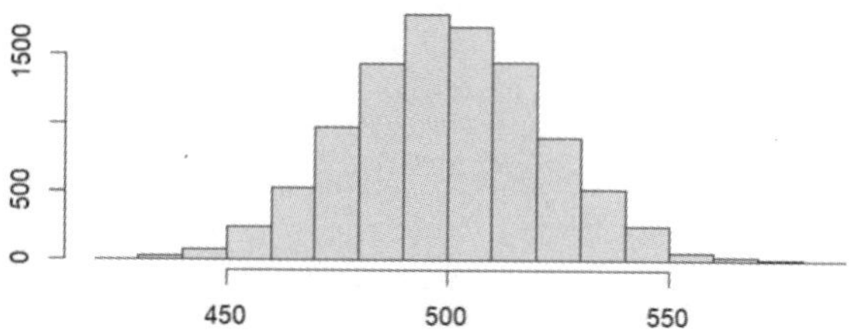

a. Média 500 e desvio-padrão de 20
b. Média 500 e desvio-padrão de 50
c. Média 500 e desvio-padrão de 5
d. Média 500 e desvio-padrão de 2
e. Média 500 e desvio-padrão de 100

10. Em uma simulação, ao utilizar uma variável aleatória com distribuição gama, com alfa=2 e beta=5, qual é o valor médio obtido? Qual é a probabilidade de retornar valores menores ou iguais a 0,20?

11. Substituindo a distribuição por beta, responda as questões da pergunta anterior.

RESUMO

Neste capítulo, foram vistos diversos modelos de distribuição de probabilidade, os quais podem ser utilizados para simular valores aleatórios. Esses modelos serão retomados nas aplicações dos próximos capítulos. Há ainda diversos modelos de distribuições contínuas que não foram apresentados, tais como as distribuições de Cauchy, Pearson, Johnson, Erlang, log-Logística, F, entre outras. Outros exemplos de distribuições discretas são a geométrica, hipergeométrica, zipf, entre outras.

O próximo capítulo será sobre a escolha da distribuição de probabilidade mais apropriada para ser utilizada em uma simulação, a partir da aderência dos dados coletados na realidade.

05

Modelagem de dados empíricos

"Que o aprendiz instrua o outro aprendiz, pois aquele que não aprendeu não é capaz de ver"

Máxima encontrada nas observações de diversos escritos na antiga Mesopotâmia (Fischer, *História da Leitura*, 2006, p. 22).

No capítulo 3, foi utilizada a distribuição normal para simular valores do Exemplo 3.1. Essa escolha foi definida pela inspeção visual, devido à semelhança da forma do histograma dos dados à curva normal. Apesar da utilidade, a inspeção visual pode induzir ao erro na escolha da distribuição mais adequada para simular um conjunto de dados.

Assim, a definição da distribuição para representar um conjunto de dados deve ser pautada por um teste de hipóteses, que verificará se de fato a distribuição de probabilidade escolhida tem aderência ao conjunto de dados em análise. Após realizada a inspeção visual, para decidir qual modelo de variável aleatória pode ser utilizado para simular um conjunto de dados, devem-se estimar os parâmetros da variável aleatória a partir dos dados empíricos e, com estes, realizar o devido teste de hipóteses.

A próxima seção apresenta os objetivos do capítulo.

OBJETIVOS DO CAPÍTULO

- **Aprender métodos de estimação de parâmetros relevantes necessários à simulação das variáveis aleatórias dos modelos vistos nos capítulos 3 e 4.**
- **Realizar testes de aderência para verificar se há evidências de que um conjunto de dados são oriundos de uma determinada distribuição.**

5.1 Estimação de parâmetros

Nos capítulos 3 e 4, os modelos de variáveis aleatórias foram apresentados e foi visto que eles possuem parâmetros, por meio dos quais é possível realizar uma simulação. Por exemplo, para simular uma variável aleatória com distribuição normal, é necessário definir a média e o desvio-padrão. Quando se obtém dados empíricos, geralmente coletados a partir de uma amostra, mesmo que a visualização do histograma possa ajudar a enquadrar os dados em um modelo de variável aleatória, é necessário estimar os parâmetros dos dados que, sendo amostrais, assume-se que os parâmetros da população, da qual os dados tenham origem, sejam desconhecidos.

Logo, por exemplo, a partir dos dados da amostra de 50 observações do Exemplo 3.1, podem-se obter a média e o desvio-padrão, que são parâmetros suficientes para executar a simulação de uma variável aleatória com distribuição normal. No entanto, como se trata de uma amostra, há métodos mais adequados para se extrair esses parâmetros, que possam refletir adequadamente a população de onde os dados amostrais são oriundos.

Um método que pode ser utilizado para estimar esses parâmetros é o da máxima verossimilhança. Esse método busca valores para os parâmetros desejados de forma a maximizar a probabilidade de que os dados empíricos sejam uma amostra plausível e representativa da população.

Desta maneira, a lógica do uso da máxima verossimilhança reside no pressuposto de que, dada uma série de observações independentes, sua probabilidade conjunta é o produto das probabilidades individuais. Assim, para estimar a função de máxima verossimilhança, devem-se obter as probabilidades individuais e, então, multiplicá-las para se ter a probabilidade da amostra inteira.

A próxima seção traz a estimação dos parâmetros da distribuição normal.

5.1.1 Parâmetros da distribuição normal

Por exemplo, considere a função de densidade de probabilidade da distribuição normal, definida na seção 3.2 do capítulo 3. A partir de um conjunto de n observações, $x_1,x_2,...,x_n$, pode-se estimar a seguinte função:

$$f(x_1, x_2, \dots, x_n|\mu, \sigma^2) = \prod_{i}^{n} f(x_i|\mu, \sigma^2)$$

Após realizar manipulações com a função de densidade de probabilidade da distribuição normal, e com o logaritmo natural para facilitar os cálculos, a função de máxima verossimilhança da distribuição normal pode ser representada da seguinte forma:

$$\mathcal{L}(X|\mu,\sigma^2) = -\left(\frac{n}{2}\right)\ln(2\pi\sigma^2) - \frac{1}{2\sigma^2}\sum_i^n (x_i - \mu)^2 \quad \textbf{(5.1)}$$

Pode-se demonstrar analiticamente que:

$$\frac{\partial \mathcal{L}(X|\mu,\sigma^2)}{\partial \mu} = 0 \rightarrow \hat{\mu} = \bar{X}$$

$$\frac{\partial \mathcal{L}(X|\sigma^2)}{\partial \sigma^2} = 0 \rightarrow \widehat{\sigma^2} = \frac{1}{n}\sum_{i=1}^{n}(X_i - \bar{X})^2$$

Dessa maneira, conclui-se que a média e o desvio-padrão amostrais são bons estimadores populacionais para uma distribuição normal. A lógica da estimativa da máxima verossimilhança consiste em minimizar (5.1) em função dos parâmetros da média (μ) e do desvio-padrão (σ^2).

No R, pode-se definir o seguinte código para representar a função (5.1):

```
fmv = function(x,par){
  m=par[1]
  s=par[2]
  n=length(x)
  ll = -(n/2)*(log(2*pi*s^2)) + (-1/(2*s^2)) * sum((x-m)^2)
  return(-ll)
}
```

Definida a função, podem-se lançar os dados do Exemplo 3.1 no R por meio do comando *x=scan()*, já apresentado no capítulo 3, sendo posteriormente necessário otimizar a função a partir do vetor x. Com estimativas iniciais de dois e dois parâmetros para da média e do desvio-padrão, podem-se utilizar a função e o comando apresentados para mostrar os parâmetros estimados:

```
parametros=optim(par=c(2,2),fmv,x=x)
parametros$par
```

O leitor notará que os parâmetros retornados são 523,88 e 117,29 para média e desvio-padrão, respectivamente, sendo que os valores retornados pelos comandos *mean(x)* e *sd(x)* resultarão em 523.34 e 116.82. Assim, conclui-se que, para a distribuição normal, a média e o desvio-padrão amostrais são parâmetros suficientes para usar na simulação.

A próxima seção trata dos parâmetros das outras distribuições vistas nos capítulos 3 e 4.

5.1.2 Parâmetros de outras distribuições relevantes

Para uma variável aleatória que tenha distribuição exponencial, pode-se, a partir da função de densidade de probabilidade apresentada na seção 3.4, definir a seguinte função de máxima verossimilhança (Morettin; Bussab, 2002, p.303):

$$L(\lambda|x) = (\frac{1}{\lambda})^n e^{-\sum_i^{x_i/\lambda}}$$

A partir dessa função, a log-verossimilhança pode ser definida como:

$$\ell(\lambda|x) = -nlog\lambda - \sum_{i=1}^{n} x_i/\lambda$$

Ao derivar a expressão acima e, igualando-a a zero, obtém-se a fórmula do valor esperado:

$$\hat{\lambda} = \frac{\sum_{i=1}^{n} x_i}{n}$$

Isto é, assim como a distribuição normal, a média amostral dos dados é um estimador adequado para executar a simulação com a distribuição exponencial.

Para o caso da distribuição uniforme cujos parâmetros necessários à simulação são o máximo (b) e o mínimo (a), a partir da função densidade de probabilidade apresentada na seção 4.1 do capítulo 4, pode-se definir a função log-verossimilhança:

$$log\mathcal{L}(a,b) = log\prod_{i=1}^{n}\frac{1}{(b-a)} = \log((b-a)^{-n}) = -n\log(b-a)$$

A partir dessa expressão, tomam-se as derivadas em relação a a e b:

$$\frac{\partial log\mathcal{L}(a,b)}{\partial a} = \frac{n}{(b-a)}$$

$$\frac{\partial log\mathcal{L}(a,b)}{\partial b} = -\frac{n}{(b-a)}$$

Daí conclui-se que:

$$\hat{a} = \min(X)$$

$$\hat{b} = \max(X)$$

Ou seja, os estimadores de uma distribuição uniforme são o mínimo e o máximo amostrais.

Quanto à distribuição triangular, vista na seção 4.2 do capítulo 4, estimam-se, pelo método da máxima verossimilhança, os três parâmetros necessários para a simulação dessa distribuição, que são o mínimo (a), o máximo (b) e a moda (c) (Kotz; Van Dorp, 2004). Com o pacote Triangle do R, estimam-se esses parâmetros com o seguinte script, para um vetor com os dados denominado x:

```
install.packages("triangle")
library(triangle)
triangle_mle(x)
```

No Python, estimam-se os parâmetros da distribuição triangular com o seguinte código, a partir de um vetor x:

```
import numpy as np
from scipy.optimize import minimize
def triang_fdp(x, a, b, c):
    fdp_values = np.where((a <= x) & (x < b), 2 * (x - a) / ((b -
a) * (c - a)),
                          np.where((b <= x) & (x <= c), 2 * (c - x)
/ ((c - a) * (c - b)), 0))
    return fdp_values
def mle(parametros, dados):
    a, b, c = parametros
    mle_val = np.sum(np.log(np.maximum(triang_fdp(dados, a, b, c),
1e-10)))
    return -mle_val

def param_triang(dados):
    a0 = np.min(dados)
    b0 = np.median(dados)
    c0 = np.max(dados)
    estimativa_inicial = [a0, b0, c0]
    bounds = [(None, None), (None, None), (None, None)]
    resultado = minimize(mle, estimativa_inicial, args=(dados,),
bounds=bounds)
    a_est, b_est, c_est = resultado.x
    return a_est, b_est, c_est

print(param_triang(x))
```

Porém, quando se desejar obter parâmetros de uma distribuição log-normal, pode-se utilizar o mesmo procedimento que foi feito para estimar os parâmetros da distribuição normal.

Assim, pode-se demonstrar que os parâmetros média e desvio-padrão de dados oriundos de uma distribuição log-normal podem ser obtidos por:

$$\hat{u} = \frac{\sum_i \ln x_i}{n}, \qquad \widehat{\sigma^2} = \frac{\sum_i (\ln x_i - \hat{u})^2}{n}$$

Enquanto que na linguagem R, estimam-se esses parâmetros a partir de um vetor x com dados aderentes a uma distribuição log-normal com o seguinte comando, utilizando a biblioteca *univariateML*:

```
install.packages("univariateML")
library(univariateML)
mllnorm(x)
```

Em Python, podem-se utilizar as fórmulas apresentadas e obter os parâmetros com os seguintes comandos:

```
import numpy as np
np.mean(np.log(x))
np.std(np.log(x))
```

Para a distribuição de Weibull, a partir da função de densidade de probabilidade apresentada na seção 4.4, do capítulo 4, podem-se obter as derivadas parciais dos parâmetros α e β:

$$\hat{\alpha} = \left(\frac{1}{n}\sum_{i}^{n} x_i^{\hat{\beta}}\right)^{\frac{1}{\hat{\beta}}}$$

$$\frac{1}{\hat{\beta}} = \frac{\sum_{i=1}^{n} x_i^{\hat{\beta}} \ln x_i}{\sum_{i=1}^{n} x_i^{\hat{\beta}}} - \frac{1}{n}\sum_{i=1}^{n} \ln x_i$$

No R, pode-se utilizar o seguinte comando para estimar os parâmetros de um vetor x:

```
install.packages("univariateML")
library(univariateML)
mlweibull(x)
```

Já no Python, para resultado semelhante, podem-se utilizar os seguintes comandos:

```
from scipy.stats import weibull_min
beta,loc,alfa=weibull_min.fit(x)
alfa,beta
```

Os parâmetros da distribuição gama podem ser estimados a partir da função de densidade de probabilidade definida na seção 4.5, por meio da função e do seu desenvolvimento:

$$L(\alpha,\beta) = \prod_{i=1}^{n} \frac{x^{\alpha-1}e^{-\beta x}\beta^{\alpha}}{\Gamma(\alpha)}$$

$$LL(\alpha,\beta) = (\alpha-1)\sum_{i=1}^{n} \ln x_i - \frac{1}{\beta}\sum_{i=1}^{n} x_i - n(\alpha \ln \beta + \ln \Gamma(\alpha))$$

Pode-se encontrar o máximo de LL(α,β) quando:

$$\beta = \frac{\bar{x}}{\alpha}$$

No R, encontram-se os parâmetros da distribuição gama com os seguintes comandos:

```
install.packages("univariateML")
library(univariateML)
mlgamma(x)
```

Em Python, utilizam-se os seguintes códigos:

```
from scipy.stats import gamma
beta,loc,alfa=gamma.fit(x)
beta,alfa
```

Para descobrir os parâmetros relevantes da distribuição beta, define-se a seguinte função de log-verossimilhança:

$$\ln \mathcal{L}(\alpha,\beta|X) = (\alpha-1)\sum_{i=1}^{N} \ln(X_i) + (\beta-1)\sum_{i=1}^{N} \ln(1-X_i) - N \ln B(\alpha,\beta)$$

Essa função é maximizada em função dos parâmetros com as seguintes derivadas parciais:

$$\frac{\partial \ln \mathcal{L}(\alpha,\beta|X)}{\partial \alpha} = \sum_{i=1}^{N} \ln X_i - N\frac{\partial \ln B(\alpha,\beta)}{\partial \alpha} = 0$$

$$\frac{\partial \ln \mathcal{L}(\alpha,\beta|X)}{\partial \beta} = \sum_{i=1}^{N} \ln(1-X_i) - N\frac{\partial \ln B(\alpha,\beta)}{\partial \beta} = 0$$

No R, podem-se estimar os parâmetros de um vetor x com distribuição beta com os seguintes comandos:

```
install.packages("univariateML")
library(univariateML)
mlbeta(x)
```

No Python, os mesmos parâmetros podem ser estimados por meio dos comandos:

```
from scipy.stats import beta
alfa,beta,x,y=beta.fit(x,floc=0)
alfa,beta
```

Já para estimar o parâmetro de uma distribuição de Poisson, basta calcular a média das observações. A prova de que a média é uma boa estimativa do parâmetro λ de uma distribuição de Poisson advém da derivação desse parâmetro da função de log-verossimilhança e também da densidade de probabilidade, apresentada na seção 4.8 do capítulo 4:

$$l(\lambda; x_1, \dots, x_n) = -n\lambda - \sum_{i=1}^{n} \ln(x_i!) + \ln(\lambda) \sum_{i=1}^{n} x_i$$

$$\frac{d}{d\lambda} l(\lambda; x_1, \dots, x_n) = -n + \frac{1}{\lambda} \sum_{i=1}^{n} x_i = 0$$

$$\lambda = \frac{1}{n} \sum_{i=1}^{n} x_i$$

A Tabela 5.1 apresenta o resumo da função e dos parâmetros que podem ser estimados para obter as medidas relevantes das distribuições apresentadas.

Tabela 5.1 – Resumo da estimação de parâmetros das distribuições no R e Python, a partir de um vetor x

Distribuição de probabilidade	Parâmetros	R	Python
Normal	Média	mean(x)	sum(x)/len(x)
	Desvio-padrão	sd(x)	import numpy as np np.std(test_list)
Exponencial	Média	mean(x)	sum(x)/len(x)
Uniforme	Mínimo	min(x)	min(x)
	Máximo	max(x)	max(x)
Triangular	Mínimo; Máximo e Moda	install.packages("triangle") library(triangle) triangle_mle(x)	param_triang(x)
Log-normal	Média; Desvio-padrão	install. packages("univariateML") library(univariateML) mllnorm(x)	import numpy as np np.mean(np.log(x)) np.std(np.log(x))

(Continua)

Distribuição de probabilidade	Parâmetros	R	Python
Weibull	Alfa e Beta	install. packages("univariateML") library(univariateML) mlweibull(x)	from scipy.stats import weibull_min beta,loc,alfa=weibull_ min.fit(x) alfa,beta
Gama	Alfa e Beta	install. packages("univariateML") library(univariateML) mlgamma(x)	from scipy.stats import gamma beta,loc,alfa=gamma. fit(x) beta,alfa
Beta	Alfa e Beta	install. packages("univariateML") library(univariateML) mlbeta(x)	from scipy.stats import beta alfa,beta,x,y=beta. fit(x,floc=0) alfa,beta
Poisson	Lambda	mean(x)	sum(x)/len(x)

Fonte: O autor.

Nesse sentido, com os parâmetros estimados, o próximo passo para verificar se uma distribuição é adequada para realizar a simulação é por meio dos testes de aderência.

5.2 Testes de aderência

Uma vez definidos os parâmetros dos dados empíricos de determinada distribuição escolhida por inspeção visual, o próximo passo é realizar um teste para verificar se há evidências de que os dados têm aderência à distribuição da probabilidade escolhida. Por exemplo, ao visualizar o histograma dos dados do Exemplo 3.1, suspeita-se, inicialmente, que os mesmos têm aderência a uma distribuição normal.

As próximas seções apresentam dois testes distintos.

5.2.1 Teste Qui-quadrado

O teste Qui-quadrado verifica a associação entre duas variáveis aleatórias independentes, isto é, investiga se determinado conjunto de dados segue uma distribuição específica, com base na comparação desse conjunto de dados com outro conjunto gerado a partir da referida distribuição.

Desse modo, o teste compara os dados empíricos coletados na realidade com a simulação realizada, após a estimação de parâmetros de uma determinada distribuição. Os testes de aderência podem ser considerados testes de hipóteses, pois comparam os dados empíricos com os dados previstos para uma determinada distribuição, gerando, a partir dessa diferença, uma estatística com a qual se infere que determinado conjunto de dados tem ou não aderência à determinada distribuição.

Como o teste Qui-quadrado é um teste de diferenças, enunciam-se as hipóteses nula e alternativa da seguinte maneira:

- H_0: Os dados têm aderência à distribuição testada.
- H_a: Os dados não têm aderência à distribuição testada

Para realizar o teste Qui-quadrado, é necessário organizar os dados em intervalos, contendo as frequências observadas e esperadas para comparação. Com esses dados organizados, pode-se aplicar a seguinte fórmula para cálculo da estatística Qui-quadrado:

$$X^2 = \sum_{i=1}^{n} \frac{(O_i - E_i)^2}{E_i} \tag{5.2}$$

Em que:
O_i: Valor empírico observado.
E_i: Valor esperado.
n: Quantidade de valores testados.

No teste Qui-quadrado, a quantidade e os graus de liberdade são calculados subtraindo n da quantidade de parâmetros utilizados na distribuição que está sendo testada, e finalmente de 1. Por exemplo, suponha que estejam sendo testadas sete classes para uma distribuição normal. Como nessa distribuição é necessário utilizar média e desvio-padrão para realizar a simulação, a quantidade de graus de liberdade será de 4 (7–2–1=4).

Assim, ao gerar a estatística de teste, será possível rejeitar ou não a hipótese nula. Caso essa hipótese não seja rejeitada, haverá evidências de que os dados seguem a distribuição testada. Caso a hipótese nula seja rejeitada, haverá evidências de que pelo menos uma das igualdades (frequência esperada e observada) não seja igual à distribuição testada.

As próximas seções realizam o teste Qui-quadrado em dois exemplos.

5.2.1.1 *Exemplo 5.1*

Vamos realizar um teste de aderência com dados provenientes de uma distribuição normal. Os dados são estes apresentados na Tabela 5.2:

Tabela 5.2 – Dados do Exemplo 5.1 – Demanda mensal

432	671	733	558	560
556	605	451	360	464
579	726	618	393	633
521	733	672	529	401
377	628	660	442	456
513	577	567	567	593
492	590	569	599	675
387	665	518	670	540
424	786	332	334	626
407	457	518	749	574

Fonte: O autor.

Como os dados são de uma simulação dos parâmetros do Exemplo 3.1, inicialmente, suspeita-se que os dados seguem uma distribuição normal. Deseja-se, assim, realizar um teste de aderência para verificar se há evidências de que os dados seguem uma distribuição normal. Logo, enunciam-se as seguintes hipóteses:

- H_0: Os dados têm aderência à distribuição normal.
- H_a: Os dados não têm aderência à distribuição normal.

Para calcular a estatística de teste, é recomendado construir classes de acordo com a distribuição a ser testada em grupos equiprováveis, com frequência esperada de no mínimo cinco observações. Também se recomenda utilizar no mínimo três classes. Como os dados do Exemplo 5.1 têm 50 observações, dividir os dados em sete classes $\sqrt{50} \cong 7)$ será adequado, pois $\frac{1}{7} \times 50 = 7{,}14$, sendo esta a frequência esperada ≥ 5. O próximo passo é estimar os parâmetros dos dados.

Foi visto na seção 5.1 que a média e o desvio-padrão são parâmetros confiáveis para uma distribuição normal. Sendo assim, a média e o desvio-padrão dos dados que serão utilizados são 549,74 e 115,35 respectivamente. Com esses parâmetros, é possível criar sete intervalos equiprováveis, seguindo uma distribuição normal com os seguintes comandos:

```
classes=c(0)
for (i in 1:7) {
  classes=append(classes,qnorm(i/7,549.74,115.35))
 }
 classes
[1]    0.0000 426.5957 484.4578 528.9756 570.5044 615.0222 672.8843
[8]       Inf
```

Logo, confirma-se que os intervalos são equiprováveis e provenientes de uma distribuição normal, com os parâmetros dos dados ao obter a probabilidade de dois intervalos, e verificar que os mesmos têm frequência esperada de 7,14. Os comandos abaixo testam dois intervalos aleatórios:

```
> (pnorm(Inf,549.74, 115.35)-pnorm(672.8843,549.74, 115.35))*50
[1] 7.142853
> (pnorm(528.9756,549.74, 115.35)-pnorm(484.4578,549.74, 115.35))*50
[1] 7.142862
```

Agora, devem-se obter as frequências observadas e relativas, a fim de realizar o cálculo da estatística de teste, conforme os seguintes comandos, no qual x é o conjunto de dados:

```
> freqObservada = table(cut(x,breaks=classes))
> freqObservada

  (0,427] (427,484] (484,529] (529,571] (571,615] (615,673] (673,Inf]
        9         6         5         8         7         9
6
> freqRelativa = freqObservada/sum(freqObservada)
> freqRelativa

  (0,427] (427,484] (484,529] (529,571] (571,615] (615,673] (673,Inf]
     0.18       0.12       0.10       0.16       0.14       0.18       0.12
```

Dessa maneira, podem-se visualizar as classes e as frequências criadas com o comando nas quatro colunas iniciais da Tabela 5.3. Por fim, é definida a frequência esperada de 7,14 em cada classe.

Tabela 5.3 – Valores esperados do Exemplo 5.1

Limite inferior	Limite superior	Frequência absoluta (O_i)	Frequência relativa	Frequência relativa teórica	Frequência esperada (E_i)
0	427	9	0,18	0,1428	7,1428
427	484	6	0,12	0,1428	7,1428
484	529	5	0,10	0,1428	7,1428
529	571	8	0,16	0,1428	7,1428
571	615	7	0,14	0,1428	7,1428
615	673	9	0,18	0,1428	7,1428
673	Inf.	6	0,12	0,1428	7,1428

Fonte: O autor.

Ao aplicar os dados da Tabela 5.3 na equação (5.2), pode-se efetuar o cálculo da estatística de teste a partir da Tabela 5.4.

Tabela 5.4 – Cálculo para o teste Qui-quadrado

Frequência absoluta (O_i)	**Frequência esperada** (E_i)	$O_i - E_i$	$\frac{(O_i - E_i)^2}{E_i}$
9	7,1428	1,8572	0,4828
6	7,1428	-1,1428	0,1828
5	7,1428	-2,1428	0,6428
8	7,1428	0,8572	0,1028
7	7,1428	-0,1428	0,0028
9	7,1428	1,8572	0,4828
6	7,1428	-1,1428	0,1828
		Total	2,0800

Fonte: O autor.

A partir da Tabela 5.4, nota-se a que a estatística Qui-quadrado resultou em um valor de 2,08. Aplicando esse valor para calcular a probabilidade vista na seção 4.7, podem-se lançar os seguintes comandos no Excel, no R e no Python, respectivamente, para obter o p-valor com n–2–1 (4) graus de liberdade:

```
=1-DIST.QUIQUA(2,08;4;1)
```

```
1-pchisq(2.08, 4)
```

```
from scipy.stats import chi2
1-chi2.cdf(2.08, 4)
```

O retorno dos comandos resultam em um p-valor de 0,7210. Como esse p-valor é maior que 0,05, não se rejeita a hipótese nula de que os dados têm aderência à distribuição normal. Assim, podem-se simular os dados do Exemplo 5.1 com o modelo de uma distribuição normal, com média 549,74 e desvio-padrão de 115,35.

A próxima seção apresenta o mesmo teste com dados oriundos de uma distribuição exponencial.

5.2.1.2 *Exemplo 5.2*

Agora vamos realizar o teste Qui-quadrado com os dados exibidos na Tabela 5.5, que foram gerados a partir de uma distribuição exponencial com média 10.

Tabela 5.5 – Dados do Exemplo 5.2

0,49	11,00	9,60	5,60	8,41
21,69	13,00	8,47	25,16	15,07
0,78	4,96	3,02	18,12	0,58
4,29	19,32	7,39	8,53	10,23
14,81	4,00	5,42	25,15	9,72
2,02	31,50	1,79	8,91	2,41
0,39	4,71	5,85	18,72	7,64
0,01	3,76	13,19	2,28	3,49
12,91	26,13	13,77	12,75	2,42
17,76	3,04	8,30	3,92	24,07

Fonte: O autor.

A Figura 5.1 apresenta o histograma dos dados, no qual é possível verificar uma provável aderência à distribuição exponencial.

Figura 5.1 – Histograma dos dados

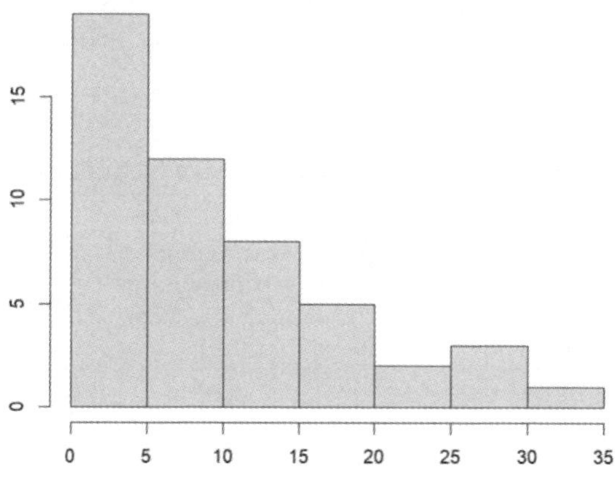

Fonte: O autor.

Para que esse exemplo contraste com o anterior, realizaremos o teste Qui-quadrado, supondo que esses dados tenham distribuição normal, com média de 9,73 e desvio-padrão de 7,93, obtidos a partir dos dados. Deste modo, ao contrário do exemplo anterior, espera-se que a hipótese nula seja rejeitada. Assim, enunciam-se as hipóteses:

- H_0: Os dados têm aderência à distribuição normal.
- H_a: Os dados não têm aderência à distribuição normal.

Lançando os dados da Tabela 5.5 em um vetor x no R, os seguintes comandos podem ser executados para exibir as classes e calcular a frequência observada e a relativa, que são exibidas nas quatro primeiras colunas da Tabela 5.6.

```
> classes=c(0)
> for (i in 1:n) {
+    classes=append(classes,qnorm(i/n,9.73,7.93))
+ }
> classes
[1]  0.000000  1.264166  5.242026  8.302502 11.157498 14.217974
18.195834
[8]       Inf
> freqObservada = table(cut(x,breaks=classes))
> freqObservada

   (0,1.26] (1.26,5.24]  (5.24,8.3]  (8.3,11.2] (11.2,14.2] (14.2,18.2]
          5          14           6           8           5
4
 (18.2,Inf]
          8
> freqRelativa = freqObservada/sum(freqObservada)
> freqRelativa

   (0,1.26] (1.26,5.24]  (5.24,8.3]  (8.3,11.2] (11.2,14.2] (14.2,18.2]
       0.10        0.28        0.12        0.16        0.10
0.08
 (18.2,Inf]
       0.16
```

Tabela 5.6 – Cálculo das classes e frequências

Limite inferior	**Limite superior**	**Frequência absoluta** (O_i)	**Frequência relativa**	**Frequência relativa teórica**	**Frequência esperada** (E_i)
0	1,26	5	0,10	0,1428	7,1428
1,26	5,24	14	0,28	0,1428	7,1428
5,24	8,3	6	0,12	0,1428	7,1428
8,3	11,2	8	0,16	0,1428	7,1428
11,2	14,2	5	0,10	0,1428	7,1428
14,2	18,2	4	0,08	0,1428	7,1428
18,2	Inf	8	0,16	0,1428	7,1428

Fonte: O autor.

Com essas informações é possível calcular o valor da estatística de teste, conforme mostrado na Tabela 5.7:

Tabela 5.7 – Cálculo da estatística de teste

Frequência absoluta (O_i)	**Frequência esperada** (E_i)	$O_i - E_i$	$\frac{(O_i - E_i)^2}{E_i}$
5	7,1428	-2,1428	0,642828
14	7,1428	6,8572	6,58302
6	7,1428	-1,1428	0,18284
8	7,1428	0,8572	0,102872
5	7,1428	-2,1428	0,642828
4	7,1428	-3,1428	1,382818
8	7,1428	0,8572	0,102872
		Total	9,64

Fonte: O autor.

Com o valor da estatística, pode-se aplicar o seguinte comando no R, para obter o p-valor:

```
1-pchisq(9.64, 4)
[1] 0.0469487
```

Também se verifica um p-valor menor que 0,05, ou seja, rejeita-se a hipótese nula de que os dados têm aderência à distribuição normal. Além disso, pode-se automatizar a realização do teste para uma distribuição normal por meio da seguinte função no R, que retorna diretamente o p-valor do teste:

```
testeQuiqua = function(x){
  n=round(sqrt(length(x)),0)
  classes=c(0)
  for (i in 1:n) {
    classes=append(classes,qnorm(i/n,mean(x),sd(x)))
  }

  freqObservada = table(cut(dados,breaks=classes))
  observado=c()
  esperado=c()
  estatistica=c()
  for (i in 1:length(freqObservada)){
    observado=append(observado,freqObservada[[i]])
    esperado=append(esperado,length(x)*1/n)
    estatistica=append(estatistica,(observado[i]-esperado[i])**2/
esperado[i])
  }
  print(paste("p-valor=",1-pchisq(sum(estatistica), n-3)))
 }
```

A próxima seção traz o teste Kolmogorov-Smirnov.

5.2.2 Teste Kolmogorov-Smirnov

Da mesma forma que o teste Qui-quadrado, o teste Kolmogorov-Smirnov verifica se a amostra observada veio de uma distribuição de probabilidades especificada. Entretanto esse teste utiliza a função de distribuição acumulada empírica $F_e(x)$ como estimador da função de distribuição acumulada do modelo em análise $F(x)$. Dessa maneira, a estatística de teste é calculada pela distância entre $F_e(x)$ e $F(x)$, e é obtida pela seguinte fórmula:

$$D = \max|F(x_i) - F_e(x_i)|$$

Portanto, com essa estatística D, é possível comparar o valor obtido com o valor crítico, ao nível de significância de 5% que, para amostras de tamanho maior ou igual a quarenta, é obtido pela fórmula:

$$D_{0,05} = \frac{1{,}36}{\sqrt{n}}$$

Os passos necessários para a realização do teste são os seguintes:

1. Definir as hipóteses.
2. Sob os dados ordenados em ordem crescente, calcular, para cada observação, a função de distribuição acumulada $F(x_i)$.
3. Calcular a função de distribuição acumulada empírica $F_e(x_i)$ para cada observação.
4. Obter a fórmula para cada observação $|F(x_i) - F_e(x_i)|$.
5. E se $D > D_{0,05}$, rejeita-se H_0.

5.2.2.1 Exemplo 5.3

Vamos implementar o teste de hipótese Kolmogorov-Smirnov para verificar se os dados do Exemplo 5.1 são aderentes a uma distribuição normal. Então, ao iniciar pelo primeiro passo, enunciam-se as seguintes hipóteses:

- H_0: Os dados têm aderência à distribuição normal.
- H_a: Os dados não têm aderência à distribuição normal.

No Excel, o passo 2 pode ser implementado a partir dos dados lançados em uma planilha (Coluna B, células B2 a B52) e organizados em ordem crescente, calculando em uma nova coluna (C) a seguinte fórmula para cada observação:

```
=DIST.NORM.N(B2;MÉDIA($B$2:$B$51);DESVPAD.A($B$2:$B$51);1)
...
=DIST.NORM.N(B51;MÉDIA($B$2:$B$51);DESVPAD.A($B$2:$B$51);1)
```

Por isso, antes de iniciar o passo seguinte, deve-se criar na coluna A o índice das observações, de A2 a A51, iniciando em 1 e terminando em 50. Após isso, em uma nova coluna (D), pode-se implementar o terceiro passo com a fórmula feita para cada observação:

```
=A2/50
...
=A51/50
```

O passo 5 é implementado pela fórmula em uma nova coluna para cada observação na coluna E:

```
=ABS(C2-D2 )
...
=ABS(C51-D51 )
```

Por fim, calcula-se a estatística D com a seguinte fórmula em qualquer célula da planilha:

```
=MÁXIMO(E2:E51)
```

Assim, verifica-se que D resulta em um valor de 0,07. E ao comparar com $D_{0,05} = \frac{1,36}{\sqrt{50}} = 0,19$, não se rejeita a hipótese nula, ou seja, há evidências de que os dados têm distribuição normal.

No R, pode-se automatizar esse cálculo a partir da criação de uma função, que pode ser implementada com o seguinte código:

```
testeKS <- function(x){
  i=1:length(x)
  x=sort(x)
  Fx=pnorm(x,mean(x),sd(x))
  Fe=i/length(x)
  D=max(abs(Fe-Fx))
  if (D>(1.36/sqrt(length(x)))) {
    print(paste("D = ", D))
    print(paste("D _ crítico = ", 1.36/sqrt(length(x))))
    print("Rejeita a hipótese nula")
      } else {
    print(paste("D = ", D))
    print(paste("D _ crítico = ", 1.36/sqrt(length(x))))
    print("Não rejeita a hipótese nula")
  }
}
testeKS(x)
```

Também se pode utilizar como alternativa a seguinte função do R, que retorna o p-valor exato:

```
ks.test(x, "pnorm", mean = mean(x), sd =sd(x))
```

A próxima seção apresenta os exercícios propostos do capítulo.

5.3 Exercícios propostos

1. Considere o conjunto de dados abaixo. Ao realizar o histograma, qual modelo de distribuição, com seu respectivo parâmetro, é mais apropriado para realizar uma simulação com estes dados?

0,49	11,00	9,60	5,60	8,41
21,69	13,00	8,47	25,16	15,07
0,78	4,96	3,02	18,12	0,58
37,04	19,32	7,39	8,53	10,23
14,81	4,00	5,42	25,15	9,72
2,02	31,50	1,79	8,91	2,41
0,39	4,71	5,85	18,72	7,64
0,01	3,76	13,19	2,28	3,49
12,91	26,13	13,77	12,75	2,42
17,76	3,04	8,30	3,92	24,07

a. Exponencial com lambda=10,38.
b. Normal com média 10,39 e desvio-padrão de 8,77.
c. Uniforme com mínimo de 0,01 e máximo de 37,04.
d. Poisson com lambda=10.
e. Beta com alfa=10 e beta =2.

2. Sabendo que os dados abaixo são oriundos de uma distribuição log-normal, quais são os parâmetros que, extraídos dos dados, podem ser utilizados na simulação?

1,28	1,24	1,04	1,06	1,01
1,14	1,59	1,25	0,92	0,82
1,17	0,96	1,32	1,08	0,84
0,91	1,29	0,84	0,79	0,98
0,73	1,26	1,15	1,09	1,56
0,92	0,67	0,92	0,85	1,02
1,01	0,98	0,89	1,26	0,82
1,00	0,78	1,16	0,68	1,43
0,75	1,17	0,99	0,70	1,21
0,99	1,25	0,57	1,17	0,93

a. Média 1,02 e desvio-padrão de 0,22.
b. Média 0 e desvio-padrão de 0,22.
c. Média 0,22 e desvio-padrão de 1.
d. Média 0,22 e desvio-padrão de 0.
e. Média 0 e desvio-padrão de 1.

3. Foi decidido que será utilizado o modelo da distribuição triangular para simular os dados abaixo.

275,44	183,44	155,21	210,06	265,70
273,31	158,11	251,83	237,92	246,86
169,84	167,83	223,24	184,58	192,97
190,49	168,45	120,14	190,22	118,41
206,62	256,43	247,30	228,31	267,80
239,83	194,74	162,11	201,25	145,88
162,99	268,98	166,46	225,74	211,34
199,53	164,39	185,25	174,57	199,60
155,64	216,39	183,21	207,36	163,76
241,15	192,82	226,07	237,65	135,74

a. Qual deve ser o mínimo, o máximo e a moda utilizados na simulação?

4. Coletou-se cinquenta dados de demanda de uma empresa, representados na tabela abaixo, e, por serem inteiros, decidiu-se utilizar a distribuição de Poisson para executar a simulação. Qual deve ser o valor do parâmetro a ser utilizado na simulação?

103	97	94	96	99
83	84	105	93	93
98	99	117	86	104
90	91	96	97	94
97	94	99	98	106
100	112	105	102	110
99	95	102	89	96
103	95	103	99	92
112	87	102	121	104
110	100	107	97	118

5. Realize o teste Qui-quadrado para os dados do exercício 1, pressupondo que os mesmos têm aderência à distribuição exponencial. Pode-se utilizar a função qexp(1/n,1/lambda) para criar as classes. Lembre-se de ajustar os graus de liberdade. Qual é o p-valor obtido?

6. Ao testar os dados do exercício 2 e, assumindo que têm distribuição normal, qual é o p-valor obtido com o teste Qui-quadrado?

7. Ao testar os dados do exercício 2 e, assumindo que têm distribuição normal, qual é o valor da estatística D obtida pelo teste Kolmogorov-Smirnov?

8. Qual é o p-valor do teste Qui-quadrado ao se testar os dados do exercício 3, conforme uma distribuição normal?

9. Obtenha o valor da estatística do teste KS para os dados do exercício 3, assumindo que tem distribuição normal.

10. Qual é o p-valor do teste Qui-quadrado e da estatística do teste KS quanto à normalidade dos dados do exercício 4?

RESUMO

Neste capítulo, foi desenvolvida a modelagem de dados empíricos para executar a simulação a partir de um conjunto de dados levantados em uma realidade. E também foi visto que, a partir de um conjunto de dados empíricos, pode-se observar o histograma para identificar qual modelo de distribuição de probabilidade os dados podem ter mais aderência. Após a escolha de um modelo, estimam-se seus parâmetros para executar a simulação. Já com os parâmetros estimados, é possível desenvolver os testes de aderência para reforçar as evidências em favor da distribuição escolhida.

Cumprida essa etapa de escolha e, ao se realizar o teste de um modelo de distribuição, no próximo capítulo, serão utilizados os modelos de distribuição de probabilidade estudados para gerar simulações cujos resultados podem auxiliar na tomada de decisão.

06

Simulação de Monte Carlo para análise e tomada de decisão

"Whereas economic man maximises, selects the best alternative from among all those available to him, his cousin, administrative man, satisfices, looks for a course of action that is satisfactory or 'good enough'."

Herbert A. Simon

Os capítulos anteriores podem ser considerados como uma preparação para os problemas que doravante serão analisados. Foi mostrado que, ao analisar uma realidade, é possível gerar uma quantidade de eventos aleatórios adequada se utilizar um modelo de distribuição de probabilidades conhecido.

Assim, a partir daqui, assume-se que as distribuições de probabilidade que serão simuladas já tiveram sua aderência testada com as técnicas vistas no capítulo 5.

A próxima seção apresenta os objetivos do capítulo.

OBJETIVOS DO CAPÍTULO

- **Analisar os resultados de uma simulação com uma ou mais variáveis aleatórias.**
- **Estudar o efeito dos diferentes cenários em um modelo de simulação.**
- **Conhecer o desenho de experimentos para estudar uma grande quantidade de cenários.**

A próxima seção aborda a análise de um problema com uso de simulação e, ao incluir diferentes cenários decorrentes de variáveis de decisão, as duas seções seguintes ampliam essa análise.

6.1 Analisando os resultados de uma simulação

Nesta seção, analisaremos os resultados de um problema com uso de simulação.

Vamos supor, inicialmente, que não há incerteza no problema que estamos analisando e, portanto, não é necessário resolver o problema com uso da simulação.

6.1.1 Exemplo 6.1

Considere uma empresa que vende seu produto a R$4 e tem custo de R$2. A demanda prevista é de 100 unidades, e a empresa comprou 90 unidades. Há ainda um estoque inicial de 10 unidades. O problema consiste em encontrar o lucro que é modelado pela equação:

$$L = P[min(D, EI + Q)] - c(EI + Q)$$

Em que:

P: É o preço.

Q: É a quantidade comprada.

c: É o custo.

EI: É o estoque inicial.

D: É a demanda.

Diante desse problema, elaboram-se três indagações que podem nortear a análise:

1. Qual é o lucro médio esperado?
2. Qual é a confiabilidade desse lucro médio?
3. Qual é a probabilidade da empresa incorrer em prejuízo?

Como estamos diante de um problema sem incerteza, o resultado é obtido com a solução da equação:

$$L = 4\,[\min(100{,}10 + 90)] - 2(\,10 + 90)$$

$$L = 4\,[100] - 2(\,100) = 200$$

Logo, verifica-se que, como o problema não tem incerteza, o lucro esperado é de R$200, sem variação, e não há chance da empresa incorrer em prejuízo.

A próxima seção modifica esse problema de forma a acrescentar a incerteza, utilizando uma variável aleatória.

6.1.2 Modelo de simulação com uma variável aleatória

Para adicionar incerteza ao exemplo anterior, basta escolher um parâmetro do modelo e passar a representá-lo por uma variável aleatória. Então vamos supor que a demanda esperada que era constante em 100 agora é uma variável aleatória, com distribuição normal, média 100 e desvio-padrão de 20, ou seja:

$$D \sim N(100\,,20^2)$$

Como agora a demanda é uma variável aleatória, será necessário analisar o problema com uso de simulação para responder às perguntas enunciadas na seção anterior.

Pode-se construir uma simulação com 10 mil observações por meio de planilha eletrônica, conforme mostrado na Tabela 6.1:

Tabela 6.1 – Simulação do problema com uma variável aleatória

Observação	Demanda	Lucro
1	76,69	106,78
2	116,84	200,00
3	59,32	37,27
4	111,25	200,00
5	79,64	118,56
...	...	...
9997	87,26	149,02
9998	111,47	200,00
9999	75,59	102,37
10000	91,23	164,91

Fonte: O autor.

A demanda foi simulada com a seguinte fórmula:

```
=INV.NORM(ALEATÓRIO();100;20)
```

E o lucro foi calculado por meio da fórmula:

```
=4*MÍNIMO(B2;10+90)-2*(10+90)
```

Na qual B2 é a célula com demanda simulada.

Dessa maneira, pode-se realizar a análise de uma simulação por meio de três perspectivas: a visualização dos resultados, o resumo das variáveis e a inferência acerca dos valores obtidos.

6.1.2.1 *Visualização*

Pode-se visualizar o lucro esperado por meio do histograma. No R, pode-se criar a simulação e visualizá-la por meio dos seguintes comandos:

```
lucro=replicate(10000,4*min(rnorm(1,100,20),10+90)-2*(10+90))
hist(lucro)
```

A Figura 6.1 apresenta o histograma gerado pelo comando:

Figura 6.1 – Histograma do Exemplo 6.1

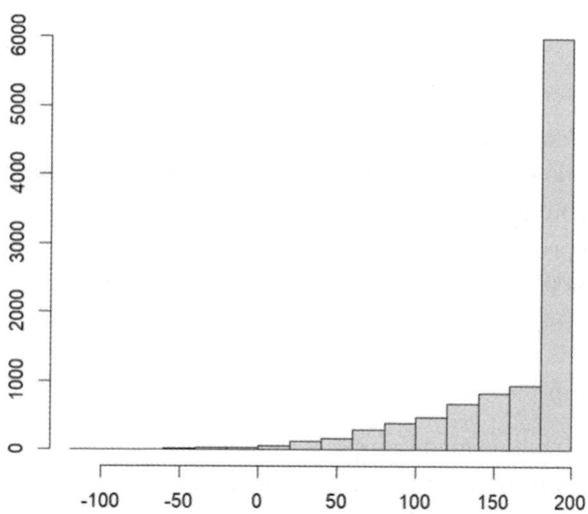

Fonte: O autor.

É possível visualizar no histograma gerado que o lucro varia de R$–100 a R$200, tendo maior ocorrência próximo a este último valor. Outro gráfico útil de visualizar é o de percentil, que mostra os percentuais de ocorrência para as diferentes faixas de valores. O seguinte comando gera o gráfico de percentis, que é mostrado na Figura 6.2:

```
plot(seq(0, 1, by=.05),quantile(lucro,seq(0, 1, by=.05)),type="l")
```

Figura 6.2 – Gráfico de percentis

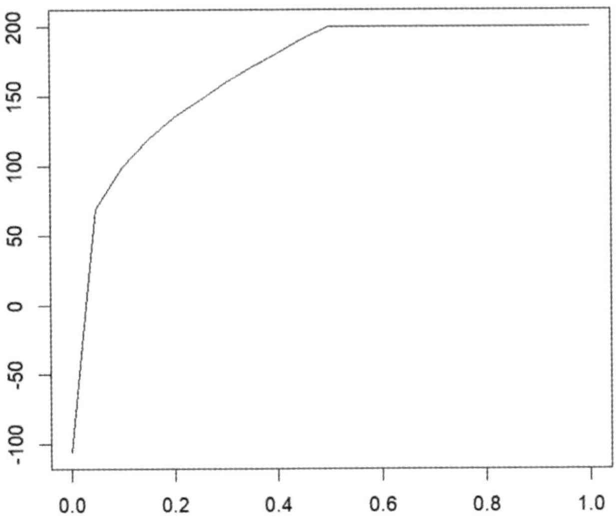

Fonte: O autor.

No gráfico dos percentis, estes são mostrados no eixo das abscissas, já o lucro esperado, no eixo das ordenadas. Como se pode interpretar, os percentis são como probabilidades de ocorrências para cada faixa percentual, e assim se observa que há probabilidade de cerca de 20% do lucro ficar abaixo de R$100, e de 50% de ser R$200. Para se ter um valor preciso dessa estimativa visual, podem-se obter medidas para resumir os resultados da simulação.

6.1.2.2 *Resumo*

Para obter as principais medidas que resumem os resultados da simulação, pode-se utilizar a função *summary* na linguagem R:

```
> summary(lucro)
   Min. 1st Qu.  Median    Mean 3rd Qu.    Max.
 -120.1   146.6   199.9   168.5   200.0   200.0
```

Ainda, é possível verificar na simulação realizada que o lucro mínimo obtido foi, na verdade, um prejuízo de R$120,1. O lucro médio observado é de R$168,5, e o valor máximo foi de R$200. Outra informação útil de se verificar é o desvio-padrão que é obtido pelo comando:

```
> sd(lucro)
[1] 45.74547
```

Nota-se, assim, um desvio-padrão de 45,74. É possível ainda obter os valores dos quartis, que são os percentis de quatro faixas, com o seguinte comando:

```
> quantile(lucro)
       0%        25%        50%        75%       100%
-120.0585  146.5585  199.9380  200.0000  200.0000
```

Assim como destacado na seção anterior, a probabilidade do lucro ser de R$200 é em torno de 50%. Para responder à última pergunta realizada na seção 6.1.1, é necessário obter a frequência na qual o lucro é negativo, considerando o conjunto das 10 mil simulações. Essa proporção é obtida da seguinte forma:

```
> sum(lucro<0)/length(lucro)
[1] 0.005
```

Com esse resultado, é possível verificar que a probabilidade de prejuízo é menor que 1%.

Sendo assim, após obter as medidas que resumem os resultados da simulação, e eventualmente respondam a algumas indagações, o leitor atento pode alegar que, como cada replicação utiliza um conjunto de números aleatórios diferentes, replicações posteriores podem gerar diferentes medidas que resumam os dados. Assim, é útil utilizar inferência estatística, a fim de construir um intervalo de confiança para as medidas geradas.

6.1.2.3 *Inferência*

Como na simulação são geradas amostras, então é necessário criar um intervalo de confiança para as medidas que resumem os resultados da simulação. O intervalo de confiança definirá a faixa de valores em que será mais provável encontrar o parâmetro populacional, uma vez que a simulação gera o parâmetro amostral.

Desse modo, para construir o intervalo de confiança da média amostral, resgata-se a fórmula do cálculo da fórmula do escore da distribuição t de Student, apresentada na seção 4.8 do capítulo 4:

$$t = \frac{\bar{x} - \mu}{\sqrt{s^2/n}} \sim t_{n-1}$$

A partir da relação entre a média amostral e populacional mostrada na fórmula, pode-se definir um escore t bicaudal, para um nível de significância de 5% no valor de 1,96:

```
> 2*pt(1.96, 9999, lower.tail = FALSE)
[1] 0.05002352
```

Assim, um intervalo em que há 95% de chance de conter a média populacional, pode ser definido pela fórmula:

$$\bar{x} \pm t_{n-1,\alpha/2}\sqrt{\frac{s^2}{n}}$$

O resultado é o intervalo de confiança com seus limites superior e inferior, respectivamente:

$$\bar{x} + 1{,}96\sqrt{\frac{45{,}74^2}{10000}} = 168{,}5 + 1{,}96(0{,}4574) = 169{,}39$$

$$\bar{x} - 1{,}96\sqrt{\frac{45{,}74^2}{10000}} = 168{,}5 - 1{,}96(0{,}4574) = 167{,}60$$

Dessa forma, a média de 168,5 obtida a partir da simulação poderá variar de 167,60 a 169,39, com 95% de nível de confiança.

Outra medida interessante para estimar o intervalo de confiança é a probabilidade de prejuízo calculada na seção anterior. Sabendo que a probabilidade foi calculada em função da quantidade de observações que resultaram em prejuízo, podem-se utilizar os fundamentos da distribuição binomial, vista na seção 4.10 do capítulo 4.

Portanto, tendo em vista que X é o número de sucessos em *n* experimentos, para uma quantidade grande de experimentos, X tem distribuição aproximadamente normal, com média (np) e variância (npq), e sua relação com a distribuição normal padronizada é dada pela fórmula abaixo:

$$Z = \frac{X - np}{\sqrt{npq}} \sim N(0{,}1)$$

A partir daí, pode-se construir o intervalo de confiança para a proporção de sucessos em *n* experimentos com a seguinte fórmula (Bussab; Morettin, 2002):

$$\hat{p} \pm \frac{1{,}96}{\sqrt{4n}}$$

Assim, para a simulação realizada, o intervalo de confiança para a probabilidade estimada de prejuízo é dada pelos limites inferior e superior respectivamente:

$$\hat{p} - \frac{1{,}96}{\sqrt{4n}} \cong 0$$

$$\hat{p} + \frac{1{,}96}{\sqrt{4n}} = 0{,}0148$$

Com isso, a chance de prejuízo vai de 0 a 0,0148.

A próxima seção adiciona mais uma variável aleatória ao modelo.

6.1.3 Adicionando mais variáveis aleatórias

Na simulação da seção anterior, o modelo analisado continha apenas uma variável aleatória, que era a demanda. É possível incluir mais variáveis aleatórias em um modelo de simulação, de modo que os eventos aleatórios interajam para afetar os resultados da simulação. Logo, considera-se agora que o problema do Exemplo 6.1 tenha dois parâmetros sujeitos à incerteza, a demanda com distribuição normal, com média de 100 e desvio-padrão de 20; e o custo com distribuição uniforme, com mínimo de R$1 e máximo de R$3.

Veja, leitor, que o custo médio ainda continua R$2 ([3+1]/2=2), mas a simulação será útil para verificar o impacto dessa variação no lucro esperado. Assim, o modelo de simulação poderá ser definido da seguinte forma:

$$L = P[min(D, EI + Q)] - c(EI + Q)$$

Em que:

P= 4

Q= 90

$c \sim U(1,3)$

EI: 10

$D \sim N(100,20^2)$

Ainda, pode-se implementar essa simulação com 10 mil observações em planilha eletrônica, conforme mostra a Tabela 6.2:

Tabela 6.2 – Simulação com duas variáveis aleatórias

Observação	Demanda	Custo	Lucro
1	60,65	1,63	79,61
2	64,81	1,40	119,16
3	84,81	1,85	154,02
4	138,78	2,31	168,65
5	52,67	2,70	-59,71
...	...	...	...
9997	121,70	2,98	102,18
9998	118,29	1,61	239,25
9999	89,05	1,37	218,88
10000	109,17	2,29	170,50

Fonte: O autor.

Comparada com a Tabela 6.1, a nova coluna incluída para simular o custo como variável aleatória com distribuição uniforme pode ser implementada pela fórmula no Excel:

```
=1+ALEATÓRIO()*(3-1)
```

Na coluna "Lucro", a única alteração comparada com a fórmula da seção anterior será substituir o valor fixo de dois pela célula correspondente na coluna "Custo".

No Python, pode-se implementar essa simulação por meio dos seguintes comandos:

```
import random as rd
lucro=[]
for i in range(10000):
    lucro.append(4*min(rd.normalvariate(100, 20),10+90)-rd.
uniform(1,3)*(10+90))
```

O histograma da simulação pode ser visualizado por meio do script a seguir, e é mostrado na Figura 6.3:

```
import matplotlib.pyplot as plt
plt.hist(lucro)
```

Figura 6.3 – Histograma da simulação com duas variáveis aleatórias

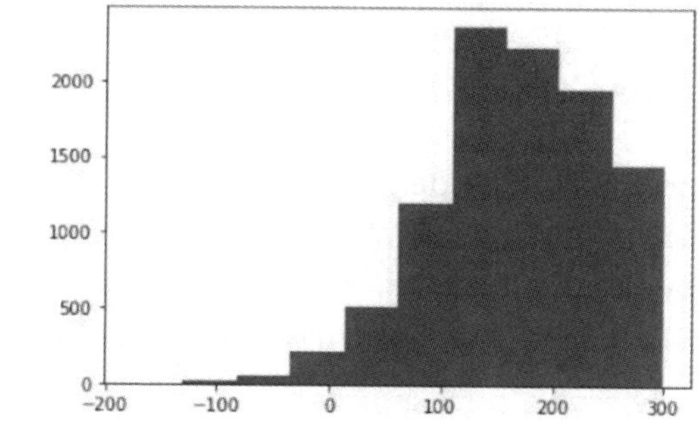

Fonte: O autor.

Assim, nota-se a diferença do histograma dessa simulação quando comparada ao anterior. Percebe-se, também, que o valor máximo possível de lucro aumentou para R$300. Pode-se construir o gráfico de percentis com os seguintes comandos, e que é exibido na Figura 6.4:

```
import matplotlib.pyplot as plt
plt.hist(lucro)
import numpy as np
import matplotlib.pyplot as plt
percentis=np.linspace(0, 1, 21)
valor=[]
for i in percentis:
    valor.append(np.quantile(lucro,i))
plt.plot(percentis,valor)
plt.grid()
plt.show()
```

Figura 6.4 – Gráfico de percentis

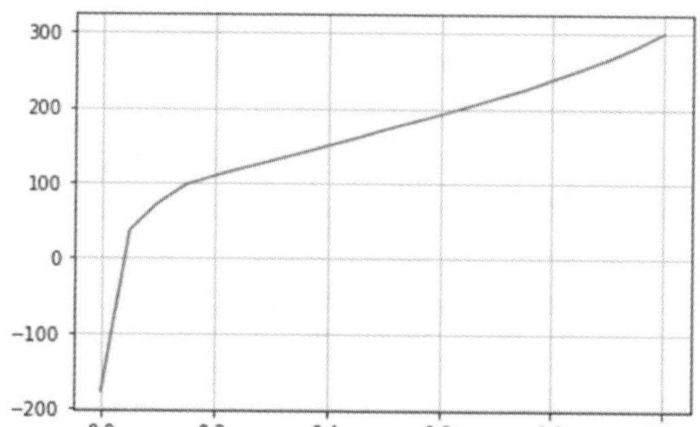

Fonte: O autor.

Analisando o gráfico de percentis, nota-se que há uma probabilidade próxima de 40% do lucro ser maior que R$200.

As medidas que resumem os resultados podem ser obtidas pelo comando:

```
from scipy import stats
stats.describe(lucro)
```

Desse modo, com o resultado desse comando, verifica-se que a simulação retorna um prejuízo máximo de R$177,73, sendo superior ao anterior e um valor máximo de 299,98. A média continua próxima da simulação, com uma variável aleatória, que é de 168,13, e o desvio-padrão é de 74,11, sendo superior ao da simulação anterior.

Os valores dos quartis podem ser obtidos pelos comandos:

```
import numpy as np
percentis=np.linspace(0, 1, 5)
valor=[]
for i in percentis:
    valor.append(np.quantile(lucro,i))
valor
```

A Tabela 6.3 mostra a comparação dos quartis da primeira e segunda simulação.

Tabela 6.3 – Comparação entre as simulações

Quartis	0%	25%	50%	75%	100%
Simulação 1	-120.058	146.55	199.93	200	200
Simulação 2	-177,73	119,25	170,34	224,58	299,98

Fonte: O autor.

Portanto, a Tabela 6.3 permite visualizar a diferença entre as duas simulações.

Agora, podemos verificar a probabilidade de prejuízo na segunda simulação. Para tanto, pode-se executar o seguinte comando:

```
sum(1 for i in lucro if i < 0)/len(lucro)
```

Com isso, a probabilidade de prejuízo nessa nova simulação é de 0,0198. Tanto o cálculo dos intervalos de confiança para a média como dessa probabilidade serão deixados como exercício.

A próxima seção continua a análise desse exemplo, alterando outros parâmetros do modelo.

6.2 Simulação de diferentes cenários

Na seção anterior, foi aprendido a análise dos resultados de uma simulação, com uma e duas variáveis aleatórias. A depender do modelo, mais variáveis aleatórias podem ser estudadas, com a finalidade de tornar os resultados da simulação mais condizentes com a realidade.

Nesta seção, iremos analisar o resultado do modelo de simulação com duas variáveis aleatórias em diferentes cenários. Cada cenário representa um conjunto de parâmetros específicos sobre o qual a simulação é desenvolvida. Por exemplo, o modelo anterior foi gerado a partir dos parâmetros de preço, estoque inicial e quantidade comprada fixos. Essas condições representam um cenário específico.

Quando se deseja analisar os resultados da simulação para diferentes cenários, deve-se executar replicações da simulação nas quais o parâmetro de interesse é alterado. Assim, por exemplo, no contexto do modelo que estamos estudando, podemos analisar o lucro esperado para diferentes quantidades compradas.

6.2.1 Alteração de cenário como variável de decisão

Um ponto a se destacar sobre essa análise é que a quantidade comprada não está sujeita à incerteza e é manipulável do ponto de vista do tomador de decisão, ou seja, é uma variável de decisão. Logo, ao estudar o problema analisando os diferentes cenários de quantidades compradas, pode-se responder à pergunta: qual quantidade deve ser comprada para maximizar o lucro esperado?

Essa indagação pode ser respondida ao gerar replicações com diferentes quantidades compradas, obtendo o lucro médio de cada replicação para verificar qual cenário maximiza o lucro esperado.

Assim, nesse contexto, o problema a ser analisado terá os seguintes parâmetros:

$$L = P[min(D, EI + Q)] - c(EI + Q)$$

No qual:

P= 4

Q: Variável de decisão (de 0 a 200, variando de 10 em 10)

$c \sim U(1,3)$

EI: 10

$D \sim N(100,20^2)$

Note que agora a variável Q — quantidade comprada —, em vez de assumir um valor fixo de 90, será a variável de decisão cujos valores diferentes representarão um cenário distinto. A escolha dos limites a serem testados, de 0 a 200, e os intervalos, de 10 em 10, foi arbitrária e vai depender de uma análise inicial exploratória.

Outros parâmetros poderiam ser definidos como de 0 a 400, ou cada cenário variando de 1 em 1. No entanto, nesta última configuração, seria necessário gerar uma grande quantidade de replicações, 400, contra 20 da configuração anterior. É comum ainda realizar a simulação com uma configuração exploratória e depois simular novamente com um intervalo mais próximo à solução.

Pode-se implementar essa simulação em planilha eletrônica, conforme mostra a Tabela 6.4.

Tabela 6.4 – Simulação com variável de decisão

			Lucro(Q)						
Observação	**Demanda**	**Custo**	**10**	**20**	**30**	**...**	**180**	**190**	**200**
1	95,23	1,36	52,71	79,06	105,41	...	121,64	108,00	94,35
2	82,05	2,78	24,37	36,55	48,74	...	-200,30	-228,11	-255,93
3	108,09	2,28	34,43	51,64	68,85	...	-0,60	-23,38	-46,17
4	84,30	2,96	20,80	31,20	41,60	...	-225,21	-254,81	-284,41
...	...	...	...	...	...	...	...	...	...
9996	84,70	2,92	21,55	32,32	43,10	...	-216,50	-245,72	-274,95
9997	73,90	2,34	33,14	49,70	66,27	...	-149,61	-173,04	-196,48
9998	127,72	1,72	45,67	68,50	91,34	...	184,75	167,58	150,42
9999	74,54	1,14	57,14	85,70	114,27	...	80,94	69,51	58,08
10000	142,02	2,22	35,51	53,27	71,03	...	145,46	123,21	100,97
		Média	40,02	60,03	80,01	...	19,96	-0,03	-20,02

Fonte: O autor.

O leitor pode verificar que serão computados diversos cenários de lucro, um para cada quantidade comprada. Por exemplo, a primeira coluna de lucro, calcula a medida para uma quantidade comprada de dez unidades e pode ser calculada com a seguinte fórmula:

```
=4*MÍNIMO($B3;10+D$2)-$C3*(10+D$2)
```

Em que:

B3: É a demanda simulada.

C3: É o custo simulado.

D2: É a quantidade comprada de 10 (que será alterada para os outros valores quando a fórmula for arrastada para as outras colunas).

No Excel, pode-se gerar um gráfico de dispersão na forma de linha, em que o eixo x é a quantidade comprada, para assim visualizar a quantidade comprada que maximiza o lucro, conforme se verifica na Figura 6.5:

Figura 6.5 – Gráfico de dispersão do lucro em função da quantidade comprada

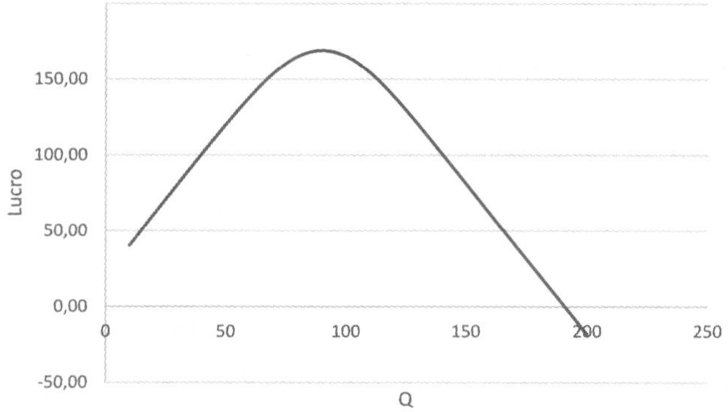

Fonte: O autor.

A análise da Figura 6.5 mostra um lucro que aumenta conforme a quantidade comprada passa de 10 a 90, diminuindo a partir desse valor. Nota-se, assim, que a quantidade de 90 deve ser comprada para maximizar o lucro diante da incerteza da demanda e do custo.

No Python, pode-se executar essa simulação e gerar gráfico semelhante por meio dos seguintes comandos:

```
import random as rd
import numpy as np
import matplotlib.pyplot as plt
lucro_medio=[]
q=np.arange(10,210,10)
for i in q:
    lucro=[]
    for j in range(10000):
        lucro.append(4*min(rd.normalvariate(100, 20),10+i)-rd.
uniform(1,3)*(10+i))
    lucro_medio.append(sum(lucro)/len(lucro))
plt.plot(q,lucro_medio)
plt.grid()
plt.show()
```

A próxima seção traz variáveis de mais de um cenário por simulação.

6.2.2 Variando mais de um cenário por simulação

Agora será abordado o caso em que serão simulados cenários em que são alteradas duas variáveis de decisão — o preço e a quantidade comprada. Para isso, vamos alterar o contexto do Exemplo 6.1 para o caso em que a demanda continua tendo distribuição normal, com média 100 e desvio-padrão de 20. Contudo, a quantidade vendida final resultará da aplicação da seguinte equação:

D=max(D-7P,0)

Assim, ao estabelecer um preço alto, a quantidade demandada será menor, e o inverso também será verdadeiro. Então é utilizado o argumento MAX para impedir a geração de demanda negativa. Com essa modificação, o modelo de simulação será definido pelos parâmetros:

$$L = P[min(D, EI + Q)] - c(EI + Q)$$

Nos quais:

P: Variável de decisão (de 3 a 12, variando de 1 em 1)

Q: Variável de decisão (de 0 a 200, variando de 10 em 10)

$c \sim U(1,3)$

EI: 10

D:max($D \sim N(100,20^2)$ - 7P, 0

Pode-se implementar esse modelo em planilha eletrônica, conforme mostrado na Tabela 6.5:

Tabela 6.5 – Simulação com duas variáveis de decisão

			Lucro(Q)							
			3	**3**	**3**	**3**	**3**	**...**	**12**	**12**
Observação	**Demanda**	**Custo**	**10**	**20**	**...**	**190**	**200**	**...**	**190**	**200**
1	79,10	2,39	12,26	18,38	...	-303,16	-327,03	...	-477,45	-501,32
2	58,69	1,69	26,14	39,21	...	-225,54	-242,47	...	-338,61	-355,54
3	129,11	1,71	25,71	38,56	...	-18,60	-35,75	...	198,43	181,28
4	124,76	1,65	26,91	40,36	...	-19,63	-36,18	...	158,23	141,68
5	93,34	1,77	24,56	36,84	...	-137,39	-155,11	...	-242,30	-260,02
6	107,27	1,92	21,61	32,41	...	-125,12	-144,32	...	-104,70	-123,90
9996	100,09	2,58	8,47	12,71	...	-277,99	-303,75	...	-322,18	-347,94
9997	98,93	2,32	13,59	20,38	...	-230,32	-253,53	...	-284,92	-308,13
9998	127,64	2,54	9,12	13,68	...	-188,86	-214,30	...	14,89	-10,55
9999	101,30	2,06	18,88	28,32	...	-170,28	-190,84	...	-203,55	-224,11
10000	118,60	2,97	0,56	0,84	...	-301,58	-331,30	...	-179,18	-208,90
		Média	20,08	30,03	...	-163,05	-183,00	...	-181,97	-201,92

Fonte: O autor.

O excerto da simulação, mostrado na Tabela 6.5, possibilita visualizar como os preços e as quantidades compradas foram variando, assim gerando duzentos cenários decorrentes da combinação de vinte diferentes quantidades compradas, além de dez preços distintos (20x10=200). Portanto, para simular o lucro em função do preço e da quantidade nas células da Tabela 6.5 foi utilizada a seguinte fórmula:

```
=D$2*MÍNIMO(MÁXIMO($B4-7*D$2;0);10+D$3)-$C4*(10+D$3)
```

Em que:

D2: É o preço praticado.

B4: É a demanda aleatória.

D3: É a quantidade comprada.

C4: É o custo aleatório.

Também se pode implementar esse modelo no Python, utilizando os seguintes comandos:

```
import random as rd
import numpy as np
lucro _ medio2=[]
q=np.arange(10,210,10)
p=np.arange(3,13,1)
for i in p:
    lucro _ medio=[]
    for j in q:
        lucro=[]
        for k in range(10000):
            lucro.append(i*min(max(rd.normalvariate(100,
20)-7*i,0),10+j)-rd.uniform(1,3)*(10+j))
        lucro _ medio.append(sum(lucro)/len(lucro))
    lucro _ medio2.append(lucro _ medio)
```

Os comandos acima geram uma lista que contém os resultados das replicações para cada preço, variando as quantidades. No vetor *lucro_medio2*, foram armazenadas dez listas, cada uma contendo o lucro médio das vinte simulações relativas à variação da quantidade em cada faixa de preço. Como exemplo, pode-se visualizar o resultado do lucro médio das vinte faixas de quantidades compradas para o primeiro preço simulado, que foi de R$3, com o seguinte comando:

```
>print(lucro _ medio2[0])
[20.110777308279143, 29.636624078087266, 39.599210485284615,
48.77883696585059, 54.774682410247614, 56.91972290261112,
54.44184795865052, 45.96964268404597, 32.125385000334816,
15.621248915069561, -4.991064301487156, -23.94127635274041,
-42.965200056394856, -63.73384823621301, -82.15121290675157,
 102.71515981228292, -123.98900037389048, -143.44159190513793,
-164.94581085479885, -183.89142546104043]
```

Pode-se ainda gerar a Figura 6.6, que possibilita verificar o preço que retorna o lucro máximo, com os seguintes comandos:

```
import matplotlib.pyplot as plt
plt.xlabel("Quantidade comprada")
plt.ylabel("Lucro esperado")
labels = [str(x) for x in np.arange(3,13,1)]
for i,label in zip(lucro_medio2,labels):
    plt.plot(q,i,label=label)
plt.legend()
plt.grid()
plt.show()
```

Figura 6.6 – Resultado da simulação com duas variáveis de decisão

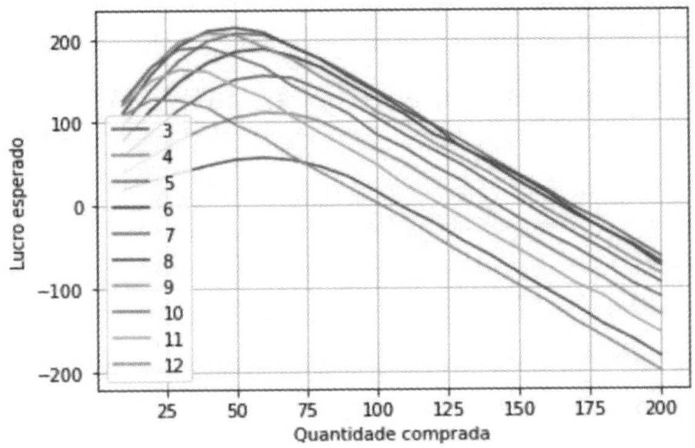

Fonte: O autor.

Dessa maneira, nota-se, pelo exame da Figura 6.6, que o preço de R$8 resulta no maior lucro dentre os preços analisados. Para o preço de R$8, verifica-se que a quantidade de 50 possibilita o maior lucro.

A próxima seção traz a modelagem de problemas em que se deseja analisar a interação de várias variáveis de decisão.

6.3 Desenho de experimentos para simulação de Monte Carlo

Na seção anterior, foi estudado o modelo de simulação sob diferentes cenários, alterando as variáveis: quantidade comprada e preço. Nesta seção, será abordado como analisar modelos de simulação com uma quantidade menor de cenários, mas que ainda verifiquem diferenças estatisticamente significantes entre os mesmos. Para tanto, iremos introduzir uma terminologia frequentemente atribuída à análise de experimentos.

Sendo assim, pode-se analisar um problema de simulação sob a ótica de experimentos, de forma a considerar as diversas replicações como experimentos. Utilizando essa terminologia, as variáveis de decisão que analisamos são denominadas fatores, já os diferentes valores que foram simulados nas diversas replicações são os níveis.

Dessa forma, a simulação executada na seção 6.1 foi um experimento com um fator de vinte níveis, pois foram simulados vinte cenários. Já a simulação desenvolvida na seção 6.2 foi um experimento com dois fatores, sendo que o fator preço contém dez níveis, enquanto que o fator quantidade, vinte níveis. Um experimento como esse é chamado de desenho fatorial completo com duzentos cenários. Frequentemente, os níveis também são chamados de tratamentos. A Tabela 6.6 resume os experimentos conduzidos:

Tabela 6.6 – Simulação sob a ótica de experimentos

Experimento	Fator(es)	Níveis	Cenários
Simulação 1	Quantidade comprada	10, 20, ..., 190, 200	20
Simulação 2	Quantidade comprada	10, 20, ..., 190, 200	200
	Preço	R$3, R$4, ..., R$11, R$12	

Fonte: O autor.

Iremos modificar o modelo analisado, de forma a efetuar o desenho e a análise sob a ótica de experimentos por meio de outro exemplo.

6.3.1 Exemplo 6.2

Neste exemplo, o escopo de análise do exemplo anterior será reduzido, de forma a analisar apenas as faixas de preço e as quantidades nas quais há variações relevantes, com a finalidade de maximizar o lucro esperado. Assim, o experimento será conduzido com preços das faixas de R$4, R$8 e R$11, e quantidades de 10 a 80. E o desenho experimental é mostrado na Tabela 6.7:

Tabela 6.7 – Desenho experimental do Exemplo 6.2

Experimento	Fatores	Níveis	Cenários
Simulação 3	Quantidade comprada	10, 20, 30, 40, 50, 60, 70 e 80	24
	Preço	R$4, R$8 e R$11	

Fonte: O autor.

Agora, trata-se de um experimento com dois fatores, resultando em 24 cenários. Os diferentes parâmetros de preço e quantidade dos cenários são apresentados na Tabela 6.8:

Tabela 6.8 – Cenários do experimento fatorial completo

Cenário	Preço	Quantidade
1	R$4	10
2	R$4	20
3	R$4	30
4	R$4	40
5	R$4	50
6	R$4	60
7	R$4	70
8	R$4	80
9	R$8	10
10	R$8	20
11	R$8	30
12	R$8	40
13	R$8	50
14	R$8	60
15	R$8	70
16	R$8	80
17	R$11	10
18	R$11	20
19	R$11	30
20	R$11	40
21	R$11	50
22	R$11	60
23	R$11	70
24	R$11	80

Fonte: O autor.

O modelo a ser simulado será o mesmo analisado na seção 6.2.2. Ainda será reduzida a quantidade de observações geradas por cenário, quando comparada com as simulações anteriores. Serão geradas 100 observações por cenário, totalizando 2.400 observações. Logo, após geradas as observações para cada cenário, podem-se organizar os dados em planilha eletrônica, conforme mostra a Tabela 6.9:

Tabela 6.9 – Dados organizados por cenário

Observação	Demanda	Custo	Qtd/ Preço	4	8	11
1	131,31	2,16	10	36,80	116,80	176,80
...	...	...	...	...	...	...
100	125,41	1,62	10	47,63	127,63	187,63

(Continua)

Observação	Demanda	Custo	Qtd/ Preço	4	8	11
1	63,05	2,27	20	52,03	-11,57	-67,97
...	...	...	...	...	...	...
100	127,47	1,29	20	81,41	201,41	291,41
1	41,11	2,59	80	-181,09	-233,51	-233,51
...	...	...	...	...	...	...
100	132,30	1,25	80	247,21	497,58	495,46

Fonte: O autor.

No R, pode-se executar essa simulação com os seguintes comandos, gerando um banco de dados:

```
p=rep(c(4,8,11),each=8)
q=rep(seq(10,80,10),8)
n=1:100
lucro=c()
preco=c()
qtd=c()
obs=c()
for (i in 1:length(p)){
  for (j in n){
    lucro=append(lucro,p[i]*min(max(rno
rm(1,100,20)-7*p[i],0),10+q[i])-runif(1,1,3)*(10+q[i]))
    preco=append(preco,p[i])
    qtd=append(qtd,q[i])
    obs=append(obs,j)
  }
}
dados=data.frame(obs,preco,qtd,lucro)
```

O comando *head(dados)* mostra a visualização das seis primeiras observações:

```
  obs preco qtd    lucro
1   1     4  10 46.07809
2   2     4  10 36.36380
3   3     4  10 52.29724
4   4     4  10 23.77011
5   5     4  10 51.25337
6   6     4  10 54.89421
```

Portanto, como a simulação foi feita com uma quantidade de observações reduzida, pode-se conduzir uma análise de variância (ANOVA) para verificar se houve diferença significante entre os fatores e também se houve interação entre os mesmos. O seguinte comando no R executa a ANOVA cujo resultado é mostrado em seguida:

```
>analise=aov(lucro~preco*qtd,data=dados)
>summary(analise)
              Df   Sum Sq Mean Sq F value    Pr(>F)
preco          1  1068051 1068051   63.13 2.95e-15 ***
qtd            1   176830  176830   10.45  0.00124 **
preco:qtd      1   476345  476345   28.15 1.22e-07 ***
Residuals   2396 40538024   16919
---
Signif. codes:  0 '***' 0.001 '**' 0.01 '*' 0.05 '.' 0.1 ' ' 1
```

O resultado mostrado é chamado de tabela ANOVA e, na última coluna, mostra o p-valor do teste realizado. Como os p-valores são menores que 0,05, conclui-se que há diferença significante entre os fatores e também interação entre os mesmos. Para mostrar o gráfico das médias entre os fatores, executa-se o seguinte comando, resultando na visualização da Figura 6.7:

```
require(dplyr)
dados_means =
  dados %>%
  group_by(qtd, preco) %>%
  summarise(Means = mean(lucro))
require(ggplot2)
ggplot(dados_means,
        aes(x = qtd, y = Means, colour = preco, group = preco)) +
  geom_point(size = 4) + geom_line()
```

Figura 6.7 – Visualização dos fatores

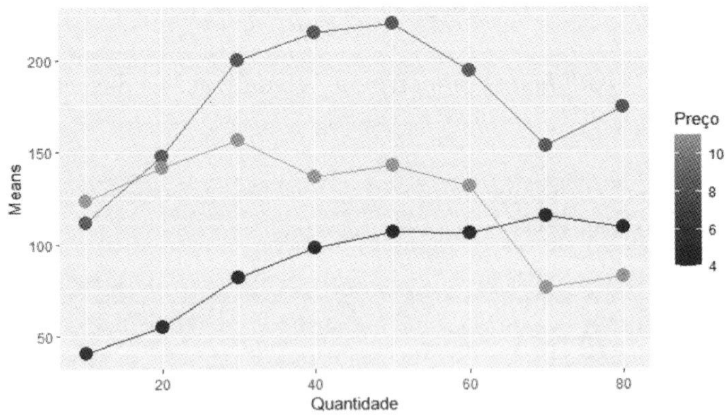

Fonte: O autor.

O exame da Figura 6.7 possibilita inferir que o preço de R$8 resulta no lucro máximo para uma quantidade de 50.

Assim, como se reduziu a quantidade de observações, pode-se reduzir também a quantidade de cenários simulados.

6.3.2 Fracionando a quantidade de cenários

Quando estamos diante de uma grande quantidade de cenários a serem simulados, como foi o caso da segunda simulação, é possível utilizar o desenho fatorial fracionado.

O desenho fatorial fracionado utiliza um subconjunto do desenho fatorial completo, a fim de reduzir a quantidade necessária de dados que serão analisados.

Em adição aos últimos códigos executados, os seguintes comandos podem ser executados para gerar metade dos cenários analisados na seção anterior:

```
>install.packages("AlgDesign")
>library(AlgDesign)
>cenarios=expand.grid(Preco=c(4,8,11),Qtd=seq(10,80,10))
>desenho=optFederov( ~ ., data = cenarios, nTrials = 12)$design
>desenho
   Preco Qtd
1      4  10
2      8  10
3     11  10
4      4  20
6     11  20
7      4  30
9     11  30
19     4  70
21    11  70
22     4  80
23     8  80
24    11  80
```

É possível verificar no resultado do código que foram gerados doze cenários para serem simulados.

Com esses cenários, é possível criar uma simulação e armazenar com banco de dados no R, utilizando os seguintes códigos:

```
p=desenho$Preco
q=desenho$Qtd
n=1:100
lucro=c()
preco=c()
qtd=c()
obs=c()
for (i in 1:length(p)){
  for (j in n){
    lucro=append(lucro,p[i]*min(max(rno
rm(1,100,20)-7*p[i],0),10+q[i])-runif(1,1,3)*(10+q[i]))
    preco=append(preco,p[i])
    qtd=append(qtd,q[i])
    obs=append(obs,j)
  }
}
dados=data.frame(obs,preco,qtd,lucro)
```

Com o banco de dados criado, pode-se realizar o teste ANOVA para verificar a significância estatística dos fatores e sua interação:

```
>analise=aov(lucro~preco*qtd,data=dados)
>summary(analise)
              Df   Sum Sq Mean Sq F value  Pr(>F)
preco          1   837827  837827  59.469 2.6e-14 ***
qtd            1   113936  113936   8.087 0.00453 **
preco:qtd      1   531786  531786  37.746 1.1e-09 ***
Residuals   1196 16849884   14089
---
Signif. codes:  0 '***' 0.001 '**' 0.01 '*' 0.05 '.' 0.1 ' ' 1
```

Dessa forma se verifica no resultado que, apesar da redução de cenários simulados, os fatores e sua interação continuam sendo significantes. Com os comandos abaixo, gera-se a Figura 6.8, com as médias dos preços face às diferentes quantidades:

```
require(dplyr)
dados _ means =
  dados %>%
  group _ by(qtd, preco) %>%
  summarise(Means = mean(lucro))
require(ggplot2)
ggplot(dados _ means,
       aes(x = qtd, y = Means, colour = preco, group = preco)) +
  geom _ point(size = 4) + geom _ line()
```

Figura 6.8 – Resultado do experimento fatorial fracionado

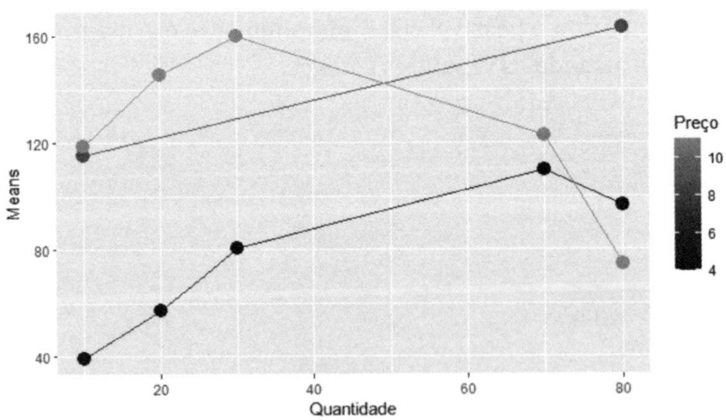

Fonte: O autor.

Agora se nota que o preço que maximiza o lucro será ainda de R$8, mas na quantidade de 80.

A análise de resultados de uma simulação com quantidade reduzida de observações e cenários deve ser feita com cautela, porque, no primeiro caso, a quantidade pequena de observações pode ser insuficiente para atingir valores estáveis. Quanto ao número reduzido de cenários, deve-se ter em mente que importantes cruzamentos entre níveis, como, por exemplo, o do preço de R$8 e quantidade de 50, podem ser deixados de ser analisados.

A próxima seção traz os exercícios propostos do capítulo.

6.4 Exercícios propostos

1. Determinada empresa vende seu produto por R$12 e tem um custo de R$7,50. Sabendo que a demanda é fixa em 800 unidades e, assumindo que há estoque suficiente para atender toda a demanda, qual é o lucro esperado?

2. Considerando o contexto do exemplo anterior e, assumindo que a demanda tem distribuição normal — com média de 800 e desvio-padrão de 30 —, qual é o lucro médio esperado? Realize uma simulação com 10 mil replicações.

3. Qual é o novo lucro médio caso a empresa tenha comprado 800 unidades?

4. Considerando o exercício anterior, qual é o novo lucro médio e o intervalo de confiança se o custo for uma variável aleatória com distribuição uniforme entre R$5 e R$8?

5. Altere o contexto do exercício anterior para um custo com distribuição normal, com média R$9 e desvio-padrão de R$1. Qual é a probabilidade de prejuízo?

6. Replique o modelo da seção 6.2.2, alterando a demanda média para 200 e seu desvio-padrão para 10. Qual nível de preço maximiza o lucro?

7. Considerando a questão anterior, qual nível de quantidade maximiza o lucro?

8. Considerando a questão anterior, qual é o lucro médio obtido ao praticar o preço e quantidade em que o mesmo é maximizado?

RESUMO

Neste capítulo, foram estudados os fundamentos da simulação de Monte Carlo, para analisar um problema a partir da execução da simulação do seu modelo. Partiu-se de uma simulação simples, com apenas uma variável aleatória, para um modelo com mais variáveis aleatórias. Ainda foi visto os resultados de uma simulação em que algumas variáveis são manipuláveis, podendo ser variáveis de decisão.

No último modelo, foi identificado qual a combinação de variáveis de decisão resulta em um nível ótimo do modelo. Por fim, foi estudado que é possível reduzir o tamanho da simulação tanto na quantidade de observações simuladas quanto na quantidade de cenários analisados. Contudo, tal recurso apresenta certas limitações e geralmente é utilizado em análise preliminar para identificar a faixa de parâmetros em que se encontra o resultado desejado.

No próximo capítulo, serão utilizadas as técnicas vistas até aqui para estudar diversos modelos aplicados, usando a simulação de Monte Carlo.

Simulação de Monte Carlo aplicada

07

"We have to remember that what we observe is not nature in itself but nature exposed to our method of questioning."

Werner Heisenberg

Neste capítulo, serão abordados os diversos modelos que podem ser analisados com a simulação de Monte Carlo.

OBJETIVOS DO CAPÍTULO

- **Exercitar os conceitos relevantes da simulação de Monte Carlo por meio de modelos aplicados.**
- **Simular diferentes cenários e escolher aquele que resolve ou mitiga o problema.**

A próxima seção apresenta o modelo do vendedor de jornais.

7.1 Modelo do vendedor de jornais

O problema do vendedor de jornais — também conhecido na literatura internacional como *newsvendor problem* ou *newsboy problem* — é um problema que tem sido extensamente estudado nas áreas de operações e economia. O modelo que estudamos no Exemplo 6.1 é uma variação desse modelo.

Ele retrata o contexto de um vendedor de jornais que precisa decidir a quantidade a ser comprada antes de conhecer a demanda, que é incerta e frequentemente aderente a um modelo de distribuição de probabilidade. Assim como um jornal diário, o produto em questão é altamente perecível, sendo que as unidades não vendidas são descartadas. Desta maneira, considere o caso de um vendedor de jornais que compra o seu produto por R$9 e o vende por R$12. O modelo do vendedor de jornais pode ser representado pela equação:

$$L(Q) = 12\,[\min(D, Q)] - 9\,Q$$

Na qual:

Q: É a quantidade comprada.

D: É a demanda.

O modelo do vendedor de jornais possui uma solução analítica, que pode ser desenvolvida da seguinte forma: caso $F(D \leq Q)$ seja a probabilidade de que D seja menor ou igual a Q, e $1 - F(D \leq Q)$, a probabilidade de que D seja maior ou igual a Q, desenvolve-se a equação do lucro esperado como retratado abaixo, sendo p o preço e c o custo:

$$L(Q) = p(\int_0^Q xf(x)dx + (1 - F(D \leq Q)Q) - cQ$$

$$= p\int_0^Q xf(x)dx + p(1 - F(D \leq Q)Q) - cQ$$

$$= p\int_0^Q xf(x)dx + pQ - pQF(D \leq Q) - cQ$$

$$= (p - c)Q + p\int_0^Q xf(x)dx - pQF(D \leq Q)$$

$$= (p - c)Q + p(QF(D \leq Q) - \int_0^Q F(x)dx) - pQF(D \leq Q)$$

$$\frac{dL(Q)}{d(Q)} = (p - c) + p\big(F(D \leq Q) + Qf(Q) - F(D \leq Q)\big) - p\big(F(D \leq Q) + Qf(Q)\big) = 0$$

$$= (p - c) + pQf(Q) - p\big(F(D \leq Q) + Qf(Q)\big)$$

$$= (p - c) + pQf(Q) - pF(D \leq Q) - pQf(Q)$$

$$= (p - c) + p\,F(D \leq Q) = 0$$

$$F(D \leq Q) = \frac{p - c}{p}$$

A equação a que se chegou acima é também chamada de razão crítica. Para o exemplo definido nesta seção, pode-se calculá-la da seguinte forma:

$$F(D \leq Q) = \frac{p - c}{p} = \frac{12 - 9}{12} = 0{,}25$$

Com essa razão, é possível aplicar a qualquer função distribuição de probabilidade, de acordo com a demanda simulada, e será possível obter a quantidade que maximiza o lucro esperado.

Logo, suponha que, para o exemplo citado, a demanda tenha distribuição uniforme entre 50 e 150, ou seja, D~U(50,150). Aplicando a função de distribuição acumulada para a razão crítica no R, descobre-se que a quantidade que maximizará o lucro será 75:

```
>qunif(0.25,50,150)
[1] 75
```

Já o caso de a demanda ter distribuição normal, isto é, $D \sim N(200,10^2)$, descobre-se que a quantidade ótima será:

```
>qnorm(0.25,200,10)
[1] 193.2551
```

Por isso, para chegar nessas quantidades ótimas com a simulação de Monte Carlo, pode-se desenvolver uma planilha eletrônica com a forma mostrada na Tabela 7.1.

Tabela 7.1 – Simulação do modelo do vendedor de jornais

	Demanda ~ U(50,150)			Demanda ~ N(100,10²)		
		Q			Q	
Observação	**74**	**75**	**76**	**192**	**193**	**194**
1	22,64	225,00	228,00	576,00	579,00	582,00
2	222,00	225,00	228,00	560,60	579,00	582,00
3	222,00	225,00	-72,86	576,00	579,00	582,00
4	211,20	225,00	228,00	446,02	566,93	582,00
5	222,00	225,00	228,00	494,45	579,00	582,00
6	119,33	122,35	228,00	576,00	579,00	582,00
9994	119,33	225,00	228,00	576,00	579,00	582,00
9997	54,39	225,00	228,00	576,00	579,00	582,00
9998	222,00	225,00	228,00	576,00	561,58	582,00

(Continua)

	Demanda ~ U(50,150)			Demanda ~ N(100,10^2)		
	Q			Q		
Observação	**74**	**75**	**76**	**192**	**193**	**194**
9999	203,11	225,00	228,00	576,00	579,00	582,00
10000	222,00	225,00	228,00	576,00	579,00	582,00
Média	187,62	188,35	187,48	561,34	561,81	561,74

Fonte: O autor.

O exame da tabela mostra que o lucro é superior ao valor intermediário, encontrado pela aplicação da razão crítica. Sendo assim, as fórmulas utilizadas para simular o modelo com distribuição uniforme e normal, respectivamente, são:

```
=12*MÍNIMO(50+(150-50)*ALEATÓRIO();B$3)-9*B$3
=12*MÍNIMO(INV.NORM.N(ALEATÓRIO();200;10);F$3)-9*F$3
```

Dessa forma, devido ao fato de os valores comparados na Tabela 7.1 terem pequena diferença entre si, o leitor notará que, em algumas simulações, dependendo da semente aleatória utilizada, o lucro maior não resultará da quantidade ótima por causa da aleatoriedade da simulação. Isso pode ser mitigado pela comparação de quantidades com maior diferença entre si, como, por exemplo, 70, 75 e 80 unidades, para o caso uniforme; e 180, 190 e 200, para o caso normal.

Dessa maneira, pode-se redigir o seguinte código no Python, que implementa a visualização da convergência da média para três quantidades diferentes, conforme mostra a Figura 7.1:

```
import numpy as np
import matplotlib.pyplot as plt
def simula_e_plota(v1, v2, v3, n=10000):
    v1v, v2v, v3v = [], [], []
    v1m, v2m, v3m = [], [], []
    for i in range(n):
        alea1, alea2, alea3 = np.random.uniform(50, 150, size=3)
        v1v.append(12 * min(alea1, v1) - v1 * 9)
        v2v.append(12 * min(alea2, v2) - v2 * 9)
        v3v.append(12 * min(alea3, v3) - v3 * 9)
        v1m.append(np.mean(v1v))
        v2m.append(np.mean(v2v))
        v3m.append(np.mean(v3v))
    plt.plot(v1m, label="v1m")
    plt.plot(v2m, label="v2m", color="red", linestyle="--")
    plt.plot(v3m, label="v3m", color="blue", linestyle="--")
    plt.legend()
    plt.xlabel("Observações")
    plt.ylabel("Lucro médio")
    plt.show()
simula_e_plota(70, 75, 80)
```

Figura 7.1 – Convergência da média do lucro do modelo do vendedor de jornais em Python

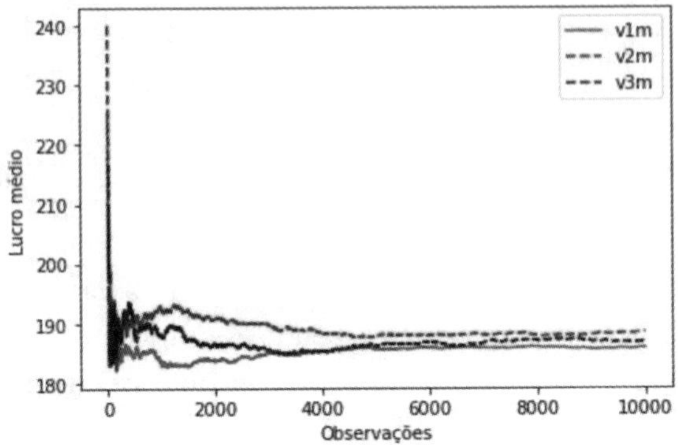

Fonte: O autor.

A Figura 7.1 mostra a média móvel do lucro para as três quantidades compradas, 70, 75 e 80, em que é possível verificar que a quantidade intermediária é a que maximiza o lucro.

No R, o código dessa simulação pode ser escrito da seguinte maneira:

```
simula_e_plota <- function(v1, v2, v3, n=10000) {
  v1v <- v2v <- v3v <- numeric()
  v1m <- v2m <- v3m <- numeric()

  for (i in 1:n) {
    alea1 <- runif(1, min=50, max=150)
    alea2 <- runif(1, min=50, max=150)
    alea3 <- runif(1, min=50, max=150)

    v1v <- c(v1v, 12 * min(alea1, v1) - v1 * 9)
    v2v <- c(v2v, 12 * min(alea2, v2) - v2 * 9)
    v3v <- c(v3v, 12 * min(alea3, v3) - v3 * 9)

    v1m <- c(v1m, mean(v1v))
    v2m <- c(v2m, mean(v2v))
    v3m <- c(v3m, mean(v3v))
  }

  plot(v1m, type="l", col="black", ylim=c(min(v1m, v2m, v3m), max(v1m,
v2m, v3m)),
       xlab="Observações", ylab="Lucro médio", main="Lucro médio ao
longo das observações")
  lines(v2m, col="red", lty=2)
  lines(v3m, col="blue", lty=2)
  legend("topright", legend=c("v1m", "v2m", "v3m"), col=c("black",
"red", "blue"), lty=c(1, 2, 2))
}

simula_e_plota(70, 75, 80)
```

E o resultado é mostrado na Figura 7.2.

Figura 7.2 – Convergência da média do lucro do modelo do vendedor de jornais em R

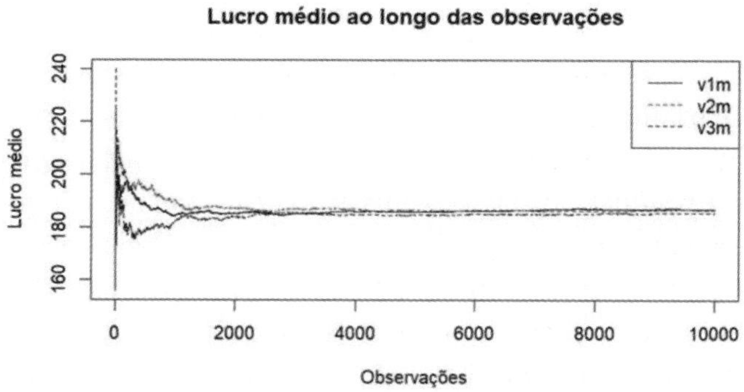

Fonte: O autor.

A próxima seção traz a simulação de Monte Carlo aplicada aos estoques.

7.2 Problemas de estoque

No modelo do vendedor de jornais desenvolvido na seção anterior, a quantidade vendida dependia da quantidade comprada e da demanda aleatória. No caso em que a demanda era menor que a quantidade comprada, gerava-se um estoque que não se acumulava. Sendo assim, considere, por exemplo, uma observação em que a demanda aleatória foi de 60 e a quantidade comprada foi de 80. Neste caso, o estoque resultante foi de 20. Se o produto em questão não é perecível, essa quantidade seria o estoque inicial do período seguinte.

Logo, diferentemente do modelo do vendedor de jornais, no qual cada observação era independente das demais, aqui o estoque, ou a falta deste, será levada em consideração ao longo do tempo. Dessa forma, uma simulação que analisa o nível de estoque deve simular também a dimensão temporal com dependência entre as observações.

Do ponto de vista da dependência entre os eventos, a simulação aplicada aos estoques foge do conceito atribuído à simulação de Monte Carlo, tendo mais similaridade com a simulação de eventos discretos, que será tratada no capítulo 9. Entretanto, o que diferenciará essa simulação do inventário da simulação de eventos discretos é a especificação de cada evento e seu rastreamento no tempo. Então aqui a demanda é observada de forma agregada, por exemplo.

Na simulação de eventos discretos cada unidade demandada deve ser registrada, além de ter sua trajetória temporal rastreada.

7.2.1 Simulação de produção e estoque

Considere uma empresa produtora de um certo bem de consumo que precisa determinar a quantidade a ser produzida a cada dia, dependendo do seu nível de estoque. Diariamente, a empresa avalia seu estoque inicial e a necessidade de produzir itens, e sua capacidade de produção em cada turno é de 200 unidades. Essa é a produção diária considerada adequada aos custos da empresa. No entanto, se o nível de estoque for inferior a 100 unidades, a empresa precisará adicionar um novo turno para dobrar a quantidade a ser produzida, que será de 400. Logo, a empresa inicia com estoque de 200 unidades, então a demanda possui distribuição normal com média de 210 e desvio-padrão de 30. Desse modo, para determinar o estoque final e inicial serão necessárias as seguintes equações:

$$EF_t = EI_t + P_t - D_t$$

$$EI_t = EF_{t-1}$$

Em que:
t: *São os dias do ano* $\in \{1,2,\ldots,365\}$.
EF: É o estoque final.
EI: É o estoque inicial.
P: É a produção.
D: *É a demanda* $\sim N(200,30^2)$.

Assim, nesse tipo de simulação, é necessário determinar a quantidade de períodos que serão simulados, sendo cada um representado por uma observação. Neste exemplo, deseja-se simular 1 ano de operações com 365 dias. Deste modo, serão simuladas replicações de 365 observações, que acumularão os níveis de estoque médio ao longo do ano. Outra informação relevante a ser constatada é a quantidade de turnos adicionais que serão utilizados para atender a demanda.

Pode-se desenvolver essa simulação, em planilha eletrônica, com a estrutura apresentada na Tabela 7.2 de mil replicações de 365 observações cada:

Tabela 7.2 – Simulação com produção e estoque

	Replicação 1				...	Replicação 1000			
Dia	**EI**	**Demanda**	**Produção**	**EF**	**...**	**EI**	**Demanda**	**Produção**	**EF**
1	200	254,84	200	145,2	...	200	233,59	200	166,4
2	145,2	204,25	200	140,9	...	166,4	250,81	200	115,6
3	140,9	199,90	200	141	...	115,6	204,31	200	111,3
4	141	171,23	200	169,7	...	111,3	198,32	200	113
5	169,7	164,05	200	205,7	...	113	156,82	200	156,2
...	...	...	...	...	...	...	...	...	...
361	266,7	188,62	200	278	...	81,47	176,05	400	305,4
362	278	211,89	200	266,1	...	305,4	213,19	200	292,2
363	266,1	284,3	200	181,8	...	292,2	222,34	200	269,9
364	181,8	197,34	200	184,5	...	269,9	223,40	200	246,5
365	184,5	200,51	200	184	...	246,5	167,05	200	279,4
Média	204,3	Quantidade de turnos adicionais	12		...	219,8		9	

Fonte: O autor.

Enquanto que as fórmulas da primeira replicação utilizadas na planilha são mostradas na Tabela 7.3:

Tabela 7.3 – Fórmulas utilizadas na simulação

Variável	**Fórmula**
$EI_{t=1}$	=200
$EI_{t=2}$	=E3
Demanda	=INV.NORM(ALEATÓRIO();210;30)
$P_{t=1}$	200
$P_{t=2}$	=200+SE(B4<100;200)
EF	=B3+D3-C3
Quantidade de turnos adicionais	=CONT.SE(D3:D367;">200")

Fonte: O autor.

Ao calcular a média de todas as replicações, o leitor verificará que a média do estoque inicial convergirá para um valor próximo a 219, e a quantidade de turnos adicionais necessária será em torno de 17. No R, essas replicações podem ser feitas rapidamente por meio de uma função, que simula um ano, e um código, que replica a função por mil vezes:

```
prodEstoque <- function(dias) {
  ei=c(200)
  prod=c(200)
  demanda=rnorm(dias,210,30)
  ef=c(ei[1]+prod[1]-demanda[1])
  ei[2]=ef[1]
  for (i in 2:dias){
    prod=append(prod,ifelse(ei[i]<100,400,200))
    ef=append(ef,ei[i]+prod[i]-demanda[i])
    if (i<dias){
      ei=append(ei,ef[i])
    }
  }
  resultado=c(mean(ei),sum(prod>200))
  resultado
}
estoqueMedio=c()
qtdTurnos=c()
for (i in 1:1000){
  sim=prodEstoque(365)
  estoqueMedio=append(estoqueMedio,sim[1])
  qtdTurnos=append(qtdTurnos,sim[2])
}
mean(estoqueMedio)
mean(qtdTurnos)
```

Em Python, o código pode ser reescrito da seguinte forma:

```
import numpy as np

def prodEstoque(dias):
    ei = [200]
    prod = [200]
    demanda = np.random.normal(210, 30, dias)
    ef = [ei[0] + prod[0] - demanda[0]]
    ei.append(ef[0])

    for i in range(1, dias):
        prod.append(400 if ei[i] < 100 else 200)
        ef.append(ei[i] + prod[i] - demanda[i])
        if i < dias - 1:
            ei.append(ef[i])

    resultado = [np.mean(ei), sum(np.array(prod) > 200)]
    return resultado

estoqueMedio = []
qtdTurnos = []

for i in range(1000):
    sim = prodEstoque(365)
    estoqueMedio.append(sim[0])
    qtdTurnos.append(sim[1])

print(np.mean(estoqueMedio))
print(np.mean(qtdTurnos))
```

A próxima seção traz a simulação do sistema de revisão periódica.

7.2.2 Sistema de revisão periódica

No sistema de revisão periódica, é definida uma periodicidade específica na qual o nível de estoque será apurado e, a partir dele, decide-se pela emissão de um pedido, caso o nível de estoque esteja abaixo do máximo desejado. O tamanho do pedido nesse sistema será variável, dependendo do nível de estoque adquirido e do estoque máximo.

Portanto, como exemplo, suponha que uma empresa gerencie seu estoque com o sistema de revisão periódica a cada semana. Assim, no início de cada semana, avalia-se o estoque inicial e é emitido um pedido toda vez que este estiver abaixo do estoque máximo. Há um estoque inicial de 400 unidades, e a demanda diária tem distribuição de Poisson com λ de 100 unidades.

Logo, o estoque máximo desejado é de 700 unidades. O custo de aquisição é de R$7 por unidade e ocorre na semana em que é feito o pedido. Há um custo de falta de R$1 para cada unidade que é demandada, mas não atendida devido à falta de estoque. Cada unidade em estoque incorre em um custo de R$2, que corresponde aos gastos de armazenagem, e os custos de oportunidade, calculados sobre o estoque final. Toda vez que um pedido é feito, há um custo fixo de R$1 mil. O prazo de entrega para os pedidos realizados é de três dias.

A simulação desse modelo pode ser implementada por meio de planilha eletrônica, conforme mostra a Tabela 7.4:

Conforme se pode verificar na Tabela 7.4, a cada semana, a posição inicial do estoque é revisada, e é emitido um pedido para completar o nível do estoque até o máximo desejado, que é de 700. Isso acontece nos dias 7 e 14, conforme se pode visualizar na tabela. A quantidade pedida é a diferença entre o estoque máximo e a posição inicial, como calculado no dia 7 (700–0=700). O prazo de entrega deste pedido é de três dias, e essa quantidade chegará no dia 10.

Note o leitor que, desde quando é emitido um pedido, as posições iniciais e finais passam a considerar essa quantidade. O estoque final é a subtração do estoque inicial pela demanda. Com distribuição de Poisson, a demanda foi obtida pela ferramenta de Geração de número aleatório, do suplemento "Análise de dados" do Excel.

As fórmulas relevantes para a implementação desse sistema em planilha eletrônica são mostradas na Tabela 7.5:

Tabela 7.4 – Simulação de uma replicação do sistema de revisão periódica

Dia	Estoque inicial	Posição inicial	Qtd. Pedida	Dia de entrega	Qtd. entregue	Demanda	Qtd. vendida	Falta	Estoque final	Posição final
1	400	400	0	0	0	102	102	0	298	298
2	298	298	0	0	0	103	103	0	195	195
3	195	195	0	0	0	102	102	0	93	93
4	93	93	0	0	0	113	93	20	0	0
5	0	0	0	0	0	90	0	90	0	0
6	0	0	0	0	0	113	0	113	0	0
7	0	0	700	10	0	115	0	115	0	700
8	0	700	0	0	0	100	0	100	0	700
9	0	700	0	0	0	93	0	93	0	700
10	0	700	0	0	700	99	99	0	601	601
11	601	601	0	0	0	115	115	0	486	486
12	486	486	0	0	0	103	103	0	383	383
13	383	383	0	0	0	121	121	0	262	262
14	262	262	438	17	0	85	85	0	177	615
15	177	615	0	0	0	115	115	0	62	500
...	...	...	...	...	...	...	...	...	...	...
365	82	581	0	0	0	94	82	12	0	499

Fonte: O autor.

Tabela 7.5 – Fórmulas relevantes do sistema de revisão periódica

Célula	Fórmula
B2	=400
B3	=J2
C2	=400
C3	=K2
D2	=(MOD(A2;7)=0)*(700-C2)
E2	=SE(D2=0;0;A2+3)
F2	=SE(A2<3+1;0;DESLOC(F2;-3;-2))
G2:366	Gerados pelo suplemento Análise de dados do Excel
H2	=MÍNIMO(G2;B2+F2)
I2	=G2-H2
J2	=B2+F2-H2
K2	=C2+D2-H2

Fonte: O autor.

Com a planilha desenvolvida, é possível calcular os componentes do custo, obtendo o custo anual pela soma dos mesmos. Ao somar o estoque inicial e multiplicá-lo pelo custo de manutenção, que é de R$2, será obtido um valor próximo de R$134.306. O custo da falta será em torno de R$8.010 ao longo do ano. Já o custo de aquisição dos produtos será em média de R$196.868 e o custo de pedido será de R$52.000, advindo das 52 semanas que se faz um pedido multiplicados por R$1 mil. Com isso, o custo total anual será de R$391.384.

Com esse modelo de simulação, analisa-se os seguintes cenários e seu impacto no custo: diferentes prazos de entrega; períodos de revisão distintos do semanal; outros níveis de estoque máximo e alterações em outras variáveis.

Para executar essa simulação no Python, desenvolve-se o seguinte código, que retorna o custo total:

```
import numpy as np

def revPeriodica(dias,tr,ir,ei,em):

    dia=np.arange(1,dias+1)
    demanda = demanda = np.random.poisson(100,len(dia))
    ei = [ei]
    posInicial=[ei[0]]
    qtdPedida=[(dia[0]%ir==0)*(em-posInicial[0])]

    if qtdPedida[0]==0:
        diaEntrega=[0]
    else:
        diaEntrega=[dia[0]+tr]

    if dia[0]<tr+1:
        qtdEntregue=[0]
    else:
        qtdEntregue=[qtdPedida[-tr]]

    qtdVendida=[min(demanda[0],ei[0]+qtdEntregue[0])]
    falta=[demanda[0]-qtdVendida[0]]
    ef=[ei[0]+qtdEntregue[0]-qtdVendida[0]]
    posFinal=[posInicial[0]+qtdPedida[0]-qtdVendida[0]]

    for i in range(1,len(dia)):

        ei.append(ef[i-1])
        posInicial.append(posFinal[i-1])
        qtdPedida.append((dia[i]%ir==0)*(em-posInicial[i]))

        if qtdPedida[i]==0:
            diaEntrega.append(0)
        else:
```

(Continua)

```
            diaEntrega.append(dia[i]+tr)

        if dia[i]<tr+1:
            qtdEntregue.append(0)
        else:
            qtdEntregue.append(qtdPedida[-(tr+1)])

        qtdVendida.append(min(demanda[i],ei[i]+qtdEntregue[i]))
        falta.append(demanda[i]-qtdVendida[i])
        ef.append(ei[i]+qtdEntregue[i]-qtdVendida[i])
        posFinal.append(posInicial[i]+qtdPedida[i]-qtdVendida[i])

    custoManutencao=sum(ei)*2
    custoFalta=sum(falta)
    custoAquisicao=sum(qtdEntregue)*7
    custoPedido=np.count_nonzero(qtdPedida)*1000

    return custoManutencao+custoFalta+custoAquisicao+custoPedido
```

Então, para analisar o efeito do estoque máximo no custo total, desenvolve-se o seguinte código, que gerará a Figura 7.3:

```
em = np.arange(400,1200,100)
custoTotal=[]
for i in em:
    custoTotal.append(revPeriodica(365,3,7,400,i))

import matplotlib.pyplot as plt
plt.plot(em,custoTotal)
```

Figura 7.3 – Efeito do estoque máximo no custo total

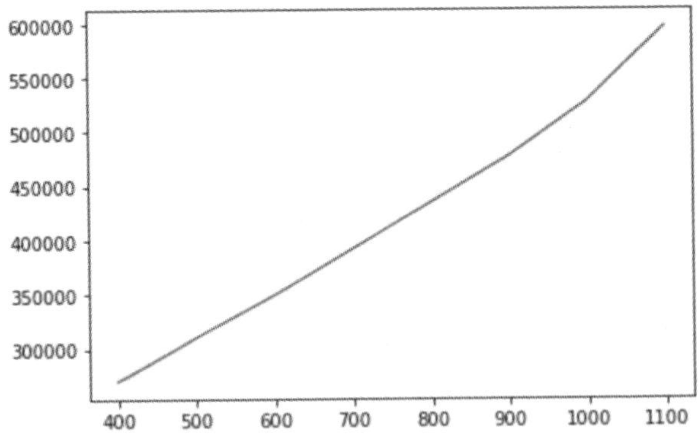

Fonte: O autor.

Assim, examinando-se a figura, é possível verificar que o custo total aumenta proporcionalmente ao aumento do estoque máximo.

A próxima seção apresenta o sistema de revisão contínua.

7.2.3 Sistema de revisão contínua

No sistema de revisão contínua, a posição do estoque é monitorada e, toda vez que atingir o ponto de pedido, é emitida uma nova ordem de compra. A quantidade pedida é fixa e geralmente determinada pelo Lote Econômico de Compras (LEC). Pode-se exemplificar a aplicação do sistema de revisão contínua com os dados do exemplo da seção anterior, em que o ponto de pedido será definido por 300 e o lote de compras de 750 unidades. Os demais dados permanecem inalterados.

A implementação em planilha desse sistema de revisão de estoques pode ser visualizada na Tabela 7.6:

Tabela 7.6 – Sistema de revisão contínua em planilha

Dia	Estoque inicial	Posição inicial	Qtd. pedida	Dia entrega	Qtd. entregue	Demanda	Qtd. vendida	Falta	Estoque final	Posição final
1	400	400	0	0	0	102	102	0	298	298
2	298	298	750	5	0	103	103	0	195	945
3	195	945	0	0	0	102	102	0	93	843
4	93	843	0	0	0	113	93	20	0	750
5	0	750	0	0	750	90	90	0	660	660
6	660	660	0	0	0	113	113	0	547	547
7	547	547	0	0	0	115	115	0	432	432
8	432	432	0	0	0	100	100	0	332	332
9	332	332	0	0	0	93	93	0	239	239
10	239	239	750	13	0	99	99	0	140	890
11	140	890	0	0	0	115	115	0	25	775
12	25	775	0	0	0	103	25	78	0	750
13	0	750	0	0	750	121	121	0	629	629
14	629	629	0	0	0	85	85	0	544	544
15	544	544	0	0	0	115	115	0	429	429
...	...	...	...	...	...	...	...	...	...	...
365	0	750	0	0	750	94	94	0	656	656

Fonte: O autor.

A diferença da planilha acima para a planilha do sistema de revisão periódica está no critério da emissão de pedidos que, neste caso, leva em conta o ponto de pedido. Assim, deve-se utilizar a seguinte fórmula na coluna D (Qtd. pedida):

```
=SE(C2<300;750;0)
```

O custo total anual dessa política é cerca de R$510.294. Em Python, pode-se implementar esse sistema aproveitando o código anterior, ao alterar apenas a variável *qtdPedida*, conforme o seguinte script:

```
import numpy as np
def revContinua(dias,tr,pp,ei,lote):

    dia=np.arange(1,dias+1)
    demanda = demanda = np.random.poisson(100,len(dia))
    ei = [ei]
    posInicial=[ei[0]]

    if posInicial[0]<pp:
        qtdPedida=[lote]
    else:
        qtdPedida=[0]

    if qtdPedida[0]==0:
        diaEntrega=[0]
    else:
        diaEntrega=[dia[0]+tr]

    if dia[0]<tr+1:
        qtdEntregue=[0]
    else:
        qtdEntregue=[qtdPedida[-tr]]

    qtdVendida=[min(demanda[0],ei[0]+qtdEntregue[0])]
    falta=[demanda[0]-qtdVendida[0]]
    ef=[ei[0]+qtdEntregue[0]-qtdVendida[0]]
    posFinal=[posInicial[0]+qtdPedida[0]-qtdVendida[0]]

    for i in range(1,len(dia)):

        ei.append(ef[i-1])
        posInicial.append(posFinal[i-1])

        if posInicial[i]<pp:
            qtdPedida.append(lote)
        else:
            qtdPedida.append(0)

        if qtdPedida[i]==0:
            diaEntrega.append(0)
        else:
            diaEntrega.append(dia[i]+tr)

        if dia[i]<tr+1:
            qtdEntregue.append(0)
        else:
            qtdEn
```

(Continua)

```
tregue.append(qtdPedida[-(tr+1)])

        qtdVendida.append(min(demanda[i],ei[i]+qtdEntregue[i]))
        falta.append(demanda[i]-qtdVendida[i])
        ef.append(ei[i]+qtdEntregue[i]-qtdVendida[i])
        posFinal.append(posInicial[i]+qtdPedida[i]-qtdVendida[i])

    custoManutencao=sum(ei)*2
    custoFalta=sum(falta)
    custoAquisicao=sum(qtdEntregue)*7
    custoPedido=np.count _ nonzero(qtdPedida)*1000

    return custoManutencao+custoFalta+custoAquisicao+custoPedido
```

Com essa função, podem-se simular cenários de lotes diferentes e descobrir qual minimiza o custo total com o seguinte código:

```
lote = np.arange(100,800,100)
custoTotal=[]
for i in lote:
    custoTotal.append(revContinua(365,3,300,400,i))
import matplotlib.pyplot as plt
plt.plot(lote,custoTotal)
```

Como resultado do código, é gerada a Figura 7.4:

Figura 7.4 – Cenários de lotes diferentes do modelo de revisão contínua

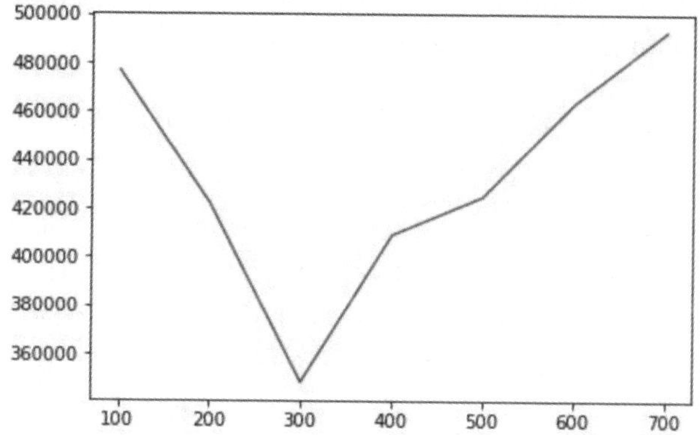

Fonte: O autor.

O exame da Figura 7.4 mostra que um lote de 300 unidades é o que propicia o menor custo total.

A próxima seção traz a simulação aplicada ao gerenciamento de projetos.

7.3 Gerenciamento de projetos

O gerenciamento de projetos envolve a execução de diversas atividades consecutivas, que geralmente estão sujeitas à incerteza. Considere, por exemplo, um projeto que precisa desenvolver seis atividades para ser concluído e tem seus dados exibidos na Tabela 7.7:

Tabela 7.7 – Dados do projeto

Atividade	Pré-requisito	Duração (em dias)
A	-	~Uniforme(5, 10)
B	A	~Normal(12, 2)
C	-	~Triangular (4, 10, 15)
D	A, B	~Triangular (8, 10, 12)
E	C	~15(Beta (6, 4))*
F	D, E	~Normal (10, 1)

*Distribuição beta com máximo de 15, alfa de 6 e beta de 4
Fonte: O autor.

Um parâmetro de interesse desse problema é o prazo final para a execução das tarefas, uma vez que as mesmas têm tempos diferentes de finalização e são aleatoriamente distribuídas. Pode-se executar uma simulação em planilha eletrônica com muitas observações para estudar a variação do tempo de finalização das atividades, resultante da interação dos tempos individuais das tarefas. A estrutura da planilha pode ser vista na Tabela 7.8.

Tabela 7.8 – Simulação das atividades do projeto

Observação	A	B	C	D	E	F	Término
1	5,69	10,76	6,51	11,02	10,68	9,30	36,77
2	6,92	13,77	9,47	9,76	10,53	10,86	41,32
3	6,12	12,44	10,81	9,37	7,95	8,54	36,47
4	6,08	8,54	11,63	10,83	8,74	9,52	34,97
5	6,87	14,14	5,93	10,33	10,47	11,05	42,38
...	...	...	...	...	...	...	...
9996	9,50	10,99	11,88	9,74	7,91	11,23	41,46
9997	5,57	12,61	12,31	10,76	6,82	10,43	39,37
9998	7,05	11,53	8,97	8,65	9,61	10,18	37,40
9999	5,04	10,02	10,85	9,58	8,76	9,32	33,95
10000	6,69	13,22	9,50	10,36	5,16	11,61	41,88

Fonte: O autor.

As fórmulas relevantes da Tabela 7.8 são apresentadas na Tabela 7.9.

Tabela 7.9 – Fórmulas relevantes da simulação

Célula	Coluna	Fórmula
B2	A	=5+(10-5)*ALEATÓRIO()
C2	B	=INV.NORM.N(ALEATÓRIO();12;2)
D2	C	Criada em planilha auxiliar
E2	D	Criada em planilha auxiliar
F2	E	=15*INV.BETA(ALEATÓRIO();6;4)
G2	F	=INV.NORM(ALEATÓRIO();10;1)
H2	Término	=MÁXIMO(B2+C2+E2;D2+F2)+G2

Fonte: O autor.

Note o leitor que o cálculo do término do projeto considera a dependência das atividades apresentada na Tabela 7.7. O resumo da coluna "Término" possibilita visualizar os tempos médio, mínimo e máximo, previstos para a finalização das atividades e em virtude das diferentes variáveis aleatórias que representam os tempos das atividades. A geração do resumo será deixada como exercício.

O histograma dessa coluna possibilita visualizar que a distribuição dos tempos possui distribuição normal, conforme mostra a Figura 7.5:

Figura 7.5 – Histograma do tempo de término do projeto

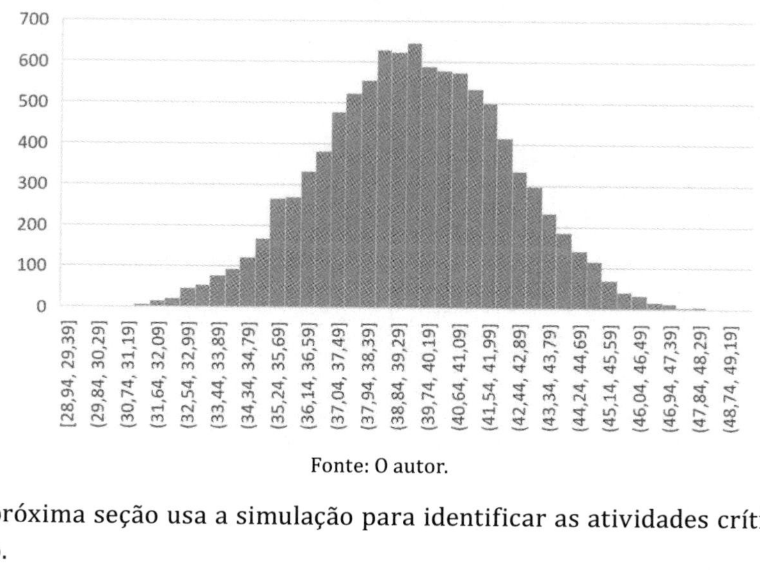

Fonte: O autor.

A próxima seção usa a simulação para identificar as atividades críticas do projeto.

7.3.1 Identificando atividades críticas

O leitor poderá notar que, no exemplo desenvolvido, algumas atividades influenciam o tempo de término de forma mais decisiva que outras. Então, por exemplo, não é possível conduzir a atividade D, sem antes finalizar as atividades A e B. Por outro lado, a atividade C só é pré-requisito da atividade E, não possuindo pré-requisito e podendo ser iniciada juntamente com a atividade A.

Contudo, devido aos tempos das atividades serem aleatórios, pode ocorrer de a atividade F ter que esperar a consecução das atividades C e E para iniciar, e não apenas aguardar o término de A, B e D. Isso pode acontecer ao longo da simulação em observações em que o tempo das atividades C e E resultem em períodos maiores que as atividades A, B e D. Assim, ao longo da simulação, algumas atividades podem se tornar críticas em algumas observações.

Deste modo, será útil realizar replicações que identifiquem a probabilidade de que determinada atividade seja crítica, isto é, impacte efetivamente no prazo de término do projeto. O dr. Wayne L. Winston (2000) sugere uma abordagem inventiva ao fazer replicações, em que adiciona um incremento residual de 0,01 no tempo da atividade e levanta a quantidade de vezes em que essa atividade foi crítica para a finalização do projeto. Pode-se desenvolver um script no Python que defina essa probabilidade da seguinte maneira:

Ao executar esse código, o leitor verificará que as atividades C e E são críticas apenas em 0,24% das replicações, enquanto que as atividades A, B, D e F são críticas em mais de 99% das replicações.

A próxima seção traz uma aplicação na área de finanças.

```
import random
def calcular_termino(n):
    a = [random.uniform(5, 10) for _ in range(n)]
    b = [random.normalvariate(12, 2) for _ in range(n)]
    c = [random.triangular(4, 15, 10) for _ in range(n)]
    d = [random.triangular(8, 12, 10) for _ in range(n)]
    e = [15 * random.betavariate(6, 4) for _ in range(n)]
    f = [random.normalvariate(10, 1) for _ in range(n)]

    termino = [max(a[i] + b[i] + d[i], c[i] + e[i]) + f[i] for i in
range(n)]

    # Criar novas listas com cada tempo acrescido de 0.01
    a_acrescido = [tempo + 0.01 for tempo in a]
    b_acrescido = [tempo + 0.01 for tempo in b]
    c_acrescido = [tempo + 0.01 for tempo in c]
    d_acrescido = [tempo + 0.01 for tempo in d]
    e_acrescido = [tempo + 0.01 for tempo in e]
    f_acrescido = [tempo + 0.01 for tempo in f]
```

(Continua)

```
    # Calcular o termino acrescido para cada variável
    termino_acrescido_a = [max(a_acrescido[i] + b[i] + d[i], c[i]
+ e[i]) + f[i] for i in range(n)]
    termino_acrescido_b = [max(a[i] + b_acrescido[i] + d[i], c[i]
+ e[i]) + f[i] for i in range(n)]
    termino_acrescido_c = [max(a[i] + b[i] + d[i], c_acrescido[i]
+ e[i]) + f[i] for i in range(n)]
    termino_acrescido_d = [max(a[i] + b[i] + d_acrescido[i], c[i]
+ e[i]) + f[i] for i in range(n)]
    termino_acrescido_e = [max(a[i] + b[i] + d[i], c[i] + e_
acrescido[i]) + f[i] for i in range(n)]
    termino_acrescido_f = [max(a[i] + b[i] + d[i], c[i] + e[i]) +
f_acrescido[i] for i in range(n)]

    # Calcular o percentual de vezes que cada variável acrescida
resultou em um término maior
    percentual_a = sum(1 for i in range(n) if termino_
acrescido_a[i] > termino[i]) / n * 100
    percentual_b = sum(1 for i in range(n) if termino_
acrescido_b[i] > termino[i]) / n * 100
    percentual_c = sum(1 for i in range(n) if termino_
acrescido_c[i] > termino[i]) / n * 100
    percentual_d = sum(1 for i in range(n) if termino_
acrescido_d[i] > termino[i]) / n * 100
    percentual_e = sum(1 for i in range(n) if termino_
acrescido_e[i] > termino[i]) / n * 100
    percentual_f = sum(1 for i in range(n) if termino_
acrescido_f[i] > termino[i]) / n * 100

    return percentual_a, percentual_b, percentual_c,
percentual_d, percentual_e, percentual_f

percentuais = calcular_termino(10000)
percentuais
```

7.4 Simulação dos preços de ações

Prever o preço futuro de uma ação é uma tarefa difícil, senão impossível. Os preços desses ativos são influenciados por diversos fatores com maior ou menor impacto na sua oscilação.

Uma abordagem possível para estudar os níveis de evolução do preço de uma ação é simular caminhos futuros prováveis, baseados na variação do passado. Esta técnica envolve a análise do preço de uma ação como um processo estocástico.

O processo estocástico mais utilizado para modelar o comportamento do preço de ações é o movimento browniano, também conhecido como processo de Wiener. Nessa linha, o preço futuro de uma ação (P_{t+1}) pode ser modelado pela equação:

$$P_{t+1} = P_t e^{(u-0,5\sigma^2)+\sigma Z}$$

Em que:
μ: É o percentual médio de variação da ação.
σ: É o desvio-padrão médio da variação da ação.
Z: É a variável aleatória ~N(0, 1).

A equação acima utiliza a média e o desvio-padrão da variação histórica do ativo em análise. Vale ressaltar que se deve calcular o logaritmo do retorno, na fórmula.

A Tabela 7.10 mostra a aplicação da fórmula no histórico de preço de fechamento das ações da Petrobras S.A (PETR3), no período de 16/09/2013 a 15/09/2023, obtidas no site *Investing.com*.

A Tabela 7.10 mostra dez replicações da simulação do preço da ação ao longo de dez dias, utilizando como referência para os parâmetros de todos os 10 anos de histórico. Nota-se que cada replicação gerou uma trajetória de preço diferente, conforme mostra o gráfico das replicações em função do tempo, Figura 7.6.

Figura 7.6 – Evolução do preço em dez replicações ao longo de dez dias

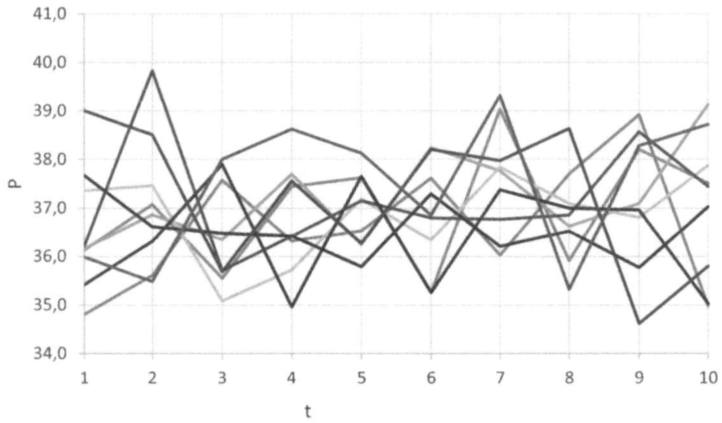

Fonte: O autor.

O que se observa na Figura 7.6 é que, em cada replicação, o preço da ação percorreu uma trajetória distinta devido à aleatoriedade presente no modelo. Nota-se que nesses dez dias o preço da ação variou de cerca de R$34 a aproximadamente R$40. O preço usado como referência, e tomado como base, foi o último fechamento da ação, no dia 15/09/2023, de R$36,9. Isso pode ser observado na fórmula utilizada no Excel para calcular a evolução do preço ao longo do tempo, tal como mostra a sintaxe utilizada na primeira replicação em t=1:

Tabela 7.10 – Simulação dos preços futuros das ações da Petrobras

				Replicação										
Data	**Último**	**lnVariação**	**Obs. (t)**	**1**	**2**	**3**	**4**	**5**	**6**	**7**	**8**	**9**	**10**	**Média**
16/09/2013	16,7		1	36,7	37,5	36,4	37,7	35,5	34,1	37,7	38,7	37,6	35,2	36,7
17/09/2013	16,85	0,0089	2	38,9	37,6	36,0	35,7	38,4	39,3	38,3	37,5	37,0	36,3	37,5
18/09/2013	17,09	0,0141	3	37,8	36,4	35,7	36,4	35,2	37,7	34,5	37,3	37,7	35,6	36,5
19/09/2013	17,18	0,0053	4	35,8	39,7	36,1	36,0	34,7	37,8	37,0	38,3	35,8	37,9	36,9
20/09/2013	16,95	-0,0135	5	36,6	37,5	35,9	36,4	35,8	37,1	37,3	38,7	38,1	35,2	36,9
23/09/2013	16,87	-0,0047	6	39,7	37,8	37,6	38,5	34,2	38,7	35,8	37,4	37,2	37,2	37,4
24/09/2013	16,66	-0,0125	7	37,5	35,6	36,9	36,5	36,4	36,4	36,9	36,3	38,0	37,0	36,7
25/09/2013	16,63	-0,0018	8	35,3	36,8	38,2	37,2	37,3	36,5	37,9	36,8	37,4	36,7	37,0
26/09/2013	16,67	0,0024	9	37,6	38,1	36,4	35,2	36,1	37,6	36,7	36,1	35,8	37,6	36,7
27/09/2013	16,6	-0,0042	10	37,8	37,1	37,4	37,1	37,7	36,8	38,4	35,9	35,3	36,3	37,0
...	...	...												

Fonte: O autor.

```
=36,9*EXP(MÉDIA($C$4:$C$2482)-0,5*VAR.A($C$4:$C$2482)+DESVPAD.A($C$4:$C$
2482)*INV.NORMP.N(ALEATÓRIO()))
```

A coluna “lnVariação” é calculada com a fórmula:

```
=LN(B4/B3)
```

As variações desse modelo podem analisar a evolução dos preços para mais períodos, utilizando uma amostra de parâmetros mais recentes em vez de todo o conjunto de dados, ou ainda executar mais replicações para gerar uma quantidade maior de trajetórias prováveis. A seguinte sequência de códigos pode ser executada em Python, no ambiente do Colab, para automatizar a análise desses cenários. Inicialmente, instalam-se as bibliotecas necessárias e preparam-se os dados, carregando o arquivo csv e organizando os dados:

```
import numpy as np
import pandas as pd
from scipy.stats import norm
import matplotlib.pyplot as plt

from google.colab import files
uploaded = files.upload()
# Escolher o arquivo e carregar

import io
dados=pd.read_csv(io.BytesIO(uploaded['PETR3 Dados Históricos.
csv']))
dados['Data'] = pd.to_datetime(dados['Data'],format="%d.%m.%Y")
dados = dados.set_index("Data")
dados=dados.sort_index()
dados=dados.apply(lambda x: x.str.replace(',','.'))
dados["Último"]=dados["Último"].astype(float)
```

Em seguida, é executada a função que simula os caminhos possíveis do preço da ação, a partir dos parâmetros da base de dados e da simulação:

```
def simula_acoes(dados,dias,rep,preco):

    lnVariacao = np.log(1+dados["Último"].pct_change())
    u=lnVariacao.mean()
    var=lnVariacao.var()
    desloc = u-(0.5*var)
    stdev=lnVariacao.std()

    retornos = np.exp(desloc + stdev * norm.ppf(np.random.rand(dias,
rep)))
    P = np.zeros_like(retornos)
    P[0] = preco
    for t in range(1, dias):
        P[t] = P[t - 1] * retornos[t]

    return P
```

Por fim, pode-se executar o seguinte código para visualizar o gráfico gerado com mil replicações de 365 dias cada, conforme mostra a Figura 7.7:

```
plt.plot(simula_acoes(dados, 365, 1000, 36.9))
```

Figura 7.7 – Gráfico da simulação com mil replicações de 365 dias

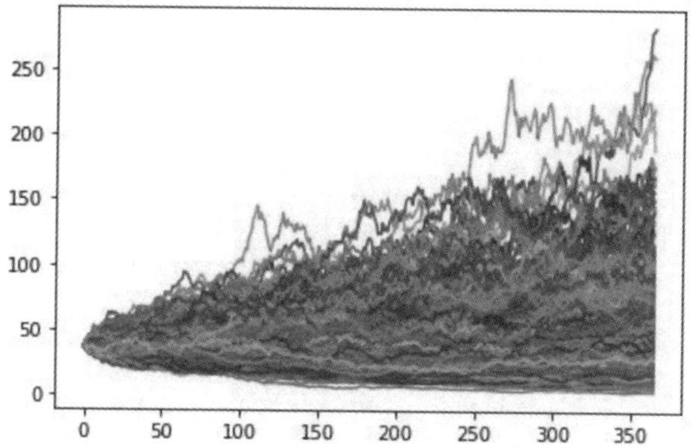

Fonte: O autor.

Conforme mostra a Figura 7.7, a simulação por um período de 365 dias gerou uma variação maior quando comparada à simulação de dez dias. Para se reduzir a variação, pode-se calcular a média das trajetórias simuladas. Essa tarefa será deixada como exercício.

A próxima seção traz um exemplo aplicado a projetos de investimento.

7.5 Fluxo de caixa de projetos de investimento

A simulação de Monte Carlo pode ser útil para avaliar o retorno de projetos de investimento descontados no tempo. O modelo apresentado por Winston (2000) avalia o retorno esperado da produção de dois modelos de carro, ambos com preço de venda de US$10 mil e considerando um fluxo de caixa descontado a uma taxa de 10%. Os parâmetros específicos de cada modelo são apresentados na Tabela 7.11:

A Tabela 7.11 mostra dados distintos para ambos os carros. O custo fixo é o valor desembolsado para o desenvolvimento do projeto e será descontado no início do fluxo de caixa. O custo variável é o custo de produção de cada unidade, e as vendas dos anos posteriores ao primeiro são previstas como a quantidade vendida no ano anterior. A quantidade é somada a uma diferença, que tem distribuição normal com média 0 e desvio-padrão de 20 mil no primeiro modelo de carro, e de 30 mil no segundo.

Tabela 7.11 – Parâmetros dos modelos de carro

	Carro 1		**Carro2**	
Custo fixo				
	Probabilidade	Valor	Probabilidade	Valor
	0,5	\$6 bilhões	0,25	\$4 bilhões
	0,5	\$8 bilhões	0,50	\$5 bilhões
			0,25	\$16 bilhões
Custo variável	Probabilidade	Valor	Probabilidade	Valor
	0,5	\$4600	0,5	\$2000
	0,5	\$5400	0,5	\$6000
Vendas do ano 1	Probabilidade	Quantidade	Probabilidade	Quantidade
	0,25	230000	0,25	80000
	0,50	250000	0,50	220000
	0,25	270000	0,25	390000

Fonte: Winston, Wayne L. (2000, p. 50).

A avaliação de cada projeto é dada com a seguinte fórmula do valor presente líquido (VPL) dos fluxos de caixa:

$$VPL = -FC_0 + \sum_{i=1}^{10} \frac{FC_i}{(1 + 0{,}10)^i}$$

Em que:
FC_0 = É o custo fixo do projeto.
FC_i = É o fluxo de caixa de cada ano obtido pela subtração da receita do custo total variável.

Pode-se executar uma simulação de dez anos, gerando uma observação de VPL, em uma planilha eletrônica, como é mostrado na Tabela 7.12:

Tabela 7.12 – Simulação do VPL do projeto

Ano	0	1	2	3	4	5	...	10
Vendas		250000	240171,5221	213745,2692	214342,8527	224053,314	...	237858,305
Custo fixo	6000000000							
Custo variável total		1150000000	1104789002	983228238,5	985977122,6	1030645244	...	1094148203
Receita		2500000000	2401715221	2137452692	2143428527	2240533140	...	2378583050
Fluxo de caixa	-6000000000	1350000000	1296926219	1154224454	1157451405	1209887896	...	1284434847
Vendas_Ano1	250000					VPL		
Custo fixo	6000000000					106.624.397,93		
Custo variável	4600							
Preço do carro	10000							
Taxa de juros	0,1							
Desvio-padrão de_vendas	20000							
# Carros vendidos			Custo variável			Custo fixo		
Probabilidade	Prob_ acumulada	Carros	Probabilidade	Prob_ acumulada	Custo variável	Probabilidade	Prob_ acumulada.	Custo Fixo
0,25	0	230000	0,5	0	4600	0,5	0	6000000000
0,5	0,25	250000	0,5	0,5	5400	0,5	0,5	8000000000
0,25	0,75	270000						

Fonte: Adaptada de Winston (2000, p. 52).

As fórmulas relevantes para a elaboração da planilha são mostradas na Tabela 7.13:

Tabela 7.13 – Fórmulas da planilha do VPL

Células	Fórmula
B3	=B9
B6	=-B9
B8	=PROCV(ALEATÓRIO();$B$16:$C$18;2)
B9	=PROCV(ALEATÓRIO();$H$16:$I$17;2)
B10	=PROCV(ALEATÓRIO();$E$16:$F$17;2)
C2	=B8
C4	=$B$10*C2
C5	=$B$11*C2
C6	=C5-C4
D2	=C2+INV.NORM.N(ALEATÓRIO();0;$B$13)
G9	=B6+VPL(B12;C6:L6)

Fonte: Adaptado de Winston (2000).

Para realizar muitas replicações na planilha, seria necessária a formatação de várias células. Portanto, essas replicações serão realizadas no Python. O código abaixo é composto por três funções: gerar o vetor de vendas, calcular o VPL e retornar esse valor a partir das vendas e do custo variável:

```
import numpy as np
import numpy_financial as npf
import random as rd
def gerar_vendas():
    vendas = [rd.choices([230000, 250000, 270000], weights=[25, 50, 
25])[0]]
    for _ in range(1, 10):
        vendas.append(vendas[-1] + rd.normalvariate(0, 20000))
    return vendas

def calcular_vpl(vendas, custo_variavel, taxa=0.1):
    receitas = [venda * 10000 for venda in vendas]
    custo_total_variavel = [custo_variavel * venda for venda in 
vendas]
    fluxo_de_caixa = [rd.choice([-6000000000, -8000000000]), 
receitas[0] - custo_total_variavel[0]]
    for i in range(1, 10):
        fluxo_de_caixa.append(receitas[i] 
- custo_total_variavel[i])
    return npf.npv(taxa, fluxo_de_caixa)
def vpl():
    vendas = gerar_vendas()
    custo_variavel = rd.choice([4600, 5400])
    return calcular_vpl(vendas, custo_variavel)
```

Com o código executado, é possível realizar mil replicações, para gerar essa mesma quantidade de VPLs possíveis e criar o histograma mostrado na Figura 7.8:

```
vpls=[]
for i in range(1000):
    vpls.append(vpl())
import matplotlib.pyplot as plt
plt.hist(vpls)
```

Figura 7.8 – Histograma do VPL de mil replicações

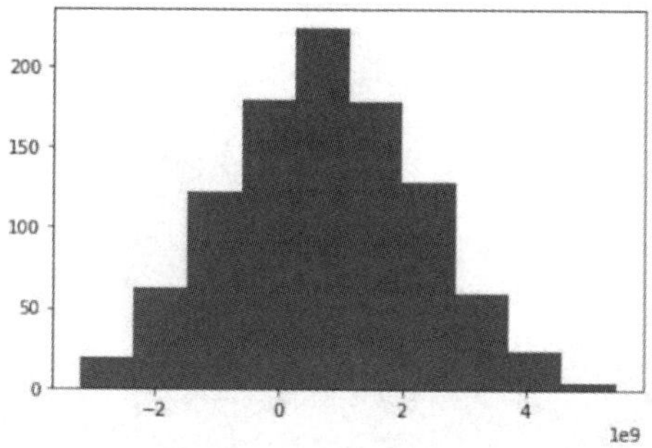

Fonte: O autor.

Assim, pode-se, a partir desse resultado, alterar o código da função para lançar os parâmetros do segundo modelo. O código dessa alteração pode ser apresentado da seguinte maneira:

```
import numpy as np
import numpy _ financial as npf
import random as rd
def gerar _ vendas():
    vendas = [rd.choices([80000, 220000, 390000], weights=[25, 50, 25])
[0]]
    for _ in range(1, 10):
        vendas.append(vendas[-1] + rd.normalvariate(0, 30000))
    return vendas

def calcular _ vpl(vendas, custo _ variavel, taxa=0.1):
    receitas = [venda * 10000 for venda in vendas]
    custo _ total _ variavel = [custo _ variavel * venda for venda in
vendas]
    fluxo _ de _ caixa = [rd.choices([-4000000000, -5000000000,
-16000000000], weights=[25, 50, 25])[0], receitas[0]
- custo _ total _ variavel[0]]
    for i in range(1, 10):
        fluxo _ de _ caixa.append(receitas[i]
- custo _ total _ variavel[i])
    return npf.npv(taxa, fluxo _ de _ caixa)
def vpl():
```

(Continua)

```
    vendas = gerar _ vendas()
    custo _ variavel = rd.choice([2000, 6000])
    return calcular _ vpl(vendas, custo _ variavel)

vpls=[]
for i in range(1000):
    vpls.append(vpl())
import matplotlib.pyplot as plt
plt.hist(vpls)
```

O histograma gerado pelo segundo modelo é mostrado na Figura 7.9:

Figura 7.9 – Histograma dos VPLs do segundo modelo

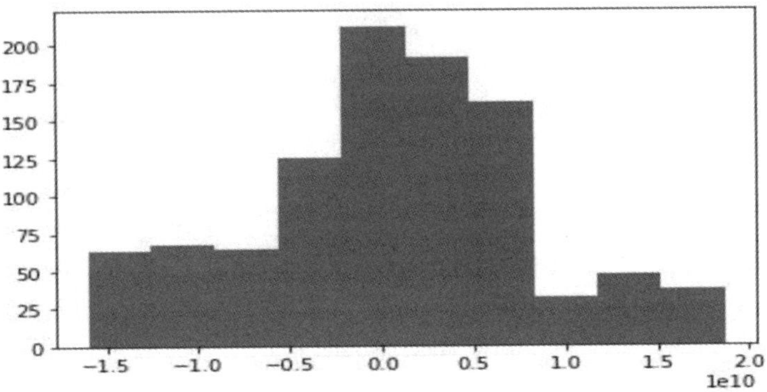

Fonte: O autor.

A Tabela 7.14 mostra os resultados da análise descritiva dos resultados de ambos os modelos, comparando com o obtido por Winston (2000). O código em Python é mostrado ao lado do indicador; assim, com a finalidade de comparar os modelos com os mesmos valores aleatórios, foi travada a semente aleatória em 12345.

Apesar de ter um retorno maior, é possível notar que o segundo modelo é mais arriscado por ter maior probabilidade de apresentar VPL negativo.

A próxima seção apresenta uma simulação aplicada à cadeia de suprimentos.

Tabela 7.14 – Resultados da análise descritiva dos modelos

	Winston (2000)		**Adriano Maniçoba (2024)**		
	Modelo 1	**Modelo 2**	**Modelo 1**	**Modelo 2**	**Código no Python**
VPL médio	681 milhões	849 milhões	713 milhões	916 milhões	np.mean(vpls)
Desvio-padrão	1,535 bilhão	7,41 bilhões	1,52 bilhão	7,35 bilhões	np.std(vpls)

Probabilidade do VPL <0	34,43%	42,8%	33,15%	41,01%	a=np.arange(0.0, 100.0, 0.01)
					for i in a:
					if np.percentile(vpls,i)>0:
					print(i)
					break

Probabilidade do VPL < - 1 bilhão	15,99%	34,73%	14,07%	34,54%	for i in a:
					if np.percentile(vpls,i)>-1000000000:
					print(i)
					break

Fonte: Adaptado de Winston (2000, p. 55).

7.6 Simulação da cadeia de suprimentos

Uma cadeia de suprimentos é uma rede coordenada para transferir fluxo físico e informacional entre os seus membros. Pode-se executar uma simulação de uma cadeia de suprimentos de três níveis, conforme modelado por Wayne L. Winston e S. Christian Albright (2011). O funcionamento dos fluxos da cadeia de suprimentos e alguns de seus parâmetros são mostrados na Figura 7.10:

Figura 7.10 – Modelo da cadeia de suprimentos

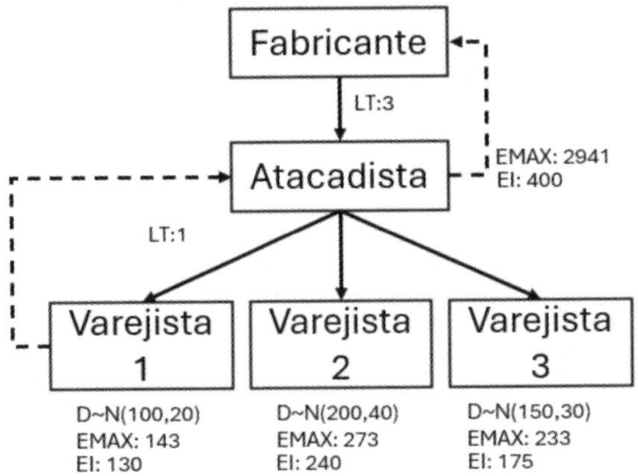

Fonte: Adaptado de Winston e Albright (2011).

O funcionamento da cadeia de suprimentos, mostrado na Figura 7.10, é modelado conforme o sistema de revisão periódica, no qual semanalmente é levantado o estoque e feito um pedido com a quantidade necessária para atingir o estoque máximo (EMAX). A demanda dos varejistas tem distribuição normal, e os fluxos da cadeia a montante são gerados a partir dessa demanda. O tempo de espera para receber uma entrega, ou o *Lead Time* (LT), é de uma semana para os varejistas e de três semanas para o atacadista. Cada elo da cadeia de suprimentos inicia com um estoque inicial (EI) distinto. As linhas tracejadas mostram o fluxo de pedido a montante da cadeia, enquanto que as linhas contínuas representam o fluxo físico.

O objetivo desse sistema é descobrir as quantidades de estoque máximo dos varejistas e do atacadista, que minimizam o estoque médio do sistema e é dado pela soma dos estoques dos varejistas e do atacadista. Outro indicador utilizado pela simulação é o percentual de pedidos atendidos, que é dado pela divisão da soma dos pedidos não atendidos pela demanda subtraído de um.

O funcionamento da simulação é modelado a partir das relações entre as quantidades enviadas aos varejistas, com base em sua demanda. Assim, o estoque inicial de cada varejista é dado pela fórmula:

$$EI_{V_t} = EF_{V_{t-1}} + Q_{AV_{t-1}}$$

Na qual:
EI_V: É o estoque inicial dos varejistas.
EF_V: É o estoque final dos varejistas.
t= É o tempo medido em semanas.
Q_{AV}: É a quantidade enviada do atacadista para o varejista.

O estoque dos atacadistas é formado pela diferença do estoque inicial pelas quantidades enviadas aos varejistas e pela quantidade a ser recebida do fabricante:

$$EI_{A_t} = EI_{A_{t-1}} - \sum_{i=1}^{3} Q_{AV_{t-1}} + Q_{FA_{t-3}}$$

Em que:
$Q_{FA_{t-3}}$: É a quantidade enviada do fabricante ao atacadista.

Os pedidos dos varejistas aos atacadistas dependem do seu estoque inicial e do estoque máximo, e é dado pela seguinte fórmula:

$$Q_{VA} = \max(EMAX_V - (EI - D), 0)$$

As quantidades enviadas aos varejistas dependem do estoque atual dos atacadistas, sendo fracionadas na mesma proporção dos pedidos se não houver quantidade suficiente para atender toda a demanda:

$$Q_{AV_i} = Q_{V_iA} \qquad se \qquad EI_{A_t} \geq \sum_{i=1}^{3} Q_{VA}$$

$$Q_{AV_i} = \frac{Q_{V_iA}}{\sum_{i=1}^{3} Q_{VA}} EI_{A_t} \qquad se \qquad EI_{A_t} < \sum_{i=1}^{3} Q_{VA}$$

Nesse modelo, assume-se que o fabricante tenha estoque ilimitado e consiga atender a todos os pedidos do atacadista. Assim, a quantidade enviada do fabricante ao atacadista é obtida pela seguinte fórmula:

$$Q_{FA} = \max((EMAX_A - EI_A - \sum_{i=1}^{3} Q_{AV}),0)$$

Por fim, é calculada a quantidade de vendas, perdidas pela subtração da demanda, pelo estoque inicial, caso este seja menor que a quantidade.

A simulação completa pode ser estruturada em planilha eletrônica conforme mostradas nas Tabelas 7.15, 7.16, 7.17. e 7.18. A Tabela 7.15 mostra a definição dos parâmetros iniciais na parte superior esquerda da planilha:

Tabela 7.15 – Simulação da cadeia de suprimentos – Parte 1

	A	B	C	D	E
1	Simulação de uma cadeia de suprimentos				
2					
3	*Lead times* (semanas)				
4	Fabricante para atacadista	3			
5	Atacadista para varejista	1			
6					
7	Estoque em trânsito do atacadista				
8	Próxima semana	200			
9	Daqui a duas semanas	100			
10					
11	Estoques iniciais nos varejistas e no atacadista				
12		V1	V2	V3	A
13		130	240	175	400
14					
15	Distribuição normal da demanda dos varejistas				
16		V1	V2	V3	
17	Média	100	200	150	
18	Desvio-padrão	20	40	30	
19					
20	Estoque máximo dos varejistas e do atacadista				
21		V1	V2	V3	A
22		143	273	233	2941
23					
24	Resultado da simulação				

Fonte: Adaptado de Winston e Albright (2011).

A Tabela 7.16 mostra o resultado da simulação durante as 52 semanas, na parte inferior esquerda da planilha:

Tabela 7.16 – Simulação da cadeia de suprimentos – Parte 2

	A	B	C	D	E	F	G
24	Resultado da simulação						
25	Percentual atendido	0,953279					
26	Estoque médio no sistema	2660,55					
27							
28							
29							
30							
31							
32	Simulação	*Beginning* R *inventories*			Estoques do atacadista		
33	Semana	V1	V2	V3	A	A1	A2
34	1	130	240	175	400	100	200
35	2	118	274	154	100	200	1841
36	3	33	78	92	200	1841	700
37	4	-36	-93	12	1841	700	0
38	5	170	270	248	1325	0	0
39	6	147	220	211	914	0	1205
...	...	...	...	...	...	...	...
80	47	165	294	245	978	394	599
81	48	157	268	220	977	599	575
82	49	141	239	284	1122	575	336
83	50	120	313	238	1262	336	473
84	51	151	227	221	1170	473	442
85	52	147	311	293	1143	442	356

Fonte: Adaptado de Winston e Albright (2011).

Na Tabela 7.17, é mostrada a parte superior direita da planilha:

Tabela 7.17 – Simulação da cadeia de suprimentos – Parte 3

	H	I	J	K	L	M	N	O
32	Pedidos dos varejistas			Quantidade enviada aos varejistas			Quantidade enviada ao atacadista	Demanda dos varejistas
33	V1	V2	V3	V1	V2	V3	A	V1
34	113	233	208	82	168	150	1841	94
35	125	199	229	23	36	41	700	108
36	210	395	291	47	88	65	0	116
37	279	566	371	279	566	371	0	73
38	73	203	135	73	203	135	1205	96
39	96	253	172	96	253	172	301	137
...	...	...	...	...	...	...	...	...
80	78	179	138	78	179	138	575	86
81	86	205	163	86	205	163	336	102
82	102	234	99	102	234	99	473	123
83	123	160	145	123	160	145	442	92
84	92	246	162	92	246	162	356	96
85	96	162	90	96	162	90	652	74

Fonte: Adaptado de Winston e Albright (2011).

Na última parte da planilha, mostrada na Tabela 7.18, fica o restante das colunas necessárias ao modelo:

Tabela 7.18 – Simulação da cadeia de suprimentos – Parte 4

	P	Q	R	S	T	U	V	W	X
32	Demanda dos varejistas		Estoque final dos varejistas			Venda perdida			
33	V2	V3	V1	V2	V3	V1	V2	V3	Estoque do sistema
34	134	171	36	106	4	0	0	0	1245
35	232	103	10	42	51	0	0	0	2687
36	259	145	-83	-181	-53	83	181	53	2944
37	203	135	-109	-296	-123	73	203	123	2424
38	253	172	74	17	76	0	0	0	2013
39	250	132	10	-30	79	0	30	0	2697

(Continua)

	P	Q	R	S	T	U	V	W	X
...	...	...	...	...	...	...	...	...	...
80	205	163	79	89	82	0	0	0	2675
81	234	99	55	34	121	0	0	0	2796
82	160	145	18	79	139	0	0	0	2697
83	246	162	28	67	76	0	0	0	2742
84	162	90	55	65	131	0	0	0	2684
85	254	149	73	57	144	0	0	0	2692

Fonte: Adaptado de Winston e Albright (2011).

As fórmulas relevantes da planilha são mostradas na Tabela 7.19:

Tabela 7.19 – Fórmulas relevantes da simulação da cadeia de suprimentos

Célula	Fórmula
B25	=1-SOMA(U34:W85)/SOMA(O34:Q85)
B26	=MÉDIA(X34:X85)
H34	=MÁXIMO(B$22-(B34-B$17);0)
K34	=SE(SOMA($H34:$J34)<=$E34;H34;ARRED(H34/SOMA($H34:$J34)*$E34;0))
N34	=MÁXIMO($E$22-SOMA(E34:G34)-SOMA(K34:M34);0)
O34	=ARRED(INV.NORM.N(ALEATÓRIO();B$17;B$18);0)
R34	=B34-O34
U34	=SE(B34<0;O34;SE(O34>B34;O34-B34;0))
X34	=SOMA(B34:G34)
B35	=K34+R34
E35	=E34-SOMA(K34:M34)+F34
F35	=G34
G35	=N34

Fonte: Adaptado de Winston e Albright (2011).

Na simulação descrita, foi possível notar que se atendeu cerca de 95% dos pedidos, e o sistema incorreu em um estoque médio de 2.660 unidades. Na simulação desenvolvida por Winston e Albright (2011), os autores realizaram diversas replicações e verificaram o percentual de vezes em que 95% da demanda conseguiu ser atendida. Para gerar mais replicações dessa simulação, pode-se desenvolver o seguinte código no Python, que retorna o estoque médio e o percentual de atendimento da demanda:

```
import numpy as np
def cadeia_suprimentos(emax_values):
    semanas = np.arange(0, 52)
    demanda1 = np.random.normal(100, 20, len(semanas)).astype(int)
    demanda2 = np.random.normal(200, 40, len(semanas)).astype(int)
    demanda3 = np.random.normal(150, 30, len(semanas)).astype(int)
    ei_v1, ei_v2, ei_v3 = [130], [240], [175]
    ei_a, ei_a1, ei_a2 = [400], [200], [100]
    q_av1, q_av2, q_av3, q_fa, em_sistema = [], [], [], [], []
    ef_v1, ef_v2, ef_v3,vp_v1,vp_v2,vp_v3 = [], [], [],[], [],
[]
    for i in semanas:
        if i != 0:
            ei_v1.append(q_av1[i - 1] + ef_v1[i - 1])
            ei_v2.append(q_av2[i - 1] + ef_v2[i - 1])
            ei_v3.append(q_av3[i - 1] + ef_v3[i - 1])
            ei_a.append(ei_a[i - 1] - (q_av1[i - 1] + q_av2[i -
1] + q_av3[i - 1]) + ei_a1[i - 1])
            ei_a1.append(ei_a2[i - 1])
            ei_a2.append(q_fa[i - 1])
        pedido_v1 = max(emax_values[0] - (ei_v1[i] - 100), 0)
        pedido_v2 = max(emax_values[1] - (ei_v2[i] - 200), 0)
        pedido_v3 = max(emax_values[2] - (ei_v3[i] - 150), 0)
        pedido_total = pedido_v1 + pedido_v2 + pedido_v3
        q_av1.append(pedido_v1 if pedido_total <= ei_a[i] else
(round((pedido_v1 / pedido_total) * ei_a[i],0)))
        q_av2.append(pedido_v2 if pedido_total <= ei_a[i] else
(round((pedido_v2 / pedido_total) * ei_a[i],0)))
        q_av3.append(pedido_v3 if pedido_total <= ei_a[i] else
(round((pedido_v3 / pedido_total) * ei_a[i],0)))
        q_fa.append(max(emax_values[3] - (ei_a[i] + ei_a1[i] +
ei_a2[i]) - (q_av1[i] + q_av2[i] + q_av3[i]), 0))
        ef_v1.append(ei_v1[i] - demanda1[i])
       q_fa.append(max(emax_values[3] - (ei_a[i] + ei_a1[i] +
ei_a2[i]) - (q_av1[i] + q_av2[i] + q_av3[i]), 0))
        ef_v1.append(ei_v1[i] - demanda1[i])
        ef_v2.append(ei_v2[i] - demanda2[i])
        ef_v3.append(ei_v3[i] - demanda3[i])
        vp_v1.append(demanda1[i] if ei_v1[i] < 0 else (demanda1[i]
- ei_v1[i] if demanda1[i] > ei_v1[i] else 0))
        vp_v2.append(demanda2[i] if ei_v2[i] < 0 else (demanda2[i]
- ei_v2[i] if demanda2[i] > ei_v2[i] else 0))
        vp_v3.append(demanda3[i] if ei_v3[i] < 0 else (demanda3[i]
- ei_v3[i] if demanda3[i] > ei_v3[i] else 0))
        em_sistema.append(ei_a[i] + ei_a1[i] + ei_a2[i] + ei_
v1[i] + ei_v2[i] + ei_v3[i])
        percentual = 1-(sum(vp_v1)+sum(vp_v2)+sum(vp_v3))/
(sum(demanda1)+sum(demanda2)+sum(demanda3))
    return np.mean(em_sistema),percentual
```

Com essa função executada, podem-se lançar os parâmetros e exibir o resultado da função:

```
emax_values = [143, 273, 233, 2941]
estoque_medio,percentual=cadeia_suprimentos(emax_values)
print(estoque_medio,percentual)
```

Para executar mil replicações da função e levantar o percentual de vezes em que se atendeu 95% da demanda, ou seja, o percentual ≤0,95, desenvolve-se o seguinte código:

```
n=0
for i in range(1000):
    emax _ values = [143, 273, 233, 2941]
    estoque _ medio,percentual=cadeia _ suprimentos(emax _ values)
    if percentual<0.95:
        n+=1
print(n/1000)
```

Com esses níveis de estoque máximo utilizados pelos varejistas e pelos atacadistas, pode-se obter um percentual de cerca de 4%. O leitor poderá verificar que, se o atacadista diminuir seu estoque máximo para 2.500, o percentual crescerá cerca de 20%.

A próxima seção apresenta os exercícios propostos do capítulo.

7.7 Exercícios propostos

1. Elabore uma função em Python que simule o problema de produção e estoque.

2. Determinada empresa pratica um preço de R$15 sobre um produto que custa R$10. Sabendo que a demanda tem distribuição normal, com média de 300 e desvio-padrão de 30, qual quantidade a empresa deve comprar para maximizar o lucro?

3. Considerando o contexto da questão anterior, qual é a nova quantidade caso a demanda tenha distribuição uniforme com mínimo 100 e máximo de 900?

4. Considerando o contexto da questão 2, qual é a nova quantidade caso a demanda tenha distribuição de Poisson com média de 300?

5. Uma fábrica de patinetes tem capacidade diária de produção de 150 unidades por turno. Caso seu nível de estoque seja menor que 200 unidades, um turno adicional é ativado. Execute uma simulação com mil replicações de 365 dias cada, considerando um estoque inicial de 150 unidades e demanda com distribuição normal, com média de 160 e desvio-padrão de 5. Qual é o nível de estoque médio diário mantido pela empresa?

6. Considerando o contexto da questão anterior, quantos dias durante o ano, em média, foram necessários para ativar o turno adicional?

7. Determinada empresa trabalha com o sistema de revisão periódica cujo intervalo de revisão é de três dias, com estoque máximo de 700 unidades e prazo de recebimento dos pedidos de três dias. Sabendo que o estoque inicial é de 400 unidades e a demanda de 30 dias é apresentada na tabela abaixo, qual será o nível do estoque inicial previsto no dia 31?

Dia	Demanda	Dia	Demanda	Dia	Demanda
1	144	11	141	21	133
2	165	12	151	22	160
3	152	13	153	23	147
4	150	14	149	24	158
5	137	15	154	25	137
6	141	16	133	26	166
7	177	17	152	27	165
8	135	18	157	28	170
9	160	19	157	29	162
10	107	20	134	30	147

8. Considerando o contexto da questão anterior, utilizando o sistema de revisão contínua — com ponto de pedido em 300 unidades e lote de compras de 750 unidades —, qual será o estoque previsto no dia 31?

9. A partir do exemplo desenvolvido do sistema de revisão contínua, qual tamanho de lote minimiza o custo total se o ponto de pedido for alterado para 200 unidades?

10. Determinado projeto de elaboração de um estudo de simulação precisa ser desenvolvido, assim como a precedência de atividade. Os tempos previstos de cada uma são dados na tabela abaixo:

Atividade	Número da atividade	Pré-requisito	Duração (em dias)
Planejamento da simulação	1	-	~Normal(15,2)
Construção do modelo conceitual	2	1	~Uniforme(3, 5)
Coleta dos dados	3	2	~Exponencial(10)
Modelagem das distribuições	4	3	~Gama(3, 2)
Execução da simulação	5	4	~10(Beta (5, 2))
Análise dos resultados	6	5, 2	~Normal (8, 1)

Após executar uma simulação com 10 mil observações, qual é o tempo médio de término previsto?

11. Considerando a questão anterior, qual é o tempo mínimo estimado?

12. Considerando o exercício 11, suponha que a coleta dos dados possa ser antecipada e não tenha mais pré-requisitos, qual é a proporção de vezes em uma simulação de 10 mil observações que cada atividade será crítica?

13. Utilizando o histórico do preço de fechamento da ação AMBP3, no período de 21/10/2023 a 21/10/2022, qual é o percentual médio de variação da ação (resposta em decimal, com quatro casas após a vírgula)?

14. Considerando a questão anterior, qual é o desvio-padrão médio da variação da ação (resposta em decimal, com quatro casas após a vírgula)?

15. Execute uma simulação com mil replicações de 10 dias da ação MGLU3, comparando 1 ano (2023) e 5 anos (2019 a 2023).

RESUMO

Neste capítulo, foram desenvolvidos diversos modelos de simulação de Monte Carlo, que foi aplicado a problemas como os das políticas de gerenciamento de estoques, da gestão de projetos, do fluxo de caixa, da previsão do preço de ações e da cadeia de suprimentos. O leitor pode se inspirar nesses problemas para aplicar a modelagem e análise com simulação de Monte Carlo a outros contextos de seu interesse.

O próximo capítulo apresentará os fundamentos da análise de filas, que serão úteis no desenvolvimento da simulação de eventos discretos, que será apresentada no capítulo seguinte.

Simulação de filas

08

"High up in the North in the land called Svithjod, there stands a rock. It is a hundred miles high and a hundred miles wide. Once every thousand years a little bird comes to this rock to sharpen its beak. When the rock has thus been worn away, then a single day of eternity will have gone by".

Hendrik van Loon – *The Story of Mankind* (*A História da Humanidadc*, 1957)

Em diversas situações do cotidiano, pode-se observar a formação de filas. Esse fenômeno ocorre quando um fluxo presente em um sistema sofre um atraso causado pela necessidade de processamento. Então, considere o exemplo apresentado no primeiro capítulo, no qual clientes chegam em um caixa eletrônico para realizar uma operação.

Nesse exemplo, há um fluxo de pessoas que farão uma atividade — como, por exemplo, saque ou depósito —, fazendo uso de um recurso, que é o caixa eletrônico. Várias causas podem gerar uma fila nesse processo. Quanto maior a taxa de chegadas dos clientes, ou seja, a quantidade de clientes que chegam para utilizar o caixa eletrônico, maior será o tamanho da fila. Outros fatores que podem contribuir para o aumento da fila são o tempo de operação do caixa eletrônico e também a quantidade de caixas eletrônicos disponíveis.

Outro exemplo de fluxo que pode formar fila é no contexto do transporte. Veículos circulando em uma via formarão fila toda vez que um semáforo ou uma redução do fluxo, devido à largura da via, causarem um retardamento na velocidade dos veículos. Produtos sendo manufaturados em uma linha de produção também esperarão em fila toda vez que um processo não tiver capacidade, ou tempo de processamento, suficiente para não interromper ou atrasar o fluxo.

Assim, é útil analisar o funcionamento de um sistema sujeito à fila por meio de simulação, de forma que se possa estudar as consequências de diferentes cenários no desempenho do sistema estudado.

OBJETIVOS DO CAPÍTULO

Neste capítulo, o leitor será capaz de:

- **Identificar os elementos de um sistema com fila.**
- **Distinguir os diferentes sistemas de fila.**
- **Calcular os indicadores de desempenho de uma fila.**
- **Simular filas por meio de planilha eletrônica e Python.**
- **Encontrar os indicadores estáveis de uma fila de forma analítica.**

A próxima seção traz os elementos de um sistema com fila.

8.1 Elementos de um sistema com fila

Um sistema que está sujeito à fila, devido ao processo de atraso no fluxo, tem como elementos, na maioria dos casos, a entidade, a fila e o serviço.

8.1.1 O sistema

Se as filas são formadas quando o fluxo em um sistema sofre um atraso, é útil analisar a fila em perspectiva, considerando não somente a fila em si, mas também o atraso ao qual o fluxo está sujeito. O sistema é o processo em que determinado fluxo se manifesta por meio de entradas e saídas. Portanto, é composto tanto pela fila quanto pelo serviço ou processamento a qual a entidade está sujeita. São componentes do sistema do banco o cliente, a fila, caso exista, e o caixa eletrônico.

8.1.2 As chegadas

Aos elementos contidos em um fluxo que pode formar fila se dá o nome de entidade. Em uma fila formada em um caixa eletrônico, a entidade é o cliente. Já no trânsito, a entidade é o veículo e, em uma linha de produção, o produto será a entidade.

As entidades chegam em um sistema, composto de fila e serviço, com um tempo entre si, que pode ser constante, variável ou representado por um modelo de distribuição de probabilidade. Os tempos entre as chegadas da fila do caixa eletrônico do Exemplo 1.3, apresentado no primeiro capítulo, eram de 10 segundos, com probabilidade de 50%, e de 20 segundos, com probabilidade de 50%.

O modelo probabilístico mais usado para representar as chegadas de um sistema sujeito a filas é o exponencial. A Figura 8.1 mostra a chegada de dez entidades e o respectivo registro do tempo em um sistema de fila, com tempo entre as chegadas: uma constante de 10 segundos, conforme o Exemplo 1.3; e exponencial, com média de 10 segundos.

Enquanto que a Tabela 8.1 mostra os tempos entre as chegadas nos três sistemas distintos:

Figura 8.1 – Chegadas em três sistemas distintos

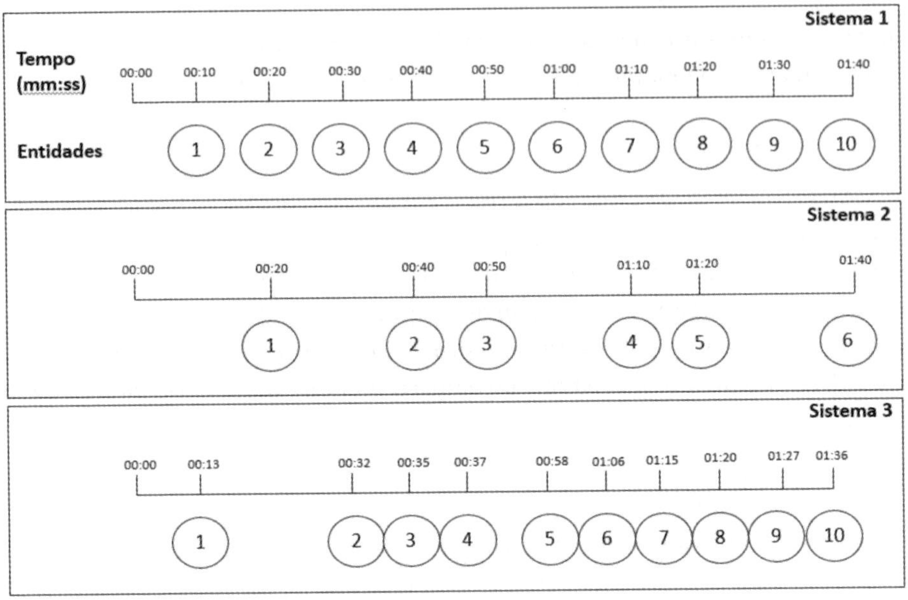

Fonte: O autor.

Tabela 8.1 – Tempo entre chegadas (em segundos) em três sistemas distintos

Entidade	Sistema 1	Sistema 2	Sistema3
1	10	20	13,19
2	10	20	19,31
3	10	10	3,15
4	10	20	1,76
5	10	10	20,72
6	10	20	8,25
7	10	10	9,46
8	10	10	4,38
9	10	10	7,57
10	10	20	8,79

Fonte: O autor.

As variáveis aleatórias dos dois últimos modelos foram geradas no Python, de acordo com os códigos abaixo:

```
import random
random.seed(12345)
tchegada1,tchegada2=[],[]
for i in range(10):
    tchegada1.append(random.choice([10,20]))
    tchegada2.append(random.expovariate(1/10))
```

Como visto, a Figura 8.1 mostra como diferentes tempos entre as chegadas afetam o padrão de chegada das entidades, podendo ter impacto na formação da fila. É possível verificar que as chegadas do Sistema 1 tiveram igual espaçamento de tempo. Ao passo que o padrão de chegada do Sistema 2 resultou nas chegadas de apenas seis entidades, no intervalo de 1min40s. O terceiro sistema possibilitou um agrupamento maior das chegadas em intervalos menores, sendo que a última entidade chegou antes do tempo comparado com os outros dois sistemas.

As chegadas podem ainda ser individuais ou em lote. Na Figura 8.1, cada entidade chega individualmente. No contexto industrial, as chegadas podem ser representadas por meio de lotes de entidades que chegam conjuntamente, como é o caso de matérias-primas, por exemplo. Cabe salientar que o tempo entre as chegadas, que é utilizado na simulação de filas, é obtido a partir da subtração dos tempos de chegada das entidades. Por exemplo, suponha que um funcionário do banco anotou os seguintes horários de chegada de cada cliente, conforme indicado na Tabela 8.2.

A Tabela 8.2 mostra como obter o tempo entre as chegadas a partir da coleta do horário de chegada das entidades. A partir da primeira entidade, subtraem-se os horários das chegadas para obter o tempo entre elas. Na simulação, o tempo entre as chegadas deve ser transformado em número absoluto, podendo ser utilizado na forma de hora, minuto ou segundo.

Outra forma com que as chegadas podem ser enunciadas é a quantidade por determinado intervalo de tempo. Logo, em vez do tempo entre chegadas, seria informado, neste caso, a taxa de chegadas. Conforme foi utilizado no Sistema 1, o tempo entre chegadas é de 10 segundos constantes. Outra maneira de representar a mesma informação é afirmar que, em 1 minuto, chegam seis entidades com tempo constante, ou seja, as entidades chegam a cada 1/6 minuto. O leitor pode verificar que o tempo entre chegadas médio dos dados da Tabela 8.2 é de cerca de 10 minutos, enquanto que a taxa de chegada média será de 0,1 de cliente por minuto.

Tabela 8.2 – Obtenção do tempo entre chegadas

Cliente	Horário de chegada (hh:mm:ss)	Diferença (hh:mm:ss)	Tempo entre chegadas (em minutos)	Tempo entre chegadas (em segundos)
1	8h00min00s	-	-	-
2	8h00min29s	00h00min29s	0,49	29,4
3	8h22min11s	00h21min41s	21,69	1301,4
4	8h22min58s	00h00min47s	0,78	46,8
5	9h00min00s	00h37min02s	37,04	2222,4
6	9h14min49s	00h14min49s	14,81	888,6
7	9h16min50s	00h02min01s	2,02	121,2
8	9h17min13s	00h00min23s	0,39	23,4
9	9h17min14s	00h00min01s	0,01	0,6
10	9h30min08s	00h12min55s	12,91	774,6

Fonte: O autor.

Da mesma forma, ao afirmar que determinado sistema tem taxa de chegadas de seis entidades por hora, com distribuição exponencial, caso a simulação seja desenvolvida na unidade de tempo em hora, deve-se utilizar o tempo entre chegadas de 1/6. Para uma simulação desenvolvida em minutos, deve-se utilizar o tempo entre chegadas com média de 10 minutos. E caso se deseje usar a unidade de tempo em segundos, essa simulação teria o parâmetro da distribuição exponencial ajustado para 600 segundos.

Sendo assim, costuma-se utilizar a letra grega lambda (λ) para representar a taxa de chegada, sendo, consequentemente, o tempo entre chegadas representado por $\frac{1}{\lambda}$.

A próxima seção traz detalhes sobre o serviço.

8.1.3 O serviço

Como abordado, para que um fluxo forme uma fila, é necessário que as entidades sofram algum tipo de atraso durante o processo. Pode-se representar esse retardamento como um serviço que é prestado à entidade. No exemplo do caixa eletrônico, o serviço é prestado por uma máquina. Em uma linha de produção de uma fábrica, o serviço é processado pela máquina. No âmbito do transporte, o serviço pode ser exemplificado por uma praça de pedágio, um semáforo ou, ainda, uma placa que reduza a velocidade da via em um determinado ponto. Todos esses contextos apresentam atrasos possíveis que a entidade possa sofrer.

O serviço pode se apresentar de diferentes formas para gerar uma fila. Então considere o serviço prestado por um caixa eletrônico. Esse serviço dispõe de um recurso, que é a máquina, e que presta o serviço com um determinado tempo. Variações tanto no tempo de serviço quanto na quantidade de recursos disponíveis podem fazer a fila aumentar ou diminuir.

Considere, por exemplo, que um caixa eletrônico tenha tempo de serviço constante de 15 segundos. A Figura 8.2 mostra o efeito de chegadas com tempo constante de 10 segundos na formação de fila desse caixa eletrônico.

Figura 8.2 – Representação de um sistema com serviço

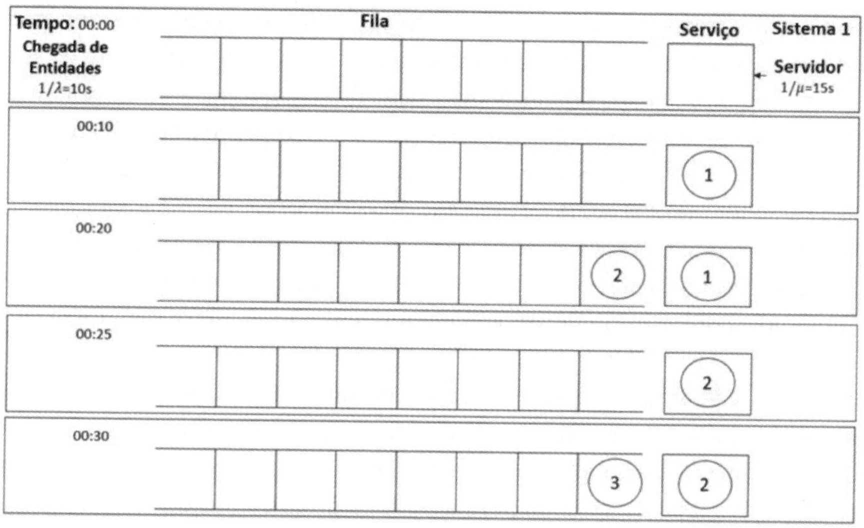

Fonte: O autor.

A Figura 8.2 permite visualizar o funcionamento de um sistema de filas com tempo entre chegadas constante de 10 segundos e tempo de serviço constante de 15 segundos. É possível também visualizar a alteração do sistema conforme os eventos de chegada e serviço vão acontecendo.

No tempo inicial de 00h00, não há entidades sendo atendidas e o servidor, que é o recurso que presta o serviço neste sistema, está ocioso. Depois de 10 segundos, chega a primeira entidade e, como o servidor está ocioso, seu atendimento é iniciado. O próximo evento relevante nesse sistema é a chegada da segunda entidade, depois de 10 segundos. Neste momento, é gerada a fila, pois a primeira entidade ainda está em serviço. Cinco segundos mais tarde, o serviço prestado à primeira entidade é finalizado, e esta é liberada. Neste momento, inicia-se o atendimento da segunda entidade. Por fim, quando o tempo do sistema marcar 00h30, chegará a terceira entidade, que aguardará na fila.

O serviço demonstrado na Figura 8.2 tem algumas particularidades. O serviço em um sistema de filas geralmente é representado pela letra grega μ, que simboliza a taxa de serviço, isto é, a quantidade de entidades atendidas durante determinado intervalo de tempo. Assim como na taxa de chegada, essa taxa se torna denominador quando representar o tempo de serviço. Em muitos sistemas também é utilizada a distribuição exponencial para representar o tempo de serviço. Por isso, deve-se diferenciar taxa de serviço do tempo de serviço, sendo este o tempo necessário para o servidor servir à entidade. Desse modo, por exemplo, uma taxa de serviço de quatro entidades por minuto é equivalente a um tempo de serviço de 15 segundos: $\left(\frac{1}{4}\right) \times 60 = 15$.

Outra característica do processamento apresentado na Figura 8.2 é a necessidade de usar um recurso para a prestação do serviço, que é chamado de servidor. Para aumentar a capacidade de prestação de serviço, pode-se incrementar a quantidade de servidores. Como é o caso no sistema representado na Figura 8.2, se houvesse dois servidores, não ocorreria a geração de fila. Outra possibilidade seria o servidor atender mais de uma entidade por vez.

Por fim, o sistema representado faz a entidade atrasar mediante a utilização do recurso. Essa característica é diferente, por exemplo, de um atraso gerado por uma placa de redução de velocidade no qual não há existência de recurso, mas somente o retardamento que a entidade incorre. Assim, diferentemente desse modelo de atraso, o sistema representado na Figura 8.2 é caracterizado pela requisição do recurso feito pela entidade. Com isso, o recurso fica impossibilitado de prestar serviço a outra entidade. Após essa requisição, a entidade sofre o atraso e libera o recurso para atender à próxima entidade da fila.

A próxima seção apresenta as características da fila.

8.1.4 A fila

Nos sistemas apresentados nas seções anteriores, foi utilizado o critério do "primeiro que entra, primeiro que sai" (PEPS) ou, em inglês, "*first in, first out*" (FIFO), para que fosse realizado o atendimento. A depender do sistema simulado, esse critério pode ser alterado, como, por exemplo, estabelecer prioridade com base em alguma característica da entidade. Dessa maneira, considere como exemplo um caixa de supermercado que dê prioridade ao atendimento de clientes com mais de 60 anos. Neste caso, toda vez que houver fila, caso alguma entidade atenda esse critério, terá prioridade no atendimento. Esta característica que especifica os critérios de serviço é chamada de disciplina da fila.

Outro ponto importante é a questão da capacidade da fila. Então, dependendo do sistema, pode-se considerar que uma fila tenha capacidade limitada ao atingir o número máximo de entidades. Logo, novas entidades não são admitidas até que uma nova entidade seja liberada do sistema e surja uma vaga na fila. Uma simulação nesse contexto denota que, ao chegar para ser atendido, um cliente, ao ver o tamanho da fila, desiste do serviço.

A próxima seção traz os vários tipos de fila.

8.2 Tipos de sistemas com fila

As informações relevantes sobre um sistema de fila são o tempo entre as chegadas, o tempo de atendimento, a quantidade de servidores, a capacidade do sistema e a disciplina na fila. Convencionou-se utilizar a notação do matemático David G. Kendall (1953), que estrutura essas informações, nesta sequência, separadas por uma barra(/). Caso os tempos entre as chegadas, ou de serviço, sejam exponencialmente distribuídos, utiliza-se a letra M para representá-los. Para tempo constante, utiliza-se a letra D e, para uma distribuição não especificada, é utilizada a letra G. Quando não especificada, a quantidade de servidores é denominada por S.

Portanto, por exemplo, uma fila com chegadas de acordo com uma distribuição exponencial — com tempo de serviço constante, dois servidores e capacidade de oito entidades no sistema — cujo critério de serviço é a ordem de chegada, é representada pela sigla M/D/2/8/FIFO. Caso as últimas duas informações não sejam especificadas, assume-se que o sistema tem capacidade infinita, então o critério de serviço é a ordem de chegada.

O sistema que tem ambos os tempos exponenciais — um servidor, capacidade infinita e disciplina FIFO — tem a sigla M/M/1. Nesse último exemplo, quando a quantidade de servidores for representada por uma variável, o sistema é reescrito na forma M/M/s.

A próxima seção traz os indicadores de desempenho de uma fila.

8.3 Indicadores de desempenho

Existem diversas formas de analisar o desempenho de uma fila, todas relacionadas à quantidade de entidades que tem seu fluxo represado no sistema. A primeira medida relevante é o tamanho da fila (TAF). Esse indicador pode ser medido pela contagem de entidades que estão esperando o serviço na fila. Geralmente, esse indicador é monitorado de forma a se obter a média e os valores mínimo e máximo da quantidade de entidades na fila. Esse indicador também é conhecido pela sigla (*Lq*) de *Length queue.*

Outro indicador relacionado ao tamanho da fila é a quantidade de entidades no sistema (TAS), também conhecido como Ls (*Length system*). Esse indicador soma a quantidade de entidades em atendimento ao tamanho da fila. O tempo de espera na fila (TEF), ou *Wq* de *Waiting queue*, mede a quantidade de tempo que as entidades esperaram desde o momento de chegada no sistema até o início do serviço. Se esse indicador for somado ao tempo de serviço, teremos o tempo de espera no sistema (TES) — cuja representação comum é *Ws* de *Waiting system*.

Por fim, uma medida bastante utilizada para medir a ociosidade do serviço é a utilização. Essa medida é calculada pela divisão do tempo em que o servidor está ocupado prestando serviço às entidades pelo tempo total da simulação.

Com os conceitos de um sistema de fila apresentados, a próxima seção mostra como estruturar um sistema de fila M/M/1 em planilha eletrônica e como obter os indicadores de desempenho.

8.4 Simulação de filas em planilha

Pode-se simular um sistema de filas M/M/1 — com tempo entre chegadas e média de 12 minutos, tempo de atendimento médio de 10 minutos e ambos com distribuição exponencial — em planilha eletrônica com a estrutura apresentada na Tabela 8.3:

Na Tabela 8.3, é possível analisar o funcionamento de um sistema sujeito à fila pela dinâmica das chegadas e partidas das entidades. A primeira entidade chega apenas no minuto 6,8, ou seja, 6min48s após o início da simulação do sistema. Até esse período, o servidor esteve ocioso. Como (1) é a primeira entidade a chegar, é logo atendida e a duração é de 14,44 minutos. Com isso, a entidade 1 parte em 21,24 (6,8+14,44).

Após a coluna com o tempo de partida, a planilha monitora os indicadores relevantes da simulação, que são atualizados a cada chegada. E quanto à chegada e partida da primeira entidade, seu tempo de espera na fila foi de 0, e o tempo esperado no sistema foi justamente o tempo de serviço. Não houve fila neste instante e, considerando o percentual de tempo que ficou no sistema, computou-se uma quantidade estimada de 0,68, mesmo resultado da utilização (14,44/21,24=0,68). Assim, no instante 21,24 minutos da simulação, o servidor esteve ocupado durante 68% do seu tempo e ocioso no restante do período.

Abaixo das observações, calculou-se a média e os valores mínimo e máximo da simulação. As fórmulas relevantes para o desenvolvimento da planilha são apresentados na Tabela 8.4:

Tabela 8.3 – Simulação de um sistema M/M/1 em planilha

Entidade	Tempo de_ chegadas	Tempo de_serviço	Chegada	Partida	TEF	TES	TAF	TAS	U
1	6,80	14,44	6,80	21,24	0,00	14,44	0,00	0,68	0,68
2	20,74	2,61	27,54	30,15	0,00	2,61	0,00	0,57	0,57
3	35,34	16,85	62,88	79,73	0,00	16,85	0,00	0,43	0,43
4	5,30	1,68	68,18	81,41	11,54	13,22	0,14	0,58	0,44
...	...	...	...	...	...	...	...	...	...
9996	0,40	1,36	119130,57	119209,73	77,81	79,17	4,56	5,38	0,83
9997	1,86	2,38	119132,42	119212,11	77,31	79,69	4,56	5,38	0,83
9998	4,03	6,51	119136,45	119218,62	75,66	82,17	4,56	5,38	0,83
9999	16,04	8,12	119152,49	119226,74	66,13	74,25	4,56	5,38	0,83
10000	41,90	5,67	119194,39	119232,41	32,35	38,02	4,56	5,38	0,83

Legenda	TEF = tempo de espera na fila		Indicadores de desempenho da simulação				
	TES = tempo de espera no sistema		TEF	TES	TAF	TAS	U
	TAF = tamanho da fila	Média	54,329	64,191	4,6	5,4	0,827
	TAS = quantidade de entidades no sistema	Máximo	474,67	492,1	10	11	0,907
	U= utilização	Mínimo	0	0,0077	0	0,4	0,425

Fonte: O autor.

Tabela 8.4 – Fórmulas relevantes para o desenvolvimento da simulação

Célula	Fórmula	Variável
B2	=-12*LN(ALEATÓRIO())	t_chegadas
C2	=-10*LN(ALEATÓRIO())	t_serviço
D2	=B2	chegada
D3	=D2+B3	chegada
E2	=D2+C2	partida
E3	=SE(E2<=D3;D3+C3;E2+C3)	partida
F2	0	TEF
F3	=SE(E2>D3;E2-D3;0)	TEF
G2	=F2+C2	TES
H2	=SOMA($F$2:F2)/E2	TAF
I2	=SOMA($G$2:G2)/E2	TAS
J2	=SOMA($C$2:C2)/E2	u
H10005	=SOMA(F2:F10001)/E10001	Média_TAF
I10005	=SOMA(G2:G10001)/E10001	Média_TAS
J10005	=SOMA(C2:C10001)/E10001	Média_u

Fonte: O autor.

A média, o mínimo e o máximo das outras células são obtidos pelas respectivas funções em planilhas e calculados sobre o intervalo das variáveis dos indicadores de desempenho. Logo, é possível verificar que, em uma simulação de 10 mil replicações, um sistema M/M/1 com essa característica terá utilização aproximada de 0,83, tempo médio de espera em fila de cerca de 58 minutos e, em média, 5 entidades estarão esperando o atendimento, sendo que o valor máximo dessa fila pode chegar até 12. Vale apontar que o cálculo da utilização ideal é a da última célula.

Sendo assim, um sistema de fila desse tipo, quando estudado na realidade, difere da simulação realizada no que tange à quantidade de chegadas. Por exemplo, considere o contexto de um expediente bancário de 8h diárias. Pode ser irrealista simular esse sistema com 10 mil chegadas, pois, em uma operação diária de 8h, chegam aproximadamente 200 clientes (assumindo que chegue 1 cliente a cada 2,4 minutos). Assim, seria mais verossímil realizar 10 mil replicações com 200 chegadas cada. Contudo, realizar essas replicações em planilha seria muito trabalhoso.

A próxima seção apresenta um código em Python que possibilita realizar essas replicações mais facilmente.

8.5 Simulação de filas em Python

Para executar replicações da simulação desenvolvida em planilha, como a simulação mostrada na seção anterior, pode-se criar a seguinte função no Python, que recebe como argumentos a quantidade de observações, como a quantidade de chegadas, a quantidade de replicações, o tempo entre chegadas e o tempo de atendimento:

```
import random
def fila(n,rep,lamb,mu):

    m_tef= []
    m_tes= []
    m_taf= []
    m_tas= []
    m_u= []

    for i in range(0,rep):
        t_chegadas = []
        t_servico = []
        for i in range(0,n):
            t_chegadas.append(random.expovariate(1/lamb))
            t_servico.append(random.expovariate(1/mu))
        chegada =[t_chegadas[0]]
        for i in range(1,n):
            chegada.append(chegada[i-1]+t_chegadas[i])
        partida = [t_servico[0]+chegada[0]]
        for i in range(1,n):
            if partida[i-1]<=chegada[i]:
                partida.append(chegada[i]+t_servico[i])
            else:
                partida.append(partida[i-1]+t_servico[i])
        tef = [0]
        for i in range(1,n):
            if partida[i-1]>chegada[i]:
                tef.append(partida[i-1]-chegada[i])
            else:
                tef.append(0)
        tes = []
        for i in range(0,n):
            tes.append(tef[i]+t_servico[i])
        m_tef.append(sum(tef)/len(tef))
        m_tes.append(sum(tes)/len(tes))
        m_taf.append(sum(tef)/partida[-1])
        m_tas.append(sum(tes)/partida[-1])
        m_u.append(sum(t_servico)/partida[-1])
    return print("tef=","%.2f" % (sum(m_tef)/rep),
                 "\ntes=","%.2f" % (sum(m_tes)/rep),
                 "\ntaf=","%.2f" % (sum(m_taf)/rep),
                 "\ntas=","%.2f" % (sum(m_tas)/rep),
                 "\nu=", "%.2f" % (sum(m_u)/rep))
```

Pode-se executar a função acima com o seguinte comando:

```
fila(200,10000,12,10)
```

Executada a função, é mostrado o seguinte resultado:

TEF=41,73

TES=51,73

TAF=3,45

TAS=4,27

u=0,82

Vale apontar que essa função é válida para o modelo de sistema de fila M/M/1. No entanto, ao alterar o tempo entre chegadas e o tempo de serviço, outros modelos podem ser utilizados com essa função. Para tanto, basta alterar a função que simula as variáveis aleatórias exponenciais e substituí-las pelas funções dos modelos desejados. Essa tarefa será deixada como exercício.

É possível conseguir resultados próximos aos da simulação por meio analítico para o modelo M/M/1. E a próxima seção desenvolve esse tema.

8.6 Solução analítica dos sistemas de filas

8.6.1 A fila M/M/1

Pelo fato de a fila M/M/1 ter taxa de chegadas de acordo com o processo de Poisson, conforme visto na seção 4.9.1, e tempo de serviço com distribuição exponencial, pode-se deduzir, de forma analítica, os indicadores de desempenho de um sistema de fila com essas características.

Assim, pode-se considerar um sistema de filas como uma cadeia que assume estados com *n* entidades que aguardam para ter serviço. O processo de Poisson, com sua taxa de chegadas, faz com que a cadeia aumente a quantidade de entidades, e a taxa de serviço, por sua vez, contribui para a redução da fila. Essa cadeia pode ser representada conforme mostrado na Figura 8.3:

Figura 8.3 – Sistema de filas como uma cadeia de estados

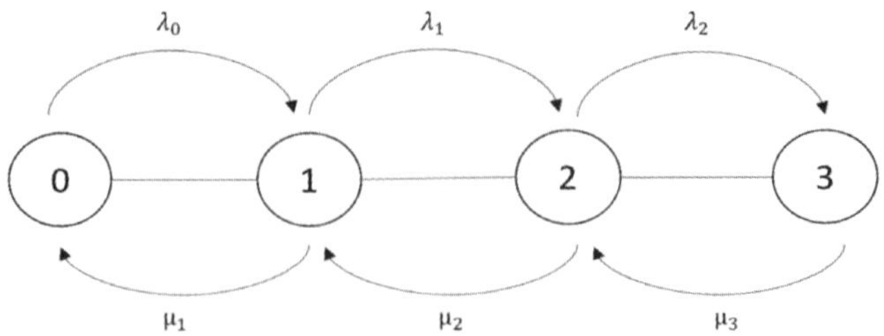

Fonte: O autor.

O processo descrito na Figura 8.3 também é conhecido como modelo de nascimento e morte. É possível verificar, dado um estado da cadeia — como, por exemplo, com uma entidade no sistema —, ser possível apenas ocorrer a mudança para dois outros estados, que são o 0 entidades no sistema e o 2 entidades no sistema.

Uma situação que se deseja conhecer é o estado de equilíbrio, ou seja, a situação em que as taxas de entrada e saída são iguais. Pode-se definir como a probabilidade de estado de equilíbrio de *n* entidades no sistema. Desse modo, a taxa esperada de entrada no estado 0 é dada por:

$$\mu_1 p_1$$

Da mesma forma, a taxa de saída esperada do mesmo estado é dada por:

$$\lambda_0 p_0$$

Igualando as equações acima, tem-se a seguinte equação de equilíbrio, na qual, em seguida, pode-se calcular a probabilidade de equilíbrio do estado 1:

$$\lambda_0 p_0 = \mu_1 p_1$$

$$p_1 = \frac{\lambda_0}{\mu_1} p_0$$

Como em uma análise da realidade se utiliza $\bar{\lambda}$ e $\bar{\mu}$, ou seja, os valores médios, e utilizando $\rho = \frac{\lambda}{\mu}$, pode-se generalizar a probabilidade de *n* entidades no sistema para:

$$p_n = \rho^n p_0$$

Como há de se atender à seguinte condição:

$$\sum p_n = 1$$

Pode-se destacar também que:

$$\left(\sum \rho^n\right) p_0 = 1$$

$$p_0 = \left(\sum \rho^n\right)^{-1} = \left(\frac{1}{1-\rho}\right)^{-1} = 1 - \rho$$

Logo, a partir de p_n, pode-se derivar outras medidas de desempenho de um sistema de fila. A quantidade de entidades esperada no sistema (TAS) pode ser obtida pela seguinte fórmula:

$$TAS = \sum np_n$$
$$= \sum n(1-\rho)\rho^n$$

Desenvolvendo a expressão acima, conforme mostraram Frederick S. Hillier e Gerald J. Lieberman (2013), chega-se em:

$$TAS = \frac{\lambda}{\mu - \lambda}$$

Sendo S a quantidade de servidores, a partir da equação acima, o tamanho da fila pode ser obtido com:

$$TAF = \sum (n-s)p_n$$

Aplicando o mesmo procedimento para a quantidade de entidades no sistema, tem-se:

$$TAF = \frac{\lambda^2}{\mu(\mu - \lambda)}$$

As medidas de tempo na fila (TEF) e no sistema (TES) podem ser derivadas das equações acima, aplicando os resultados encontrados pelo matemático John D.C. Little (1961):

$$TES = \frac{TAS}{\lambda} = \frac{1}{\mu - \lambda}$$
$$TEF = \frac{TAF}{\lambda} = \frac{\lambda}{\mu(\mu - \lambda)}$$

A utilização do sistema de fila é dada por:

$$u = \rho = \frac{\lambda}{\mu}$$

Vale apontar que as relações acima são válidas quando $\rho < 1$, ou seja, $\lambda < \mu$. Caso contrário, os indicadores de desempenho do sistema de fila não alcançam o equilíbrio.

Aplicando os indicadores de forma analítica ao exemplo da seção 8.4, em que o tempo entre as chegadas é de 12 minutos, em média, e o tempo de atendimento é de 10 minutos, ambos com distribuição exponencial, e obtêm-se resultados similares aos da simulação:

$$TAS = \frac{\lambda}{\mu - \lambda} = \frac{\frac{1}{12}}{\frac{1}{10} - \frac{1}{12}} = 5$$

$$TAF = \frac{\lambda^2}{\mu(\mu - \lambda)} = \frac{\frac{1}{12}^2}{\frac{1}{10}\left(\frac{1}{10} - \frac{1}{12}\right)} = 4{,}16$$

$$TES = \frac{1}{\mu - \lambda} = \frac{1}{\frac{1}{10} - \frac{1}{12}} = 60$$

$$TEF = \frac{\lambda}{\mu(\mu - \lambda)} = \frac{\frac{1}{12}}{\frac{1}{10}\left(\frac{1}{10} - \frac{1}{12}\right)} = 50$$

$$u = \frac{\lambda}{\mu} = \frac{\frac{1}{12}}{\frac{1}{10}} = 0{,}833$$

Os mesmos resultados poderiam ser obtidos utilizando as taxas de chegada e atendimento em vez dos tempos. Essa tarefa será deixada como exercício.

8.6.2 A fila M/M/s

Seguindo a explanação de Hillier e Lieberman (2013), os indicadores de desempenho da fila M/M/s, quando há S servidores, podem ser calculados pelas seguintes fórmulas:

$$TAF = \frac{p_0(\lambda/\mu)^s \rho}{s!\,(1 - \rho)^2}$$

$$TEF = \frac{TAF}{\lambda}$$

$$TES = TEF + \frac{1}{\mu}$$

$$TAS = TAF + \frac{\lambda}{\mu}$$

Em que:

$$\rho = u = \frac{\lambda}{s\mu}$$

$$p_0 = 1/\left[\sum_{n=0}^{s-1} \frac{(\lambda/\mu)^n}{n!} + \frac{(\lambda/\mu)^s}{s!} \frac{1}{1-\lambda/(s\mu)}\right]$$

Assim como no modelo M/M/1, para que a fila não cresça infinitamente, é necessário que $\lambda < s\mu$.

Dessa maneira, suponha que determinada fila tenha taxa de chegadas de cinco entidades por hora e taxa de serviço de seis. Assumindo que essa fila tenha dois servidores, pode-se aplicar as fórmulas acima para obter os indicadores desse sistema M/M/2:

$$\rho = \frac{\lambda}{s\mu} = \frac{5}{2(6)} = \frac{5}{12}$$

$$p_0 = 1/\left[\sum_{n=0}^{s-1} \frac{(\lambda/\mu)^n}{n!} + \frac{(\lambda/\mu)^s}{s!\,[1-\lambda/(s\mu)]}\right] = \frac{1}{\sum_{n=0}^{1}\left[\frac{(5/6)^n}{n!}\right] + \frac{(5/6)^2}{2!\,(1-5/12)}}$$

$$= \frac{1}{\left[\frac{(5/6)^0}{0!} + \frac{(5/6)^1}{1!}\right] + \frac{25}{42}} = \frac{1}{\left[\frac{1}{1} + \frac{5/6}{1}\right] + \frac{25}{42}} \cong 0{,}4117$$

$$TAF = \frac{p_0(\lambda/\mu)^s \rho}{s!\,(1-\rho)^2} = \frac{0{,}4117(5/6)^2(5/12)}{2!\,[1-(5/12)]^2} = 0{,}1750$$

$$TEF = \frac{TAF}{\lambda} = \frac{0{,}1750}{5} = 0{,}035$$

$$TES = TEF + \frac{1}{\mu} = 0{,}035 + \frac{1}{6} = 0{,}2016$$

$$TAS = TAF + \frac{\lambda}{\mu} = 0{,}1750 + \frac{5}{6} = 1{,}0083$$

O seguinte código no Python calcula os indicadores da fila M/M/s:

```
import math
def mms(lamb,mu,s):
    soma=0
    for i in range(0,s):
        soma+=(lamb/mu)**i/math.factorial(i)
    p0=1/(soma+(lamb/mu)**2/(math.factorial(s)*(1-(lamb/(mu*s)))))
    u=lamb/(s*mu)
    taf=p0*(lamb/mu)**s*u/(math.factorial(s)*(1-u)**2)
    tef=taf/lamb
    tes=tef+1/mu
    tas=taf+lamb/mu
    return print("taf=","%.2f" % (taf),
                 "\ntef=","%.2f" % (tef),
                 "\ntes=","%.2f" % (tes),
                 "\ntas=","%.2f" % (tas),
                 "\nu=", "%.2f" % (u))
```

A próxima seção modela a fila com capacidade limitada.

8.6.3 A fila M/M/1/c

Quando o sistema tem capacidade limitada de C entidades, esse será o tamanho máximo da fila. Conforme as fórmulas apresentadas em Hillier e Lieberman (2013), e adaptadas das fórmulas de Maria Cristina Fogliatti e Néli Maria Costas Mattos (2007), podem-se definir as seguintes equações:

$$p_0 = \begin{cases} \dfrac{1}{c+1} & para\ \rho = 1 \\ \dfrac{1-\rho}{1-\rho^{c+1}}, & para\ \rho \neq 1 \end{cases}$$

$$p_n = \begin{cases} \dfrac{1}{c+1} & para\ \rho = 1 \\ \dfrac{(1-\rho)\rho^n}{1-\rho^{c+1}}, & para\ \rho \neq 1 \end{cases}$$

$$TAS = \begin{cases} \dfrac{c}{2}, & para\ \rho = 1 \\ \dfrac{\rho}{1-\rho} - \dfrac{(c+1)\rho^{c+1}}{1-\rho^{c+1}}, & para\ \rho \neq 1 \end{cases}$$

$$TAF = TAS - (1 - p_0)$$

$$TES = \frac{TAS}{\lambda(1 - p_c)}$$

$$TEF = \frac{TAF}{\lambda(1 - p_c)}$$

Assim como o exemplo da seção anterior, assumindo uma taxa de chegadas de cinco entidades por hora e atendimento de seis entidades por igual período, caso o sistema tenha uma limitação de capacidade de três entidades na fila, ou seja, M/M/1/3, têm-se os seguintes resultados com a aplicação das fórmulas:

$$p_0 = \frac{1 - \rho}{1 - \rho^{c+1}} = \frac{1 - (5/6)}{1 - (5/6)^4} = 0{,}3219$$

$$p_3 = \frac{(1 - \rho)\rho^n}{1 - \rho^{c+1}} = \frac{[1 - (5/6)](5/6)^3}{1 - (5/6)^4} = 0{,}1862$$

$$TAS = \frac{\rho}{1 - \rho} - \frac{(c + 1)\rho^{c+1}}{1 - \rho^{c+1}} = 1{,}2742$$

$$TAF = TAS - (1 - p_0) = 0{,}5961$$

$$TES = \frac{TAS}{\lambda(1 - p_c)} = 0{,}3131$$

$$TEF = \frac{TAF}{\lambda(1 - p_c)} = 0{,}1464$$

A próxima seção apresenta um sistema de fila em que o tempo de atendimento pode ter uma distribuição genérica.

8.6.4 A fila M/G/1

O modelo M/G/1 trata-se de um sistema que tem tempo entre chegadas com distribuição exponencial, tempo de atendimento com distribuição não especificada e um servidor. Os indicadores de desempenho desse sistema podem ser obtidos por meio das seguintes fórmulas (Hillier e Lieberman, 2013):

$$p_0 = 1 - \rho,$$

$$TAF = \frac{\lambda^2\sigma^2 + \rho^2}{2(1-\rho)}$$

$$TAS = \rho + TAF$$

$$TEF = \frac{TAF}{\lambda}$$

$$TES = TEF + \frac{1}{\mu}$$

Em que:
μ: É a média da distribuição utilizada e σ^2 é a sua variância.

Para uma fila com taxa de chegadas de cinco entidades por hora, com distribuição exponencial, e atendimento conforme uma distribuição genérica, com taxa de seis entidades por hora e variância de 1/36, pode-se calcular os seguintes indicadores de desempenho:

$$p_0 = 1 - \rho = 0{,}1667$$

$$TAF = \frac{\lambda^2\sigma^2 + \rho^2}{2(1-\rho)} = 4.1667$$

$$TAS = \rho + TAF = 5$$

$$TEF = \frac{TAF}{\lambda} = 0{,}83$$

$$TES = TEF + \frac{1}{\mu} = 1$$

A próxima seção traz o sistema de fila com taxa de atendimento constante.

8.6.5 A fila M/D/1

A fila M/D/1 tem tempo de atendimento constante. E, neste caso, não há variância, ou seja, σ^2=0. Assim, ajustam-se as fórmulas do modelo M/G/1 para esse caso:

$$TAF = \frac{\rho^2}{2(1-\rho)}$$

$$TAS = \rho + TAF$$

$$TEF = \frac{TAF}{\lambda}$$

$$TES = TEF + \frac{1}{\mu}$$

Ao aplicar essas fórmulas para o exemplo da seção anterior, têm-se os seguintes resultados:

$$TAF = 2{,}083$$

$$TAS = 2{,}9167$$

$$TEF = 0{,}4166$$

$$TES = 0{,}5832$$

A próxima seção traz os exercícios propostos do capítulo.

8.7 Exercícios propostos

1. Jorge, o dono de um café, deseja melhorar o atendimento do seu estabelecimento e, por isso, coletou o tempo entre as chegadas dos clientes, chegando à conclusão de que os dados têm distribuição exponencial com média de 15 segundos. Ao analisar o tempo de atendimento, estimou que o mesmo também tem distribuição exponencial com média de 13 segundos. Assumindo que o café possui apenas um atendente, quais são os indicadores de desempenho esperados ao executar uma simulação com a chegada de muitas entidades?

2. Jorge acha que o tempo de espera na fila está muito alto. Quanto deve ser o tempo de atendimento para que o tempo de espera na fila seja de 60 segundos?

3. Se, em vez de diminuir o tempo de atendimento, Jorge resolvesse diminuir a média de chegadas, para chegar no tempo de espera na fila desejado, qual seria o tempo entre chegadas ideal?

4. Jorge descobriu que em um dia normal de funcionamento chegam, mais ou menos, 600 clientes. Ao executar uma simulação com 10 mil replicações neste novo cenário, e usando os tempos iniciais, quais são os indicadores de desempenho?

5. Carlos, que é primo de Jorge, ficou interessado em aplicar a análise de filas no seu trabalho. Carlos trabalha como caixa de banco e notou que, em média, chegam 10 clientes por hora. Cronometrando seu trabalho, Carlos descobriu que consegue atender em média 14 clientes pelo mesmo período. Assumindo que os tempos são exponenciais, quais são os indicadores de desempenho do sistema de fila que Carlos trabalha?

RESUMO

Neste capítulo, foi visto como executar a simulação de um sistema de fila tanto em planilha quanto em Python. Foi desenvolvida ainda a solução analítica para o sistema de fila M/M/1 e outras variações. As limitações dos modelos apresentados residem no fato de representarem o cenário com apenas um servidor, ou ainda utilizar a taxa de chegadas com distribuição exponencial.

O próximo capítulo traz a simulação de eventos discretos, que possibilitará aumentar a quantidade de servidores, assim como utilizar diferentes distribuições, tanto para o tempo entre as chegadas quanto para o tempo de serviço.

Simulação de eventos discretos

"Simplicity is the final achievement. After one has played a vast quantity of notes and more notes, it is simplicity that emerges as the crowning reward of art".

Frédéric Chopin

09

No capítulo anterior, estudamos como realizar a simulação de um sistema em que há a chegada de entidades, a eventual espera pelo serviço, a execução do processamento e a saída. Ainda no escopo do modelo de sistema de fila simples, pode-se analisar o efeito da adição de mais servidores nos indicadores de desempenho analisados. Entretanto tal modelagem em planilha é considerada mais complexa.

No entanto, com a função apresentada no capítulo anterior, em Python, pode-se adicionar um servidor, porém, a cada servidor adicionado ou removido do sistema, seria necessária a alteração no código. A utilização de um *framework* desenvolvido para a linguagem Python, cuja finalidade é auxiliar na Simulação de Eventos Discretos (SED) possibilita superar essas dificuldades. Trata-se do pacote SimPy.

Assim, existem diversos softwares comerciais que possibilitam executar a SED, como o Arena, o Simul8, o ProModel, o AnyLogic, o FlexSim, entre outros. Neste capítulo, executaremos a SED utilizando o SimPy, para desenvolver modelos simples e complexos.

A próxima seção apresenta os objetivos do capítulo.

OBJETIVOS DO CAPÍTULO

- **Apresentar o modelo conceitual de um sistema a ser simulado.**
- **Estudar os fundamentos de simulação com o SimPy por meio de modelos simples.**
- **Analisar o funcionamento de um modelo com os indicadores de desempenho.**
- **Conhecer técnicas que permitam desenvolver modelos avançados no SimPy.**

Porém, antes de desenvolver o código para um modelo de SED, é útil definir o modelo conceitual.

9.1 Desenvolvimento do modelo conceitual

O modelo conceitual é a representação gráfica de um modelo de simulação. Como na SED, muitas vezes, é necessário realizar uma simulação com muitos processos encadeados e com relacionamento específico entre si, um esquema gráfico auxilia tanto no entendimento do modelo quanto no desenvolvimento dos códigos necessários para a sua execução.

Existem algumas metodologias específicas que podem ser utilizadas para desenvolver o modelo conceitual. Neste livro, será utilizada a metodologia denominada IDEF-SIM (Leal, Almeida e Montevechi, 2008), que vem sendo bastante utilizada em estudos com SED.

Os elementos gráficos utilizados nessa metodologia são mostrados na Tabela 9.1:

Tabela 9.1 – Elementos gráficos da metodologia IDEF-SIM

Elemento	Símbolo
Entidade (E)	○
Função ou processo	□
Fluxo da entidade	——→
Controles	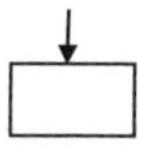
Recursos	
Regras para fluxos	[&] Regra E [×] Regra OU [O] Regra E/OU
Movimentação	⇨
Explicação	------>
Fluxo de entrada	
Ponto final do sistema	●
Conexão com outra figura	△

Fonte: Adaptado de Leal, Almeida e Montevechi (2008).

Com os elementos gráficos apresentados na Tabela 9.1, é possível realizar a representação gráfica do modelo M/M/1, estudado no capítulo 8, conforme mostra a Figura 9.1:

Figura 9.1 – Representação gráfica do sistema M/M/1

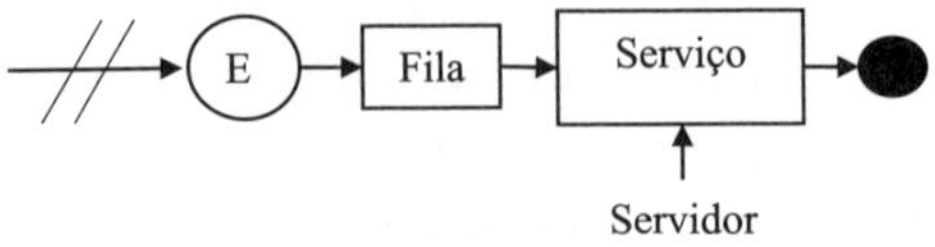

Fonte: O autor.

Todavia, é importante atentar-se para algumas características desejáveis dos modelos conceituais, pois dele dependerá o sucesso da simulação. Georges, Ferreira e Carnevalli (2020) apontam uma série de orientações para a construção de bons modelos. Algumas dessas orientações são mostradas na Tabela 9.2:

Tabela 9.2 – Orientações para construção de bons modelos conceituais

Propriedades	Orientações
Completude	Oriente-se pelo fluxo dos acontecimentos.
	Conceber um modelo requer o conhecimento do sistema e das ferramentas de modelagem.
	O processo de modelagem é evolucionário.
Consistência	Comece pequeno e acrescente.
	Divida e conquiste.
	Crie subdivisões do modelo usando limites físicos existentes no sistema.
Coerência	Modelos simples são mais fáceis de analisar.
	Construa dois modelos: um detalhado e um simplificado.
	Inicie a modelagem usando a abordagem *top-down*, e termine-a usando a abordagem *botton-up*.
Correção	Use metáforas, analogias e similaridades.
	O modelo deve evoluir de acordo com a sua utilidade.
	Liste as especificações antes de desenvolver o modelo.

Fonte: Adaptado de Georges, Ferreira e Carnevalli (2020).

A Tabela 9.2 traz uma série de dicas úteis que utilizaremos nos modelos desenvolvidos neste capítulo e no próximo. Por exemplo, ao desenvolver os modelos complexos apresentados no capítulo 10, serão inicialmente criados protótipos do seu funcionamento para garantir que os processos estejam acontecendo corretamente.

A próxima seção apresenta o pacote SimPy.

9.2 Simulação de sistemas de filas com SimPy

O SimPy é um pacote que possibilita a criação de modelos de SED. Para instalar o SimPy no Colab, pode-se executar o seguinte comando:

```
!pip install simpy
```

A simulação no SimPy é realizada a partir da criação de um objeto, que abrigará o ambiente de simulação. Esse objeto deve ser criado pela função *simpy. Environment()*. Após criado o objeto, ele será invocado para realizar as operações necessárias. Por exemplo, para simular as chegadas, deve-se chamar a simulação criada utilizando o próprio objeto com o método *.process()*. Por fim, para executar a simulação, deve-se executar o comando *objeto.run()*.

Assim, pode-se exemplificar a forma como o SimPy controla o ambiente e o relógio da simulação ao executar o seguinte código, que cria uma simulação durante um período de 10 unidades de tempo, imprimindo cada unidade em números inteiros:

```
import simpy
def tempo(ambiente):
    while True:
        yield ambiente.timeout(1)
        print(ambiente.now)
ambiente = simpy.Environment()
ambiente.process(tempo(ambiente))
ambiente.run(until=10)
```

Ao executar esse código, obtém-se a seguinte impressão:

```
1
2
3
4
5
6
7
8
9
```

Com o ambiente e o relógio da simulação funcionando, o próximo passo é a simulação das chegadas.

9.2.1 Simulando as chegadas

A simulação das chegadas no SimpPy é realizada com uma função que cria as chegadas das entidades a partir do tempo especificado, com o gerador *yield* e o método *objeto.timeout()*. Para visualizar as chegadas, pode-se imprimir cada uma delas depois de sua criação.

Sendo assim, o código abaixo importa o SimPy, cria uma função com tempo entre chegadas constante de 10 unidades de tempo, realizando a impressão e definindo a execução da simulação a partir do objeto ambiente, até que o relógio da simulação alcance o tempo de 100 unidades:

```
import simpy
def chegadas(ambiente,entidade):
    while True:
        yield ambiente.timeout(10)
        print(f"{entidade} chega em: {ambiente.now:.1f}")
ambiente = simpy.Environment()
ambiente.process(chegadas(ambiente,"Entidade"))
ambiente.run(until=100)
```

Note o leitor que estamos criando um objeto no SimPy chamado de "ambiente", que abrigará todos os processos da simulação. A impressão resultante dos comandos acima é obtida como se segue:

```
Entidade chega em: 10.0
Entidade chega em: 20.0
Entidade chega em: 30.0
Entidade chega em: 40.0
Entidade chega em: 50.0
Entidade chega em: 60.0
Entidade chega em: 70.0
Entidade chega em: 80.0
Entidade chega em: 90.0
```

É possível verificar que a simulação retornou nove chegadas, sendo a primeira ocorrida em dez unidades de tempo e, a última, ocorrida em noventa unidades, quando há o encerramento da execução. A impressão realizada mostra o relógio da simulação, ou seja, o tempo no qual os eventos relevantes vão ocorrendo, sendo cumulativo neste caso.

Desta maneira, denomina-se simulação terminal quando a simulação tem tempo especificado de término, como foi apresentado no código executado. Essa simulação terminal também ocorre quando é possível executar o modelo, em vez da simulação ser interrompida ao atingir o tempo máximo, até que uma quantidade especificada de entidades cheguem no sistema. Isso é possível alterando a função *chegadas()* para estabelecer como condição de parada a quantidade determinada de entidades. O código modificado e sua execução são mostrados abaixo:

```
import simpy
def chegadas(ambiente,entidade,obs):
    for contaChegadas in range(1,obs+1):
        yield ambiente.timeout(10)
        print(f"{entidade} chega em: {ambiente.now:.1f}")
ambiente = simpy.Environment()
ambiente.process(chegadas(ambiente,"Entidade",10))
ambiente.run()
```

```
Entidade chega em: 10.0
Entidade chega em: 20.0
...
Entidade chega em: 90.0
Entidade chega em: 100.0
```

O resultado exibe 10 chegadas, finalizando no tempo 100, justamente quando a última entidade chega no sistema. Outra melhoria que pode ser realizada nas chegadas é diferenciar as entidades de acordo com a ordem de chegada no sistema. A função alterada e o resultado são mostrados na sequência:

```
import simpy
def chegadas(ambiente,entidade,obs):
    for contaChegadas in range(1,obs+1):
        yield ambiente.timeout(10)
        print(f"{entidade} {contaChegadas} chega em: {ambiente.
now:.1f}")
ambiente = simpy.Environment()
ambiente.process(chegadas(ambiente,"Entidade",10))
ambiente.run()
```

```
Entidade 1 chega em: 10.0
Entidade 2 chega em: 20.0
...
Entidade 9 chega em: 90.0
Entidade 10 chega em: 100.0
```

A próxima seção adiciona um atributo às entidades.

9.2.1.1 *Adicionando atributos às entidades*

Além de diferenciar as entidades que chegam em um sistema, é possível atribuir características a essas entidades caso esse dado seja necessário para o processamento da mesma no sistema. Logo, pode-se, por exemplo, atribuir um rótulo aleatoriamente a cada entidade, sendo este um atributo que poderá ser utilizado quando dá a execução do serviço.

O código abaixo atribui de forma aleatória, com igual probabilidade, os rótulos "normal", "preferencial" e "especial" a cada entidade, utilizando a função *choice* do pacote Random, vista no capítulo 1:

```
import simpy
import random
def chegadas(ambiente,entidade,obs):
    for contaChegadas in range(1,obs+1):
        yield ambiente.timeout(10)
        rotulo=random.choice(["normal","preferencial","especial"])
        print(f"{entidade} {contaChegadas} chega em: {ambiente.
now:.1f} para serviço: {rotulo}")
ambiente = simpy.Environment()
ambiente.process(chegadas(ambiente,"Entidade",10))
ambiente.run()
```

O resultado da impressão mostra que cada entidade possui um atributo (rótulo) diferente:

```
Entidade 1 chega em: 10.0 para serviço: normal
Entidade 2 chega em: 20.0 para serviço: normal
Entidade 3 chega em: 30.0 para serviço: normal
Entidade 4 chega em: 40.0 para serviço: preferencial
Entidade 5 chega em: 50.0 para serviço: normal
Entidade 6 chega em: 60.0 para serviço: normal
Entidade 7 chega em: 70.0 para serviço: normal
Entidade 8 chega em: 80.0 para serviço: preferencial
Entidade 9 chega em: 90.0 para serviço: preferencial
Entidade 10 chega em: 100.0 para serviço: especial
```

É possível, ainda, simular diferentes chegadas em um sistema.

9.2.1.2 *Diferentes chegadas em um sistema*

Para simular diferentes chegadas em um sistema, é necessário criar funções distintas para tais chegadas e diferenciá-las nos métodos do SimPy. O código abaixo cria duas funções para chegadas de entidades distintas: tipo A e tipo B, com tempo entre chegadas de dez e cinco respectivamente, sendo simuladas dez chegadas de A; e cinco, de B:

```
import simpy
def chegadasTA(ambiente,entidade,obs):
    for contaChegadas in range(1,obs+1):
        yield ambiente.timeout(10)
        print(f"{entidade} {contaChegadas} chega em: {ambiente.
now:.1f}")
def chegadasTB(ambiente,entidade,obs):
    for contaChegadas in range(1,obs+1):
        yield ambiente.timeout(5)
        print(f"{entidade} {contaChegadas} chega em: {ambiente.
now:.1f}")
ambiente = simpy.Environment()
ambiente.process(chegadasTA(ambiente,"EntidadeTA",10))
ambiente.process(chegadasTB(ambiente,"EntidadeTB",5))
ambiente.run()
```

O resultado do código acima mostra a chegada das duas entidades, cada qual em seu tempo, sendo que o tempo da simulação vai sendo exibido de forma cumulativa, finalizando com a chegada da última entidade, como parametrizado a seguir:

```
EntidadeTB 1 chega em: 5.0
EntidadeTA 1 chega em: 10.0
EntidadeTB 2 chega em: 10.0
EntidadeTB 3 chega em: 15.0
EntidadeTA 2 chega em: 20.0
EntidadeTB 4 chega em: 20.0
EntidadeTB 5 chega em: 25.0
EntidadeTA 3 chega em: 30.0
EntidadeTA 4 chega em: 40.0
EntidadeTA 5 chega em: 50.0
EntidadeTA 6 chega em: 60.0
EntidadeTA 7 chega em: 70.0
EntidadeTA 8 chega em: 80.0
EntidadeTA 9 chega em: 90.0
EntidadeTA 10 chega em: 100.0
```

A próxima seção traz o uso de uma função para modelar o tempo entre as chegadas.

9.2.1.3 *Usando uma função para o tempo entre as chegadas*

Uma ferramenta útil para variar o tempo entre as chegadas, é criar uma função dedicada a essa tarefa. Essa função poderá abrigar diferentes tempos que podem ser utilizados na simulação. O código abaixo utiliza uma função para simular o tempo entre as chegadas, com distribuição exponencial e média 10:

```
import simpy
import random
def tempos(modelo):
    return {'chegada': random.expovariate(1/10)}.get(modelo, 0.0)
def chegadas(ambiente,entidade,obs):
    for contaChegadas in range(1,obs+1):
        yield ambiente.timeout(tempos('chegada'))
        print(f"{entidade} {contaChegadas} chega em: {ambiente.
now:.1f}")
random.seed(12345)
ambiente = simpy.Environment()
ambiente.process(chegadas(ambiente,"Entidade",10))
ambiente.run()
```

Agora, o leitor deve notar que, em vez do tempo constante, utilizou-se o tempo definido na função "tempos", sendo utilizado o tempo "chegada". Esse recurso será útil em modelos mais complexos, nos quais serão utilizados diferentes modelos de distribuição de probabilidade. O resultado do código é exatamente como se segue, pelo fato de se ter definido a semente aleatória 12345 antes da criação do ambiente:

```
Entidade 1 chega em: 5.4
Entidade 2 chega em: 5.5
...
Entidade 9 chega em: 44.7
Entidade 10 chega em: 50.3
```

A próxima seção aborda o agrupamento de entidades.

9.2.1.4 *Agrupamento de entidades*

Em muitos casos reais, pode ser útil agrupar entidades para sofrer um serviço posterior. Considere, por exemplo, a simulação de uma linha de produção que processa insumos em lote, ou seja, agrupados. Adicionalmente, imagine a situação em que passageiros aguardam em grupo o transporte coletivo. Essas situações podem ser simuladas com o recurso *container* do SimPy.

O código abaixo cria um container chamado "lote", e cada entidade que chega é adicionada ao container, lugar onde deverá aguardar o transporte:

```
import simpy
def chegadas(ambiente,lote,entidade,obs):
    for contaChegadas in range(1,obs+1):
        yield ambiente.timeout(5)
        print(f»{entidade} {contaChegadas} chega em: {ambiente.
now:.1f}»)
        yield lote.put(1)
        print(lote.level,f»{entidade}(s) aguardando o transporte»)
ambiente = simpy.Environment()
lote = simpy.Container(ambiente)
ambiente.process(chegadas(ambiente,lote,"Entidade",5))
ambiente.run()
```

A impressão da simulação é dada conforme o quadro baixo:

```
Entidade 1 chega em: 5.0
1 Entidade(s) aguardando o transporte
Entidade 2 chega em: 10.0
2 Entidade(s) aguardando o transporte
Entidade 3 chega em: 15.0
3 Entidade(s) aguardando o transporte
Entidade 4 chega em: 20.0
4 Entidade(s) aguardando o transporte
Entidade 5 chega em: 25.0
5 Entidade(s) aguardando o transporte
```

Nesta simulação foi utilizado o comando *yield lote.put(1)*, para adicionar ao container uma unidade a cada entidade criada. E, para esvaziar o container em uma unidade por vez, pode-se utilizar o comando *ponto.get(1)*, após um período especificado de três unidades de tempo, que representa o transporte, conforme mostra o código abaixo:

```
import simpy
def chegadas(ambiente,ponto,entidade,obs):
    for contaChegadas in range(1,obs+1):
        yield ambiente.timeout(5)
        print(f"{entidade} {contaChegadas} chega em: {ambiente.
now:.1f}")
        yield lote.put(1)
        print(ponto.level,f"{entidade}(s) aguardando o embarque")
    print(ponto.level,f"{entidade}(s) iniciam o transporte
em:",ambiente.now)
    yield ambiente.timeout(3)
    print(ponto.level,f"{entidade}(s) chegam ao destino em:",ambiente.
now)
    print(ponto.level,f"{entidade}(s) aguardando o desembarque")
    while ponto.level>1:
        yield ponto.get(1)
        print(ponto.level,f"{entidade}(s) aguardando o desembarque")
    print("Todas as Entidades desembarcaram")
ambiente = simpy.Environment()
lote = simpy.Container(ambiente)
ambiente.process(chegadas(ambiente,lote,"Entidade",5))
ambiente.run()
```

O resultado do código é mostrado a seguir:

```
Entidade 1 chega em: 5.0
1 Entidade(s) aguardando o embarque
Entidade 2 chega em: 10.0
2 Entidade(s) aguardando o embarque
Entidade 3 chega em: 15.0
3 Entidade(s) aguardando o embarque
Entidade 4 chega em: 20.0
4 Entidade(s) aguardando o embarque
Entidade 5 chega em: 25.0
5 Entidade(s) aguardando o embarque
5 Entidade(s) iniciam o transporte em: 25
5 Entidade(s) chegam ao destino em: 28
5 Entidade(s) aguardando o desembarque
4 Entidade(s) aguardando o desembarque
3 Entidade(s) aguardando o desembarque
2 Entidade(s) aguardando o desembarque
1 Entidade(s) aguardando o desembarque
Todas as Entidades desembarcaram
```

A próxima seção traz a simulação do serviço.

9.2.2 Simulação do serviço

Após ser feito o modelo da chegada das entidades no ambiente do SimPy, é necessário criar uma função que gerencie o serviço. Para tanto, será criado um objeto que represente o servidor com o método *simpy.Resource()*, que recebe como argumentos o objeto que representa o ambiente e a capacidade do servidor. Além disso, será necessário inserir chegadas na função, que é um processo que representa a função do serviço.

Portanto, na função que executará as tarefas do serviço serão definidos comandos que façam a entidade requisitar o servidor (*servidor.request()*) e, por meio de um gerador, criar o tempo de serviço. Deve ser feito da mesma forma que nas chegadas, que é quando, após esse atraso, a entidade deixa o servidor, liberando-o para que este atenda a próxima entidade que está na fila (*servidor.release()*). Os códigos abaixo criam uma simulação com cinco chegadas com tempo de dez entre as mesmas, sendo submetidas a um serviço que dura cinco unidades de tempo:

```
import simpy
def chegadas(ambiente,entidade,obs):
    for contaChegadas in range(1,obs+1):
        yield ambiente.timeout(10)
        print(f"{entidade} {contaChegadas} chega em: {ambiente.
now:.1f}")
        ambiente.process(servico(ambiente, f"{entidade}
{contaChegadas}", servidor))
def servico(ambiente,entidade,servidor):
    requisita=servidor.request()
    yield requisita
    print(f'{ambiente.now:.1f} Servidor inicia o serviço de
{entidade}.')
    yield ambiente.timeout(5)
    print(f'{ambiente.now:.1f} Servidor termina o serviço de
{entidade}.')
    yield servidor.release(requisita)
ambiente = simpy.Environment()
servidor = simpy.Resource(ambiente,capacity=1)
ambiente.process(chegadas(ambiente,"Entidade",5))
ambiente.run()
```

É possível verificar que foi inserido, no código, um comando no final da função de chegadas que invoca o processo de serviço. Assim, dependendo do tempo da simulação, a cada chegada, o servidor é requisitado, utilizado pela entidade e liberado.

Já na função serviço há a ocorrência dos três processos: requisição do serviço, atraso devido à prestação do serviço e a liberação do servidor, para que a próxima entidade seja atendida. Os resultados da simulação mostram as chegadas e o atendimento conforme a ordem em que as entidades ingressam no sistema, sendo mostrado o tempo da simulação do início ao término do serviço:

```
Entidade 1 chega em: 10.0
10.0: Servidor inicia o serviço de Entidade 1.
15.0: Servidor termina o serviço de Entidade 1.
Entidade 2 chega em: 20.0
20.0: Servidor inicia o serviço de Entidade 2.
25.0: Servidor termina o serviço de Entidade 2.
Entidade 3 chega em: 30.0
30.0: Servidor inicia o serviço de Entidade 3.
35.0: Servidor termina o serviço de Entidade 3.
Entidade 4 chega em: 40.0
40.0: Servidor inicia o serviço de Entidade 4.
45.0: Servidor termina o serviço de Entidade 4.
Entidade 5 chega em: 50.0
50.0: Servidor inicia o serviço de Entidade 5.
55.0: Servidor termina o serviço de Entidade 5.
```

Há uma maneira de compactar a função de serviço com o comando *with* da seguinte forma:

```
def servico(ambiente, entidade, servidor):
    with servidor.request() as request:
        yield request
        print(f'{ambiente.now:.1f} Servidor inicia o serviço de
{entidade}.')
        yield ambiente.timeout(5)
        print(f'{ambiente.now:.1f} Servidor termina o serviço de
{entidade}.')
```

A execução da simulação com esse novo recurso será deixado como exercício. Já a próxima seção executa a simulação com dois servidores.

9.2.2.1 *Aumentando a capacidade do serviço*

Pode-se ampliar a capacidade do serviço por meio do aumento do número de recursos. O código abaixo executa a simulação da seção anterior com uma capacidade de dois servidores. Entretanto, para gerar fila na simulação, serão invertidos os tempos para que o tempo entre as chegadas seja de cinco e o tempo de serviço seja de dez. O código abaixo traz o caso de apenas um servidor:

```
import simpy
def chegadas(ambiente,entidade,obs):
    for contaChegadas in range(1,obs+1):
        yield ambiente.timeout(5)
        print(f"{entidade} {contaChegadas} chega em: {ambiente.
now:.1f}")
        ambiente.process(servico(ambiente, f"{entidade}
{contaChegadas}", servidor))
def servico(ambiente, entidade, servidor):
    with servidor.request() as request:
        yield request
        print(f'{ambiente.now:.1f} Servidor inicia o serviço de
{entidade}.')
        yield ambiente.timeout(10)
        print(f'{ambiente.now:.1f} Servidor termina o serviço de
{entidade}.')
ambiente = simpy.Environment()
servidor = simpy.Resource(ambiente,capacity=1)
ambiente.process(chegadas(ambiente,"Entidade",5))
ambiente.run()
```

Com apenas um servidor, esse código gerará o seguinte resultado:

```
Entidade 1 chega em: 5.0
5.0: Servidor inicia o serviço de Entidade 1.
Entidade 2 chega em: 10.0
15.0: Servidor termina o serviço de Entidade 1.
Entidade 3 chega em: 15.0
15.0: Servidor inicia o serviço de Entidade 2.
Entidade 4 chega em: 20.0
25.0: Servidor termina o serviço de Entidade 2.
Entidade 5 chega em: 25.0
25.0: Servidor inicia o serviço de Entidade 3.
35.0: Servidor termina o serviço de Entidade 3.
35.0: Servidor inicia o serviço de Entidade 4.
45.0: Servidor termina o serviço de Entidade 4.
45.0: Servidor inicia o serviço de Entidade 5.
55.0: Servidor termina o serviço de Entidade 5.
```

É possível verificar que, na simulação apresentada, houve a geração de fila a partir da chegada da segunda entidade, pois a mesma chegou em dez e teve atendimento iniciado em quinze. Logo, a última entidade deixou o sistema no tempo 55. Então, para executar a simulação com dois servidores, basta alterar o parâmetro *capacity=1* para *capacity=2* do objeto servidor. Assim, o resultado da simulação será:

```
Entidade 1 chega em: 5.0
5.0: Servidor inicia o serviço de Entidade 1.
...
30.0: Servidor termina o serviço de Entidade 4.
35.0: Servidor termina o serviço de Entidade 5.
```

Nessa simulação se pode verificar que, com capacidade dobrada, a última entidade deixa o sistema no tempo 35. As simulações executadas até aqui utilizaram o critério PEPS para a realização do serviço das entidades.

A próxima seção traz o serviço que possibilita ao servidor utilizar outro critério.

9.2.2.2 *Prestação de serviço com prioridade*

Caso o modelo em simulação necessite prestar serviço às entidades com critério diferente ao da ordem de chegada, pode-se parametrizar a simulação para que o serviço seja prestado de acordo com um atributo da entidade toda vez que houver fila.

Portanto, para realizar a simulação com essa especificidade, é necessário definir um atributo às entidades e, caso seja preciso, codificá-lo como numérico, sendo que o menor valor será interpretado pelo SimPy como o mais importante.

O código abaixo executa um modelo de simulação que define um atributo chamado ordem, que pode assumir os valores de um, dois ou três a cada entidade, de forma aleatória e com igual probabilidade. Para isso, utiliza-se o argumento *prority=order* na função de serviço, para que as entidades com valores menores em seu atributo sejam priorizadas no serviço. Por fim, é necessário que o objeto *servidor* seja criado com o método *PriorityResource()*:

```
import simpy
import random
def chegadas(ambiente,entidade,obs):
    for contaChegadas in range(1,obs+1):
        yield ambiente.timeout(5)
        ordem=random.choice([1,2,3])
        print(f"{entidade} {contaChegadas} chega em: {ambiente.
now:.1f} com ordem:{ordem}")
        ambiente.process(servico(ambiente, f"{entidade}
{contaChegadas}", servidor,ordem))
def servico(ambiente, entidade, servidor,ordem):
    with servidor.request(priority=ordem) as request:
        yield request
        print(f'{ambiente.now:.1f} Servidor inicia o serviço de
{entidade}.')
        yield ambiente.timeout(10)
        print(f'{ambiente.now:.1f} Servidor termina o serviço de
{entidade}.')
random.seed(12345)
ambiente = simpy.Environment()
servidor = simpy.PriorityResource(ambiente,capacity=1)
ambiente.process(chegadas(ambiente,"Entidade",5))
ambiente.run()
```

Com a definição de que o serviço seguirá o critério do atributo ordem, o resultado da simulação é mostrado a seguir:

```
Entidade 1 chega em: 5.0 com ordem:2
5.0: Servidor inicia o serviço de Entidade 1.
Entidade 2 chega em: 10.0 com ordem:3
15.0: Servidor termina o serviço de Entidade 1.
Entidade 3 chega em: 15.0 com ordem:1
15.0: Servidor inicia o serviço de Entidade 3.
Entidade 4 chega em: 20.0 com ordem:2
25.0: Servidor termina o serviço de Entidade 3.
Entidade 5 chega em: 25.0 com ordem:2
25.0: Servidor inicia o serviço de Entidade 4.
35.0: Servidor termina o serviço de Entidade 4.
35.0: Servidor inicia o serviço de Entidade 5.
45.0: Servidor termina o serviço de Entidade 5.
45.0: Servidor inicia o serviço de Entidade 2.
55.0: Servidor termina o serviço de Entidade 2.
```

Dessa maneira, é possível verificar que foi atribuído a ordem dois à primeira entidade de forma aleatória. Como o servidor está ocioso neste momento, essa entidade inicia o serviço. A entidade dois chega em dez, e a entidade três chega em quinze. Conforme previsto pela priorização definida, apesar da terceira entidade chegar depois da segunda, a mesma é atendida com prioridade por ter o atributo "ordem" com valor igual a um.

Assim, pode-se observar que a entidade dois será a última a receber o serviço devido ao fato das entidades quatro e cinco terem prioridade superior.

A próxima seção traz a prestação de serviço por diferentes recursos.

9.2.2.3 *Prestação de serviços por recursos distintos*

Os autores de *Introdução ao SimPy: Simulação em Python*, A. C. Medina e R. T. Buback (2020), detalham uma função do SimPy bastante interessante, que possibilita diferenciar os recursos que prestam serviço às entidades.

Por isso, suponha que uma simulação possua dois servidores e, ao invés de aumentar a capacidade de um servidor genérico para dois ou três, seja possível distinguir os três servidores que realizarão o atendimento da entidade.

É possível simular essa especificidade no SimPy com uso do método *simpy.Store()*, que armazena recursos distintos. Após criar uma lista de recursos, pode-se armazená-la com esse método, em que será possível extrair um recurso para usá-lo com o método *.get()* e recolocá-lo no repositório com o método *.put()*.

O seguinte código executa uma simulação em que há três servidores distintos: 0, 1 e 2; e esses servidores são requisitados para realizar o atendimento das entidades:

```
import simpy
def chegadas(ambiente, entidade, obs, servidores):
    for contaChegadas in range(1, obs + 1):
        yield ambiente.timeout(10)
        print(f"{entidade} {contaChegadas} chega em: {ambiente.
now:.1f}")
        ambiente.process(servico(ambiente, f"{entidade}
{contaChegadas}", servidores))

def servico(ambiente, entidade, servidores):
    servidor = yield servidores.get()
    print(f'{ambiente.now:.1f} Servidor {servidor} inicia o serviço
de {entidade}.')
   with servidores_lista[servidor].request() as request:
        yield request
        yield ambiente.timeout(5)
        print(f'{ambiente.now:.1f} Servidor {servidor} termina o
serviço de {entidade}.')
    servidores.put(servidor)

ambiente = simpy.Environment()
servidores_lista = [simpy.Resource(ambiente, capacity=1) for i in
range(3)]
servidores = simpy.Store(ambiente, capacity=3)
servidores.items = [0, 1, 2]
ambiente.process(chegadas(ambiente, "Entidade", 5, servidores))
ambiente.run()
```

A impressão da simulação mostra que cada entidade é atendida por um servidor distinto e que, após o serviço, o servidor é realocado no repositório para atender novamente uma nova entidade quando chegar sua vez pelo critério PEPS:

```
Entidade 1 chega em: 10.0
10.0: Servidor 0 inicia o serviço de Entidade 1.
15.0: Servidor 0 termina o serviço de Entidade 1.
Entidade 2 chega em: 20.0
20.0: Servidor 1 inicia o serviço de Entidade 2.
25.0: Servidor 1 termina o serviço de Entidade 2.
Entidade 3 chega em: 30.0
30.0: Servidor 2 inicia o serviço de Entidade 3.
35.0: Servidor 2 termina o serviço de Entidade 3.
Entidade 4 chega em: 40.0
40.0: Servidor 0 inicia o serviço de Entidade 4.
45.0: Servidor 0 termina o serviço de Entidade 4.
Entidade 5 chega em: 50.0
50.0: Servidor 1 inicia o serviço de Entidade 5.
55.0: Servidor 1 termina o serviço de Entidade 5.
```

A próxima seção desenvolve os indicadores de desempenho da simulação.

9.2.3 Definindo os indicadores de desempenho

Definidas as funções e comandos que regem os mecanismos básicos da simulação, é preciso criar variáveis que registrem os indicadores de desempenho vistos na seção 8.3, além de outros que auxiliem na interpretação dos resultados da simulação. Dois indicadores relevantes em uma SED são a quantidade de entidades que entraram e saíram do sistema.

9.2.3.1 *Fluxo de entidades*

É útil conhecer a quantidade de entidades que entraram e saíram do sistema, pois muitas vezes esse número pode variar. Quando se executa uma simulação por um tempo determinado, pode ser que nem todas as entidades que entraram no sistema passem pela prestação do serviço.

Por isso, para coletar dados de dentro das funções da simulação, serão utilizadas variáveis globais que precisam ser definidas fora da função e possibilitam serem recuperadas desta mesma forma ao final do script. Os códigos abaixo criam duas variáveis globais denominadas "Chegadas" e "Saídas", que são acumuladas com incremento unitário toda vez que chega ou sai uma entidade no sistema. Por fim, é criada uma função que imprime esses indicadores:

```
import simpy
Chegadas=0
Saidas=0
def chegadas(ambiente,entidade,obs):
    global Chegadas
    for contaChegadas in range(1,obs+1):
        yield ambiente.timeout(5)
        Chegadas+=1
        print(f"{entidade} {contaChegadas} chega em: {ambiente.
now:.1f}")
        ambiente.process(servico(ambiente, f"{entidade}
{contaChegadas}", servidor))
def servico(ambiente, entidade, servidor):
    global Saidas
    with servidor.request() as request:
        yield request
        print(f'{ambiente.now:.1f} Servidor inicia o serviço de
{entidade}.')
        yield ambiente.timeout(10)
        print(f'{ambiente.now:.1f} Servidor termina o serviço de
{entidade}.')
        Saidas+=1
def indicadores():
    print("\n******** Indicadores da Simulação *********")
    print(f"Quantidade de chegadas =",Chegadas)
    print(f"Quantidade de saídas =",Saidas)
ambiente = simpy.Environment()
servidor = simpy.Resource(ambiente,capacity=1)
ambiente.process(chegadas(ambiente,"Entidade",5))
ambiente.run(until=40)
indicadores()
```

É possível verificar, no código acima, a criação da função que imprime os novos indicadores e as variáveis que, quando são definidas e retomadas fora das funções por serem globais, fazem a contagem do fluxo das entidades. Foi definido propositalmente o tempo máximo da simulação de quarenta para que nem todas as entidades conseguissem sair do sistema, conforme mostra o resultado:

```
Entidade 1 chega em: 5.0
5.0: Servidor inicia o serviço de Entidade 1.
Entidade 2 chega em: 10.0
15.0: Servidor termina o serviço de Entidade 1.
Entidade 3 chega em: 15.0
15.0: Servidor inicia o serviço de Entidade 2.
Entidade 4 chega em: 20.0
25.0: Servidor termina o serviço de Entidade 2.
Entidade 5 chega em: 25.0
25.0: Servidor inicia o serviço de Entidade 3.
35.0: Servidor termina o serviço de Entidade 3.
35.0: Servidor inicia o serviço de Entidade 4.

******** Indicadores da Simulação *********
Quantidade de chegadas = 5
Quantidade de saídas = 3
```

A próxima seção trata dos tempos de espera da simulação.

9.2.3.2 *Tempo de espera na fila e no sistema*

Para coletar o tempo de espera na fila (TEF) e o tempo de espera no sistema (TES), serão criados vetores fora das funções que, dentro delas, armazenarão os tempos de espera e de espera de mais de um serviço, para, no final, calcular a média.

O tempo de espera será calculado por meio de uma variável local dentro da função serviço, na qual, a partir do momento desejado, será subtraído da chegada da entidade na devida função. A simulação com esses indicadores pode ser obtida da seguinte forma:

```
import simpy
import numpy as np
TEF=[]
TES=[]
def chegadas(ambiente,entidade,obs):
    for contaChegadas in range(1,obs+1):
        yield ambiente.timeout(5)
        print(f"{entidade} {contaChegadas} chega em: {ambiente.
now:.1f}")
        ambiente.process(servico(ambiente, f"{entidade}
{contaChegadas}", servidor))
def servico(ambiente, entidade, servidor):
```

(Continua)

```
    chegada=ambiente.now
    with servidor.request() as request:
        yield request
        TEF.append(ambiente.now-chegada)
        print(f'{ambiente.now:.1f} Servidor inicia o serviço de
{entidade}.')
        yield ambiente.timeout(10)
        print(f'{ambiente.now:.1f} Servidor termina o serviço de
{entidade}.')
        TES.append(ambiente.now-chegada)
def indicadores():
    print("\n******** Indicadores da Simulação *********")
    print(f"TEF =",np.mean(TEF))
    print(f"TES =",np.mean(TES))
ambiente = simpy.Environment()
servidor = simpy.Resource(ambiente,capacity=1)
ambiente.process(chegadas(ambiente,"Entidade",5))
ambiente.run()
indicadores()
```

No final, o resultado mostra a média desses indicadores, calculados com uso do pacote NumPy:

```
Entidade 1 chega em: 5.0
5.0: Servidor inicia o serviço de Entidade 1.
...
******** Indicadores da Simulação *********
TEF = 10.0
TES = 20.0
```

A próxima seção mostra como coletar o tamanho da fila e a quantidade de entidades no sistema.

9.2.3.3 *Quantidade de entidades na fila e no sistema*

A quantidade de entidades média na fila (TAF) e no sistema (TAS) podem ser coletados a partir das variáveis *servidor.queue* e *servidor.count* do próprio SimPy. Para tanto, são criados os vetores vazios que serão preenchidos a cada operação de serviço que ocorrer. Ao fim, pode-se mostrar a média no final da simulação:

```
import simpy
import numpy as np
TAF=[]
TAS=[]
def chegadas(ambiente,entidade,obs):
    for contaChegadas in range(1,obs+1):
        yield ambiente.timeout(5)
        print(f"{entidade} {contaChegadas} chega em: {ambiente.
now:.1f}")
```

(Continua)

```
        ambiente.process(servico(ambiente, f"{entidade}
{contaChegadas}", servidor))
def servico(ambiente, entidade, servidor):
    with servidor.request() as request:
        yield request
        print(f'{ambiente.now:.1f} Servidor inicia o serviço de
{entidade}.')
        yield ambiente.timeout(10)
        print(f'{ambiente.now:.1f} Servidor termina o serviço de
{entidade}.')
        TAF.append(len(servidor.queue))
        TAS.append(len(servidor.queue)+servidor.count)
def indicadores():
    print("\n******** Indicadores da Simulação *********")
    print(f"TAF =",np.mean(TAF))
    print(f"TAS =",np.mean(TAS))
ambiente = simpy.Environment()
servidor = simpy.Resource(ambiente,capacity=1)
ambiente.process(chegadas(ambiente,"Entidade",5))
ambiente.run()
indicadores()
```

O resultado mostra os indicadores:

```
Entidade 1 chega em: 5.0
5.0: Servidor inicia o serviço de Entidade 1.
...
******** Indicadores da Simulação *********
TAF = 1.2
TAS = 2.2
```

A próxima seção apresenta o cálculo da utilização dos recursos.

9.2.3.4 *Utilização dos recursos*

Para monitorar a utilização dos recursos, será necessário criar uma variável específica para quantificar a quantidade de servidores na simulação, que será a variável SERVIDOR. Também será utilizado o vetor *u*, que inicia o vazio e vai sendo preenchido após a utilização do recurso, com o uso da variável global *tempo_utilizacao*. O código completo para coletar esse indicador é mostrado abaixo, seguido do resultado:

```
import simpy
u=[]
SERVIDOR=1
tempo _ utilizacao=0
def chegadas(ambiente,entidade,obs):
    for contaChegadas in range(1,obs+1):
```

(Continua)

```
            yield ambiente.timeout(5)
            print(f"{entidade} {contaChegadas} chega em: {ambiente.
now:.1f}")
            ambiente.process(servico(ambiente, f"{entidade}
{contaChegadas}", servidor))
def servico(ambiente, entidade, servidor):
    global tempo_utilizacao
    with servidor.request() as request:
        yield request
        inicio=ambiente.now
        print(f'{ambiente.now:.1f} Servidor inicia o serviço de
{entidade}.')
        yield ambiente.timeout(10)
        print(f'{ambiente.now:.1f} Servidor termina o serviço de
{entidade}.')
        tempo_utilizacao+=ambiente.now-inicio
        u.append(tempo_utilizacao/(SERVIDOR*ambiente.now))
def indicadores():
    print("\n******** Indicadores da Simulação *********")
    print(f"u =",u[-1])
ambiente = simpy.Environment()
servidor = simpy.Resource(ambiente,capacity=SERVIDOR)
ambiente.process(chegadas(ambiente,"Entidade",5))
ambiente.run()
indicadores()
```

```
Entidade 1 chega em: 5.0
5.0: Servidor inicia o serviço de Entidade 1.
...
******** Indicadores da Simulação *********
u = 0.8243578643578644
```

Na próxima seção são mostrados os gráficos da simulação.

9.2.3.5 *Gráficos da simulação*

Para visualizar os indicadores da simulação é útil a exibição dos gráficos. Assim, o histograma é útil para os indicadores de tempos de espera na fila, de tempo de espera no sistema e para a utilização, porque possibilita identificar os tempos mais frequentes, o tempo máximo e o tempo mínimo ocorrido na simulação, bem como esses mesmos parâmetros para a utilização. Por outro lado, para os indicadores de quantidade de entidades no sistema (TAS) e na fila (TAF), é interessante gerar um gráfico de escada. O código abaixo executa a simulação com quinze chegadas e mostra o gráfico de escada para o TAF:

```
import simpy
import matplotlib.pyplot as plt
TAF=[]
tempo=[]
def chegadas(ambiente,entidade,obs):
    for contaChegadas in range(1,obs+1):
        yield ambiente.timeout(5)
        print(f"{entidade} {contaChegadas} chega em: {ambiente.
now:.1f}")
        ambiente.process(servico(ambiente, f"{entidade}
{contaChegadas}", servidor))
def servico(ambiente, entidade, servidor):
    with servidor.request() as request:
        yield request
        print(f'{ambiente.now:.1f} Servidor inicia o serviço de
{entidade}.')
        yield ambiente.timeout(10)
        print(f'{ambiente.now:.1f} Servidor termina o serviço de
{entidade}.')
        TAF.append(len(servidor.queue))
        tempo.append(ambiente.now)
def indicadores():
    plt.step(tempo,TAF)
ambiente = simpy.Environment()
servidor = simpy.Resource(ambiente,capacity=1)
ambiente.process(chegadas(ambiente,"Entidade",15))
ambiente.run()
indicadores()
```

Já para o gráfico de escada, foi necessário criar um vetor chamado "tempo", em que será armazenado o tempo da simulação a cada vez que o tamanho da fila for coletado. Além do resultado da simulação, o código acima gera o gráfico mostrado na Figura 9.2:

Figura 9.2 – Gráfico de escada do TAF

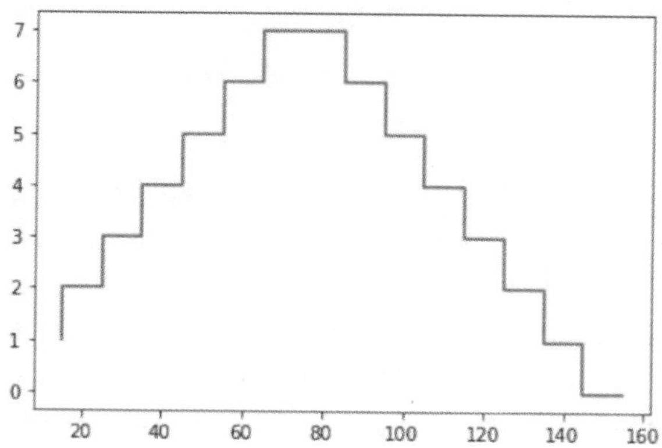

Fonte: O autor.

Como é possível verificar na Figura 9.2, a simulação atinge uma fila máxima de sete entidades no tempo oitenta. Para mostrar o histograma da utilização com o código visto na seção anterior, basta utilizar na função "Indicadores" o comando *plt.hist(u)*, como mostrado no gráfico exibido na Figura 9.3:

Figura 9.3 – Histograma da utilização dos recursos

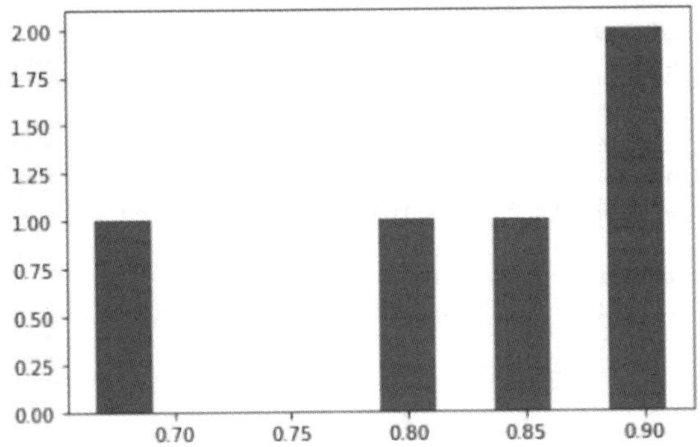

Fonte: O autor.

Pode-se definir uma função que retorne o gráfico desejado a partir da especificação da mesma, utilizando o código:

```
def grafico(tipo):
    if tipo == "Escada _ TAF":
        plt.step(tempo, TAF)
    elif tipo == "Escada _ TAS":
        plt.step(tempo, TAS)
    elif tipo == "Histograma _ TEF":
        plt.hist(TEF)
    elif tipo == "Histograma _ TES":
        plt.hist(TES)
    elif tipo == "Histograma _ u":
        plt.hist(u)
    else:
        return 0.0
    plt.show()
```

A próxima seção apresenta a modelagem das replicações.

9.2.4 Realizando replicações

É importante realizar replicações para estabilizar a variabilidade de um modelo, principalmente quando a simulação prevê um número limitado de chegadas. Então, ao realizar as replicações, o interessante são apenas os resultados gerais de cada simulação, e não nos detalhes da mesma. Assim, será útil, ao realizar replicações, não imprimir os detalhes da simulação, de modo a coletar apenas os resultados médios, conforme será abordado na próxima seção.

9.2.4.1 *Controlando a impressão da simulação*

Para omitir a impressão dos dados de uma simulação quando estivermos tratando das replicações, pode-se adicionar um comando no qual, caso desejado, seja possível imprimir ou não os detalhes da simulação. O código abaixo altera o código desenvolvido na seção 9.2.3.4, em que são impressos os detalhes da simulação apenas se a variável *imprime_simulacao* assumir o valor *True*:

```
import simpy
import numpy as np
u=[]
SERVIDOR=1
tempo_utilizacao=0
imprime_simulacao=False
def chegadas(ambiente,entidade,obs):
    for contaChegadas in range(1,obs+1):
        yield ambiente.timeout(5)
        if imprime_simulacao:
            print(f"{entidade} {contaChegadas} chega em: {ambiente.
now:.1f}")
        ambiente.process(servico(ambiente, f"{entidade}
{contaChegadas}", servidor))
def servico(ambiente, entidade, servidor):
    global tempo_utilizacao
    with servidor.request() as request:
        yield request
        inicio=ambiente.now
        if imprime_simulacao:
            print(f'{ambiente.now:.1f} Servidor inicia o serviço de
{entidade}.')
        yield ambiente.timeout(10)
        if imprime_simulacao:
            print(f'{ambiente.now:.1f} Servidor termina o serviço de
{entidade}.')
        tempo_utilizacao+=ambiente.now-inicio
        u.append(tempo_utilizacao/(SERVIDOR*ambiente.now))
def indicadores():
    print("\n******** Indicadores da Simulação *********")
    print(f"u =", u[-1])
ambiente = simpy.Environment()
servidor = simpy.Resource(ambiente,capacity=SERVIDOR)
ambiente.process(chegadas(ambiente,"Entidade",5))
ambiente.run()
if imprime_simulacao:
    indicadores()
```

O leitor poderá verificar que, ao executar o código acima, não será exibida nenhuma informação, mas, mesmo assim, a simulação foi executada. Para exibir os dados da simulação novamente, bastar alterar *imprime_simulacao* para *True*.

Com esse recurso, será possível executar diversas replicações de uma simulação, omitindo os detalhes de cada uma delas e armazenando apenas os parâmetros de interesse, conforme será desenvolvido na próxima seção.

9.2.4.2 *Parametrizando as replicações*

Para criar replicações e exibir seus resultados em vez dos detalhes de cada simulação, será necessário criar vetores que armazenem os resultados de cada simulação. Ao final das replicações, serão apresentados os resultados a partir desses vetores. Logo, os vetores e variáveis de cada simulação deverão ser reinicializados a cada replicação, já que, no final, seus resultados serão coletados pelos vetores dos resultados delas.

Como exemplo, o código abaixo realiza 10 mil replicações da simulação desenvolvida na seção anterior, em que é definido o vetor *u_replicacao*, que armazenará a utilização média de cada simulação e mostrará o resultado médio no final das replicações. Veja que o vetor *(u)*, que representa a utilização de cada simulação, e a variável *tempo_utilizacao* serão reinicializados a cada replicação:

```
u _ replicacao=[]
for i in range(1,10000):
    u=[]
    tempo _ utilizacao=0
    ambiente = simpy.Environment()
    servidor = simpy.Resource(ambiente,capacity=SERVIDOR)
    ambiente.process(chegadas(ambiente,"Entidade",5))
    ambiente.run()
    u _ replicacao.append(np.mean(u))
print("\n******** Indicadores das Replicacões *********")
print(f"u =",np.mean(u _ replicacao))
```

Ao executar o código acima do da seção anterior, é possível verificar que é mostrado apenas a utilização média das 10 mil replicações.

A próxima seção traz o período de aquecimento.

9.2.5 Período de aquecimento

Em uma simulação, o período de aquecimento desconsidera, dos indicadores de desempenho, o cálculo dos estágios iniciais da simulação, para que sejam ignorados valores cuja oscilação é transitória. Dito isso, considere o seguinte código que simula uma fila com chegadas constantes a cada 2 minutos e tempo de atendimento de 7 minutos entre as entidades:

```
import matplotlib.pyplot as plt
import simpy
import numpy as np
TAF=[]
AQUECIMENTO=0
tempo=[]
TAF_media=[]
def chegadas(ambiente,entidade,obs):
    for contaChegadas in range(1,obs+1):
        yield ambiente.timeout(2)
        print(f"{entidade} {contaChegadas} chega em: {ambiente.
now:.1f}")
        ambiente.process(servico(ambiente, f"{entidade}
{contaChegadas}", servidor))
def servico(ambiente, entidade, servidor):
    with servidor.request() as request:
        yield request
        print(f'{ambiente.now:.1f} Servidor inicia o serviço de
{entidade}.')
        yield ambiente.timeout(7)
        print(f'{ambiente.now:.1f} Servidor termina o serviço de
{entidade}.')
        if ambiente.now > AQUECIMENTO:
            TAF.append(len(servidor.queue))
            tempo.append(ambiente.now)
            TAF_media.append(np.mean(TAF))
def indicadores():
    print("\n******** Indicadores da Simulação ********")
    print(f"TAF =",np.mean(TAF))
    plt.plot(tempo,TAF_media)
ambiente = simpy.Environment()
servidor = simpy.Resource(ambiente,capacity=1)
ambiente.process(chegadas(ambiente,"Entidade",15))
ambiente.run()
indicadores()
```

A execução do código resulta em um TAF médio de 5,4, gerando ainda o gráfico mostrado na Figura 9.4:

Figura 9.4 – Média móvel do TAF

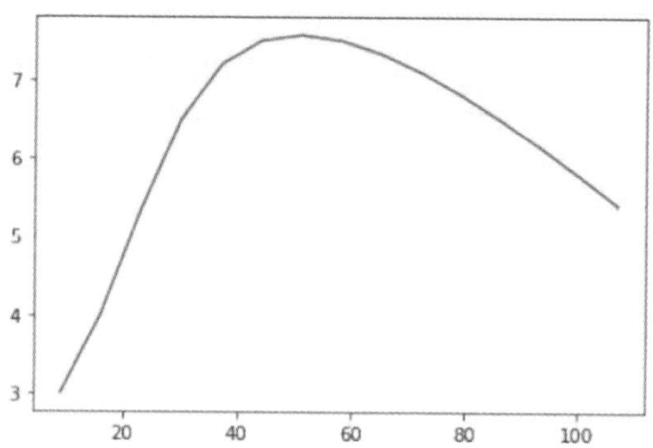

Fonte: O autor.

No código, foi incluído a variável *TAF_media*, que calcula a média móvel do tamanho da fila (TAF), isto é, a cada valor registrado no TAF, é calculada a média e armazenada na variável *TAF_media*. Assim, é possível analisar o incremento ou redução do tamanho da fila na média geral. Essa média móvel é mostrada na Figura 9.4 acima. Conforme se pode visualizar nessa figura, é possível verificar que a média móvel apresenta uma variação considerável até o período 40 e, a partir daí, a variação será menor até o final da simulação.

Na literatura de simulação, esse período cuja variação é maior é chamado de regime transitório. Quando a simulação passa a apresentar valores mais estáveis, diz-se que a simulação atingiu o regime permanente. Dessa maneira, muitas vezes, é interessante eliminar do cálculo dos indicadores o regime transitório, de forma que os valores obtidos da simulação possam condizer com a realidade em regime permanente. Pelo exame da Figura 9.4, nota-se que, a partir do início da simulação, a variação passa a ser menor a partir do tempo 40. Assim, esse regime transitório é denominado período de aquecimento e este será desconsiderado para o cálculo dos indicadores.

Dessa forma, o código apresentado acima possui a variável AQUECIMENTO que, quando diferente de zero, passará a registrar os indicadores apenas após esse período transitório. Ao alterar a variável para 40, conforme o código abaixo, pode-se auferir que o TAF da simulação diminuiu de 5,4 para 4,5:

```
AQUECIMENTO=40
```

Ao utilizar o período de aquecimento, é possível obter valores mais estáveis para a simulação.

A próxima seção desenvolve o código para executar uma simulação com replicações do modelo M/M/s com todos os indicadores de desempenho.

9.2.6 Modelo M/M/s no SimPy

Agrupando os códigos das seções anteriores, é possível desenvolver uma simulação do sistema de filas M/M/s no SimPy que mostre os indicadores de desempenho e os gráficos apresentados. De início, podem-se carregar os pacotes e definir as variáveis e vetores que serão utilizados nas funções:

```
import simpy
import numpy as np
import matplotlib.pyplot as plt
import random
import math
Chegadas=0
Saidas=0
TEF=[]
TES=[]
TAF=[]
TAS=[]
u=[]
SERVIDOR=1
tempo_utilizacao=0
tempo=[]
TEMPO_SIMULACAO=math.inf
QTD_CHEGADAS=100000
AQUECIMENTO=0
imprime_simulacao=True
```

Desse modo, foi parametrizado um tempo de simulação infinito e uma quantidade de chegadas de 100 mil entidades, para se obter os valores estáveis do modelo M/M/1. Serão ainda impressos os detalhes da simulação. O próximo bloco de códigos traz as funções de tempos, chegadas e serviço:

```
def tempos(modelo):
    return {'chegada': random.expovariate(1/12),
            'servico':random.expovariate(1/10)}.get(modelo, 0.0)
def chegadas(ambiente,entidade,obs):
    global Chegadas
    for contaChegadas in range(1,obs+1):
        yield ambiente.timeout(tempos('chegada'))
        Chegadas+=1
        if imprime_simulacao:
            print(f"{entidade} {contaChegadas} chega em: {ambiente.
now:.1f}")
        ambiente.process(servico(ambiente, f"{entidade}
{contaChegadas}", servidor))
def servico(ambiente, entidade, servidor):
    global Saidas, tempo_utilizacao
    chegada=ambiente.now
    with servidor.request() as request:
        yield request
        inicio=ambiente.now
        if ambiente.now > AQUECIMENTO:
            TEF.append(ambiente.now-chegada)
        if imprime_simulacao:
            print(f'{ambiente.now:.1f} Servidor inicia o serviço de
{entidade}.')
        yield ambiente.timeout(tempos('servico'))
        if imprime_simulacao:
```

(Continua)

```
                print(f'{ambiente.now:.1f} Servidor termina o serviço de
{entidade}.')
            Saidas+=1
            if ambiente.now > AQUECIMENTO:
                TES.append(ambiente.now-chegada)
                TAF.append(len(servidor.queue))
                TAS.append(len(servidor.queue)+servidor.count)
            tempo_utilizacao+=ambiente.now-inicio
            u.append(tempo_utilizacao/(SERVIDOR*ambiente.now))
            tempo.append(ambiente.now)
```

A seguir, são mostrados os códigos dos gráficos, dos indicadores e dos comandos necessários para a execução da simulação com a semente aleatória (12345):

```
def grafico(tipo):
    if tipo == "Escada_TAF":
        plt.step(tempo, TAF)
    elif tipo == "Escada_TAS":
        plt.step(tempo, TAS)
    elif tipo == "Histograma_TEF":
        plt.hist(TEF)
    elif tipo == "Histograma_TES":
        plt.hist(TES)
    elif tipo == "Histograma_u":
        plt.hist(u)
    else:
        return 0.0
    plt.show()
def indicadores():
    print("\n** Indicadores da Simulação **")
    print(f"Quantidade de chegadas =",Chegadas)
    print(f"Quantidade de saídas =",Saidas)
    print(f"TEF =",np.mean(TEF))
    print(f"TES =",np.mean(TES))
    print(f"TAF =",np.mean(TAF))
    print(f"TAS =",np.mean(TAS))
    print(f"u =",u[-1])
    grafico("Histograma_TEF")
random.seed(12345)
ambiente = simpy.Environment()
servidor = simpy.Resource(ambiente,capacity=SERVIDOR)
ambiente.process(chegadas(ambiente,"Entidade",QTD_CHEGADAS))
ambiente.run(until=TEMPO_SIMULACAO)
if imprime_simulacao:
    indicadores()
```

Ao executar esses três blocos de códigos, são obtidos os seguintes indicadores de desempenho, que são valores próximos à solução analítica do modelo M/M/1:

```
** Indicadores da Simulação **
Quantidade de chegadas = 100000
Quantidade de saídas = 100000
TEF = 48.134070237031615
TES = 58.117772997716145
TEF = 4.83063
TES = 5.83063
u = 0.8293874499958123
```

Juntamente ao resultado, é mostrado o histograma do tempo de espera na fila, como é mostrado na Figura 9.5:

Figura 9.5 – Histograma do TEF

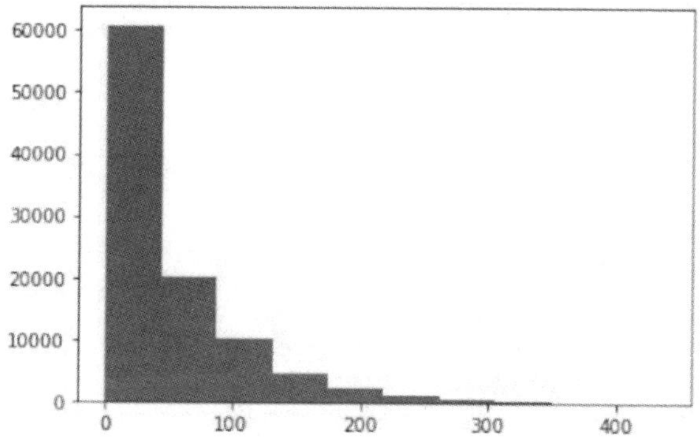

Fonte: O autor.

Com esse código é possível ainda trabalhar com variações na quantidade de servidores. Como exemplo, os resultados a seguir são obtidos com o modelo M/M/2:

```
** Indicadores da Simulação **
Quantidade de chegadas = 10000
Quantidade de saídas = 10000
TEF = 2.2074533282732154
TES = 12.352709063178503
TEF = 0.4488
TES = 2.0438
u = 0.4247971003024285
```

Caso seja necessário realizar replicações do sistema M/M/1, como, por exemplo, simulações de 30 chegadas e tempo máximo de 400, basta realizar as seguintes alterações nas variáveis:

```
TEMPO_SIMULACAO=400
QTD_CHEGADAS=30
imprime_simulacao=False
```

Assim, será necessário ainda excluir o comando que define a semente aleatória, para que cada replicação gere resultados diferentes. Após a alteração, pode-se executar o código abaixo, que coletará os indicadores das 10 mil replicações:

```
Chegadas _ replicacao=[]
Saidas _ replicacao=[]
TEF _ replicacao=[]
TES _ replicacao=[]
TAF _ replicacao=[]
TAS _ replicacao=[]
u _ replicacao=[]
for i in range(1,10000):
    Chegadas=0
    Saidas=0
    TEF=[]
    TES=[]
    TAF=[]
    TAS=[]
    u=[]
    tempo _ utilizacao=0
    tempo=[]
    ambiente = simpy.Environment()
    servidor = simpy.Resource(ambiente,capacity=SERVIDOR)
    ambiente.process(chegadas(ambiente,"Entidade",QTD _ CHEGADAS))
    ambiente.run(until=TEMPO _ SIMULACAO)
    Chegadas _ replicacao.append(Chegadas)
    Saidas _ replicacao.append(Saidas)
    TEF _ replicacao.append(np.mean(TEF))
    TES _ replicacao.append(np.mean(TES))
    TAF _ replicacao.append(np.mean(TAF))
    TAS _ replicacao.append(np.mean(TAS))
    u _ replicacao.append(np.mean(u))
print("\n******** Indicadores das Replicacões *********")
print(f"Quantidade de chegadas _ replicações =",np.
mean(Chegadas _ replicacao))
print(f"Quantidade de saídas _ replicações =",np.
mean(Saidas _ replicacao))
print(f"TEF _ replicações =",np.mean(TEF _ replicacao))
print(f"TES _ replicações =",np.mean(TES _ replicacao))
print(f"TAF _ replicações =",np.mean(TAF _ replicacao))
print(f"TAS _ replicações =",np.mean(TAS _ replicacao))
print(f"u _ replicações =",np.mean(u _ replicacao))
```

O resultado convergirá para os seguintes indicadores das replicações:

```
******** Indicadores das Replicacões *********
Quantidade de chegadas _ replicações = 29.014101410141013
Quantidade de saídas _ replicações = 27.822682268226824
TEF _ replicações = 21.268435489681703
TES _ replicações = 30.956332330066996
TAF _ replicações = 2.2765613588607008
TAS _ replicações = 3.2765613588607003
u _ replicações = 0.6850634355834826
```

Logo, variações desse modelo podem ser realizadas com a alteração das distribuições de probabilidade tanto das chegadas quanto do serviço. Cenários alternativos com quantidades distintas de servidores também podem ser analisados dessa maneira, enquanto que outros modelos mais complexos podem ser modelados com os códigos que serão apresentados na próxima seção.

9.3 Modelos avançados no SimPy

O modelo do sistema de fila M/M/1 e as variações na quantidade de servidores e nos dados de chegada e serviço representam um sistema simples no âmbito da simulação, com chegada, serviço e saída. Esse modelo é mostrado na Figura 9.6:

Figura 9.6 – Representação do sistema de filas com um serviço

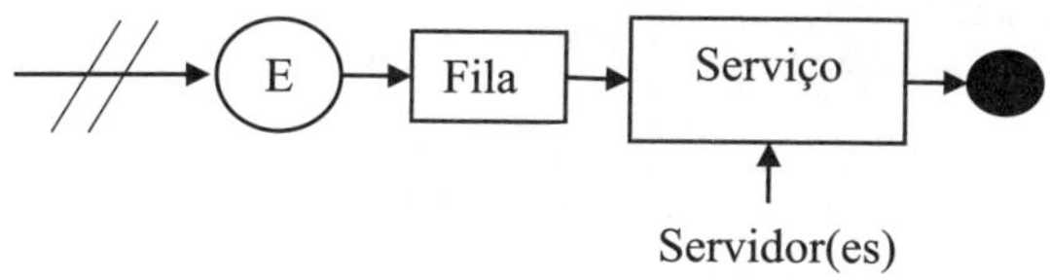

Fonte: O autor.

Uma variação útil desse sistema é a inclusão do transporte de entidades na simulação, como será visto na próxima seção.

9.3.1 Simulação com transporte

Uma forma simples de representar o transporte de entidades em um modelo de simulação consiste em fazer com que a entidade sofra um atraso que represente o tempo de duração do transporte. Isso acontece ao utilizar a terminologia IDEF-SIM, um modelo de serviço simples, com transporte entre a chegada e o serviço. Como mostrado na Figura 9.7:

Figura 9.7 – Sistema de fila com um serviço e transporte

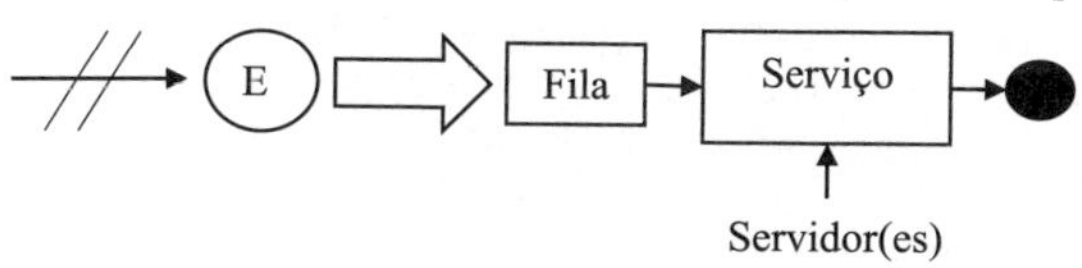

Fonte: O autor.

Conforme visto na Figura 9.7, após a criação da entidade, a mesma é transportada antes de chegar à fila para ser atendida. Desse modo, como exemplo, esse sistema pode representar clientes que embarcam em um ônibus antes de chegar a um guichê de atendimento.

O código abaixo considera um sistema de fila com um único servidor, em que as entidades demoram 8 minutos para chegar à fila. O tempo entre as chegadas é de 5 minutos; o de serviço, de 10 minutos:

```
import simpy
def chegadas(ambiente,entidade,obs):
    for contaChegadas in range(1,obs+1):
        yield ambiente.timeout(5)
        print(f"{entidade} {contaChegadas} parte em: {ambiente.
now:.1f}")
        ambiente.process(servico(ambiente, f"{entidade}
{contaChegadas}", servidor))
def servico(ambiente, entidade, servidor):
    yield ambiente.timeout(8)
    print(f'{ambiente.now:.1f} {entidade} chega para atendimento.')
    with servidor.request() as request:
        yield request
        print(f'{ambiente.now:.1f} Servidor inicia o serviço de
{entidade}.')
        yield ambiente.timeout(10)
        print(f'{ambiente.now:.1f} Servidor termina o serviço de
{entidade}.')
ambiente = simpy.Environment()
servidor = simpy.Resource(ambiente,capacity=1)
ambiente.process(chegadas(ambiente,"Entidade",5))
ambiente.run(until=40)
```

Sendo assim, veja que a única alteração em relação ao sistema com um único servidor é a inclusão de um atraso entre a chegada e o início do serviço. O resultado do código mostra esse fato:

```
Entidade 1 parte em: 5.0
Entidade 2 parte em: 10.0
13.0: Entidade 1 chega para atendimento.
13.0: Servidor inicia o serviço de Entidade 1.
Entidade 3 parte em: 15.0
18.0: Entidade 2 chega para o atendimento.
Entidade 4 parte em: 20.0
23.0: Servidor termina o serviço de Entidade 1.
23.0: Entidade 3 chega para o atendimento.
23.0: Servidor inicia o serviço de Entidade 2.
Entidade 5 parte em: 25.0
28.0: Entidade 4 chega para o atendimento.
33.0: Servidor termina o serviço de Entidade 2.
33.0: Entidade 5 chega para o atendimento.
33.0: Servidor inicia o serviço de Entidade 3.
```

Todavia, o modelo apresentado ignora o recurso que a entidade utiliza para realizar o transporte. Essa especificidade será desenvolvida na próxima seção.

9.3.2 Uso de recursos para movimentação de entidades

Caso se deseje que o transporte simulado na seção anterior seja realizado por um recurso, é possível criar um recurso semelhante ao servidor para concluir essa atividade. O modelo conceitual desse modelo é mostrado na Figura 9.8:

Figura 9.8 – Simulação com transportador

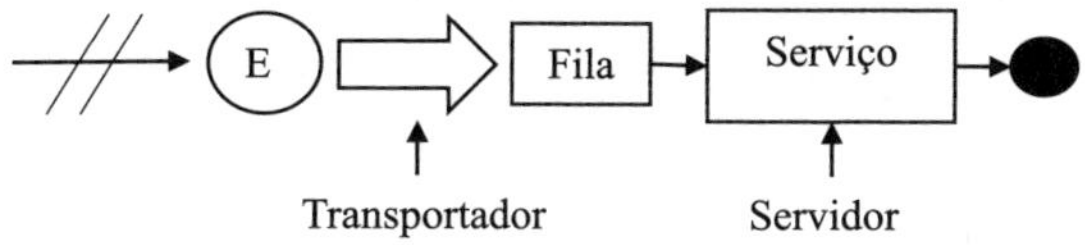

Fonte: O autor.

Como mostrado na Figura 9.8, o código abaixo adiciona o transportador como um recurso dentro da função transporte, pelo qual cada entidade passa antes de chegar ao serviço:

```
import simpy
def chegadas(ambiente, entidade, obs):
    for contaChegadas in range(1, obs + 1):
        yield ambiente.timeout(5)
        print(f"{entidade} {contaChegadas} chega em: {ambiente.
now:.1f}")
        ambiente.process(transporte(ambiente, f"{entidade}
{contaChegadas}", transportador))
def transporte(ambiente, entidade, transportador):
    with transportador.request() as request:
        yield request
        print(f'{ambiente.now:.1f} {entidade} embarca no
transportador.')
        yield ambiente.timeout(8)
        print(f'{ambiente.now:.1f} {entidade} desembarca do
transportador.')
        ambiente.process(servico(ambiente, f"{entidade}", servidor))
def servico(ambiente, entidade, servidor):
    with servidor.request() as request:
        yield request
        print(f'{ambiente.now:.1f} Servidor inicia o serviço de
{entidade}.')
        yield ambiente.timeout(10)
        print(f'{ambiente.now:.1f} Servidor termina o serviço de
{entidade}.')
ambiente = simpy.Environment()
servidor = simpy.Resource(ambiente, capacity=1)
transportador = simpy.Resource(ambiente, capacity=1)
ambiente.process(chegadas(ambiente, "Entidade", 5))
ambiente.run(until=40)
```

Logo, o resultado mostra que, ao chegar, a entidade utiliza o transportador para se deslocar até o servidor:

```
Entidade 1 chega em: 5.0
5.0: Entidade 1 embarca no transportador.
Entidade 2 chega em: 10.0
13.0: Entidade 1 desembarca do transportador.
13.0: Servidor inicia o serviço de Entidade 1.
13.0: Entidade 2 embarca no transportador.
Entidade 3 chega em: 15.0
Entidade 4 chega em: 20.0
21.0: Entidade 2 desembarca do transportador.
21.0: Entidade 3 embarca no transportador.
23.0: Servidor termina o serviço de Entidade 1.
23.0: Servidor inicia o serviço de Entidade 2.
Entidade 5 chega em: 25.0
29.0: Entidade 3 desembarca do transportador.
29.0: Entidade 4 embarca no transportador.
33.0: Servidor termina o serviço de Entidade 2.
33.0: Servidor inicia o serviço de Entidade 3.
37.0: Entidade 4 desembarca do transportador.
37.0: Entidade 5 embarca no transportador.
```

A próxima seção aborda a simulação de processos encadeados.

9.3.3 Processos encadeados

Em muitos modelos de simulação, uma entidade sai de um serviço e parte para outro. Por isso, considere o caso de um produto que está sendo fabricado e passando por diversas estações de processamento. Assim, a entidade passará por processos encadeados. A Figura 9.9 mostra dois processos encadeados:

Figura 9.9 – Modelo conceitual de dois processos encadeados

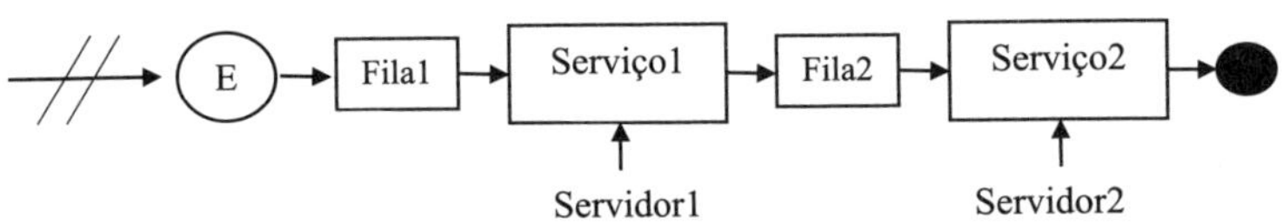

Fonte: O autor.

Os códigos necessários para a simulação de dois processos encadeados já foram desenvolvidos na seção anterior. Então, basta verificar que a adição de um recurso para realizar o transporte das entidades gerará fila das mesmas. Dessa maneira, para utilizar o mesmo código, alterando apenas a nomenclatura dos serviços e servidores, utiliza-se o seguinte script:

```
import simpy
def chegadas(ambiente, entidade, obs):
    for contaChegadas in range(1, obs + 1):
        yield ambiente.timeout(5)
        print(f"{entidade} {contaChegadas} chega em: {ambiente.
now:.1f}")
        ambiente.process(servico1(ambiente, f"{entidade}
{contaChegadas}", servidor1))
def servico1(ambiente, entidade, servidor1):
    with servidor1.request() as request:
        yield request
        print(f'{ambiente.now:.1f} Servidor1 inicia o serviço de
{entidade}.')
        yield ambiente.timeout(10)
        print(f'{ambiente.now:.1f} Servidor1 termina o serviço de
{entidade}.')
        ambiente.process(servico2(ambiente, f"{entidade}",
servidor2))
def servico2(ambiente, entidade, servidor2):
        yield request
        print(f'{ambiente.now:.1f} Servidor2 inicia o serviço de
{entidade}.')
        yield ambiente.timeout(10)
        print(f'{ambiente.now:.1f} Servidor2 termina o serviço de
{entidade}.')
ambiente = simpy.Environment()
servidor1 = simpy.Resource(ambiente, capacity=1)
servidor2 = simpy.Resource(ambiente, capacity=1)
ambiente.process(chegadas(ambiente, "Entidade", 5))
ambiente.run(until=40)
```

A próxima seção traz uma simulação com regras distintas para diferentes fluxos desejados no modelo.

9.3.4 Regra para fluxos diferentes

Muitas vezes, em uma simulação, é preciso direcionar o fluxo das entidades por diferentes trajetórias, dependendo de seus atributos. Dessa forma, considere o caso de uma fila de supermercado com caixas normal e preferencial. Neste caso, as entidades seguem para diferentes serviços, dependendo do atributo da entidade.

Logo, cogite o caso de um sistema de fila com chegada de entidades e atributos numéricos inteiros, com uma distribuição normal que tem média de 40 e desvio-padrão de 5. Assim, entidades com atributo menor ou igual a 40 são atendidas pelo Serviço 1; e o restante, pelo Serviço 2, conforme mostra a Figura 9.10:

Figura 9.10 – Sistema de fila com regra para fluxos diferentes

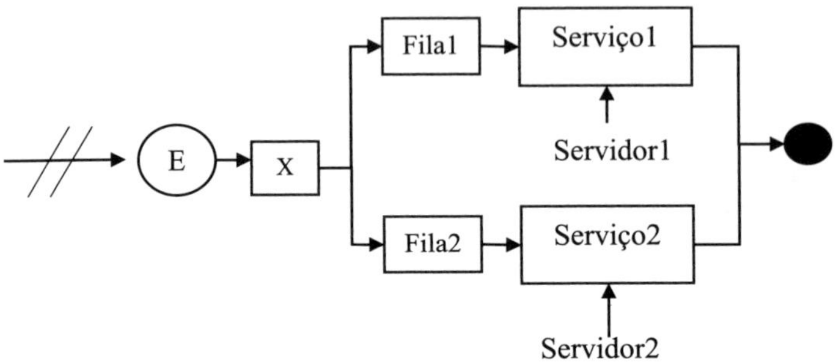

Fonte: O autor.

O código abaixo implementa esse sistema de filas:

```
import simpy
import random
def chegadas(ambiente, entidade, obs):
    for contaChegadas in range(1, obs + 1):
        yield ambiente.timeout(5)
        atributo= round(random.normalvariate(40, 5))
        print(f"{entidade} {contaChegadas} chega em: {ambiente.
now:.1f} com atributo:{atributo}")
        if atributo > 40:
            ambiente.process(servico2(ambiente, f"{entidade}
{contaChegadas}", servidor2,atributo))
        else:
            ambiente.process(servico1(ambiente, f"{entidade}
{contaChegadas}", servidor1,atributo))
def servico1(ambiente, entidade, servidor1,atributo):
    with servidor1.request() as request:
        yield request
        print(f'{ambiente.now:.1f} Servidor1 inicia o serviço de
{entidade}.')
        yield ambiente.timeout(10)
        print(f'{ambiente.now:.1f} Servidor1 termina o serviço de
{entidade}.')
def servico2(ambiente, entidade, servidor2,atributo):
    with servidor2.request() as request:
        yield request
        print(f'{ambiente.now:.1f} Servidor2 inicia o serviço de
{entidade}.')
        yield ambiente.timeout(10)
        print(f'{ambiente.now:.1f} Servidor2 termina o serviço de
{entidade}.')
random.seed(12345)
ambiente = simpy.Environment()
servidor1 = simpy.Resource(ambiente, capacity=1)
servidor2 = simpy.Resource(ambiente, capacity=1)
ambiente.process(chegadas(ambiente, "Entidade", 15))
ambiente.run()
```

Após a execução do código, é possível verificar que, dependendo do atributo da entidade, a mesma é direcionada para o serviço específico correspondente ao atributo:

```
Entidade 1 chega em: 5.0 com atributo:39
5.0: Servidor1 inicia o serviço de Entidade 1.
Entidade 2 chega em: 10.0 com atributo:44
10.0: Servidor 2 inicia o serviço de Entidade 2.
...
80.0: Servidor 2 termina o serviço de Entidade 14.
85.0: Servidor 1 termina o serviço de Entidade 13.
85.0: Servidor 1 inicia o serviço de Entidade 15.
95.0: Servidor 1 termina o serviço de Entidade 15.
```

A próxima seção apresenta os processos cíclicos.

9.3.5 Processos cíclicos

Uma balsa que transporta veículos ou passageiros de um lado a outro em um canal, perfaz um processo cíclico. Esse tipo de sistema de filas pode ser representado pelo modelo conceitual mostrado na Figura 9.11:

Figura 9.11 – Sistema de fila com processo cíclico

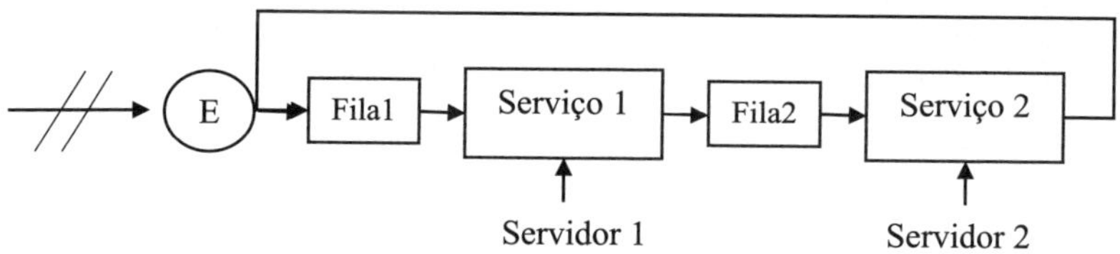

Fonte: O autor.

A Figura 9.11 mostra a chegada de entidades para serem atendidas por dois serviços, sendo que, ao final do segundo, a mesma entidade volta para ser atendida pelo Servidor 1. Para implementar essa simulação, é necessário alterar o código desenvolvido para processos encadeados de forma que, ao finalizar o Serviço 2, a entidade retorne para a fila do primeiro processo. A implementação pode ser feita da seguinte maneira:

```
import simpy
def chegadas(ambiente, entidade, obs):
    for contaChegadas in range(1, obs + 1):
        yield ambiente.timeout(5)
        print(f"{entidade} {contaChegadas} chega em: {ambiente.
now:.1f}")
        ambiente.process(servico1(ambiente, f"{entidade}
{contaChegadas}", servidor1,servidor2))
def servico1(ambiente, entidade, servidor1,servidor2):
    with servidor1.request() as request:
        yield request
        print(f'{ambiente.now:.1f} Servidor1 inicia o serviço de
{entidade}.')
        yield ambiente.timeout(10)
        print(f'{ambiente.now:.1f} Servidor1 termina o serviço de
{entidade}.')
        ambiente.process(servico2(ambiente, f"{entidade}",
servidor2))
def servico2(ambiente, entidade, servidor2):
    with servidor2.request() as request:
        yield request
        print(f'{ambiente.now:.1f} Servidor2 inicia o serviço de
{entidade}.')
        yield ambiente.timeout(10)
        print(f'{ambiente.now:.1f} Servidor2 termina o serviço de
{entidade}.')
        ambiente.process(servico1(ambiente, entidade,
servidor1,servidor2))
ambiente = simpy.Environment()
servidor1 = simpy.Resource(ambiente, capacity=1)
servidor2 = simpy.Resource(ambiente, capacity=1)
ambiente.process(chegadas(ambiente, "Entidade", 5))
ambiente.run(until=60)
```

É possível verificar na impressão que as entidades, após deixarem o Serviço 2, retornam ao Serviço 1. Assim, se nota que, na trajetória da Entidade 1, a mesma é atendida pelo primeiro Servidor nos tempos 5 e 45:

```
Entidade 1 chega em: 5.0
5.0: Servidor 1 inicia o serviço de Entidade 1.
Entidade 2 chega em: 10.0
15.0: Servidor 1 termina o serviço de Entidade 1.
...
55.0: Servidor 1 termina o serviço de Entidade 1.
55.0: Servidor 2 inicia o serviço de Entidade 1.
55.0: Servidor 1 inicia o serviço de Entidade 5.
```

A próxima seção traz os exercícios propostos do capítulo.

9.4 Exercícios propostos

1. Crie um código no SimPy que simule a chegada de dez entidades, com tempo entre as chegadas constante de dez e um atributo, chamado idade arredondada, com média 20 e desvio-padrão de 1. Utilize a semente 12345. Qual é a idade da décima entidade?

2. Crie um código no SimPy que simule a chagada de três tipos de veículos a uma praça de pedágio, com os seguintes parâmetros: cinco carretas com tempo de dez; três caminhões com tempo de vinte e dez carros com tempo de cinco. Assumindo que todos os tempos são constantes, qual é o tipo e quando chegará a última entidade?

3. Crie uma simulação no SimPy com dez chegadas de entidades, com tempo exponencialmente distribuído com média 10 e semente 12345. Qual é o tempo de chegada da décima entidade?

4. Considerando a questão anterior, qual será o tempo de término da simulação se o tempo entre chegadas for normalmente distribuído com média 20 e desvio-padrão de 1?

5. Clientes chegam a um pet shop com uma taxa exponencial de cinco por hora e são atendidos conforme a mesma distribuição a uma taxa de seis por hora. Construa um modelo de simulação no SimPy com chegada, serviço e saída, simulando uma operação diária de 8 horas e 10 mil chegadas possíveis. Ao final da simulação, usando a semente 12345, quantos clientes chegaram e foram atendidos pelo pet shop?

6. Considerando o mesmo contexto da questão anterior, qual é o tempo esperado na fila (em minutos)?

7. Considerando o contexto das questões anteriores, qual é o tamanho máximo de fila gerado (Dica: use o gráfico escada)?

8. Considerando o contexto das questões anteriores, qual percentual de tempo o servidor estará ocupado (Resposta em decimal)?

9. Um analista de PCP (Planejamento e Controle de Produção) foi contratado para verificar o tempo médio de espera que determinada peça fica aguardando para ser processada por uma máquina. Foi levantado um tempo de chegada, exponencialmente distribuído, com média de 1 minuto; e a máquina processa as peças em 0,99 minuto.

Qual é esse tempo em minutos? Obs.: Execute 100 mil chegadas com a semente 12345.

10. Supondo o contexto da questão anterior e, em vez de utilizar tempos exponencialmente distribuídos, o analista utilizou tempos constantes. Qual foi o tempo médio de espera obtido?

11. Elabore um modelo que simule a chegada de 30 passageiros em um ponto de táxi, com distribuição exponencial de média 10, traslado dos mesmos por 5 minutos constantes e embarque num terminal que tem distribuição normal com média 10 e desvio-padrão de 2. Usando semente 12345, qual é o tempo em que o último passageiro realizará o desembarque? Obs.: Utilize o modelo com transportador como recurso.

RESUMO

Neste capítulo foram apresentados diversos modelos de simulação de eventos discretos que possibilitam representar um sistema com chegadas, processamento e saída. Foi utilizado o pacote SimPy do Python para desenvolver simulações variadas tanto de modelos simples, como o M/M/1, quanto de situações específicas nos modelos avançados.

O próximo capítulo apropria-se desses fundamentos e replica modelos complexos com simulação de eventos discretos, fazendo uso do SimPy.

10

Modelos aplicados na simulação de eventos discretos

"Nature is like a genie that answers exactly the question we pose, not necessarily the one we intend to ask"

Judea Pearl & Dana Mackenzie – *The Book of Why* (2008)

No capítulo anterior, foram desenvolvidos os fundamentos para a execução da simulação de eventos discretos no SimPy. Neste capítulo, as técnicas aprendidas no capítulo anterior serão aplicadas a casos com contextos variados.

A próxima seção apresenta os objetivos do capítulo.

OBJETIVOS DO CAPÍTULO

- **Aplicar os fundamentos da simulação de eventos discretos a problemas simples e aplicados.**
- **Utilizar o SimPy para realizar a análise dos problemas apresentados e simular os diferentes cenários do modelo.**

10.1 Atendimento em caixa de supermercado

O gerente de um supermercado está incomodado com o crescente número de reclamações que seus clientes estão preenchendo e depositando na caixa de sugestões, após passarem pelo caixa e pagarem os itens comprados. Os clientes estão reclamando tanto do tamanho da fila quanto do tempo em que esperam nela. Há relatos de que quando a fila é longa, novos clientes desistem de entrar no estabelecimento e se dirigem até a concorrência.

O supermercado dispõe de apenas um caixa, mas possui espaço suficiente para ampliar para mais dois operadores, além disso, o horário de funcionamento é das 8h às 20h. Então o gerente contratou uma consultoria para realizar o diagnóstico atual e estudar possíveis cenários para resolver o problema. O primeiro passo realizado pela consultoria foi definir o modelo conceitual, que é mostrado na Figura 10.1:

Figura 10.1 – Modelo conceitual do supermercado

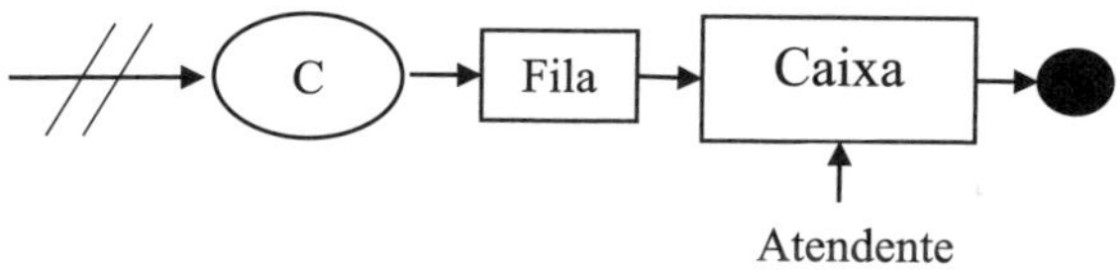

Fonte: O autor.

O passo seguinte foi coletar os tempos entre as chegadas dos clientes e os tempos de atendimento do caixa. Utilizando as técnicas vistas no capítulo 5, foi identificado que o tempo entre as chegadas se assemelha a uma distribuição exponencial, com tempo entre chegadas de um cliente por minuto, e o tempo de atendimento tem distribuição normal, com média de 1,5 minutos e desvio-padrão de 0,1 minuto.

Assim, de posse dos tempos entre as chegadas e do tempo de atendimento, é possível executar a simulação desse sistema com o código que mostre todos os indicadores de desempenho, mostrado na seção 9.2.6 do capítulo 9. O script para executar essa simulação é o seguinte:

```
import simpy
import numpy as np
import matplotlib.pyplot as plt
import random
import math
Chegadas=0
Saidas=0
TEF=[]
TES=[]
```

(Continua)

```
TAF=[]
TAS=[]
u=[]
SERVIDOR=1
tempo _ utilizacao=0
tempo=[]
TEMPO _ SIMULACAO=720
QTD _ CHEGADAS=10000
AQUECIMENTO=0
imprime _ simulacao=True
def tempos(modelo):
    return {‘chegada’: random.expovariate(1),
            ‘servico’:random.normalvariate(1.5, 0.1)}.get(modelo, 0.0)
def chegadas(ambiente,entidade,obs):
    global Chegadas
    for contaChegadas in range(1,obs+1):
        yield ambiente.timeout(tempos(‘chegada’))
        Chegadas+=1
        if imprime _ simulacao:
            print(f”{entidade} {contaChegadas} chega em: {ambiente.
now:.1f}”)
        ambiente.process(servico(ambiente, f”{entidade}
{contaChegadas}”, servidor))
def servico(ambiente, entidade, servidor):
    global Saidas, tempo _ utilizacao
    chegada=ambiente.now
    with servidor.request() as request:
        yield request
        inicio=ambiente.now
        if ambiente.now > AQUECIMENTO:
            TEF.append(ambiente.now-chegada)
        if imprime _ simulacao:
            print(f’{ambiente.now:.1f} Caixa inicia o atendimento de
{entidade}.’)
        yield ambiente.timeout(tempos(‘servico’))
        if imprime _ simulacao:
            print(f’{ambiente.now:.1f} Caixa termina o atendimento
de {entidade}.’)
        Saidas+=1
        if ambiente.now > AQUECIMENTO:
            TES.append(ambiente.now-chegada)
            TAF.append(len(servidor.queue))
            TAS.append(len(servidor.queue)+servidor.count)
        tempo _ utilizacao+=ambiente.now-inicio
        u.append(tempo _ utilizacao/(SERVIDOR*ambiente.now))
        tempo.append(ambiente.now)
def grafico(tipo):
    if tipo == “Escada _ TAF”:
        plt.step(tempo, TAF)
    elif tipo == “Escada _ TAS”:
        plt.step(tempo, TAS)
    elif tipo == “Histograma _ TEF”:
        plt.hist(TEF)
    elif tipo == “Histograma _ TES”:
```

(Continua)

```
        plt.hist(TES)
    elif tipo == "Histograma _ u":
        plt.hist(u)
    else:
        return 0.0
    plt.show()
def indicadores():
    print("\n** Indicadores da Simulação **")
    print(f"Quantidade de chegadas =",Chegadas)
    print(f"Quantidade de saídas =",Saidas)
    print(f"TEF =",np.mean(TEF))
    print(f"TES =",np.mean(TES))
    print(f"TAF =",np.mean(TAF))
    print(f"TAS =",np.mean(TAS))
    print(f"u =",u[-1])
    grafico("Histograma _ TEF")
random.seed(12345)
ambiente = simpy.Environment()
servidor = simpy.Resource(ambiente,capacity=SERVIDOR)
ambiente.process(chegadas(ambiente,"Cliente",QTD _ CHEGADAS))
ambiente.run(until=TEMPO _ SIMULACAO)
if imprime _ simulacao:
    indicadores()
```

No código acima, foram alterados os tempos de chegada e atendimento; o tempo da simulação, que passou a ser de 720 minutos; e a impressão dos detalhes, para ser aplicado ao contexto do problema. Foi utilizada ainda uma semente aleatória específica, para que o leitor gere um resultado semelhante.

Portanto, o primeiro passo na análise dessa simulação é fazer uma inspeção na impressão dos detalhes, para verificar se a simulação ocorreu corretamente. Conforme se pode analisar pelo excerto abaixo, nota-se que a rotina do supermercado parece ter sido simulada com precisão:

```
Cliente 1 chega em: 0.5.
0.5: Caixa inicia o atendimento de Cliente 1.
Cliente 2 chega em: 0.8.
Cliente 3 chega em: 0.9.
2.0: Caixa termina o atendimento de Cliente 1.
2.0: Caixa inicia o atendimento de Cliente 2.
3.6: Caixa termina o atendimento de Cliente 2.
3.6: Caixa inicia o atendimento de Cliente 3.
Cliente 4 chega em: 4.1.
4.9: Caixa termina o atendimento de Cliente 3.
4.9: Caixa inicia o atendimento de Cliente 4.
6.6: Caixa termina o atendimento de Cliente 4.
Cliente 5 chega em: 7.5.
7.5: Caixa inicia o atendimento de Cliente 5.
8.8: Caixa termina o atendimento de Cliente 5.
Cliente 6 chega em: 8.9.
```

(Continua)

```
...
717.1: Caixa termina o atendimento de Cliente 475.
717.1: Caixa inicia o atendimento de Cliente 476.
Cliente 752 chega em: 717.8.
Cliente 753 chega em: 718.1.
718.6: Caixa termina o atendimento de Cliente 476.
718.6: Caixa inicia o atendimento de Cliente 477.
Cliente 754 chega em: 718.6.
Cliente 755 chega em: 718.9.
Cliente 756 chega em: 719.0.
719.9: Caixa termina o atendimento de Cliente 477.
719.9: Caixa inicia o atendimento de Cliente 478.
```

Uma inspeção visual da impressão da simulação realizada acima revela que o funcionamento do sistema simulado foi satisfatório. O passo seguinte é analisar a impressão dos indicadores de desempenho:

```
** Indicadores da Simulação **
Quantidade de chegadas = 756
Quantidade de saídas = 477
TEF = 131.05733046578322
TES = 132.2813233181556
TAF = 138.27882599580713
TAS = 139.27882599580713
u = 0.9978192731309559
```

Logo, verifica-se nos indicadores da simulação que somente cerca de 63% dos clientes que chegaram no supermercado foram atendidos (477/756=0,6309). O tempo médio de espera na fila foi de cerca de 131 minutos e, somado a este tempo, foi despendido pouco mais de um minuto no sistema. O tamanho médio da fila foi superior a 138 clientes. Nota-se, ainda, uma utilização de cerca de mais de 99% do caixa, indicando que o operador está sobrecarregado. O histograma do tempo de espera da fila é mostrado na Figura 10.2:

Figura 10.2 – Histograma do TEF

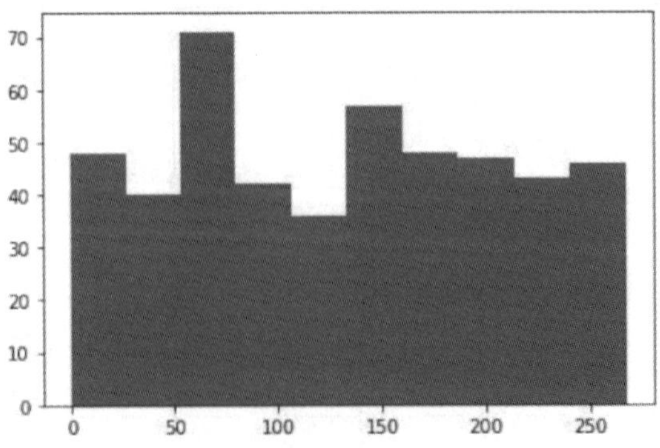

Fonte: O autor.

Como visto, o exame do histograma mostra que o tempo de espera na fila variou de nulo até cerca de 250, com distribuição similar a uma uniforme.

Uma outra execução do código solicitando a exibição do tamanho da fila pode ser observada no gráfico da Figura 10.3:

Figura 10.3 – Gráfico do TAF

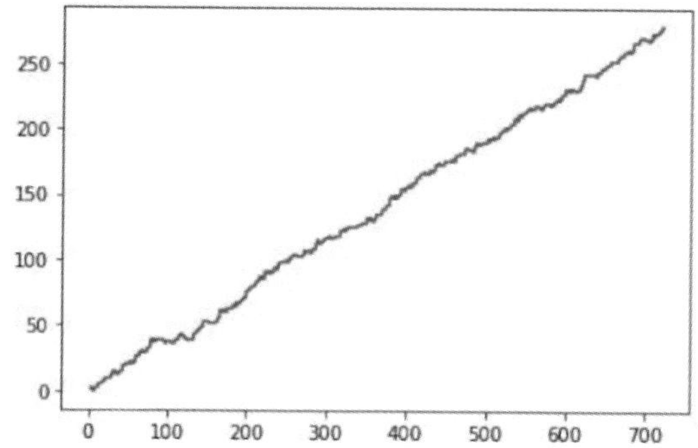

Fonte: O autor.

O gráfico do TAF mostra que o tamanho da fila cresce até o fim do expediente, quando atinge um valor máximo de mais de 250 clientes. Uma outra execução mostra o histograma do índice de utilização, como apresenta a Figura 10.4:

Figura 10.4 – Histograma da utilização

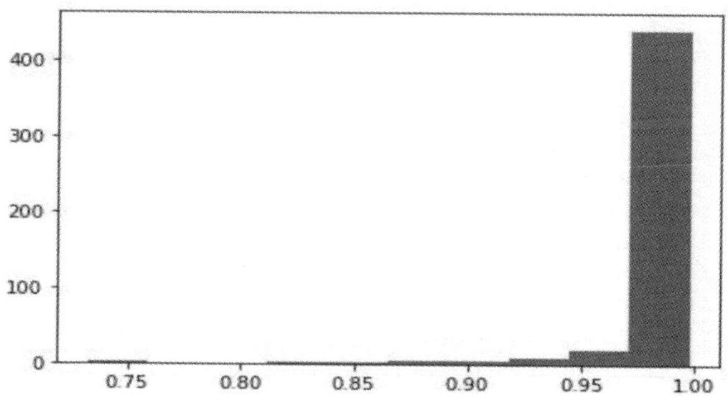

Fonte: O autor.

A Figura 10.4 mostra que a utilização fica acima de 95% na maior parte do tempo.

Assim, com a finalidade de obter indicadores de desempenho mais estáveis, o código abaixo realiza mil replicações da simulação do supermercado, para verificar a convergência dos indicadores. É importante que, antes de executar as replicações, o leitor desabilite a impressão e também destrave a semente aleatória. Para esta última, pode-se alterar o comando para a forma de comentário:

```
imprime _ simulacao=False
#random.seed(12345)
```

Após executado o código da simulação com essas alterações, as replicações podem ser realizadas da seguinte maneira:

```
Chegadas _ replicacao=[]
Saidas _ replicacao=[]
TEF _ replicacao=[]
TES _ replicacao=[]
TAF _ replicacao=[]
TAS _ replicacao=[]
u _ replicacao=[]
for i in range(1,1000):
    Chegadas=0
    Saidas=0
    TEF=[]
    TES=[]
    TAF=[]
    TAS=[]
    u=[]
    tempo _ utilizacao=0
    tempo=[]
    ambiente = simpy.Environment()
    servidor = simpy.Resource(ambiente,capacity=SERVIDOR)
    ambiente.process(chegadas(ambiente,"Entidade",QTD _ CHEGADAS))
    ambiente.run(until=TEMPO _ SIMULACAO)
    Chegadas _ replicacao.append(Chegadas)
    Saidas _ replicacao.append(Saidas)
    TEF _ replicacao.append(np.mean(TEF))
    TES _ replicacao.append(np.mean(TES))
    TAF _ replicacao.append(np.mean(TAF))
    TAS _ replicacao.append(np.mean(TAS))
    u _ replicacao.append(np.mean(u))
print("\n******** Indicadores das Replicacões ********")
print(f"Quantidade de chegadas _ replicações =",np.
mean(Chegadas _ replicacao))
print(f"Quantidade de saídas _ replicações =",np.
mean(Saidas _ replicacao))
print(f"TEF _ replicações =",np.mean(TEF _ replicacao))
print(f"TES _ replicações =",np.mean(TES _ replicacao))
print(f"TAF _ replicações =",np.mean(TAF _ replicacao))
print(f"TAS _ replicações =",np.mean(TAS _ replicacao))
print(f"u _ replicações =",np.mean(u _ replicacao))
```

Então as replicações geraram os seguintes indicadores:

```
******** Indicadores das Replicacões *********
Quantidade de chegadas _ replicações = 720.7107107107107
Quantidade de saídas _ replicações = 478.3853853853854
TEF _ replicações = 120.37529615097519
TES _ replicações = 121.62408273073507
TAF _ replicações = 121.88569145317481
TAS _ replicações = 122.88569145317481
u _ replicações = 0.9879350015706087
```

As replicações corroboram os resultados da simulação e estes apontam um diagnóstico desfavorável ao supermercado, como concluiu a consultoria. Desse modo, foi apresentado ao gerente um conjunto de ações que podem reduzir a fila, diminuir o tempo de espera e atender mais clientes. As opções disponíveis são mostradas na Tabela 10.1:

Tabela 10.1 – Ações de melhoria das filas do supermercado

Ação	Descrição	Resultado esperado
Treinar o atendente de caixa.	Realizar um treinamento com o atendente de caixa para reduzir o tempo de atendimento.	Redução do tempo de atendimento de ~N(1,5;0,1) para ~N(1,0;0,1).
Aumentar o número de caixas.	Aumentar a quantidade de caixas, mantendo o mesmo tempo de atendimento.	Redução do tamanho da fila e do tempo de espera no sistema.
Aumentar o tempo entre as chegadas.	Realizar promoções fora do horário de pico, para aumentar a chegada nesse período, e aumentar o tempo médio entre as chegadas.	Aumento do tempo médio entre chegadas de 1 para 1,5 com a mesma distribuição.

Fonte: O autor.

Diante das três ações possíveis, a consultoria apresentou os resultados esperados de cada situação. A alteração do tempo de atendimento demandará alterar a função "tempos" para:

```
def tempos(modelo):
    return {'chegada': random.expovariate(1),
            'servico':random.normalvariate(1, 0.1)}.get(modelo, 0.0)
```

Ao alterar esse código na simulação e realizar a mesma quantidade de replicações, os indicadores de desempenho são:

```
******** Indicadores das Replicacões *********
Quantidade de chegadas _ replicações = 719.8418418418419
Quantidade de saídas _ replicações = 698.4314314314314
TEF _ replicações = 13.312894479473744
TES _ replicações = 14.303218838281001
TAF _ replicações = 14.288310339362713
TAS _ replicações = 15.288310339362711
u _ replicações = 0.9472102182504948
```

É possível verificar que, neste cenário, quase todos os clientes que chegam são atendidos e, tanto o tempo de espera na fila quanto o tamanho da mesma foi reduzido significativamente.

Para estudar o efeito do aumento do número de caixas nos indicadores da simulação, deve-se alterar o valor da variável SERVIDOR para dois e três e analisar os resultados. Neste caso, é preciso alterar o tempo de atendimento para ~N(1,5;0,1), retornando ao cenário base antes de executar as replicações. Os resultados desses cenários são mostrados na Tabela 10.2:

Tabela 10.2 – Efeito do aumento do número de caixas

	Caixas		
Indicador	1	2	3
Quantidade de chegadas	720	721	720
Quantidade de saídas	478	719	718
TEF	120	0,98	0,13
TES	121	2,48	1,63
TAF	121	1,62	0,35
TAS	122	3,49	2,63
U	0,987	0,74	0,49

Fonte: O autor.

A Tabela 10.2 mostra que a adição de mais um caixa é o suficiente para reduzir os indicadores de desempenho do sistema e melhorar o atendimento no supermercado. Contudo, uma simulação com três caixas indica certa ociosidade no sistema.

Por fim, são apresentados os indicadores das replicações em que o tempo de chegadas é alterado em sua função para:

```
def tempos(modelo):
    return {'chegada': random.expovariate(1/1.5),
            'servico':random.normalvariate(1.5,
0.1)}.get(modelo, 0.0)
```

Os resultados das replicações são:

```
******** Indicadores das Replicacões *********
Quantidade de chegadas _ replicações = 480.1181181181181
Quantidade de saídas _ replicações = 462.42842842842845
TEF _ replicações = 16.054614968625998
TES _ replicações = 17.536058887724288
TAF _ replicações = 11.65552807956086
TAS _ replicações = 12.65552807956086
u _ replicações = 0.9362389116997845
```

Neste último cenário, nota-se que a quantidade de clientes média é menor e a maioria é atendida. O tempo de espera na fila reduziu-se significativamente, e o tamanho médio da fila também foi diminuído.

Com os resultados desses três cenários, a consultoria finalizou o relatório do problema do supermercado. Cabe agora ao gerente decidir qual ação tomar. E você, leitor? Qual das três ações escolheria?

A próxima seção traz um caso aplicado a um lava-rápido.

10.2 Filas em um lava-rápido

Um lava-rápido recebe carros cuja limpeza é composta por dois processos. Inicialmente, é feita uma lavagem com água e, depois, o carro segue para o ensaboamento, aplicação de shampoo automotivo e enceramento. Os carros chegam seguindo uma distribuição uniforme, com mínimo de 2 minutos e máximo de 4 minutos, e são atendidos na lavagem com uma distribuição normal de média de 5 minutos e desvio-padrão de 1. A partir de uma distribuição uniforme, o ensaboamento tem duração com mínimo de 4 minutos e máximo de 5 minutos, e o lava-rápido funciona em horário comercial das 8h às 18h. O modelo conceitual do sistema do lava-rápido pode ser visto na Figura 10.5:

Figura 10.5 – Modelo conceitual do lava-rápido

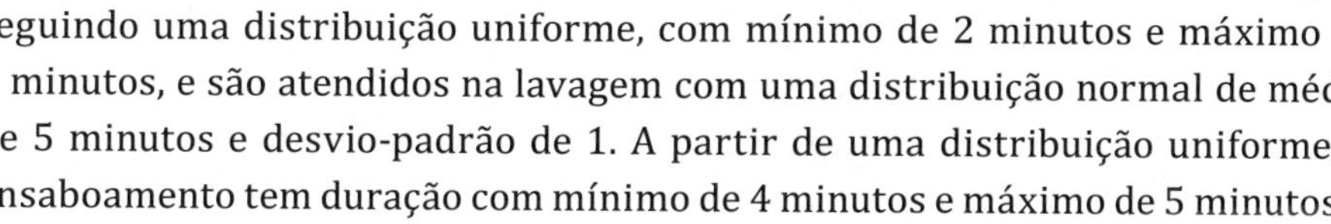

C: Carro
Fonte: O autor.

A simulação do funcionamento do lava-rápido pode ser desenvolvida com a de processos encadeados, vista na seção 9.3.3. O código para execução desta simulação pode ser desenvolvido da seguinte forma:

```
import simpy
import numpy as np
import matplotlib.pyplot as plt
import random
import math
Chegadas=0
Saidas=0
TEF1=[]
TES1=[]
TAF1=[]
TAS1=[]
u1=[]
TEF2=[]
TES2=[]
TAF2=[]
TAS2=[]
u2=[]
SERVIDOR1=1
SERVIDOR2=1
tempo _ utilizacao1=0
tempo _ utilizacao2=0
tempo1=[]
tempo2=[]
TEMPO _ SIMULACAO=600
QTD _ CHEGADAS=100000
AQUECIMENTO=0
imprime _ simulacao=True

def tempos(modelo):
    return {‘chegada’: random.uniform(2,4),
            ‘servico1’:random.normalvariate(5,1),
            ‘servico2’:random.uniform(4,5)}.get(modelo, 0.0)
def chegadas(ambiente,entidade,obs):
    global Chegadas
    for contaChegadas in range(1,obs+1):
        yield ambiente.timeout(tempos(‘chegada’))
        Chegadas+=1
        if imprime _ simulacao:
            print(f”{entidade} {contaChegadas} chega em: {ambiente.
now:.1f}”)
        ambiente.process(servico1(ambiente, f”{entidade}
{contaChegadas}”, servidor1))
def servico1(ambiente, entidade, servidor1):
    global tempo _ utilizacao1
    chegada=ambiente.now
    with servidor1.request() as request:
        yield request
        inicio=ambiente.now
        if ambiente.now > AQUECIMENTO:
            TEF1.append(ambiente.now-chegada)
        if imprime _ simulacao:
            print(f’{ambiente.now:.1f} Servidor1 inicia o serviço de
{entidade}.’)
        yield ambiente.timeout(tempos(‘servico1’))
        if imprime _ simulacao:
```

(Continua)

```
            print(f'{ambiente.now:.1f} Servidor1 termina o serviço
de {entidade}.')
        if ambiente.now > AQUECIMENTO:
                TES1.append(ambiente.now-chegada)
                TAF1.append(len(servidor1.queue))
                TAS1.append(len(servidor1.queue)+servidor1.count)
        tempo _ utilizacao1+=ambiente.now-inicio
        u1.append(tempo _ utilizacao1/(SERVIDOR1*ambiente.now))
        tempo1.append(ambiente.now)
        ambiente.process(servico2(ambiente, f"{entidade}",
servidor2))

def servico2(ambiente, entidade, servidor2):
    global Saidas, tempo _ utilizacao2
    chegada=ambiente.now
    with servidor2.request() as request:
        yield request
        inicio=ambiente.now
        if ambiente.now > AQUECIMENTO:
            TEF2.append(ambiente.now-chegada)
        if imprime _ simulacao:
            print(f'{ambiente.now:.1f} Servidor2 inicia o serviço de
{entidade}.')
        yield ambiente.timeout(tempos('servico2'))
        if imprime _ simulacao:
            print(f'{ambiente.now:.1f} Servidor2 termina o serviço
de {entidade}.')
        Saidas+=1
        if ambiente.now > AQUECIMENTO:
                TES2.append(ambiente.now-chegada)
                TAF2.append(len(servidor2.queue))
                TAS2.append(len(servidor2.queue)+servidor2.count)
        tempo _ utilizacao2+=ambiente.now-inicio
        u2.append(tempo _ utilizacao2/(SERVIDOR2*ambiente.now))
        tempo2.append(ambiente.now)

def grafico(tipo):
    if tipo == "Escada _ TAF _ s1":
        plt.step(tempo1, TAF1)
    elif tipo == "Escada _ TAF _ s2":
        plt.step(tempo2, TAF2)
    elif tipo == "Histograma _ TEF1":
        plt.hist(TEF1)
    elif tipo == "Histograma _ TEF2":
        plt.hist(TEF2)
    elif tipo == "Histograma _ u1":
        plt.hist(u1)
    elif tipo == "Histograma _ u2":
        plt.hist(u2)
    else:
        return 0.0
    plt.show()
```

(Continua)

```
def indicadores():
    print("\n** Indicadores da Simulação **")
    print(f"Quantidade de chegadas =",Chegadas)
    print(f"Quantidade de saídas =",Saidas)
    print(f"TEF1 =",np.mean(TEF1))
    print(f"TES1 =",np.mean(TES1))
    print(f"TAF1 =",np.mean(TAF1))
    print(f"TAS1 =",np.mean(TAS1))
    print(f"u1 =",u1[-1])
    print(f"TEF2 =",np.mean(TEF2))
    print(f"TES2 =",np.mean(TES2))
    print(f"TAF2 =",np.mean(TAF2))
    print(f"TAS2 =",np.mean(TAS2))
    print(f"u2 =",u2[-1])
    grafico("Escada _ TAF _ s1")

random.seed(12345)
ambiente = simpy.Environment()
servidor1 = simpy.Resource(ambiente,capacity=SERVIDOR1)
servidor2 = simpy.Resource(ambiente,capacity=SERVIDOR2)
ambiente.process(chegadas(ambiente,"Entidade",QTD _ CHEGADAS))
ambiente.run(until=TEMPO _ SIMULACAO)
if imprime _ simulacao:
    indicadores()
```

A execução do código acima exibirá os seguintes indicadores:

```
** Indicadores da Simulação **
Quantidade de chegadas = 200
Quantidade de saídas = 123
TEF1 = 113.27253672741611
TES1 = 117.16870564158846
TAF1 = 38.516129032258064
TAS1 = 39.516129032258064
u1 = 0.9952437683575435
TEF2 = 1.114575161931662
TES2 = 5.585974381188676
TAF2 = 0.7317073170731707
TAS2 = 1.7317073170731707
u2 = 0.921413170289795
```

É possível verificar que, de 200 carros potenciais para serem atendidos, apenas 86 completam o ciclo de lavagem. No primeiro processo, há uma fila de 38 carros com tempo de espera superior a 113 minutos. A utilização do lavador está acima de 99%, ao passo que a utilização do ensaboamento está em cerca de 92%. Esses resultados permitem inferir que o processo de lavagem é o gargalo do sistema, sendo que esse recurso deve ter prioridade para que a sua capacidade seja ampliada ou seu tempo de atendimento reduzido.

Esse diagnóstico é corroborado pela visualização do gráfico de escada do tamanho da fila da lavagem, que cresce constantemente até o fim da simulação para o nível acima de 70 entidades, como pode ser visto na Figura 10.6:

Figura 10.6 – Gráfico de escada do processo de lavagem

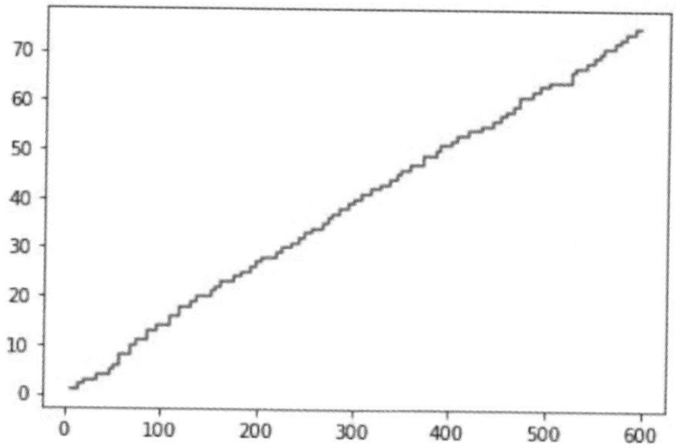

Fonte: O autor.

Por outro lado, o gráfico de escada do processo do ensaboamento destaca que o tamanho da fila deste não passa de duas entidades, conforme mostra a Figura 10.7:

Figura 10.7 – Gráfico de escada do processo de ensaboamento

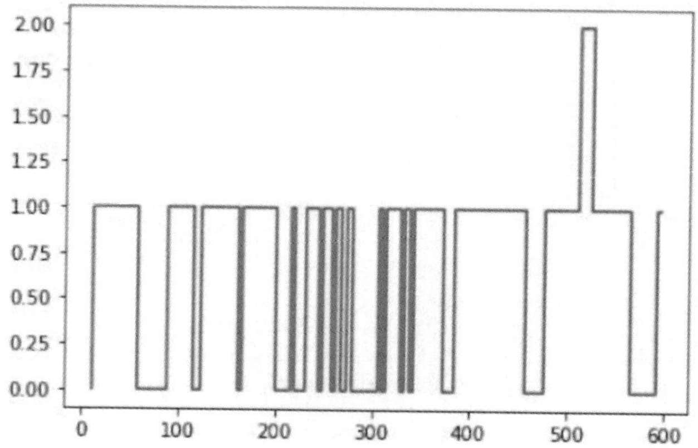

Fonte: O autor.

Para reforçar a validade desses indicadores, mil replicações da simulação do lava-rápido podem ser conduzidas e assim verificar a convergência dos resultados obtidos com o seguinte código:

```
imprime _ simulacao=False
Chegadas _ replicacao=[]
Saidas _ replicacao=[]
TEF1 _ replicacao=[]
TES1 _ replicacao=[]
TAF1 _ replicacao=[]
TAS1 _ replicacao=[]
u1 _ replicacao=[]
TEF2 _ replicacao=[]
TES2 _ replicacao=[]
TAF2 _ replicacao=[]
TAS2 _ replicacao=[]
u2 _ replicacao=[]
for i in range(1,1000):
    Chegadas=0
    Saidas=0
    TEF1=[]
    TES1=[]
    TAF1=[]
    TAS1=[]
    u1=[]
   tempo _ utilizacao1=0
    tempo1=[]
    TEF2=[]
    TES2=[]
    TAF2=[]
    TAS2=[]
    u2=[]
    tempo _ utilizacao2=0
    tempo2=[]
    ambiente = simpy.Environment()
    servidor1 = simpy.Resource(ambiente,capacity=SERVIDOR1)
    servidor2 = simpy.Resource(ambiente,capacity=SERVIDOR2)
    ambiente.process(chegadas(ambiente,"Entidade",QTD _ CHEGADAS))
    ambiente.run(until=TEMPO _ SIMULACAO)
    Chegadas _ replicacao.append(Chegadas)
    Saidas _ replicacao.append(Saidas)
    TEF1 _ replicacao.append(np.mean(TEF1))
    TES1 _ replicacao.append(np.mean(TES1))
    TAF1 _ replicacao.append(np.mean(TAF1))
    TAS1 _ replicacao.append(np.mean(TAS1))
    u1 _ replicacao.append(np.mean(u1))
    TEF2 _ replicacao.append(np.mean(TEF2))
    TES2 _ replicacao.append(np.mean(TES2))
    TAF2 _ replicacao.append(np.mean(TAF2))
    TAS2 _ replicacao.append(np.mean(TAS2))
    u2 _ replicacao.append(np.mean(u2))
print("\n******** Indicadores das Replicacões ********")
print(f"Quantidade de chegadas _ replicações =",np.
mean(Chegadas _ replicacao))
print(f"Quantidade de saídas _ replicações =",np.
mean(Saidas _ replicacao))
```

(Continua)

```
print(f"TEF1_replicações =",np.mean(TEF1_replicacao))
print(f"TES1_replicações =",np.mean(TES1_replicacao))
print(f"TAF1_replicações =",np.mean(TAF1_replicacao))
print(f"TAS1_replicações =",np.mean(TAS1_replicacao))
print(f"u1_replicações =",np.mean(u1_replicacao))
print(f"TEF2_replicações =",np.mean(TEF2_replicacao))
print(f"TES2_replicações =",np.mean(TES2_replicacao))
print(f"TAF2_replicações =",np.mean(TAF2_replicacao))
print(f"TAS2_replicações =",np.mean(TAS2_replicacao))
print(f"u2_replicações =",np.mean(u2_replicacao))
```

Logo, é necessário desabilitar a definição da semente aleatória e também a impressão dos detalhes, executando novamente o código da simulação. O resultado é apresentado na impressão:

```
******** Indicadores das Replicacões *********
Quantidade de chegadas_replicações = 199.5045045045045
Quantidade de saídas_replicações = 117.84784784784785
TEF1_replicações = 119.00864877979245
TES1_replicações = 123.01175600227124
TAF1_replicações = 40.50440439874892
TAS1_replicações = 41.50440439874892
u1_replicações = 0.9765971422222496
TEF2_replicações = 0.5782358813770025
TES2_replicações = 5.07854013796007
TAF2_replicações = 0.4898172222169227
TAS2_replicações = 1.4898172222116923
u2_replicações = 0.8506428851583444
```

Com o resultado confirmado pelas replicações, pode-se ampliar a capacidade da lavagem de forma a aumentar a quantidade de carros que completam o ciclo desta. Sendo assim, ao aumentar a capacidade da variável SERVIDOR 1 para a 2, obtém-se o seguinte resultado, usando a semente 12345:

```
** Indicadores da Simulação **
Quantidade de chegadas = 195
Quantidade de saídas = 133
TEF1 = 0.16754754553341722
TES1 = 5.129977536121024
TAF1 = 0.21761658031088082
TAS1 = 2.2020725388601035
u1 = 0.7998474394407706
TEF2 = 89.52795660484658
TES2 = 93.29592570018148
TAF2 = 29.992481203007518
TAS2 = 30.992481203007518
u2 = 0.9890209455736195
```

Ao aumentar a capacidade do segundo servidor, verificou-se que a quantidade de carros atendidos pelo lava-rápido aumentou em dez. E também se nota, pelos indicadores, que agora o gargalo é o processo do ensaboamento, que passou a ter utilização de quase 90%. Com a finalidade de melhorar ainda mais esse processo, pode-se aumentar também a capacidade do ensaboamento. Assim, com capacidade de 2 em ambos os processos, têm-se os seguintes indicadores de desempenho:

```
** Indicadores da Simulação **
Quantidade de chegadas = 202
Quantidade de saídas = 199
TEF1 = 0.18124771395279873
TES1 = 5.0793763937834795
TAF1 = 0.22885572139303484
TAS1 = 2.1940298507462686
u1 = 0.8215081436773913
TEF2 = 0.09662279676283769
TES2 = 4.564202364848754
TAF2 = 0.15577889447236182
TAS2 = 2.040201005025126
u2 = 0.7442559389510566
```

É possível verificar que, com essa alteração, quase que a totalidade dos clientes que chegam ao lava-rápido são atendidos. Em ambos os processos, os tempos de espera e o tamanho da fila reduziram de forma significativa.

A próxima seção apresenta um caso de transporte cíclico no agronegócio.

10.3 Transporte cíclico no agronegócio

O modelo desta seção é um exemplo típico aplicado à logística, pois se trata de um problema de suprimento em uma usina de cana-de-açúcar. Este modelo é apresentado no artigo *Ururau – Um ambiente para desenvolvimento de modelos de simulação a eventos discretos* (Peixoto et al., 2013) e serviu para comparar os resultados com a simulação de eventos discretos realizada nos softwares Ururau, Arena e ProModel.

O problema aborda o corte da cana-de-açúcar na frente de colheita, local onde é feito o carregamento da mesma. Após o carregamento, a cana-de-açúcar é transportada até a usina, onde é feito o descarregamento na máquina da usina. Após esse processo, o caminhão volta à frente de colheita para ser carregado novamente. Trata-se de um problema de transporte cíclico, porque o mesmo caminhão executa as operações de carregamento, transporte e descarregamento, sendo que neste sistema não há a saída dessa entidade. O modelo conceitual desse processo é apresentado na Figura 10.8:

Figura 10.8 - Modelo conceitual do problema de suprimento

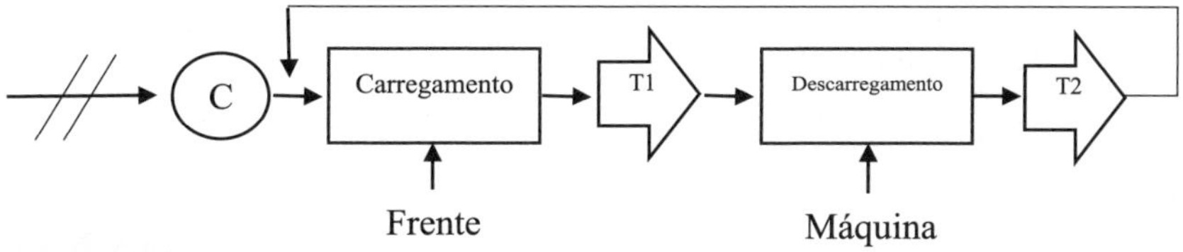

C: Caminhão
T1 e T2: Transporte
Fonte: Adaptado de Peixoto et al. (2013).

Na Figura 10.8 é possível verificar que a entidade "Caminhão" entra no sistema para efetuar o carregamento. Após essa chegada, a entidade transporta a cana-de-açúcar até a usina, passa pelo processo de descarregamento e retorna vazio até a frente para ser carregado novamente. Há dois recursos distintos nesse sistema, que é a frente de colheita e a máquina que efetuam o carregamento e o descarregamento, respectivamente.

Os parâmetros necessários para a execução da simulação são mostrados na Tabela 10.3:

Tabela 10.3 - Parâmetros da simulação

Elemento	Descrição	Parâmetro
Caminhão	Entidade usada na simulação.	Chegada de dez caminhões; 1 a cada 10 minutos.
Carregamento	Processo realizado na frente de colheita.	Tempo de processamento com distribuição normal (40; 4) minutos
T1	Transporte da frente para a usina.	Tempo constante de 60 minutos
Descarregamento	Descarregamento na usina.	Tempo com distribuição normal (15; 1,5) minutos.
T2	Transporte da usina para a frente.	Tempo constante de 60 minutos
Frente	Frente que realiza o carregamento.	Um recurso
Máquina	Máquina que realiza o descarregamento.	Um recurso

Fonte: Adaptado de Peixoto et al. (2013).

Para esse modelo, foi realizada uma simulação de 60 horas, 3.600 minutos, com período de aquecimento de 60 minutos. E o seguinte código executa a simulação:

```
import simpy
import numpy as np
import matplotlib.pyplot as plt
import random
import math
Chegadas=0
TEF_frente=[]
TES_frente=[]
TAF_frente=[]
TAS_frente=[]
u_frente=[]
FRENTE=1
TEF_maquina=[]
TES_maquina=[]
TAF_maquina=[]
TAS_maquina=[]
u_maquina=[]
MAQUINA=1

tempo_utilizacao_frente=0
tempo_utilizacao_maquina=0
TEMPO_SIMULACAO=3600
QTD_CHEGADAS=10
imprime_simulacao=False
AQUECIMENTO=60

def tempos(modelo):
    return {'chegada': 10,
            'carregamento':random.normalvariate(40,4),
            'descarregamento':random.normalvariate(15,1.5),
            'ida':60,
            'volta':60}.get(modelo, 0.0)

def chegadas(ambiente,entidade,obs):
    global Chegadas
    for contaChegadas in range(1,obs+1):
        yield ambiente.timeout(tempos('chegada'))
        Chegadas+=1
        if imprime_simulacao:
            print(f"{entidade} {contaChegadas} chega em: {ambiente.
now:.1f}")
        ambiente.process(carregamento(ambiente, f"{entidade}
{contaChegadas}", frente))
def carregamento(ambiente, entidade, frente):
    global tempo_utilizacao_frente
    chegada=ambiente.now
    with frente.request() as request:
        yield request
        inicio=ambiente.now
        if ambiente.now > AQUECIMENTO:
            TEF_frente.append(ambiente.now-chegada)
        if imprime_simulacao:
```

(Continua)

```
            print(f'{ambiente.now:.1f} Frente de corte inicia
carregamento de {entidade}.')
        yield ambiente.timeout(tempos('carregamento'))
        if imprime_simulacao:
            print(f'{ambiente.now:.1f} Frente de corte termina o
carregamento de {entidade}.')
            print(f'{ambiente.now:.1f} {entidade} Inicia a ida para a
usina.')

        if ambiente.now > AQUECIMENTO:
            TES_frente.append(ambiente.now-chegada)
            TAF_frente.append(len(frente.queue))
            TAS_frente.append(len(frente.queue)+frente.count)
            tempo_utilizacao_frente+=ambiente.now-inicio
            u_frente.append(tempo_utilizacao_frente/
(FRENTE*ambiente.now))

    ambiente.process(descarregamento(ambiente, f"{entidade}",
maquina))

def descarregamento(ambiente,entidade,maquina):
    global tempo_utilizacao_maquina
    chegada=ambiente.now
    yield ambiente.timeout(tempos('ida'))
    if imprime_simulacao:
        print(f'{ambiente.now:.1f} {entidade} chega na usina.')
    with maquina.request() as request:
        yield request
        inicio=ambiente.now
        if ambiente.now > AQUECIMENTO:
            TEF_maquina.append(ambiente.now-chegada)
        if imprime_simulacao:
            print(f'{ambiente.now:.1f} Máquina inicia o
descarregamento de {entidade}.')
        yield ambiente.timeout(tempos('descarregamento'))
        if imprime_simulacao:
            print(f'{ambiente.now:.1f} Máquina termina o
descarregamento de {entidade}.')

        if ambiente.now > AQUECIMENTO:
            TES_maquina.append(ambiente.now-chegada)
            TAF_maquina.append(len(frente.queue))
            TAS_maquina.append(len(frente.queue)+frente.count)
            tempo_utilizacao_maquina+=ambiente.now-inicio
            u_maquina.append(tempo_utilizacao_maquina/
(MAQUINA*ambiente.now))

    if imprime_simulacao:
        print(f'{ambiente.now:.1f} {entidade} Inicia a volta para o
corte.')
    yield ambiente.timeout(tempos('volta'))
    if imprime_simulacao:
        print(f'{ambiente.now:.1f} {entidade} chega no corte.')
    ambiente.process(carregamento(ambiente, entidade, frente))
```

(Continua)

```
def indicadores():
    print("\n** Indicadores da Simulação **")
    print(f"Quantidade de chegadas =",Chegadas)
    print("\n** Frente de corte **")
    print(f"TEF _ frente =",np.mean(TEF _ frente))
    print(f"TES _ frente =",np.mean(TES _ frente))
    print(f"TAF _ frente =",np.mean(TAF _ frente))
    print(f"TAS _ frente =",np.mean(TAS _ frente))
    print(f"u _ frente =",u _ frente[-1])
    print("\n** Máquina da usina **")
    print(f"TEF _ maquina =",np.mean(TEF _ maquina))
    print(f"TES _ maquina =",np.mean(TES _ maquina))
    print(f"TAF _ maquina =",np.mean(TAF _ maquina))
    print(f"TAS _ maquina =",np.mean(TAS _ maquina))
    print(f"u _ maquina =",u _ maquina[-1])


ambiente = simpy.Environment()
frente = simpy.Resource(ambiente,capacity=FRENTE)
maquina= simpy.Resource(ambiente,capacity=MAQUINA)
ambiente.process(chegadas(ambiente,"Caminhão",QTD _ CHEGADAS))
ambiente.run(until=TEMPO _ SIMULACAO)
if imprime _ simulacao:
    indicadores()
```

A impressão da simulação mostra que o modelo está adequado, pois verifica-se que, após o descarregamento, o caminhão volta para o início do processo e é carregado novamente:

```
Caminhão 1 chega em: 10.0.
10.0: Frente de colheita inicia carregamento de Caminhão 1.
Caminhão 2 chega em: 20.0.
Caminhão 3 chega em: 30.0.
Caminhão 4 chega em: 40.0.
49.6: Frente de colheita termina o carregamento de Caminhão 1.
49.6: Caminhão 1 inicia a ida para a usina.
49.6: Frente de colheita inicia carregamento de Caminhão 2.
Caminhão 5 chega em: 50.0.
...
109.6: Caminhão 1 chega na usina.
109.6: Máquina inicia o descarregamento de Caminhão 1.
124.3: Máquina termina o descarregamento de Caminhão 1.
124.3: Caminhão 1 inicia a volta para a colheita.
130.3: Frente de colheita termina o carregamento de Caminhão 3.
...
184.3: Caminhão 1 chega na colheita.
...
455.6: Frente de colheita termina o carregamento de Caminhão 1.
455.6: Caminhão 1 inicia a ida para a usina.
...
```

Já os indicadores da simulação foram os seguintes:

```
** Indicadores da Simulação **
Quantidade de chegadas = 10

** Frente de corte **
TEF _ frente = 221.72805708093156
TES _ frente = 259.57281601470936
TAF _ frente = 6.045454545454546
TAS _ frente = 7.045454545454546
u _ frente = 0.985751980570642

** Máquina da usina **
TEF _ maquina = 60.0
TES _ maquina = 75.18788272755816
TAF _ maquina = 5.839080459770115
TAS _ maquina = 6.839080459770115
u _ maquina = 0.3674261896400254
```

Após isso, foram desenvolvidas cem replicações com o seguinte código:

```
imprime _ simulacao=False
TEF _ frente _ replicacao=[]
TAF _ frente _ replicacao=[]

for i in range(1,100):
    TEF _ corte=[]
    TAF _ corte=[]
    tempo _ utilizacao _ corte=0

    ambiente = simpy.Environment()
    frente = simpy.Resource(ambiente,capacity=FRENTE)
    maquina= simpy.Resource(ambiente,capacity=MAQUINA)
    ambiente.process(chegadas(ambiente,"Caminhão",QTD _ CHEGADAS))
    ambiente.run(until=TEMPO _ SIMULACAO)

    TEF _ frente _ replicacao.append(np.mean(TEF _ frente))
    TAF _ frente _ replicacao.append(np.mean(TAF _ frente))

print("\n**** Indicadores das Replicacões ***")
print(f"TEF _ frente _ media =",np.mean(TEF _ frente _ replicacao))
print(f"TAF _ frente _ media =",np.mean(TAF _ frente _ replicacao))
print(f"TEF _ frente _ desvio =",np.std(TEF _ frente _ replicacao))
print(f"TAF _ frente _ desvio =",np.std(TAF _ frente _ replicacao))
```

Ao comparar o resultado do código acima com o desenvolvido em outros softwares, percebe-se que há uma convergência nos indicadores da simulação, conforme mostra a Tabela 10.4:

Tabela 10.4 – Resultados comparados da simulação

Indicador	SimPy	Ururau	Arena	ProModel
TEF_frente_media	219,52	219,91	221,38	220,79
TEF_frente_desvio	0,37	4,795	4,08	3,67
TAF_frente_media	6,03	5,64	5,63	5,63
TAF_frente_desvio	0,001	0,05	0,05	0,05

Fonte: Adaptado de Peixoto et al. (2013).

A próxima seção traz um caso aplicado à manufatura de automóveis.

10.4 Manufatura de automóveis

No final de uma linha de montagem de automóveis, há quatro cabines de inspeção para eventuais reparos. Em cada cabine, trabalha um operador que realiza os reparos necessários ao veículo. Quando o automóvel entra na cabine, é feita uma vistoria, que decide se é necessário empregar uma regulagem, e o histórico mostra que essa regulagem se faz necessária para 20% dos veículos. Esse processo é feito por um único equipamento eletrônico, que é compartilhado pelas cabines.

Esse caso também foi comparado com diferentes softtwares de simulação de eventos discretos, como descrito por Peixoto et al. (2013). O modelo conceitual desse problema pode ser visto na Figura 10.9:

Figura 10.9 – Modelo conceitual do problema de manufatura

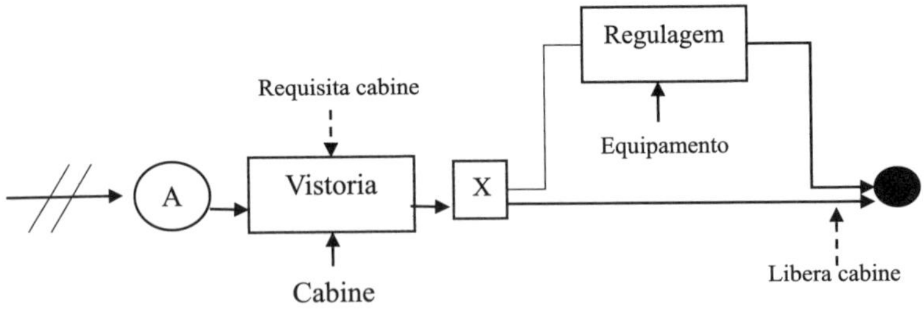

A: Automóvel
Fonte: Adaptado de Peixoto et al. (2013).

Os parâmetros do modelo são apresentados na Tabela 10.5:

Tabela 10.5 – Parâmetros do modelo

Elemento	Descrição	Parâmetros
Automóvel	Chegada dos automóveis para vistoria.	Chegada com distribuição normal (7;1) minutos; um carro por vez.
Vistoria	Processo de vistoria do automóvel em que o recurso cabine é requisitado.	Processamento com distribuição triangular (2;5;9) minutos.
Regulagem	Regulagem, caso necessário (20% dos carros).	Distribuição normal (6;1) minutos.
Cabine	Recurso usado tanto na vistoria quanto na regulagem.	Quatro unidades.
Equipamento	Equipamento usado na regulagem.	Um equipamento.

Fonte: Adaptado de Peixoto et al. (2013).

Nesse modelo foi desenvolvida uma simulação durante 50 horas (3 mil minutos) com o seguinte código:

```
import simpy
import numpy as np
import random
import math
Chegadas=0
Saidas=0
TEF_vistoria=[]
TES_vistoria=[]
TAF_vistoria=[]
TAS_vistoria=[]
u_vistoria=[]
CABINE=4
TEF_regulagem=[]
TES_regulagem=[]
TAF_regulagem=[]
TAS_regulagem=[]
u_regulagem=[]
EQUIPAMENTO=1

tempo_utilizacao_vistoria=0
tempo_utilizacao_regulagem=0
TEMPO_SIMULACAO=3000
QTD_CHEGADAS=10000
imprime_simulacao=True
AQUECIMENTO=60

def tempos(modelo):
    return {'chegada': random.normalvariate(7, 1),
            'vistoria':random.triangular(2,9,5),
            'regulagem':random.normalvariate(6,1),
            }.get(modelo, 0.0)
```

(Continua)

```
def chegadas(ambiente,entidade,obs):
    global Chegadas
    for contaChegadas in range(1,obs+1):
        yield ambiente.timeout(tempos('chegada'))
        Chegadas+=1
        if imprime_simulacao:
            print(f"{entidade} {contaChegadas} chega em: {ambiente.
now:.1f}")
        ambiente.process(vistoria_regulagem(ambiente, f"{entidade}
{contaChegadas}", cabine,equipamento))
def vistoria_regulagem(ambiente, entidade, cabine,equipamento):
    global tempo_utilizacao_vistoria,tempo_utilizacao_
regulagem, Saidas
    chegada1=ambiente.now
    requisita=cabine.request()
    yield requisita
    inicio1 = ambiente.now
    if ambiente.now > AQUECIMENTO:
        TEF_vistoria.append(ambiente.now-chegada1)
    if imprime_simulacao:
        print(f'{ambiente.now:.1f} Inicia vistoria em {entidade} -
requisita cabine.')
    yield ambiente.timeout(tempos('vistoria'))
    if random.uniform(0,1) <= .2:
        if imprime_simulacao:
            print(f'{ambiente.now:.1f} {entidade} vai para
regulagem.')
        chegada2=ambiente.now
        with equipamento.request() as request:
            yield request
            inicio2=ambiente.now
            if ambiente.now > AQUECIMENTO:
                TEF_regulagem.append(ambiente.now-chegada2)
            if imprime_simulacao:
                print(f'{ambiente.now:.1f} Inicia a regulagem de
{entidade}.')
            yield ambiente.timeout(tempos('regulagem'))
            if imprime_simulacao:
                print(f'{ambiente.now:.1f} Termina a regulagem de
{entidade}.')
            if ambiente.now > AQUECIMENTO:
                TES_regulagem.append(ambiente.now-chegada2)
                TAF_regulagem.append(len(equipamento.queue))
TAS_regulagem.append(len(equipamento.queue)+equipamento.count)
                tempo_utilizacao_regulagem+=ambiente.now-inicio2
                u_regulagem.append(tempo_utilizacao_regulagem/
(EQUIPAMENTO*ambiente.now))
if imprime_simulacao:
        print(f'{ambiente.now:.1f} Termina vistoria em {entidade} -
libera cabine.')
    yield cabine.release(requisita)
    if ambiente.now > AQUECIMENTO:
```

(Continua)

```
 TES_vistoria.append(ambiente.now-chegada1)
        TAF_vistoria.append(len(cabine.queue))
        TAS_vistoria.append(len(cabine.queue)+cabine.count)
        tempo_utilizacao_vistoria+=ambiente.now-inicio1
        u_vistoria.append(tempo_utilizacao_vistoria/
(CABINE*ambiente.now))
        Saidas+=1


def indicadores():
    print("\n** Indicadores da Simulação **")
    print(f"Quantidade de chegadas =",Chegadas)
    print(f"Quantidade de saidas =",Saidas)
    print("\n** Vistoria **")
    print(f"TEF_vistoria =",np.mean(TEF_vistoria))
    print(f"TES_vistoria =",np.mean(TES_vistoria))
    print(f"TAF_vistoria =",np.mean(TAF_vistoria))
    print(f"TAS_vistoria =",np.mean(TAS_vistoria))
    print(f"u_vistoria =",u_vistoria[-1])
    print("\n** Regulagem **")
    print(f"TEF_regulagem =",np.mean(TEF_regulagem))
    print(f"TES_regulagem =",np.mean(TES_regulagem))
    print(f"TAF_regulagem =",np.mean(TAF_regulagem))
    print(f"TAS_regulagem =",np.mean(TAS_regulagem))
    print(f"u_regulagem =",u_regulagem[-1])


ambiente = simpy.Environment()
cabine = simpy.Resource(ambiente,capacity=CABINE)
equipamento= simpy.Resource(ambiente,capacity=EQUIPAMENTO)
ambiente.process(chegadas(ambiente,"Automóvel",QTD_CHEGADAS))
ambiente.run(until=TEMPO_SIMULACAO)
if imprime_simulacao:
    indicadores()
```

A impressão da simulação mostra o funcionamento das atividades de vistoria e regulagem:

```
Automóvel 1 chega em: 5.7.
5.7: Inicia vistoria em Automóvel 1 - requisita cabine.
Automóvel 2 chega em: 11.8.
11.8: Inicia vistoria em Automóvel 2 - requisita cabine.
12.8: Termina vistoria em Automóvel 1 - libera cabine.
14.2: Termina vistoria em Automóvel 2 - libera cabine.
Automóvel 3 chega em: 18.1.
18.1: Inicia vistoria em Automóvel 3 - requisita cabine.
22.4: Termina vistoria em Automóvel 3 - libera cabine.
Automóvel 4 chega em: 25.7.
25.7: Inicia vistoria em Automóvel 4 - requisita cabine.
Automóvel 5 chega em: 32.9.
```

(Continua)

```
32.9: Inicia vistoria em Automóvel 5 - requisita cabine.
33.8: Automóvel 4 vai para regulagem.
33.8: Inicia a regulagem de Automóvel 4.
36.8: Termina vistoria em Automóvel 5 - libera cabine.
Automóvel 6 chega em: 40.8.
40.8: Inicia vistoria em Automóvel 6 - requisita cabine.
41.7: Termina a regulagem de Automóvel 4.
41.7: Termina vistoria em Automóvel 4 - libera cabine.
...
```

Foram realizadas cem replicações com o seguinte código:

```
imprime_simulacao=False
TEF_regulagem_replicacao=[]
TAF_regulagem_replicacao=[]

for i in range(1,100):
    TEF_regulagem=[]
    TAF_regulagem=[]
    tempo_utilizacao_regulagem=0

    ambiente = simpy.Environment()
    cabine = simpy.Resource(ambiente,capacity=CABINE)
    equipamento= simpy.Resource(ambiente,capacity=EQUIPAMENTO)
    ambiente.process(chegadas(ambiente,"Automóvel",QTD_CHEGADAS))
    ambiente.run(until=TEMPO_SIMULACAO)

    TEF_regulagem_replicacao.append(np.mean(TEF_regulagem))
    TAF_regulagem_replicacao.append(np.mean(TAF_regulagem))

print("\n**** Indicadores das Replicacões ***")
print(f"TEF_regulagem_replicações =",np.
mean(TEF_regulagem_replicacao))
print(f"TEF_regulagem_desvio =",np.
std(TEF_regulagem_replicacao))
print(f"TAF_regulagem_replicações =",np.
mean(TAF_regulagem_replicacao))
print(f"TAF_regulagem_desvio =",np.
std(TAF_regulagem_replicacao))
```

Os resultados se mostram convergentes quando comparados aos outros softwares, conforme mostra a Tabela 10.6:

Tabela 10.6 – Resultados da simulação

Indicador	SimPy	Ururau	Arena	ProModel
TEF_média	0,11	0,12	0,12	0,11
TEF_desvio	0,06	ND	0,05	0,058
TAF_média	0,07	0,003	0,003	0,003
TAF_desvio	0,02	0,005	0,005	0,003

ND: Não disponível
Fonte: Adaptado de Peixoto et al. (2013).

O próximo caso traz o contexto do embarque e pesagem de caminhões.

10.5 Carregamento e pesagem de caminhões

Caminhões chegam a uma empresa salineira e aguardam em fila para a pesagem quando, após esse processo, dirigem-se para o carregamento dos produtos. Após o carregamento, os veículos vão para uma nova balança onde são pesados novamente e, por fim, se dirigem à saída. Esse processo foi simulado no artigo *Estudo de modelagem e simulação de uma fila em uma empresa salineira* (Rabelo et al.,2014) e seu modelo conceitual pode ser visto na Figura 10.10:

Figura 10.10 – Modelo conceitual do processo de carregamento e pesagem

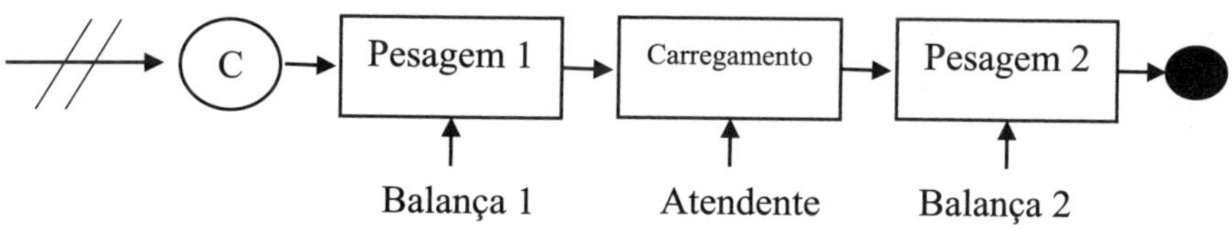

C: Caminhão
Fonte: Adaptado de Rabelo et al. (2014).

E a Tabela 10.7 mostra os parâmetros utilizados na simulação:

Tabela 10.7 – Parâmetros utilizados na simulação

Elemento	Descrição (em minutos).	Parâmetro
Caminhões	Chegada dos caminhões.	~Normal (26,6; 12,3)
Pesagem 1	Tempo da primeira pesagem dos caminhões.	1,5+5[~Beta(1,38;2,34)]
Carregamento	Tempo de carregamento dos caminhões.	66+214[~Beta(1,09; 1,53)]
Pesagem 2	Tempo da segunda pesagem dos caminhões.	1.5+4[~Beta(0,949;1,41)]
Balança 1	Primeira balança.	Um recurso
Balança 2	Segunda balança.	Um recurso
Atendente	Recursos que realizam o carregamento.	Quatro recursos

Fonte: Adaptado de Rabelo et al. (2014).

Com os parâmetros definidos, é possível executar a simulação com duração de 24 horas (1.440 minutos) com o seguinte código:

```
import simpy
import numpy as np
import matplotlib.pyplot as plt
import random
import math
Chegadas=0
Saidas=0
TEF1=[]
TES1=[]
TAF1=[]
TAS1=[]
u1=[]
TEF2=[]
TES2=[]
TAF2=[]
TAS2=[]
u2=[]
TEF3=[]
TES3=[]
TAF3=[]
TAS3=[]
u3=[]
SERVIDOR1=1
SERVIDOR2=4
SERVIDOR3=1
tempo_utilizacao1=0
tempo_utilizacao2=0
tempo_utilizacao3=0
tempo1=[]
tempo2=[]
tempo3=[]
TEMPO_SIMULACAO=1440
QTD_CHEGADAS=100000
AQUECIMENTO=0
imprime_simulacao=True

def tempos(modelo):
    return {
        'chegada': max(0,random.normalvariate(26.6, 12.3)),
        'servico1': 1.5+5*random.betavariate(1.38,2.34),
        'servico2': 66+214*random.betavariate(1.09, 1.53),
        'servico3': 1.5+4*random.betavariate(0.949,1.41)
    }.get(modelo, 0.0)

def chegadas(ambiente,entidade,obs):
    global Chegadas
    for contaChegadas in range(1,obs+1):
        yield ambiente.timeout(tempos('chegada'))
        Chegadas+=1
        if imprime_simulacao:
            print(f"{entidade} {contaChegadas} chega em: {ambiente.
now:.1f}")
        ambiente.process(servico1(ambiente, f"{entidade}
{contaChegadas}", servidor1))
```

(Continua)

```
def servico1(ambiente, entidade, servidor1):
    global tempo_utilizacao1
    chegada=ambiente.now
    with servidor1.request() as request:
        yield request
        inicio=ambiente.now
        if ambiente.now > AQUECIMENTO:
                TEF1.append(ambiente.now-chegada)
        if imprime_simulacao:
            print(f'{ambiente.now:.1f} Servidor1 inicia o serviço de
{entidade}.')
        yield ambiente.timeout(tempos('servico1'))
        if imprime_simulacao:
            print(f'{ambiente.now:.1f} Servidor1 termina o serviço
de {entidade}.')
        if ambiente.now > AQUECIMENTO:
                TES1.append(ambiente.now-chegada)
                TAF1.append(len(servidor1.queue))
                TAS1.append(len(servidor1.queue)+servidor1.count)
        tempo_utilizacao1+=ambiente.now-inicio
        u1.append(tempo_utilizacao1/(SERVIDOR1*ambiente.now))
        tempo1.append(ambiente.now)
        ambiente.process(servico2(ambiente, f"{entidade}",
servidor2))

def servico2(ambiente, entidade, servidor2):
    global tempo_utilizacao2
    chegada=ambiente.now
    with servidor2.request() as request:
        yield request
        inicio=ambiente.now
        if ambiente.now > AQUECIMENTO:
                TEF2.append(ambiente.now-chegada)
        if imprime_simulacao:
            print(f'{ambiente.now:.1f} Servidor2 inicia o serviço de
{entidade}.')
        yield ambiente.timeout(tempos('servico2'))
        if imprime_simulacao:
            print(f'{ambiente.now:.1f} Servidor2 termina o serviço
de {entidade}.')
        if ambiente.now > AQUECIMENTO:
                TES2.append(ambiente.now-chegada)
                TAF2.append(len(servidor2.queue))
                TAS2.append(len(servidor2.queue)+servidor2.count)
        tempo_utilizacao2+=ambiente.now-inicio
        u2.append(tempo_utilizacao2/(SERVIDOR2*ambiente.now))
        tempo2.append(ambiente.now)
        ambiente.process(servico3(ambiente, f"{entidade}",
servidor3))

def servico3(ambiente, entidade, servidor3):
    global Saidas, tempo_utilizacao3
    chegada=ambiente.now
    with servidor3.request() as request:
```

(Continua)

```
        yield request
        inicio=ambiente.now
        if ambiente.now > AQUECIMENTO:
               TEF3.append(ambiente.now-chegada)
        if imprime _ simulacao:
            print(f'{ambiente.now:.1f} Servidor3 inicia o serviço de
{entidade}.')
        yield ambiente.timeout(tempos('servico3'))
        if imprime _ simulacao:
            print(f'{ambiente.now:.1f} Servidor3 termina o serviço
de {entidade}.')
        Saidas+=1
        if ambiente.now > AQUECIMENTO:
               TES3.append(ambiente.now-chegada)
               TAF3.append(len(servidor3.queue))
               TAS3.append(len(servidor3.queue)+servidor3.count)
        tempo _ utilizacao3+=ambiente.now-inicio
        u3.append(tempo _ utilizacao3/(SERVIDOR3*ambiente.now))
        tempo3.append(ambiente.now)

def grafico(tipo):
    if tipo == "Escada _ TAF _ s1":
        plt.step(tempo1, TAF1)
    elif tipo == "Escada _ TAF _ s2":
        plt.step(tempo2, TAF2)
    elif tipo == "Escada _ TAF _ s3":
        plt.step(tempo2, TAF3)
    elif tipo == "Histograma _ TEF1":
        plt.hist(TEF1)
    elif tipo == "Histograma _ TEF2":
        plt.hist(TEF2)
    elif tipo == "Histograma _ TEF3":
        plt.hist(TEF3)
    elif tipo == "Histograma _ u1":
        plt.hist(u1)
    elif tipo == "Histograma _ u2":
        plt.hist(u2)
    elif tipo == "Histograma _ u3":
        plt.hist(u3)
    else:
        return 0.0
    plt.show()
def indicadores():
    print("\n** Indicadores da Simulação **")
    print(f"Quantidade de chegadas =",Chegadas)
    print(f"Quantidade de saídas =",Saidas)
    print(f"TEF1 =",np.mean(TEF1))
    print(f"TES1 =",np.mean(TES1))
    print(f"TAF1 =",np.mean(TAF1))
    print(f"TAS1 =",np.mean(TAS1))
    print(f"u1 =",u1[-1])
    print(f"TEF2 =",np.mean(TEF2))
    print(f"TES2 =",np.mean(TES2))
    print(f"TAF2 =",np.mean(TAF2))
    print(f"TAS2 =",np.mean(TAS2))
    print(f"u2 =",u2[-1])
```

(Continua)

```
    print(f"TEF3 =",np.mean(TEF3))
    print(f"TES3 =",np.mean(TES3))
    print(f"TAF3 =",np.mean(TAF3))
    print(f"TAS3 =",np.mean(TAS3))
    print(f"u3 =",u3[-1])
    grafico("Escada_TAF_s1")

random.seed(12345)
ambiente = simpy.Environment()
servidor1 = simpy.Resource(ambiente,capacity=SERVIDOR1)
servidor2 = simpy.Resource(ambiente,capacity=SERVIDOR2)
servidor3 = simpy.Resource(ambiente,capacity=SERVIDOR3)
ambiente.process(chegadas(ambiente,"Caminhão",QTD_CHEGADAS))
ambiente.run(until=TEMPO_SIMULACAO)
if imprime_simulacao:
    indicadores()
```

Assim, é possível verificar na impressão da simulação que os processos estão encadeados na sequência correta:

```
Caminhão 1 chega em: 24.8.
24.8: Servidor 1 inicia o serviço de Caminhão 1.
30.2: Servidor 1 termina o serviço de Caminhão 1.
30.2: Servidor 2 inicia o serviço de Caminhão 1.
Caminhão 2 chega em: 57.1.
Caminhão 3 chega em: 57.1.
57.1: Servidor 1 inicia o serviço de Caminhão 2.
62.7: Servidor 1 termina o serviço de Caminhão 2.
62.7: Servidor 2 inicia o serviço de Caminhão 2.
62.7: Servidor 1 inicia o serviço de Caminhão 3.
...
130.8: Servidor 3 inicia o serviço de Caminhão 1.
130.8: Servidor 2 inicia o serviço de Caminhão 5.
Caminhão 6 chega em: 135.0.
135.0: Servidor 1 inicia o serviço de Caminhão 6.
135.5: Servidor 3 termina o serviço de Caminhão 1.
140.6: Servidor 1 termina o serviço de Caminhão 6.
...
229.6: Servidor 3 termina o serviço de Caminhão 4.
229.6: Servidor 3 inicia o serviço de Caminhão 3.
Caminhão 9 chega em: 230.8.
...
```

E os indicadores de desempenho da simulação são os seguintes:

```
** Indicadores da Simulação **
Quantidade de chegadas = 53
Quantidade de saídas = 38
TEF1 = 0.2449508792849147
TES1 = 3.7825047709123205
```

(Continua)

```
TAF1 = 0.05660377358490566
TAS1 = 1.0566037735849056
u1 = 0.1307663907445574
TEF2 = 131.81100895607537
TES2 = 257.75647070138245
TAF2 = 5.815789473684211
TAS2 = 9.81578947368421
u2 = 0.9045852813291223
TEF3 = 0.18236169439057529
TES3 = 3.1313097569610644
TAF3 = 0.10526315789473684
TAS3 = 1.105263157894737
u3 = 0.07860327905205987
```

Pode-se verificar que o carregamento dos caminhões é o processo que está sobrecarregado, sendo assim, identificado como gargalo do sistema. Esse fato pode ser corroborado pelo gráfico do tamanho da fila do carregamento, da Figura 10.11, ao ser comparado com o gráfico da primeira pesagem, a Figura 10.12:

Figura 10.11 – Gráfico escada do TAF do carregamento

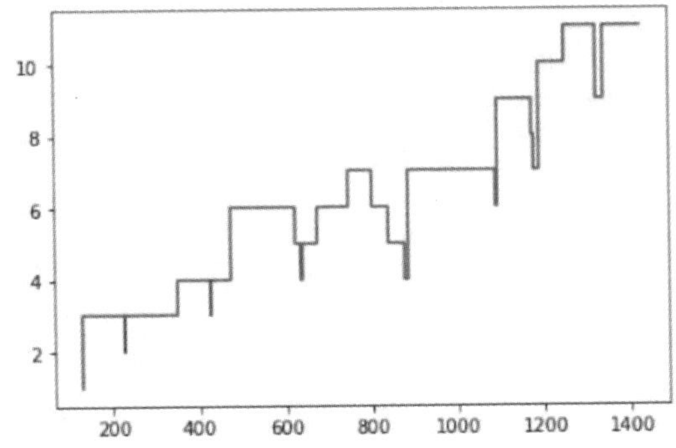

Fonte: O autor.

Figura 10.12 – Gráfico escada do TAF da Pesagem 1

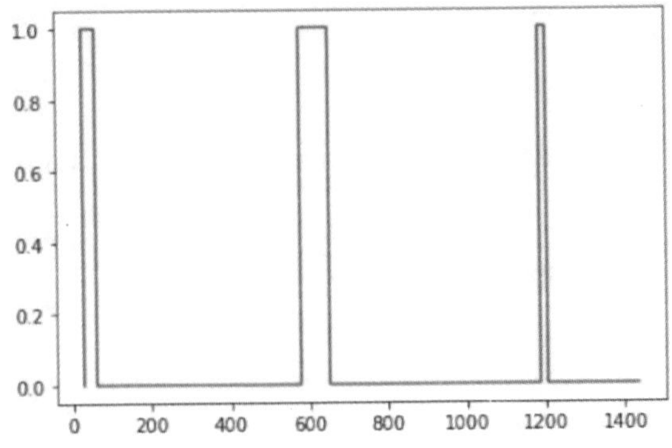

Fonte: O autor.

Para confirmar os indicadores de desempenho, o código abaixo mostra mil replicações da simulação sem o travamento da semente aleatória:

```
imprime_simulacao=False
Chegadas_replicacao=[]
Saidas_replicacao=[]
TEF1_replicacao=[]
TES1_replicacao=[]
TAF1_replicacao=[]
TAS1_replicacao=[]
u1_replicacao=[]
TEF2_replicacao=[]
TES2_replicacao=[]
TAF2_replicacao=[]
TAS2_replicacao=[]
u2_replicacao=[]
TEF3_replicacao=[]
TES3_replicacao=[]
TAF3_replicacao=[]
TAS3_replicacao=[]
u3_replicacao=[]
for i in range(1,1000):
    Chegadas=0
    Saidas=0
    TEF1=[]
    TES1=[]
    TAF1=[]
    TAS1=[]
    u1=[]
    tempo_utilizacao1=0
    tempo1=[]
    TEF2=[]
    TES2=[]
    TAF2=[]
    TAS2=[]
    u2=[]
    tempo_utilizacao2=0
    tempo2=[]
    TEF3=[]
    TES3=[]
    TAF3=[]
    TAS3=[]
    u3=[]
    tempo_utilizacao3=0
    tempo3=[]
    ambiente = simpy.Environment()
    servidor1 = simpy.Resource(ambiente,capacity=SERVIDOR1)
    servidor2 = simpy.Resource(ambiente,capacity=SERVIDOR2)
    servidor3 = simpy.Resource(ambiente,capacity=SERVIDOR3)
    ambiente.process(chegadas(ambiente,"Entidade",QTD_CHEGADAS))
    ambiente.run(until=TEMPO_SIMULACAO)
    Chegadas_replicacao.append(Chegadas)
    Saidas_replicacao.append(Saidas)
```

(Continua)

```
        TEF1 _ replicacao.append(np.mean(TEF1))
        TES1 _ replicacao.append(np.mean(TES1))
        TAF1 _ replicacao.append(np.mean(TAF1))
        TAS1 _ replicacao.append(np.mean(TAS1))
        u1 _ replicacao.append(np.mean(u1))
        TEF2 _ replicacao.append(np.mean(TEF2))
        TES2 _ replicacao.append(np.mean(TES2))
        TAF2 _ replicacao.append(np.mean(TAF2))
        TAS2 _ replicacao.append(np.mean(TAS2))
        u2 _ replicacao.append(np.mean(u2))
        TEF3 _ replicacao.append(np.mean(TEF3))
        TES3 _ replicacao.append(np.mean(TES3))
        TAF3 _ replicacao.append(np.mean(TAF3))
        TAS3 _ replicacao.append(np.mean(TAS3))
        u3 _ replicacao.append(np.mean(u3))
print("\n******** Indicadores das Replicacões *********")
print(f"Quantidade de chegadas _ replicações =",np.
mean(Chegadas _ replicacao))
print(f"Quantidade de saídas _ replicações =",np.
mean(Saidas _ replicacao))
print(f"TEF1 _ replicações =",np.mean(TEF1 _ replicacao))
print(f"TES1 _ replicações =",np.mean(TES1 _ replicacao))
print(f"TAF1 _ replicações =",np.mean(TAF1 _ replicacao))
print(f"TAS1 _ replicações =",np.mean(TAS1 _ replicacao))
print(f"u1 _ replicações =",np.mean(u1 _ replicacao))
print(f"TEF2 _ replicações =",np.mean(TEF2 _ replicacao))
print(f"TES2 _ replicações =",np.mean(TES2 _ replicacao))
print(f"TAF2 _ replicações =",np.mean(TAF2 _ replicacao))
print(f"TAS2 _ replicações =",np.mean(TAS2 _ replicacao))
print(f"u2 _ replicações =",np.mean(u2 _ replicacao))
print(f"TEF3 _ replicações =",np.mean(TEF3 _ replicacao))
print(f"TES3 _ replicações =",np.mean(TES3 _ replicacao))
print(f"TAF3 _ replicações =",np.mean(TAF3 _ replicacao))
print(f"TAS3 _ replicações =",np.mean(TAS3 _ replicacao))
print(f"u3 _ replicações =",np.mean(u3 _ replicacao))
```

A impressão do resultado mostra os seguintes indicadores de desempenho:

```
******** Indicadores das Replicacões *********
Quantidade de chegadas _ replicações = 53.53653653653654
Quantidade de saídas _ replicações = 33.333333333333336
TEF1 _ replicações = 0.0793478577128079
TES1 _ replicações = 3.4353401199066433
TAF1 _ replicações = 0.03091054777565667
TAS1 _ replicações = 1.0309105477756568
u1 _ replicações = 0.1266254832352539
TEF2 _ replicações = 198.62681247380695
TES2 _ replicações = 328.1736461723888
TAF2 _ replicações = 8.922793670157024
TAS2 _ replicações = 12.914933964652752
u2 _ replicações = 0.7518923662271733
TEF3 _ replicações = 0.10403951419255446
TES3 _ replicações = 3.2157296443787105
TAF3 _ replicações = 0.059842519422951795
TAS3 _ replicações = 1.0598425194229517
u3 _ replicações = 0.06234466521745888
```

De fato, o carregamento do caminhão é o processo em que deve ser realizada a intervenção. No artigo citado anteriormente, Rabelo e os outros autores (2014) simularam cenários com seis e oito atendentes no processo de carregamento, de forma que o primeiro cenário foi o escolhido pelos autores como o mais adequado. A Tabela 10.8 mostra os indicadores de desempenho nos três cenários distintos, obtidos por meio das replicações.

Tabela 10.8 – Indicadores de desempenho com três cenários de carregamento

	Quantidade de atendentes no carregamento		
Indicador	4	6	8
Chegadas	53	53	53
Saídas	33	45	47
TEF_Pesagem1	0,01	0,07	0,07
TAF_Pesagem1	0,03	0,02	0,03
u_Pesagem1	0,126	0,12	0,12
TEF_Carregamento	198,62	27	1,33
TAF_Carregamento	8,92	1,54	0,11
u_Carregamento	0,75	0,66	0,51
TEF_Pesagem2	0,10	0,17	0,18
TAF_Pesagem2	0,05	0,09	0,10
u_Pesagem2	0,06	0,08	0,08

Fonte: O autor.

Conforme se pode verificar na Tabela 10.16, há uma melhora significativa dos indicadores ao aumentar a equipe de atendentes para seis quando comparado com o aumento para oito atendentes no processo de carregamento.

10.6 Locação de carros em aeroportos

Este caso é adaptado de Jeffrey H. Moore e Larry R. Weatherford (2005). Em um aeroporto, o proprietário de uma locadora de automóveis está interessado em estudar a eficiência relativa de sua operação e decidiu construir um modelo de simulação do seu negócio. Os clientes chegam em uma van do aeroporto e formam fila para esperar o atendimento no balcão, que é realizado por ordem de chegada. A chegada da van tem tempo constante de 5 minutos e traz uma quantidade variável de clientes, conforme mostra a Tabela 10.9:

Tabela 10.9 – Chegada de clientes na van

Quantidade de clientes que chegam	Probabilidade	Probabilidade cumulativa
0	70%	70%
1	12%	82%
2	16%	98%
3	2%	100%

Fonte: Moore e Weatherford (2005, p. 491).

O atendimento consiste no preenchimento dos formulários de locação e na comunicação de instruções, o que leva exatamente 5 minutos. Após deixar o atendimento, o cliente se dirige à garagem para retirar o carro. Com isso, o gerente do negócio resolveu simular uma semana de operações, com duração de 24 horas em cada dia.

E a próxima seção traz o modelo inicial.

10.6.1 Simulação da locadora de carros

O modelo da locadora de carros possui uma especificidade diferente daquelas simuladas até agora. Isso porque é preciso simular a chegada de vans a cada 5 minutos e, a cada chegada dos veículos, simula-se a chegada de 0 a 3 clientes, com as probabilidades indicadas na Tabela 10.9. Para executar a simulação dessa forma, pode-se alterar a função “chegadas”, de forma que as vans cheguem com tempo constante de 5 minutos e, dependendo da quantidade de clientes que chegam, cada um é enviado para o serviço.

Assim, desenvolveu-se esse modelo de forma simplificada com o seguinte código, para validar seu funcionamento:

```
import simpy
import random as rd
def chegadas(ambiente,entidade,obs):
    chegada=0
    for contaChegadas in range(1,obs+1):
        clientes=rd.choices([0,1,2,3],weights=[70,12,16,2])[0]
        yield ambiente.timeout(5)
        print(f"Van {contaChegadas} chega em: {ambiente.now:.1f} com 
{clientes} clientes.")
        if clientes>0:
            for i in range(clientes):
                chegada+=1
                ambiente.process(servico(ambiente, f"{entidade}
{chegada}", servidor))
def servico(ambiente, entidade, servidor):
```

(Continua)

```
    with servidor.request() as request:
        yield request
        print(f'{ambiente.now:.1f} Servidor inicia o serviço de
{entidade}.')
        yield ambiente.timeout(5)
        print(f'{ambiente.now:.1f} Servidor termina o serviço de
{entidade}.')

rd.seed(12345)
ambiente = simpy.Environment()
servidor = simpy.Resource(ambiente,capacity=1)
ambiente.process(chegadas(ambiente,"Cliente",1000))
ambiente.run(until=100)
```

A impressão do código mostra a chegada de vans e, consequentemente, o ingresso dos clientes no sistema, com envio ao serviço sempre que a quantidade de chegada for diferente de zero:

```
Van 1 chega em: 5.0 com 0 clientes.
Van 2 chega em: 10.0 com 0 clientes.
Van 3 chega em: 15.0 com 2 clientes.
15.0: Servidor inicia o serviço de Cliente 1.
Van 4 chega em: 20.0 com 0 clientes.
20.0: Servidor termina o serviço de Cliente 1.
20.0: Servidor inicia o serviço de Cliente 2.
Van 5 chega em: 25.0 com 0 clientes.
25.0: Servidor termina o serviço de Cliente 2.
Van 6 chega em: 30.0 com 0 clientes.
...
Van 14 chega em: 70.0 com 0 clientes.
Van 15 chega em: 75.0 com 2 clientes.
75.0: Servidor inicia o serviço de Cliente 3.
Van 16 chega em: 80.0 com 0 clientes.
80.0: Servidor termina o serviço de Cliente 3.
80.0: Servidor inicia o serviço de Cliente 4.
Van 17 chega em: 85.0 com 2 clientes.
85.0: Servidor termina o serviço de Cliente 4.
85.0: Servidor inicia o serviço de Cliente 5.
Van 18 chega em: 90.0 com 0 clientes.
90.0: Servidor termina o serviço de Cliente 5.
90.0: Servidor inicia o serviço de Cliente 6.
Van 19 chega em: 95.0 com 0 clientes.
95.0: Servidor termina o serviço de Cliente 6.
```

Com o mecanismo de chegadas funcionando corretamente, pode-se alterar o código visto na seção 9.2.6 para que seja simulada essa especificidade no modelo da locadora de carros. A execução da simulação terá horizonte de tempo de 10.080 minutos, de forma a representar uma semana de operação:

```
import simpy
import numpy as np
import matplotlib.pyplot as plt
import random as rd
import math
Chegadas=0
Saidas=0
TEF=[]
TES=[]
TAF=[]
TAS=[]
u=[]
SERVIDOR=1
tempo_utilizacao=0
tempo=[]
TEMPO_SIMULACAO=10080
QTD_CHEGADAS=100000
AQUECIMENTO=0
imprime_simulacao=True
def tempos(modelo):
    return {'chegada': 5,
            'servico':5}.get(modelo, 0.0)
def chegadas(ambiente,entidade,obs):
    global Chegadas
    for contaChegadas in range(1,obs+1):
        clientes=rd.choices([0,1,2,3],weights=[70,12,16,2])[0]
        yield ambiente.timeout(tempos('chegada'))
        if imprime_simulacao:
            print(f"Van {contaChegadas} chega em: {ambiente.now:.1f}
com {clientes} cliente(s).")
        if clientes>0:
            for i in range(clientes):
                Chegadas+=1
                ambiente.process(servico(ambiente, f"{entidade}
{Chegadas}", servidor))
def servico(ambiente, entidade, servidor):
    global Saidas, tempo_utilizacao
    chegada=ambiente.now
    with servidor.request() as request:
        yield request
        inicio=ambiente.now
        if ambiente.now > AQUECIMENTO:
              TEF.append(ambiente.now-chegada)
        if imprime_simulacao:
            print(f'{ambiente.now:.1f} Servidor inicia o serviço de
{entidade}.')
        yield ambiente.timeout(tempos('servico'))
        if imprime_simulacao:
            print(f'{ambiente.now:.1f} Servidor termina o serviço de
{entidade}.')
        Saidas+=1
```

(Continua)

```
        if ambiente.now > AQUECIMENTO:
            TES.append(ambiente.now-chegada)
            TAF.append(len(servidor.queue))
            TAS.append(len(servidor.queue)+servidor.count)
        tempo _ utilizacao+=ambiente.now-inicio
        u.append(tempo _ utilizacao/(SERVIDOR*ambiente.now))
        tempo.append(ambiente.now)
def grafico(tipo):
    if tipo == "Escada _ TAF":
        plt.step(tempo, TAF)
    elif tipo == "Escada _ TAS":
        plt.step(tempo, TAS)
    elif tipo == "Histograma _ TEF":
        plt.hist(TEF)
    elif tipo == "Histograma _ TES":
        plt.hist(TES)
    elif tipo == "Histograma _ u":
        plt.hist(u)
    else:
        return 0.0
    plt.show()
def indicadores():
    print("\n** Indicadores da Simulação **")
    print(f"Quantidade de chegadas =",Chegadas)
    print(f"Quantidade de saídas =",Saidas)
    print(f"TEF =",np.mean(TEF))
    print(f"TES =",np.mean(TES))
    print(f"TAF =",np.mean(TAF))
    print(f"TAS =",np.mean(TAS))
    print(f"u =",u[-1])
    grafico("Histograma _ TEF")
rd.seed(12345)
ambiente = simpy.Environment()
servidor = simpy.Resource(ambiente,capacity=SERVIDOR)
ambiente.process(chegadas(ambiente,"Cliente",QTD _ CHEGADAS))
ambiente.run(until=TEMPO _ SIMULACAO)
if imprime _ simulacao:
    indicadores()
```

A impressão dos resultados mostra que o funcionamento da simulação está condizente com o modelo:

```
Van 1 chega em: 5.0 com 0 clientes.
Van 2 chega em: 10.0 com 0 clientes.
Van 3 chega em: 15.0 com 2 clientes.
15.0: Servidor inicia o serviço de Cliente 1.
Van 4 chega em: 20.0 com 0 clientes.
20.0: Servidor termina o serviço de Cliente 1.
20.0: Servidor inicia o serviço de Cliente 2.
Van 5 chega em: 25.0 com 0 clientes.
25.0: Servidor termina o serviço de Cliente 2.
Van 6 chega em: 30.0 com 0 clientes.
Van 7 chega em: 35.0 com 0 clientes.
```

(Continua)

```
...
10055.0: Servidor inicia o serviço de Cliente 959.
Van 2012 chega em: 10060.0 com 0 cliente(s).
10060.0: Servidor termina o serviço de Cliente 959.
Van 2013 chega em: 10065.0 com 0 cliente(s).
Van 2014 chega em: 10070.0 com 1 cliente(s).
10070.0: Servidor inicia o serviço de Cliente 960.
Van 2015 chega em: 10075.0 com 0 cliente(s).
10075.0: Servidor termina o serviço de Cliente 960.
```

Já os indicadores de desempenho indicam uma utilização parcial do servidor:

```
** Indicadores da Simulação **
Quantidade de chegadas = 960
Quantidade de saídas = 960
TEF = 4.765625
TES = 9.765625
TAF = 1.4583333333333333
TAS = 2.4583333333333335
u = 0.47642679900744417
```

Quando a quantidade de servidores é alterada para dois, a utilização deles fica abaixo de 25%:

```
** Indicadores da Simulação **
Quantidade de chegadas = 960
Quantidade de saídas = 960
TEF = 0.203125
TES = 5.203125
TAF = 0.5239583333333333
TAS = 1.971875
u = 0.23821339950372208
```

A próxima seção traz uma variação do problema da locadora de veículos.

10.6.2 Modelo expandido

Uma variação do modelo da locadora de carros pode incluir uma perspectiva mais realista da chegada das vans. Assumindo que a chegada das mesmas não é mais constante, e sim com um intervalo mínimo de 3 minutos e máximo de 7 minutos, conhecendo o valor mais provável de ocorrência, pode-se utilizar a distribuição triangular com esses valores.

Outra fonte de variação do modelo é o tempo de atendimento, que pode ser modificado de constante para ter distribuição exponencial com média de 5 minutos. A alteração desses dois parâmetros, que outrora eram fixos, possibilita executar a simulação com maior realismo. Esses novos parâmetros podem ser adicionados ao modelo, alterando a função "tempos" para:

```
def tempos(modelo):
    return {'chegada': rd.triangular(3,7,5),
            'servico':rd.expovariate(1/5)}.get(modelo, 0.0)
```

Ao inserir esse código e executar a simulação para um e dois servidores, tem-se o resultado comparado, que é mostrado na Tabela 10.10:

Tabela 10.10 – Indicadores de desempenho do modelo expandido para um e dois servidores

	Um servidor	Dois servidores
Quantidade de chegadas	989	972
Quantidade de saídas	987	972
TEF	5,46	0,47
TES	10,31	5,48
TAF	1,15	0,20
TAS	2,15	1,75
u	0,47	0,24

Fonte: O autor.

Um indicador caro ao gerente da locadora é o tempo máximo que os clientes esperam na fila. Esse indicador pode ser inferido a partir da visualização do histograma do TEF cuja Figura 10.13 mostra o gráfico para um servidor.

A Figura 10.13 mostra que o tempo máximo de espera ocorrido durante a simulação foi de cerca de 70 minutos. Já o histograma da simulação com dois servidores mostra um tempo máximo de 15 minutos, como pode ser visto na Figura 10.14:

Figura 10.13 – Histograma do TEF para um servidor

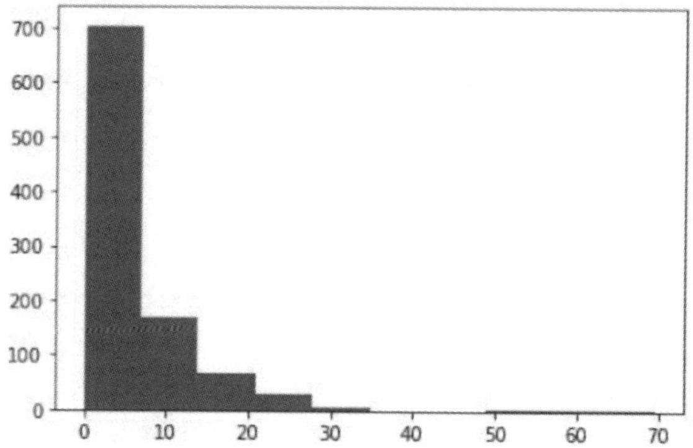

Fonte: O autor.

Figura 10.14 – O Histograma do TEF para dois servidores

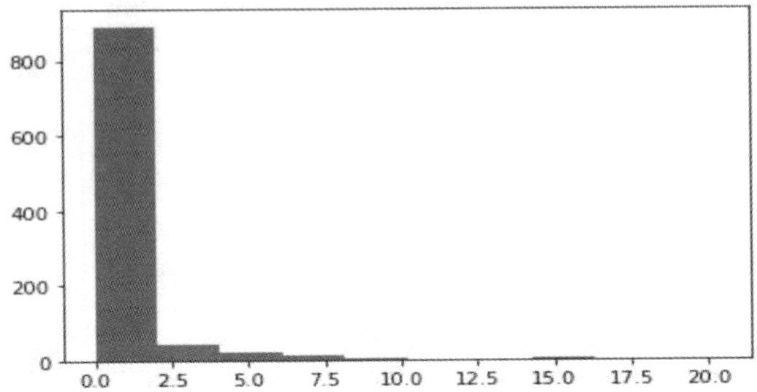

Fonte: O autor.

A próxima seção mostra mais uma variação no modelo da locadora de carros.

10.6.3 Modelo revisto

A partir do impacto da variabilidade nos indicadores de desempenho, identificado na seção anterior, o gerente da locadora resolveu utilizar os recursos da empresa de forma dinâmica, dependendo dessa variabilidade. Isso envolve aumentar ou diminuir os recursos alocados ao atendimento, o que depende do tamanho da fila. Assim, em períodos de tempo nos quais a demanda é alta, é realizada uma realocação dos funcionários que estão na garagem para o atendimento. Da mesma forma, quando a demanda reduzir, os funcionários, outrora realocados, assumem sua função anterior.

Logo, o indicador utilizado para esta alocação dinâmica será o tamanho da fila. Por isso, foi decidido que a quantidade de servidores no atendimento dependerá do tamanho da fila, como mostra a Tabela 10.11:

Tabela 10.11 – Número de servidores a partir do tamanho da fila

Tamanho da fila	Quantidade de servidores no atendimento
1	1
2	1
3	2
4	2
5	3
6	3
7	4

Fonte: O autor.

A Tabela 10.11 mostra que, quando a fila do atendimento é maior que dois, será acrescentado um servidor para o atendimento. Está previsto também esse incremento para quando a fila for maior que quatro e também maior que seis. Vale apontar que quando o tamanho da fila for reduzido, a quantidade de servidores é ajustada para atender à correspondência mostrada na Tabela 10.11.

Para desenvolver a simulação com essa alocação dinâmica dos servidores, utilizaremos o método do SimPy, que altera a capacidade dos servidores, ao levar em conta o tamanho da fila. O código a seguir é um protótipo que detalha o funcionamento desse sistema:

```
import simpy
def chegadas(ambiente,entidade,obs):
    for contaChegadas in range(1,obs+1):
        yield ambiente.timeout(1)
        print(f"{entidade} {contaChegadas} chega em: {ambiente.
now:.1f}")
        ambiente.process(servico(ambiente, f"{entidade}
{contaChegadas}", servidor))
def servico(ambiente, entidade, servidor):
    print("Tamanho da fila:",len(servidor.queue))
    if len(servidor.queue) > 6:
        servidor._capacity = 4
    elif len(servidor.queue) > 4:
        servidor._capacity = 3
    elif len(servidor.queue) > 2:
        servidor._capacity = 2
    else:
        servidor._capacity = 1
    print("Capacidade do servidor:",servidor.capacity)
    with servidor.request() as request:
        print(servidor.count,"entidade(s) sendo atendida(s)")
        yield request
        print(f'{ambiente.now:.1f} Servidor inicia o serviço de
{entidade}.')
        yield ambiente.timeout(10)

        print(f'{ambiente.now:.1f} Servidor termina o serviço de
{entidade}.')

ambiente = simpy.Environment()
servidor = simpy.Resource(ambiente)
ambiente.process(chegadas(ambiente,"Entidade",15))
ambiente.run()
```

A impressão desse código mostra o aumento e redução, ao longo da simulação, da capacidade dos servidores de forma dinâmica:

```
Entidade 1 chega em: 1.0.
Tamanho da fila: 0.
Capacidade do servidor: 1.
1 entidade(s) sendo atendida(s).
1.0: Servidor inicia o serviço de Entidade 1.
Entidade 2 chega em: 2.0.
Tamanho da fila: 0.
Capacidade do servidor: 1.
1 entidade(s) sendo atendida(s).
Entidade 3 chega em: 3.0.
Tamanho da fila: 1.
...
Capacidade do servidor: 2.
2 entidade(s) sendo atendida(s).
Entidade 7 chega em: 7.0.
Tamanho da fila: 4.
Capacidade do servidor: 2.
2 entidade(s) sendo atendida(s).
Entidade 8 chega em: 8.0.
Tamanho da fila: 5.
Capacidade do servidor: 3.
3 entidade(s) sendo atendida(s).
...
3 entidade(s) sendo atendida(s).
11.0: Servidor termina o serviço de Entidade 1.
Entidade 11 chega em: 11.0.
Tamanho da fila: 7.
Capacidade do servidor: 4.
3 entidade(s) sendo atendida(s).
11.0: Servidor inicia o serviço de Entidade 4.
11.0: Servidor inicia o serviço de Entidade 5.
Entidade 12 chega em: 12.0.
...
Entidade 15 chega em: 15.0.
Tamanho da fila: 9.
Capacidade do servidor: 4.
4 entidade(s) sendo atendida(s).
15.0: Servidor inicia o serviço de Entidade 6.
18.0: Servidor termina o serviço de Entidade 3.
18.0: Servidor inicia o serviço de Entidade 7.
...
45.0: Servidor termina o serviço de Entidade 14.
48.0: Servidor termina o serviço de Entidade 15.
```

Com o protótipo funcionando corretamente, será possível adaptar os códigos desenvolvidos na seção anterior da seguinte maneira:

```
import simpy
import numpy as np
import matplotlib.pyplot as plt
import random as rd
import math
Chegadas=0
Saidas=0
TEF=[]
TES=[]
TAF=[]
TAS=[]
u=[]
SERVIDOR=1
tempo_utilizacao=0
tempo=[]
TEMPO_SIMULACAO=10080
QTD_CHEGADAS=100000
AQUECIMENTO=0
imprime_simulacao=True
def tempos(modelo):
    return {‘chegada’: rd.triangular(3,7,5),
            ‘servico’:rd.expovariate(1/5)}.get(modelo, 0.0)
def chegadas(ambiente,entidade,obs):
    global Chegadas
    for contaChegadas in range(1,obs+1):
        clientes=rd.choices([0,1,2,3],weights=[70,12,16,2])[0]
        yield ambiente.timeout(tempos(‘chegada’))
        if imprime_simulacao:
            print(f”Van {contaChegadas} chega em: {ambiente.now:.1f}
com {clientes} cliente(s).”)
        if clientes>0:
            for i in range(clientes):
                Chegadas+=1
                ambiente.process(servico(ambiente, f”{entidade}
{Chegadas}”, servidor))
def servico(ambiente, entidade, servidor):
    global Saidas, tempo_utilizacao
    if imprime_simulacao:
        print(“Tamanho da fila:”,len(servidor.queue))
    if len(servidor.queue) > 6:
        servidor._capacity = 4
    elif len(servidor.queue) > 4:
        servidor._capacity = 3
    elif len(servidor.queue) > 2:
        servidor._capacity = 2
    else:
        servidor._capacity = 1
    if imprime_simulacao:
        print(“Capacidade do servidor:”,servidor.capacity)
```

(Continua)

```
    chegada=ambiente.now
    with servidor.request() as request:
        if imprime _ simulacao:
            print(servidor.count,"Cliente(s) sendo atendido(s)")
        yield request
        inicio=ambiente.now
        if ambiente.now > AQUECIMENTO:
                TEF.append(ambiente.now-chegada)
        if imprime _ simulacao:
            print(f'{ambiente.now:.1f} Servidor inicia o serviço de
{entidade}.')
        yield ambiente.timeout(tempos('servico'))
        if imprime _ simulacao:
            print(f'{ambiente.now:.1f} Servidor termina o serviço de
{entidade}.')
        Saidas+=1
        if ambiente.now > AQUECIMENTO:
                TES.append(ambiente.now-chegada)
                TAF.append(len(servidor.queue))
                TAS.append(len(servidor.queue)+servidor.count)
        tempo _ utilizacao+=ambiente.now-inicio
        u.append(tempo _ utilizacao/(SERVIDOR*ambiente.now))
        tempo.append(ambiente.now)
def grafico(tipo):
    if tipo == "Escada _ TAF":
        plt.step(tempo, TAF)
    elif tipo == "Escada _ TAS":
        plt.step(tempo, TAS)
    elif tipo == "Histograma _ TEF":
        plt.hist(TEF)
    elif tipo == "Histograma _ TES":
        plt.hist(TES)
    elif tipo == "Histograma _ u":
        plt.hist(u)
    else:
        return 0.0
    plt.show()
def indicadores():
    print("\n** Indicadores da Simulação **")
    print(f"Quantidade de chegadas =",Chegadas)
    print(f"Quantidade de saídas =",Saidas)
    print(f"TEF =",np.mean(TEF))
    print(f"TES =",np.mean(TES))
    print(f"TAF =",np.mean(TAF))
    print(f"TAS =",np.mean(TAS))
    print(f"u =",u[-1])
    grafico("Histograma _ TEF")
rd.seed(12345)
ambiente = simpy.Environment()
servidor = simpy.Resource(ambiente,capacity=SERVIDOR)
ambiente.process(chegadas(ambiente,"Cliente",QTD _ CHEGADAS))
ambiente.run(until=TEMPO _ SIMULACAO)
if imprime _ simulacao:
    indicadores()
```

A impressão dos indicadores mostra que houve uma sutil melhora no desempenho do sistema:

```
** Indicadores da Simulação **
Quantidade de chegadas = 985
Quantidade de saídas = 984
TEF = 3.6612722077432047
TES = 8.377516638108863
TAF = 0.8699186991869918
TAS = 1.9634146341463414
u = 0.46028335064122405
```

Também vale apontar que a política de realocação temporária dos recursos apresentou desempenho inferior ao da política de utilizar dois servidores de forma constante.

A próxima seção apresenta o modelo final da locadora de carros.

10.6.4 Modelo final da locadora de carros

Agora, o gerente da locadora pretende estudar uma situação na qual seja possível atender a dois tipos de clientes: os que alugam carro de luxo e aqueles que alugam carros populares. Há uma suposição de que 70% dos clientes procuram carros populares, e o restante desses clientes optarão por carros de luxo. O objetivo da simulação é verificar quantos carros de cada tipo a locadora deve disponibilizar para evitar a insatisfação dos clientes.

Assim, sabe-se por dados históricos que consumidores que alugam carros populares o fazem por um ou dois dias. Já os clientes que procuram carros de luxo reservam o veículo por um período de dois dias e meio. Então se escolheu utilizar a distribuição uniforme, com mínimo de um dia e máximo de dois, para modelar o tempo em que os carros populares ficam locados, e a distribuição normal, com média de 2 dias e desvio-padrão de 0,5 dia, para carros luxuosos.

Desse modo, o gerente da locadora estima que deve disponibilizar uma quantidade inicial de 100 carros de luxo para serem locados em uma semana. Para os carros populares, essa estimativa é de 140. Há uma especificidade nesse negócio que deve ser considerada. Se não houver estoque de carros populares disponível, o cliente que procura por esse tipo de veículo poderá locar um carro de luxo, caso este recurso esteja ocioso.

Para simular essa situação, elaboramos um protótipo com o seguinte código:

```
import simpy
import random as rd
chegadas1=0
chegadas2=0
excecoes=0
def chegadas(ambiente, entidade, obs):
    global excecoes
    for contaChegadas in range(1, obs + 1):
        yield ambiente.timeout(1)
        print(f"{entidade} {contaChegadas} chega em: {ambiente.
now:.1f}")
        print("Capacidade _ servidor1",servidor1.capacity-servidor1.
count)
        print("Capacidade _ servidor2",servidor2.capacity-servidor2.
count)
        print("TAF _ servidor1",len(servidor1.queue))
        print("TAF _ servidor2",len(servidor2.queue))
        if rd.uniform(0,1) <= .7:
            if servidor1.capacity-servidor1.count==0 and servidor2.
capacity-servidor2.count>0:
                print("Cliente de carro popular aluga um de luxo
excepcionalmente")
                ambiente.process(servico2(ambiente, f"{entidade}
{contaChegadas}", servidor2))
                excecoes+=1
            else:
                print(f"{entidade} {contaChegadas} vai para
servidor1")
                ambiente.process(servico1(ambiente, f"{entidade}
{contaChegadas}", servidor1))
        else:
            print(f"{entidade} {contaChegadas} vai para servidor2")
            ambiente.process(servico2(ambiente, f"{entidade}
{contaChegadas}", servidor2))
def servico1(ambiente, entidade, servidor1):
    global chegadas1
    with servidor1.request() as request:
        yield request
        print(f'{ambiente.now:.1f} Servidor1 inicia o serviço de
{entidade}.')
        yield ambiente.timeout(5)
        print(f'{ambiente.now:.1f} Servidor1 termina o serviço de
{entidade}.')
        chegadas1+=1
def servico2(ambiente, entidade, servidor2):
    global chegadas2
    with servidor2.request() as request:
        yield request
        print(f'{ambiente.now:.1f} Servidor2 inicia o serviço de
{entidade}.')
        yield ambiente.timeout(5)
        print(f'{ambiente.now:.1f} Servidor2 termina o serviço de
{entidade}.')
        chegadas2+=1
rd.seed(12345)
```

(Continua)

```
ambiente = simpy.Environment()
servidor1 = simpy.Resource(ambiente, capacity=3)
servidor2 = simpy.Resource(ambiente, capacity=2)
ambiente.process(chegadas(ambiente, "Entidade",30))
ambiente.run()
print("Chegadas1:",chegadas1)
print("Chegadas2:",chegadas2)
print("Exceções:",excecoes)
```

O código se inicia mostrando as capacidades dos distintos servidores, que representam o estoque de carros populares e de luxo, respectivamente, na função chegada. É mostrado ainda o TAF desses servidores. A partir da chegada, há uma divisão das entidades em que 70% irão locar carros populares, enquanto que o restante, carros de luxo, sendo posteriormente alocados aos respectivos servidores.

Quando as entidades são encaminhadas ao servidor dos carros populares, é analisado se o respectivo servidor não possui capacidade suficiente e também se há disponibilidade de carros de luxo. Nesta situação, a entidade é direcionada ao segundo servidor. Os trechos da impressão do código mostram sua adequação:

```
Entidade 1 chega em: 1.0.
Capacidade _ servidor1 3
Capacidade _ servidor2 2
TAF _ servidor1 0
TAF _ servidor2 0
Entidade 1 vai para Servidor 1.
1.0: Servidor 1 inicia o serviço de Entidade 1.
Entidade 2 chega em: 2.0.
Capacidade _ servidor1 2
Capacidade _ servidor2 2
TAF _ servidor1 0
TAF _ servidor2 0
Entidade 2 vai para Servidor 1.
2.0: Servidor 1 inicia o serviço de Entidade 2.
Entidade 3 chega em: 3.0.
...
Entidade 4 vai para Servidor 1.
4.0: Servidor 1 inicia o serviço de Entidade 4.
Entidade 5 chega em: 5.0.
Capacidade _ servidor1 0
Capacidade _ servidor2 1
TAF _ servidor1 0
TAF _ servidor2 0
Cliente de carro popular aluga um de luxo excepcionalmente.
5.0: Servidor 2 inicia o serviço de Entidade 5.
6.0: Servidor 1 termina o serviço de Entidade 1.
```

(Continua)

```
...
Entidade 8 chega em: 8.0.
Capacidade_servidor1 0
Capacidade_servidor2 1
TAF_servidor1 0
TAF_servidor2 0
Cliente de carro popular aluga um de luxo excepcionalmente.
8.0: Servidor 2 inicia o serviço de Entidade 8.
9.0: Servidor 1 termina o serviço de Entidade 4.
...
35.0: Servidor 2 inicia o serviço de Entidade 30.
38.0: Servidor 2 termina o serviço de Entidade 28.
40.0: Servidor 2 termina o serviço de Entidade 30.
Chegadas1: 16
Chegadas2: 14
Exceções: 6
```

Com essas especificidades consideradas, o código completo do modelo final é desenvolvido da seguinte maneira:

```
import simpy
import numpy as np
import matplotlib.pyplot as plt
import random as rd
import math
Chegadas=0
Saidas1=0
Saidas2=0
excecoes=0
TEF1=[]
TES1=[]
TAF1=[]
TAS1=[]
u1=[]
TEF2=[]
TES2=[]
TAF2=[]
TAS2=[]
u2=[]
SERVIDOR1=140
SERVIDOR2=100
tempo_utilizacao1=0
tempo_utilizacao2=0
empo1=[]
tempo2=[]
TEMPO_SIMULACAO=10080
QTD_CHEGADAS=100000
AQUECIMENTO=0
imprime_simulacao=True
popular=0
luxo=0
```

(Continua)

```
tdef tempos(modelo):
    return {‹chegada›: rd.triangular(3,7,5),
            ‹servico1›:rd.uniform(1440,2880),
            ‹servico2›:rd.normalvariate(2880, 720)}.get(modelo, 0.0)
def chegadas(ambiente,entidade,obs):
    global Chegadas,excecoes,popular,luxo
    for contaChegadas in range(1,obs+1):
        clientes=rd.choices([0,1,2,3],weights=[70,12,16,2])[0]
        yield ambiente.timeout(tempos(‹chegada›))
        if imprime _ simulacao:
            print(f»Van {contaChegadas} chega em: {ambiente.now:.1f}
com {clientes} cliente(s).»)
            print(«Capacidade _ servidor1»,servidor1.capacity-
servidor1.count)
            print(«Capacidade _ servidor2»,servidor2.capacity-
servidor2.count)
            print(«TAF _ servidor1»,len(servidor1.queue))
            print(«TAF _ servidor2»,len(servidor2.queue))
        if clientes>0:
            for i in range(clientes):
                Chegadas+=1

                if rd.uniform(0,1) <= .7:
                    if servidor1.capacity-servidor1.count==0 and
servidor2.capacity-servidor2.count>0:
                        print("Cliente de carro popular
excepcionalmente aluga um de luxo")
                        ambiente.process(servico2(ambiente,
f»{entidade} {Chegadas}», servidor2))
                        excecoes+=1

                    else:
                        print(f»{entidade} {Chegadas} vai para
servidor1»)
                        ambiente.process(servico1(ambiente,
f»{entidade} {Chegadas}», servidor1))
                        popular+=1
                else:
                    print(f»{entidade} {Chegadas} vai para
servidor2»)
                    ambiente.process(servico2(ambiente, f»{entidade}
{Chegadas}», servidor2))
                    luxo+=1

def servico1(ambiente, entidade, servidor1):
    global tempo _ utilizacao1, Saidas1
    chegada=ambiente.now
    with servidor1.request() as request:
        yield request
        inicio=ambiente.now
        if ambiente.now > AQUECIMENTO:
          TEF1.append(ambiente.now-chegada)
        if imprime _ simulacao:
```

(Continua)

```
            print(f›{ambiente.now:.1f} Servidor1 inicia o serviço de
{entidade}.›)
        yield ambiente.timeout(tempos(‹servico1›))
        if imprime _ simulacao:
            print(f›{ambiente.now:.1f} Servidor1 termina o serviço
de {entidade}.›)
            Saidas1+=1
        if ambiente.now > AQUECIMENTO:
          TES1.append(ambiente.now-chegada)
          TAF1.append(len(servidor1.queue))
          TAS1.append(len(servidor1.queue)+servidor1.count)
        tempo _ utilizacao1+=ambiente.now-inicio
        u1.append(tempo _ utilizacao1/(SERVIDOR1*ambiente.now))
        tempo1.append(ambiente.now)

def servico2(ambiente, entidade, servidor2):
    global Saidas2, tempo _ utilizacao2
    chegada=ambiente.now
    with servidor2.request() as request:
        yield request
        inicio=ambiente.now
        if ambiente.now > AQUECIMENTO:
          TEF2.append(ambiente.now-chegada)
        if imprime _ simulacao:
            print(f›{ambiente.now:.1f} Servidor2 inicia o serviço de
{entidade}.›)
        yield ambiente.timeout(tempos(‹servico2›))
        if imprime _ simulacao:
            print(f›{ambiente.now:.1f} Servidor2 termina o serviço
de {entidade}.›)
        Saidas2+=1
          TES2.append(ambiente.now-chegada)
          TAF2.append(len(servidor2.queue))
          TAS2.append(len(servidor2.queue)+servidor2.count)
        tempo _ utilizacao2+=ambiente.now-inicio
        u2.append(tempo _ utilizacao2/(SERVIDOR2*ambiente.now))
        tempo2.append(ambiente.now)

def grafico(tipo):
    if tipo == «Escada _ TAF _ s1»:
        plt.step(tempo1, TAF1)
    elif tipo == «Escada _ TAF _ s2»:
        plt.step(tempo2, TAF2)
    elif tipo == «Histograma _ TEF1»:
        plt.hist(TEF1)
    elif tipo == «Histograma _ TEF2»:
        plt.hist(TEF2)
    elif tipo == "Histograma _ u1":
        plt.hist(u1)
    elif tipo == «Histograma _ u2»:
        plt.hist(u2)
    else:
        if ambiente.now > AQUECIMENTO:
        return 0.0
    plt.show()
def indicadores():
```

(Continua)

```
        print("\n** Indicadores da Simulação **")
        print(f»Quantidade de chegadas =»,Chegadas)
        print(f»Quantidade de locações _ popular =»,popular)
        print(f»Quantidade de locações _ luxo =»,luxo)
        print(f»Quantidade de devoluções _ popular =»,Saidas1)
        print(f»Quantidade de devoluções _ luxo =»,Saidas2)
        print(f»Quantidade de atendimentos _ excepcionais =»,excecoes)

        print(f"TEF1 =",np.mean(TEF1))
        print(f»TES1 =»,np.mean(TES1))
        print(f»TAF1 =»,np.mean(TAF1))
        print(f»TAS1 =»,np.mean(TAS1))
        print(f»u1 =»,u1[-1])
        print(f»TEF2 =»,np.mean(TEF2))
        print(f»TES2 =»,np.mean(TES2))
        print(f»TAF2 =»,np.mean(TAF2))
        print(f»TAS2 =»,np.mean(TAS2))
        print(f"u2 =",u2[-1])
        grafico(«Escada _ TAF _ s1»)

rd.seed(12345)
ambiente = simpy.Environment()
servidor1 = simpy.Resource(ambiente,capacity=SERVIDOR1)
servidor2 = simpy.Resource(ambiente,capacity=SERVIDOR2)
ambiente.process(chegadas(ambiente,"Cliente",QTD _ CHEGADAS))
ambiente.run(until=TEMPO _ SIMULACAO)
if imprime _ simulacao:
    indicadores()
```

A impressão dos indicadores de desempenho mostra que cerca de mil carros foram atendidos durante uma semana de operações:

```
** Indicadores da Simulação **
Quantidade de chegadas = 1006
Quantidade de locações _ popular = 668
Quantidade de locações _ luxo = 279
Quantidade de devoluções _ popular = 524
Quantidade de devoluções _ luxo = 238
Quantidade de atendimentos _ excepcionais = 59
TEF1 = 47.64407900766859
TES1 = 2184.701603554831
TAF1 = 4.133587786259542
TAS1 = 142.77862595419847
u1 = 0.7966385929193989
TEF2 = 48.36224231030989
TES2 = 2848.432028572436
TAF2 = 2.630252100840336
TAS2 = 102.1218487394958
u2 = 0.6642303989485187
```

A análise do gráfico de escada do aluguel de carros populares mostra que esse tipo de serviço começará a gerar fila por volta do terceiro dia de operações, conforme mostra a Figura 10.15:

Figura 10.15 – Gráfico escada da locação de carros populares

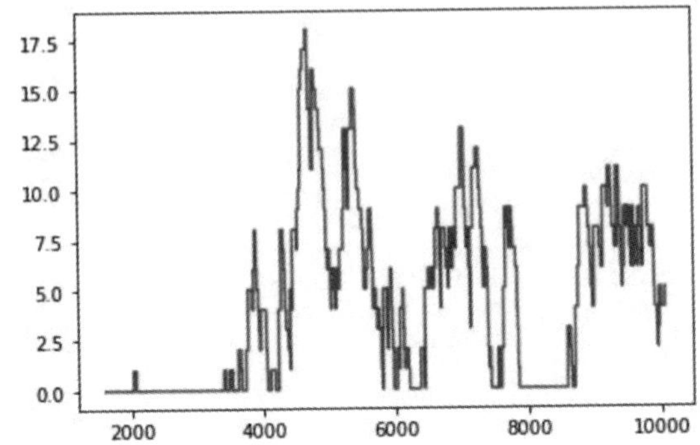

Fonte: O autor.

Já a evolução dos modelos da locadora de carros é apresentada na Figura 10.16:

Figura 10.16 – Evolução dos modelos da locadora de carros

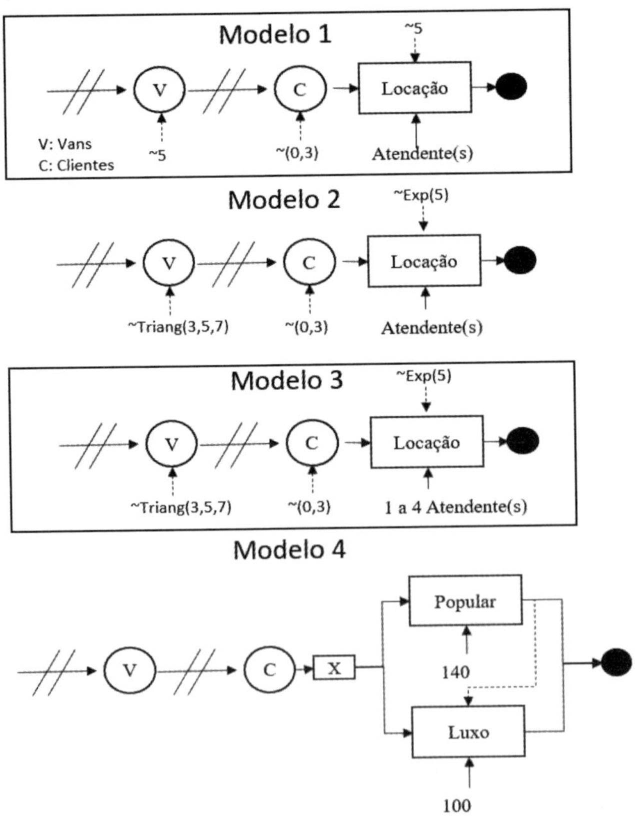

Fonte: O autor.

A próxima seção traz um problema aplicado a uma linha de produção.

10.7 Estações em uma linha de produção

O problema de uma linha de produção cujo processamento de um insumo ocorre numa sequência de três estações foi apresentado por Winston e Albright (2011) e pode ser visualizado na Figura 10.17:

Figura 10.17 – Sistema de três estações com estoques (*buffers*) intermediários

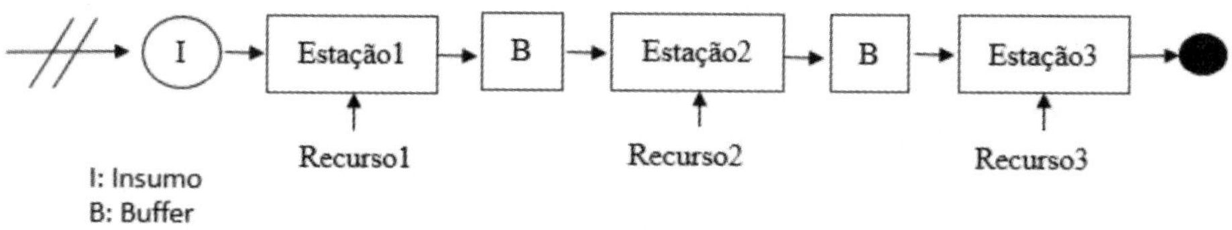

Fonte: Adaptado de Winston e Albright (2011, p. 824).

Conforme se verifica na Figura 10.17, o insumo chega na primeira estação e é processado imediatamente ou aguarda em fila caso o Recurso 1 esteja ocupado. Após a primeira estação, o insumo seguirá o fluxo para a segunda estação e, caso a estação esteja ocupada, o recurso aguardará em um estoque intermediário denominado *buffer*. Esses estoques intermediários antecedem apenas as estações dois e três e podem ter capacidade variável. As capacidades dos *buffers* interferem no desempenho do sistema, pois caso tenham capacidade limitada, o processo anterior aguardará até que haja espaço nesse estoque intermediário para liberar o recurso.

Nesse tipo de sistema, podem surgir as seguintes questões para analisar seu desempenho (Winston e Albright, 2011, p. 824):

- É melhor possuir uma máquina rápida ou múltiplas máquinas mais lentas em cada estação?
- Como a variabilidade da chegada na primeira estação afeta o desempenho? E a variabilidade no processamento das outras máquinas?
- Verificou-se que a política de capacidade nula para os *buffers* se revelou um desastre. Em vista disso, onde os *buffers* devem ser posicionados e com qual capacidade?

Para executar a simulação desse sistema, é possível utilizar um processo encadeado com três servidores, nos quais a capacidade dos *buffers* determina os fluxos que vão da primeira para a segunda estação e da segunda para a terceira. Um protótipo desse código pode ser desenvolvido da seguinte forma:

```
import simpy
import numpy as np
insumos=0
saidas=0
TAF2=[]
TAF3=[]
CapacBuffer2=0
CapacBuffer3=0
def chegadas(ambiente, entidade, obs):
    global insumos
    for contaChegadas in range(1, obs + 1):
        yield ambiente.timeout(1)
        print(f"{entidade} {contaChegadas} chega em: {ambiente.
now:.1f}")
        insumos+=1
        ambiente.process(servico1(ambiente, f"{entidade}
{contaChegadas}", servidor1))
def servico1(ambiente, entidade, servidor1):
    global CapacBuffer2
    with servidor1.request() as request:
        yield request
        print(f'{ambiente.now:.1f} Servidor1 inicia o serviço de
{entidade}.')
        yield ambiente.timeout(1)
        print(f'{ambiente.now:.1f} Servidor1 termina o serviço de
{entidade}.')
        print("Tamanho da fila Buffer2:",len(servidor2.queue))
        if len(servidor2.queue)<=CapacBuffer2:
            ambiente.process(servico2(ambiente, f"{entidade}",
servidor2))
def servico2(ambiente, entidade, servidor2):
    global CapacBuffer3
    TAF2.append(len(servidor2.queue))
    with servidor2.request() as request:
        yield request
        print(f'{ambiente.now:.1f} Servidor2 inicia o serviço de
{entidade}.')
        yield ambiente.timeout(3)
        print(f'{ambiente.now:.1f} Servidor2 termina o serviço de
{entidade}.')
        print("Tamanho da fila Buffer3:",len(servidor3.queue))
        if len(servidor3.queue)<=CapacBuffer3:
            ambiente.process(servico3(ambiente, f"{entidade}",
servidor3))
def servico3(ambiente, entidade, servidor3):
    global saidas
    TAF3.append(len(servidor3.queue))
    with servidor3.request() as request:
        yield request
        print(f'{ambiente.now:.1f} Servidor3 inicia o serviço de
{entidade}.')
```

(Continua)

```
        yield ambiente.timeout(3)
        print(f'{ambiente.now:.1f} Servidor3 termina o serviço de
{entidade}.')
        saidas+=1
ambiente = simpy.Environment()
servidor1 = simpy.Resource(ambiente, capacity=1)
servidor2 = simpy.Resource(ambiente, capacity=1)
servidor3 = simpy.Resource(ambiente, capacity=1)
ambiente.process(chegadas(ambiente, "Entidade", 100))
ambiente.run()
print("Insumos",insumos)
print("Peças produzidas",saidas)
print("MAX _ TAF2",np.max(TAF2))
print("MAX _ TAF3",np.max(TAF3))
```

É possível verificar no código que as capacidades dos *buffers* são de zero, ou seja, o insumo só vai para estação seguinte se a máquina estiver disponível. O resultado desse código é exibido a seguir:

```
Insumos 100
Peças produzidas 34
MAX _ TAF2 0
MAX _ TAF3 0
```

É possível verificar que chegaram 100 insumos e apenas 34 peças foram produzidas. Os TAFs máximos das filas foram de zero. A impressão do detalhamento da simulação mostra que o segundo processo é o gargalo do sistema:

```
Entidade 1 chega em: 1.0.
1.0: Servidor 1 inicia o serviço de Entidade 1.
Entidade 2 chega em: 2.0.
2.0: Servidor 1 termina o serviço de Entidade 1.
Tamanho da fila Buffer2: 0.
2.0: Servidor 2 inicia o serviço de Entidade 1.
2.0: Servidor 1 inicia o serviço de Entidade 2.
Entidade 3 chega em: 3.0
3.0: Servidor 1 termina o serviço de Entidade 2.
Tamanho da fila Buffer2: 0.
3.0: Servidor 1 inicia o serviço de Entidade 3.
Entidade 4 chega em: 4.0.
...
101.0: Servidor 1 termina o serviço de Entidade 100.
Tamanho da fila Buffer2: 1.
101.0: Servidor 3 inicia o serviço de Entidade 95.
101.0: Servidor 2 inicia o serviço de Entidade 98.
104.0: Servidor 3 termina o serviço de Entidade 95.
104.0: Servidor 2 termina o serviço de Entidade 98.
Tamanho da fila Buffer3: 0.
104.0: Servidor 3 inicia o serviço de Entidade 98.
107.0: Servidor 3 termina o serviço de Entidade 98.
```

Dessa forma, alterar a capacidade do *buffer* da segunda estação para uma quantidade arbitrária de vinte, resultará na melhoria dos indicadores de desempenho da simulação:

```
Insumos 100
Peças produzidas 54
MAX _ TAF2 20
MAX _ TAF3 0
```

Sendo assim, é possível verificar que houve um aumento de vinte peças produzidas. Agora, o tamanho máximo da fila na segunda estação atingiu justamente a capacidade do seu *buffer*.

O código completo que exibe todos os indicadores relevantes é exibido a seguir. Neste código, têm-se as chegadas exponencialmente distribuídas com média de 1 minuto, uma máquina em cada estação e cada qual com tempos de atendimento de 0,7 minutos exponencialmente distribuídos. Os *buffers* dois e três têm capacidade de cinco unidades cada. Portanto, a simulação é executada por um tempo de 10 mil minutos, sendo que o primeiro milhar de tempo é utilizado para aquecimento.

```
import simpy
import numpy as np
import matplotlib.pyplot as plt
import random
import math
Chegadas=0
Saidas=0
TEF1=[]
TES1=[]
TAF1=[]
TAS1=[]
u1=[]
TEF2=[]
TES2=[]
TAF2=[]
TAS2=[]
u2=[]
TEF3=[]
TES3=[]
TAF3=[]
TAS3=[]
u3=[]
SERVIDOR1=1
SERVIDOR2=1
SERVIDOR3=1
CapacBuffer2=5
CapacBuffer3=5
```

(Continua)

```
tempo _ utilizacao1=0
tempo _ utilizacao2=0
tempo _ utilizacao3=0
tempo1=[]
tempo2=[]
tempo3=[]
TEMPO _ SIMULACAO=10000
QTD _ CHEGADAS=100000
AQUECIMENTO=1000
imprime _ simulacao=True

def tempos(modelo):
    return {
        'chegada': random.expovariate(1),
        'servico1': random.expovariate(1/0.7),
        'servico2': random.expovariate(1/0.7),
        'servico3': random.expovariate(1/0.7)
    }.get(modelo, 0.0)

def chegadas(ambiente,entidade,obs):
    global Chegadas
    for contaChegadas in range(1,obs+1):
        yield ambiente.timeout(tempos('chegada'))
        Chegadas+=1
        if imprime _ simulacao:
            print(f"{entidade} {contaChegadas} chega em: {ambiente.
now:.1f}")
        ambiente.process(servico1(ambiente, f"{entidade}
{contaChegadas}", servidor1))
def servico1(ambiente, entidade, servidor1):
    global tempo _ utilizacao1
    chegada=ambiente.now
    with servidor1.request() as request:
        yield request
        inicio=ambiente.now
        if ambiente.now > AQUECIMENTO:
            TEF1.append(ambiente.now-chegada)
        if imprime _ simulacao:
            print(f'{ambiente.now:.1f} Servidor1 inicia o serviço de
{entidade}.')
        yield ambiente.timeout(tempos('servico1'))
        if imprime _ simulacao:
            print(f'{ambiente.now:.1f} Servidor1 termina o serviço
de {entidade}.')
        if ambiente.now > AQUECIMENTO:
            TES1.append(ambiente.now-chegada)
            TAF1.append(len(servidor1.queue))
            TAS1.append(len(servidor1.queue)+servidor1.count)
            tempo1.append(ambiente.now)
        tempo _ utilizacao1+=ambiente.now-inicio
        u1.append(tempo _ utilizacao1/(SERVIDOR1*ambiente.now))
        if len(servidor2.queue)<CapacBuffer2:
            ambiente.process(servico2(ambiente, f"{entidade}",
servidor2))
```

(Continua)

```
def servico2(ambiente, entidade, servidor2):
    global tempo _ utilizacao2
    chegada=ambiente.now
    with servidor2.request() as request:
        yield request
        inicio=ambiente.now
        if ambiente.now > AQUECIMENTO:
                TEF2.append(ambiente.now-chegada)
        if imprime _ simulacao:
            print(f'{ambiente.now:.1f} Servidor2 inicia o serviço de
{entidade}.')
        yield ambiente.timeout(tempos('servico2'))
        if imprime _ simulacao:
            print(f'{ambiente.now:.1f} Servidor2 termina o serviço
de {entidade}.')
        if ambiente.now > AQUECIMENTO:
                TES2.append(ambiente.now-chegada)
                TAF2.append(len(servidor2.queue))
                TAS2.append(len(servidor2.queue)+servidor2.count)
                tempo2.append(ambiente.now)
        tempo _ utilizacao2+=ambiente.now-inicio
        u2.append(tempo _ utilizacao2/(SERVIDOR2*ambiente.now))
        if len(servidor3.queue)<CapacBuffer3:
            ambiente.process(servico3(ambiente, f"{entidade}",
servidor3))

def servico3(ambiente, entidade, servidor3):
    global Saidas, tempo _ utilizacao3
    chegada=ambiente.now
    with servidor3.request() as request:
        yield request
        inicio=ambiente.now
        if ambiente.now > AQUECIMENTO:
                TEF3.append(ambiente.now-chegada)
        if imprime _ simulacao:
            print(f'{ambiente.now:.1f} Servidor3 inicia o serviço de
{entidade}.')
        yield ambiente.timeout(tempos('servico3'))
        if imprime _ simulacao:
            print(f'{ambiente.now:.1f} Servidor3 termina o serviço
de {entidade}.')
        Saidas+=1
        if ambiente.now > AQUECIMENTO:
                TES3.append(ambiente.now-chegada)
                TAF3.append(len(servidor3.queue))
                TAS3.append(len(servidor3.queue)+servidor3.count)
                tempo3.append(ambiente.now)
        tempo _ utilizacao3+=ambiente.now-inicio
        u3.append(tempo _ utilizacao3/(SERVIDOR3*ambiente.now))

def grafico(tipo):
    if tipo == "Escada _ TAF _ s1":
        plt.step(tempo1, TAF1)
```

(Continua)

```
    elif tipo == "Escada _ TAF _ s2":
        plt.step(tempo2, TAF2)
    elif tipo == "Escada _ TAF _ s3":
        plt.step(tempo2, TAF3)
    elif tipo == "Histograma _ TEF1":
        plt.hist(TEF1)
    elif tipo == "Histograma _ TEF2":
        plt.hist(TEF2)
    elif tipo == "Histograma _ TEF3":
        plt.hist(TEF3)
    elif tipo == "Histograma _ u1":
        plt.hist(u1)
    elif tipo == "Histograma _ u2":
        plt.hist(u2)
    elif tipo == "Histograma _ u3":
        plt.hist(u3)
    else:
        return 0.0
    plt.show()
def indicadores():
    print("\n** Indicadores da Simulação **")
    print(f"Quantidade de chegadas =",Chegadas)
    print(f"Quantidade de saídas =",Saidas)
    print(f"TEF1 =",np.mean(TEF1))
    print(f"TES1 =",np.mean(TES1))
    print(f"TAF1 =",np.mean(TAF1))
    print(f"TAS1 =",np.mean(TAS1))
    print(f"u1 =",u1[-1])
    print(f"TEF2 =",np.mean(TEF2))
    print(f"TES2 =",np.mean(TES2))
    print(f"TAF2 =",np.mean(TAF2))
    print(f"TAS2 =",np.mean(TAS2))
    print(f"u2 =",u2[-1])
    print(f"TEF3 =",np.mean(TEF3))
    print(f"TES3 =",np.mean(TES3))
    print(f"TAF3 =",np.mean(TAF3))
    print(f"TAS3 =",np.mean(TAS3))
    print(f"u3 =",u3[-1])
    grafico("Escada _ TAF _ s2")
    print("MAX _ TAF2",np.max(TAF2))
    print("MAX _ TAF3",np.max(TAF3))

random.seed(12345)
ambiente = simpy.Environment()
servidor1 = simpy.Resource(ambiente,capacity=SERVIDOR1)
servidor2 = simpy.Resource(ambiente,capacity=SERVIDOR2)
servidor3 = simpy.Resource(ambiente,capacity=SERVIDOR3)
ambiente.process(chegadas(ambiente,"Insumo",QTD _ CHEGADAS))
ambiente.run(until=TEMPO _ SIMULACAO)
if imprime _ simulacao:
    indicadores()
```

Os indicadores de desempenho mostram que a fila da segunda e da terceira estação atingiram a capacidade máxima dos *buffers*:

```
** Indicadores da Simulação **
Quantidade de chegadas = 10104
Quantidade de saídas = 9379
TEF1 = 1.7354867602818165
TES1 = 2.446614237559582
TAF1 = 2.444884488448845
TAS1 = 3.444884488448845
u1 = 0.7177953614503528
TEF2 = 1.0974615209084417
TES2 = 1.7993516444287443
TAF2 = 1.5828538550057538
TAS2 = 2.582853855005754
u2 = 0.6773529727162181
TEF3 = 0.9891028670516528
TES3 = 1.6875632253844455
TAF3 = 1.4172687433376763
TAS3 = 2.4172687433376763
u3 = 0.6553910899178054
MAX_TAF2 5
MAX_TAF3 5
```

A próxima seção investiga o efeito da velocidade e da quantidade de máquinas nos indicadores de desempenho.

10.7.1 Quantidade e velocidade das máquinas nas estações

Para analisar o efeito da velocidade e a quantidade das máquinas no desempenho do sistema, Wayne e Albright (2011) estudaram esses diferentes cenários, variando os tempos de processamento para situações de baixa utilização e alta utilização, conforme mostra a Tabela 10.12:

Tabela 10.12 – Quantidade e velocidade das máquinas com baixa e alta utilização.

	Baixa utilização		**Alta utilização**	
	Máquinas únicas e rápidas	**Múltiplas máquinas lentas**	**Máquinas únicas e rápidas**	**Múltiplas máquinas lentas**
Quantidade de máquinas estação 1	1	3	1	3
Quantidade de máquinas estação 2	1	3	1	3
Quantidade de máquinas estação 3	1	3	1	3
Tempo de processamento estação 1	Exp(0,6)	Exp(1,8)	Exp(0,9)	Exp(2,7)

(Continua)

	Baixa utilização		Alta utilização	
	Máquinas únicas e rápidas	**Múltiplas máquinas lentas**	**Máquinas únicas e rápidas**	**Múltiplas máquinas lentas**
Tempo de processamento estação 2	Exp(0,6)	Exp(1,8)	Exp(0,9)	Exp(2,7)
Tempo de processamento estação 3	Exp(0,6)	Exp(1,8)	Exp(0,9)	Exp(2,7)
Capacidade do *buffer* estação 1	Ilimitada	Ilimitada	Ilimitada	Ilimitada
Capacidade do *buffer* estação 2	5	5	10	10
Capacidade do *buffer* estação 3	5	5	10	10

Fonte: Adaptado de Wayne e Albright (2011).

Esse desenho experimental de 2 (quantidade de máquinas) x 2 (utilização) possibilita analisar o efeito desses dois fatores nos indicadores de desempenho cujo resultado pode ser visto na Tabela 10.13. Foram realizadas 25 replicações com a semente aleatória destravada:

```
imprime_simulacao=False
Chegadas_replicacao=[]
Saidas_replicacao=[]
TEF1_replicacao=[]
TES1_replicacao=[]
TAF1_replicacao=[]
TAS1_replicacao=[]
u1_replicacao=[]
TEF2_replicacao=[]
TES2_replicacao=[]
TAF2_replicacao=[]
TAS2_replicacao=[]
u2_replicacao=[]
TEF3_replicacao=[]
TES3_replicacao=[]
TAF3_replicacao=[]
TAS3_replicacao=[]
u3_replicacao=[]
for i in range(1,25):
    Chegadas=0
    Saidas=0
    TEF1=[]
    TES1=[]
    TAF1=[]
    TAS1=[]
```

(Continua)

```
    u1=[]
    tempo_utilizacao1=0
    tempo1=[]
    TEF2=[]
    TES2=[]
    TAF2=[]
    TAS2=[]
    u2=[]
    tempo_utilizacao2=0
    tempo2=[]
    TEF3=[]
    TES3=[]
    TAF3=[]
    TAS3=[]
    u3=[]
    tempo_utilizacao3=0
    tempo3=[]
    ambiente = simpy.Environment()
    servidor1 = simpy.Resource(ambiente,capacity=SERVIDOR1)
    servidor2 = simpy.Resource(ambiente,capacity=SERVIDOR2)
    servidor3 = simpy.Resource(ambiente,capacity=SERVIDOR3)
    ambiente.process(chegadas(ambiente,"Entidade",QTD_CHEGADAS))
    ambiente.run(until=TEMPO_SIMULACAO)
    Chegadas_replicacao.append(Chegadas)
    Saidas_replicacao.append(Saidas)
    TEF1_replicacao.append(np.mean(TEF1))
    TES1_replicacao.append(np.mean(TES1))
    TAF1_replicacao.append(np.mean(TAF1))
    TAS1_replicacao.append(np.mean(TAS1))
    u1_replicacao.append(np.mean(u1))
    TEF2_replicacao.append(np.mean(TEF2))
    TES2_replicacao.append(np.mean(TES2))
    TAF2_replicacao.append(np.mean(TAF2))
    TAS2_replicacao.append(np.mean(TAS2))
    u2_replicacao.append(np.mean(u2))
    TEF3_replicacao.append(np.mean(TEF3))
    TES3_replicacao.append(np.mean(TES3))
    TAF3_replicacao.append(np.mean(TAF3))
    TAS3_replicacao.append(np.mean(TAS3))
    u3_replicacao.append(np.mean(u3))
print("\n******** Indicadores das Replicacões *********")
print(f"Quantidade de chegadas_replicações =",np.
mean(Chegadas_replicacao))
print(f"Quantidade de saídas_replicações =",np.
mean(Saidas_replicacao))
print(f"TEF1_replicações =",np.mean(TEF1_replicacao))
print(f"TES1_replicações =",np.mean(TES1_replicacao))
print(f"TAF1_replicações =",np.mean(TAF1_replicacao))
print(f"TAS1_replicações =",np.mean(TAS1_replicacao))
print(f"u1_replicações =",np.mean(u1_replicacao))
print(f"TEF2_replicações =",np.mean(TEF2_replicacao))
print(f"TES2_replicações =",np.mean(TES2_replicacao))
print(f"TAF2_replicações =",np.mean(TAF2_replicacao))
```

(Continua)

```
print(f"TAS2 _ replicações =",np.mean(TAS2 _ replicacao))
print(f"u2 _ replicações =",np.mean(u2 _ replicacao))
print(f"TEF3 _ replicações =",np.mean(TEF3 _ replicacao))
print(f"TES3 _ replicações =",np.mean(TES3 _ replicacao))
print(f"TAF3 _ replicações =",np.mean(TAF3 _ replicacao))
print(f"TAS3 _ replicações =",np.mean(TAS3 _ replicacao))
print(f"u3 _ replicações =",np.mean(u3 _ replicacao))
```

Os resultados dessa simulação são mostrados na Tabela 10.13:

Tabela 10.13 – Resultado das replicações

Utilização	Baixa		Alta	
Capacidade/velocidade	**Baixa/Alta**	**Alta/Baixa**	**Baixa/Alta**	**Alta/Baixa**
Quantidade de chegadas	10039	10012	10008	9999
Quantidade de saídas	9694	9803	9295	9376
TEF1	0,90	0,53	8,57	6,75
TES1	1,5	2,32	9,48	9,44
TAF1	1,51	0,88	9,48	7,53
TAS1	2,51	3,33	10,48	10,41
u1	0,59	0,59	0,89	0,89
TEF2	0,72	0,41	3,56	3,10
TES2	1,31	2,21	4,46	5,8
TAF2	1,2	0,70	3,96	3,45
TAS2	2,2	3,13	4,96	6,29
u2	0,58	0,59	0,85	0,86
TEF3	0,69	0,39	3,15	2,68
TES3	1,29	2,19	4,05	5,38
TAF3	1,15	0,66	3,50	2,98
TAS3	2,15	3,08	4,50	5,79
u3	0,58	0,58	0,82	0,83
Tempo total no sistema	4,1	6,72	17,99	20,62
Fila total no sistema	3,86	2,24	16,94	13,96

Fonte: O autor.

Com pouca variação nas utilizações das estações nos diferentes tratamentos, pode-se utilizar o tempo total médio em que o insumo ficou no sistema e o tamanho da fila em todas as estações, para avaliar os diferentes cenários. Assim, evidencia-se uma vantagem de poucas máquinas ágeis, tanto em baixa quanto em alta utilização, no que se refere ao tempo no sistema. Quanto ao tamanho da fila, há a vantagem da utilização de múltiplas máquinas.

A próxima seção investiga o efeito dos tempos de processamento nos indicadores do sistema.

10.7.2 Efeito dos tempos nos indicadores de desempenho

Outro cenário estudado por Wayne e Albright (2011) versa sobre o efeito de tempos constantes e exponenciais sobre os indicadores de desempenho, nos quais investigaram quatro tratamentos mostrados na Tabela 10.14:

Tabela 10.14 – Tratamentos experimentais para analisar o efeito dos tempos

Tratamento	Tempo entre chegadas	Tempo de processamento das estações
1	Exponencial	Exponencial
2	Constante	Exponencial
3	Exponencial	Constante
4	Constante	Constante

Fonte: Adaptado de Wayne e Albright (2011).

Nesses tratamentos, foram conduzidas simulações com tempo entre chegadas de um por minuto, três estações com uma máquina em cada e tempo de serviço de 0,7 minuto. A quantidade de *buffers* foi de cinco nas estações 2 e 3. Foi ainda simulado um período de 10 mil minutos com aquecimento de mil.

Ao usar a semente aleatória travada em 12345, os resultados são mostrados na Tabela 10.15:

Tabela 10.15 – Resultado dos tratamentos relativo aos diferentes tempos da simulação

Indicadores/ Tratamento	1	2	3	4
Quantidade de chegadas	10104	9999	9868	9999
Quantidade de saídas	9379	9676	9865	9997
TEF1	1,73	0,63	0,81	0
TES1	2,44	1,33	1,51	0,70
TAF1	2,44	0,89	1,5	0
TAS1	3,44	1,89	2,5	1
u1	0,7177	0,696	0,6906	0,6999
TEF2	1,09	0,92	0	0

(Continua)

Indicadores/ Tratamento	1	2	3	4
TES2	1,79	1,63	0,7	0,7
TAF2	1,58	1,3	0	0
TAS2	2,58	2,3	1	1
u2	0,6773	0,6983	0,6906	0,6999
TEF3	0,98	0,97	0	0
TES3	1,68	1,67	0,7	0,70
TAF3	1,41	1,37	0	0
TAS3	2,41	2,37	1	1
u3	0,6553	0,6772	0,696	0,6998

Fonte: O autor.

Os resultados apontam que, quanto maior for a variabilidade a que estão sujeitos os tempos de chegada e processamento, piores serão os indicadores de desempenho do sistema.

A próxima seção analisa a quantidade e o posicionamento dos *buffers* no processo de produção.

10.7.3 Efeito da quantidade de *buffers* e seu posicionamento

A quantidade de *buffers* e seu posicionamento foi analisado por Wayne e Albright (2011) de forma a identificar o efeito dessas variações nos indicadores do sistema da linha de produção. Uma variação estudada pelos autores que não será replicada aqui é ampliar o sistema para dez estações. Manteremos as três estações com máquinas únicas em cada uma, com chegada exponencialmente distribuída e média de 1, e serviço com distribuição exponencial de 0,5 minuto.

A Tabela 10.16 mostra o efeito de utilizar um, cinco, dez e vinte *buffers* antes das estações 2 e 3.

Tabela 10.16 – Efeito da quantidade de *buffers* nos indicadores de desempenho

Indicadores/ Quantidade de *buffers*	1	5	10	20
Quantidade de chegadas	9893	9991	10128	10050
Quantidade de saídas	7693	9862	10127	10049
TEF1	0,46	0,43	0,48	0,45

(Continua)

Indicadores/ Quantidade de *buffers*	1	5	10	20
TES1	0,95	0,92	0,97	0,94
TAF1	0,93	0,90	0,98	0,92
TAS1	1,93	1,9	1,98	1,92
u1	0,49	0,49	0,50	0,49
TEF2	0,17	0,46	0,51	0,49
TES2	0,68	0,96	1	0,99
TAF2	0,33	0,9	1,02	0,97
TAS2	1,33	1,9	2,02	1,97
u2	0,42	0,5	0,5	0,50
TEF3	0,14	0,44	0,44	0,53
TES3	0,65	0,93	0,93	1,03
TAF3	0,28	0,88	0,92	1,03
TAS3	1,28	1,88	1,92	2,03
u3	0,38	0,49	0,5	0,5

Fonte: O autor.

Considerando o indicador da quantidade de insumos processados, utilizar dez *buffers* obteve o melhor desempenho ao longo das simulações. Por fim, analisaremos a decisão de inserir um único *buffer* alternadamente nas estações 2 e 3. Os indicadores são mostrados na Tabela 10.17:

Tabela 10.17 – Efeito de incluir um único *buffer* em uma das estações

Indicadores	Buffer inserido na estação 2	Buffer inserido na estação 3
Quantidade de chegadas	9917	9907
Quantidade de saídas	8189	8236
TEF1	0,49	0,48
TES1	0,99	0,98
TAF1	0,95	0,97
TAS1	1,95	1,97
u1	0,49	0,50
TEF2	0,28	0,16
TES2	0,77	0,66
TAF2	0,56	0,33

(Continua)

Indicadores	Buffer inserido na estação 2	Buffer inserido na estação 3
TAS2	1,56	1,33
u2	0,46	0,42
TEF3	0,15	0,21
TES3	0,64	0,71
TAF3	0,31	0,42
TAS3	1,31	1,42
u3	0,40	0,40

Fonte: O autor.

Assim, pode-se verificar que a inserção do *buffer* adicional na terceira estação apresentou melhor resultado quando comparado ao *buffer* da segunda estação.

A próxima seção traz a simulação de cruzamentos com semáforos.

10.8 Tráfego em um cruzamento com semáforo

O SimPy pode ser utilizado para simular o tráfego de veículos em uma via que utiliza semáforo para controlar o cruzamento de determinado ponto. A Figura 10.18 apresenta o modelo conceitual dessa simulação:

Figura 10.18 – Modelo conceitual do problema do tráfego com semáforo

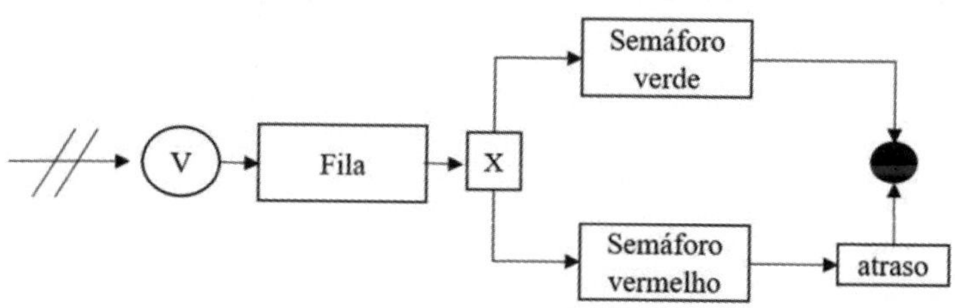

Fonte: O autor.

A próxima seção traz o modelo do cruzamento com semáforo.

10.8.1 Cruzamento simples com semáforo

Para simplificar o modelo, serão utilizados apenas os sinais vermelho e verde nesta simulação. É possível visualizar na Figura 10.19 que os veículos chegam a uma fila única e, caso o semáforo esteja verde, a saída é imediata. No momento em que o semáforo fecha, esse fluxo sofre o atraso determinado pelo tempo em que o semáforo fica vermelho e, em seguida, os veículos partem na sequência determinada pela fila para a saída.

Conforme descrito, trata-se de um cruzamento simples com apenas uma via, como se pode visualizar na Figura 10.19:

Figura 10.19 – Diagrama da via utilizada na simulação

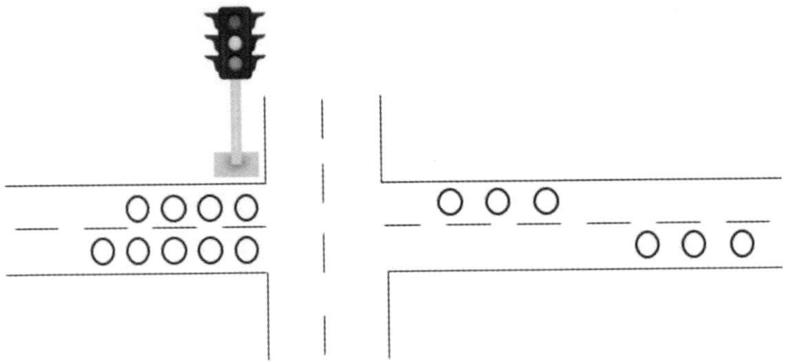

Fonte: Elaborado com imagem do Pixabay.

Sendo assim, pode-se executar uma simulação do tráfego de uma via com semáforo em que os veículos chegam com tempo entre chegadas constante de 2 segundos entre si. Ela é iniciada com semáforo verde e, após 30 segundos, o fluxo da via fecha, sendo que o semáforo muda seu sinal para vermelho, com duração de 80 segundos. Para os veículos que estão na fila, a partida se dá após 1 segundo do veículo seguinte. A simulação descrita pode ser executada por meio do seguinte código:

```
import simpy
from collections import deque
import numpy as np
t _ verde=30
t _ vermelho=10
CHEGADAS=50
DURACAO _ SIM=80
veiculos=0
TAF=[]
TEF=[]
inicio=[]
fim=[]
def chegadas(ambiente, entidade, obs, fila, semaforo):
    for contaChegadas in range(1, obs + 1):
        if semaforo == 1 or fila:
            fila.append(f"{entidade} {contaChegadas}")
            print(f"{entidade} {contaChegadas} chega em: {ambiente.
now} e se junta à fila na posição {len(fila)}")
        else:
```

(Continua)

```
                fila.append(f"{entidade} {contaChegadas}")
                print(f"{fila[0]} chega em {ambiente.now}")
            inicio.append(ambiente.now)
            yield ambiente.timeout(2)
def partidas(ambiente, fila, semaforo):
    global veiculos
    if semaforo == 0 and len(fila) > 0:
        if len(fila) == 1:
            print(f"{fila[0]} parte em {ambiente.now}")
        else:
            print(f"{fila[0]} parte em {ambiente.now} deixando
{len(fila)-1} carro(s) na fila")
        fila.popleft()
        fim.append(ambiente.now)
        veiculos+=1
        yield ambiente.timeout(0)
def tempo(ambiente):
    fila = deque()
    semaforo = 0
    ambiente.process(chegadas(ambiente, "Carro", CHEGADAS, fila,
semaforo))
    while True:
        semaforo = 0
        print("Semáforo aberto em:", ambiente.now)
        for _ in range(t_verde):
            ambiente.process(partidas(ambiente, fila, semaforo))
            yield ambiente.timeout(1)
        semaforo = 1
        print("\nSemáforo fechado em:", ambiente.now)
        print(f"{fila[0]} na fila esperando abertura do semáforo")
        yield ambiente.timeout(t_vermelho)
        TAF.append(len(fila))
        print("")
ambiente = simpy.Environment()
ambiente.process(tempo(ambiente))
ambiente.run(until=DURACAO_SIM)
for i in range(0,len(fim)):
    TEF.append(fim[i]-inicio[i])
print("\n***Indicadores da Simulação***")
print(f"{veiculos} veículo(s) passaram no cruzamento")
print(f"Tamanho médio da fila:",np.mean(TAF))
print(f"Tempo médio de espera na fila:",np.mean(TEF))
```

O resultado da simulação é exibido na impressão a seguir:

```
Semáforo aberto em: 0.
Carro 1 chega em 0.
Carro 1 parte em 0.
Carro 2 chega em 2.
Carro 2 parte em 2.
Carro 3 chega em 4.
Carro 3 parte em 4.
Carro 4 chega em 6.
Carro 4 parte em 6.
Carro 5 chega em 8.
Carro 5 parte em 8.
Carro 6 chega em 10.
Carro 6 parte em 10.
Carro 7 chega em 12.
Carro 7 parte em 12.
Carro 8 chega em 14.
Carro 8 parte em 14.
Carro 9 chega em 16.
Carro 9 parte em 16.
Carro 10 chega em 18.
Carro 10 parte em 18.
Carro 11 chega em 20.
Carro 11 parte em 20.
Carro 12 chega em 22.
Carro 12 parte em 22.
Carro 13 chega em 24.
Carro 13 parte em 24.
Carro 14 chega em 26.
Carro 14 parte em 26.
Carro 15 chega em 28.
Carro 15 parte em 28.
Carro 16 chega em 30.

Semáforo fechado em: 30.
Carro 16 na fila esperando abertura do semáforo.
Carro 17 chega em: 32 e se junta à fila na posição 2.
Carro 18 chega em: 34 e se junta à fila na posição 3.
Carro 19 chega em: 36 e se junta à fila na posição 4.
Carro 20 chega em: 38 e se junta à fila na posição 5.

Semáforo aberto em: 40.
Carro 16 parte em 40 deixando 4 carro(s) na fila.
Carro 21 chega em: 40 e se junta à fila na posição 5.
Carro 17 parte em 41 deixando 4 carro(s) na fila.
Carro 22 chega em: 42 e se junta à fila na posição 5.
Carro 18 parte em 42 deixando 4 carro(s) na fila.
Carro 19 parte em 43 deixando 3 carro(s) na fila.
Carro 23 chega em: 44 e se junta à fila na posição 4.
Carro 20 parte em 44 deixando 3 carro(s) na fila.
Carro 21 parte em 45 deixando 2 carro(s) na fila.
Carro 24 chega em: 46 e se junta à fila na posição 3.
Carro 22 parte em 46 deixando 2 carro(s) na fila.
Carro 23 parte em 47 deixando 1 carro(s) na fila.
```

(Continua)

```
Carro 25 chega em: 48 e se junta à fila na posição 2.
Carro 24 parte em 48 deixando 1 carro(s) na fila.
Carro 25 parte em 49.
Carro 26 chega em 50.
Carro 26 parte em 50.
Carro 27 chega em 52.
Carro 27 parte em 52.
Carro 28 chega em 54.
Carro 28 parte em 54.
Carro 29 chega em 56.
Carro 29 parte em 56.
Carro 30 chega em 58.
Carro 30 parte em 58.
Carro 31 chega em 60.
Carro 31 parte em 60.
Carro 32 chega em 62.
Carro 32 parte em 62.
Carro 33 chega em 64.
Carro 33 parte em 64.
Carro 34 chega em 66.
Carro 34 parte em 66.
Carro 35 chega em 68.
Carro 35 parte em 68.
Carro 36 chega em 70.

Semáforo fechado em: 70.
Carro 36 na fila esperando abertura do semáforo.
Carro 37 chega em: 72 e se junta à fila na posição 2.
Carro 38 chega em: 74 e se junta à fila na posição 3.
Carro 39 chega em: 76 e se junta à fila na posição 4.
Carro 40 chega em: 78 e se junta à fila na posição 5.

***Indicadores da Simulação***
35 veículo(s) passaram no cruzamento
Tamanho médio da fila: 5.0
Tempo médio de espera na fila: 1.57
```

É possível verificar na impressão da simulação que 35 veículos passaram pelo cruzamento. O tamanho médio da fila foi de cinco veículos com tempo médio de espera de 1,57 segundos.

A próxima seção simula um cruzamento com dois semáforos em duas vias.

10.8.2 Cruzamento com dois semáforos

O cruzamento de vias com dois semáforos ensejará a simulação de entidades que circulam em ambas as vias e, enquanto um semáforo está fechado, o outro estará verde, liberando o fluxo dos veículos. Esse tipo de cruzamento é mostrado na Figura 10.20:

Conforme se pode notar pelo exame da Figura 10.20, existem duas vias: A e B, cada qual com seu semáforo, sendo que os veículos que estão em uma via continuarão seu percurso após o cruzamento do semáforo. Neste caso, quando um dos semáforos acende o sinal vermelho, é liberado o fluxo dos veículos da outra via.

Figura 10.20 – Simulação de cruzamento com dois semáforos

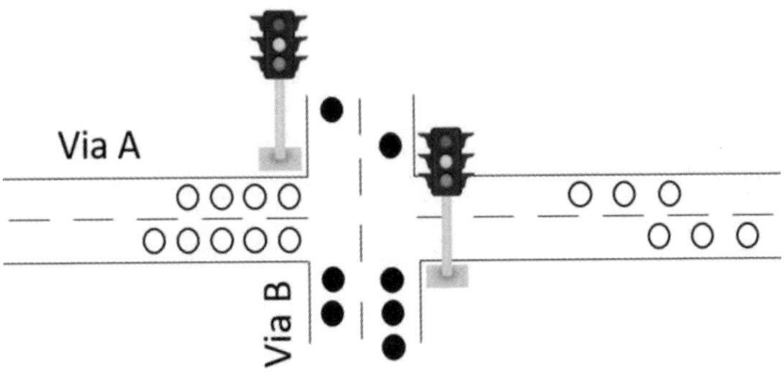

Fonte: Elaborado com imagem do Pixabay.

O código que simula o cruzamento em ambas as vias — A e B —, com tempo de parada de 20 segundos em cada via e simulação com duração de 60 segundos, é desenvolvido da seguinte forma:

```
import simpy
from collections import deque
import numpy as np
t_verde_A=20
t_vermelho_A=20
CHEGADAS=50
CHEGADAS_B=50
DURACAO_SIM=60
veiculosA,veiculosB=0,0
TAF,TAF_B,TEF,TEF_B,inicio,inicio2,fim,fim2=[],[],[],[],[],[],[],[]

def chegadasA(ambiente, entidade, obs, fila_A, semaforo_A):
    for contaChegadas in range(1, obs + 1):
        if semaforo_A == 1 or fila_A:
            fila_A.append(f"{entidade} {contaChegadas}")
            print(f"{entidade} {contaChegadas} chega em: {ambiente.
now} e se junta à fila da Via A na posição {len(fila_A)}")
        else:
            fila_A.append(f"{entidade} {contaChegadas}")
            print(f"{fila_A[0]} chega na Via A em {ambiente.now}")
        inicio.append(ambiente.now)
        yield ambiente.timeout(2)

def chegadasB(ambiente, entidade, obs, fila_B, semaforo_A):
    for contaChegadas in range(1, obs + 1):
        if semaforo_A == 0 or fila_B:
```

(Continua)

```
            fila _ B.append(f"{entidade} {contaChegadas}")
            print(f"{entidade} {contaChegadas} chega em: {ambiente.
now} e se junta à fila da Via B na posição {len(fila _ B)}")
        else:
            fila _ B.append(f"{entidade} {contaChegadas}")
            print(f"{fila _ B[0]} chega na Via B em {ambiente.now}")
        inicio2.append(ambiente.now)
        yield ambiente.timeout(2)

def partidas(ambiente, fila _ A, semaforo _ A):
    global veiculosA
    if semaforo _ A == 0 and len(fila _ A) > 0:
        if len(fila _ A) == 1:
            print(f"{fila _ A[0]} parte em {ambiente.now} e continua
na Via A")
        else:
            print(f"{fila _ A[0]} parte em {ambiente.now} deixando
{len(fila _ A)-1} carro(s) na fila e continua na Via A")
        fila _ A.popleft()
        fim.append(ambiente.now)
        veiculosA+=1
        yield ambiente.timeout(0)

def partidasB(ambiente, fila _ B, semaforo _ A):
    global veiculosB
    if semaforo _ A == 1 and len(fila _ B) > 0:
        if len(fila _ B) == 1:
            print(f"{fila _ B[0]} parte em {ambiente.now} e continua
na Via B")
        else:
            print(f"{fila _ B[0]} parte em {ambiente.now} deixando
{len(fila _ B)-1} carro(s) na fila e continua na Via B")
        fila _ B.popleft()
        fim2.append(ambiente.now)
        veiculosB+=1
        yield ambiente.timeout(0)

def tempo(ambiente):
    fila _ A = deque()
    fila _ B=deque()
    semaforo _ A = 0
    ambiente.process(chegadasA(ambiente, "Veículo _ A", CHEGADAS,
fila _ A, semaforo _ A))
    ambiente.process(chegadasB(ambiente, "Veículo _ B", CHEGADAS _ B,
fila _ B, semaforo _ A))
    while True:
        semaforo _ A = 0
        print("Semáforo A aberto e Semáforo B fechado em:",
ambiente.now)
        if fila _ B:
            print(f"{fila _ B[0]} na na posição {len(fila _ B)} da fila
da Via B esperando abertura do semáforo")
        for _ in range(t _ verde _ A):
            ambiente.process(partidas(ambiente, fila _ A,
semaforo _ A))
```

(Continua)

```
            yield ambiente.timeout(1)
            TAF.append(len(fila _ A))
            TAF _ B.append(len(fila _ B))
        semaforo _ A = 1
        print("\nSemáforo A fechado e Semáforo B aberto em:",
ambiente.now)
        if fila _ A:
            print(f"{fila _ A[0]} na posição {len(fila _ A)} da fila da
Via A esperando abertura do semáforo")
        for _ in range(t _ vermelho _ A):
            ambiente.process(partidasB(ambiente, fila _ B,
semaforo _ A))
            yield ambiente.timeout(1)
            TAF.append(len(fila _ A))
            TAF _ B.append(len(fila _ B))
        print("")

ambiente = simpy.Environment()
ambiente.process(tempo(ambiente))
ambiente.run(until=DURACAO _ SIM)
TEF = [fim[i] - inicio[i] for i in range(len(fim))]
TEF _ B = [fim2[i] - inicio2[i] for i in range(len(fim2))]
print("\n**Indicadores da Simulação")
print(f"{veiculosA} veículo(s)A passaram no cruzamento e seguiram na
via A")
print(f"{veiculosB} veículo(s)B passaram no cruzamento e seguiram na
via B")
print(f"Tamanho médio da fila _ Via _ A:",np.mean(TAF))
print(f"Tamanho médio da fila _ Via _ B:",np.mean(TAF _ B))
print(f"Tempo médio de espera na fila _ Via _ A:",np.mean(TEF))
print(f"Tempo médio de espera na fila _ Via _ B:",np.mean(TEF _ B))
```

A impressão do código mostra o fluxo de chegada, parada e partida de dois tipos de veículos advindos de diferentes vias e também mostra os indicadores de desempenho:

```
Semáforo A aberto e Semáforo B fechado em: 0
Veículo _ A 1 chega na Via A em 0
Veículo _ B 1 chega em: 0 e se junta à fila da Via B na posição 1
Veículo _ A 1 parte em 0 e continua na Via A
Veículo _ A 2 chega na Via A em 2
Veículo _ B 2 chega em: 2 e se junta à fila da Via B na posição 2
Veículo _ A 2 parte em 2 e continua na Via A
Veículo _ A 3 chega na Via A em 4
Veículo _ B 3 chega em: 4 e se junta à fila da Via B na posição 3
Veículo _ A 3 parte em 4 e continua na Via A
Veículo _ A 4 chega na Via A em 6
Veículo _ B 4 chega em: 6 e se junta à fila da Via B na posição 4
Veículo _ A 4 parte em 6 e continua na Via A
Veículo _ A 5 chega na Via A em 8
Veículo _ B 5 chega em: 8 e se junta à fila da Via B na posição 5
Veículo _ A 5 parte em 8 e continua na Via A
```

(Continua)

```
Veículo _ A 6 chega na Via A em 10
Veículo _ B 6 chega em: 10 e se junta à fila da Via B na posição 6
Veículo _ A 6 parte em 10 e continua na Via A
Veículo _ A 7 chega na Via A em 12
Veículo _ B 7 chega em: 12 e se junta à fila da Via B na posição 7
Veículo _ A 7 parte em 12 e continua na Via A
Veículo _ A 8 chega na Via A em 14
Veículo _ B 8 chega em: 14 e se junta à fila da Via B na posição 8
Veículo _ A 8 parte em 14 e continua na Via A
Veículo _ A 9 chega na Via A em 16
Veículo _ B 9 chega em: 16 e se junta à fila da Via B na posição 9
Veículo _ A 9 parte em 16 e continua na Via A
Veículo _ A 10 chega na Via A em 18
Veículo _ B 10 chega em: 18 e se junta à fila da Via B na posição 10
Veículo _ A 10 parte em 18 e continua na Via A
Veículo _ A 11 chega na Via A em 20
Veículo _ B 11 chega em: 20 e se junta à fila da Via B na posição 11

Semáforo A fechado e Semáforo B aberto em: 20
Veículo _ A 11 na posição 1 da fila da Via A esperando abertura do
semáforo
Veículo _ B 1 parte em 20 deixando 10 carro(s) na fila e continua na
Via B
Veículo _ B 2 parte em 21 deixando 9 carro(s) na fila e continua na
Via B
Veículo _ A 12 chega em: 22 e se junta à fila da Via A na posição 2
Veículo _ B 12 chega em: 22 e se junta à fila da Via B na posição 10
Veículo _ B 3 parte em 22 deixando 9 carro(s) na fila e continua na
Via B
Veículo _ B 20 parte em 39 e continua na Via B
Veículo _ A 21 chega em: 40 e se junta à fila da Via A na posição 11
Veículo _ B 21 chega em: 40 e se junta à fila da Via B na posição 1

Semáforo A aberto e Semáforo B fechado em: 40
Veículo _ B 21 na posição 1 da fila da Via B esperando abertura do
semáforo
Veículo _ A 11 parte em 40 deixando 10 carro(s) na fila e continua
na Via A
Veículo _ A 12 parte em 41 deixando 9 carro(s) na fila e continua
na Via A
Veículo _ A 22 chega em: 42 e se junta à fila da Via A na posição 10
Veículo _ B 22 chega em: 42 e se junta à fila da Via B na posição 2
Veículo _ A 13 parte em 42 deixando 9 carro(s) na fila e continua
na Via A
Veículo _ A 14 parte em 43 deixando 8 carro(s) na fila e continua
na Via A
Veículo _ A 23 chega em: 44 e se junta à fila da Via A na posição 9
Veículo _ B 23 chega em: 44 e se junta à fila da Via B na posição 3
Veículo _ A 15 parte em 44 deixando 8 carro(s) na fila e continua
na Via A
Veículo _ A 16 parte em 45 deixando 7 carro(s) na fila e continua
na Via A
Veículo _ A 24 chega em: 46 e se junta à fila da Via A na posição 8
Veículo _ B 24 chega em: 46 e se junta à fila da Via B na posição 4
```

(Continua)

```
Veículo _ A 17 parte em 46 deixando 7 carro(s) na fila e continua na
Via A
Veículo _ A 18 parte em 47 deixando 6 carro(s) na fila e continua na
Via A
Veículo _ A 25 chega em: 48 e se junta à fila da Via A na posição 7
Veículo _ B 25 chega em: 48 e se junta à fila da Via B na posição 5
Veículo _ A 19 parte em 48 deixando 6 carro(s) na fila e continua
na Via A
Veículo _ A 20 parte em 49 deixando 5 carro(s) na fila e continua na
Via A
Veículo _ A 26 chega em: 50 e se junta à fila da Via A na posição 6
Veículo _ B 26 chega em: 50 e se junta à fila da Via B na posição 6
Veículo _ A 21 parte em 50 deixando 5 carro(s) na fila e continua na
Via A
Veículo _ A 22 parte em 51 deixando 4 carro(s) na fila e continua
na Via A
Veículo _ A 27 chega em: 52 e se junta à fila da Via A na posição 5
Veículo _ B 27 chega em: 52 e se junta à fila da Via B na posição 7
Veículo _ A 23 parte em 52 deixando 4 carro(s) na fila e continua
na Via A
Veículo _ A 24 parte em 53 deixando 3 carro(s) na fila e continua
na Via A
Veículo _ A 28 chega em: 54 e se junta à fila da Via A na posição 4
Veículo _ B 28 chega em: 54 e se junta à fila da Via B na posição 8
Veículo _ A 25 parte em 54 deixando 3 carro(s) na fila e continua
na Via A
Veículo _ A 26 parte em 55 deixando 2 carro(s) na fila e continua
na Via A
Veículo _ A 29 chega em: 56 e se junta à fila da Via A na posição 3
Veículo _ B 29 chega em: 56 e se junta à fila da Via B na posição 9
Veículo _ A 27 parte em 56 deixando 2 carro(s) na fila e continua
na Via A
Veículo _ A 28 parte em 57 deixando 1 carro(s) na fila e continua
na Via A
Veículo _ A 30 chega em: 58 e se junta à fila da Via A na posição 2
Veículo _ B 30 chega em: 58 e se junta à fila da Via B na posição 10
Veículo _ A 29 parte em 58 deixando 1 carro(s) na fila e continua
na Via A
Veículo _ A 30 parte em 59 e continua na Via A

**Indicadores da Simulação
30 veículo(s)A passaram no cruzamento e seguiram na via A
20 veículo(s)B passaram no cruzamento e seguiram na via B
Tamanho médio da fila _ Via _ A: 4.0508474576271185
Tamanho médio da fila _ Via _ B: 5.745762711864407
Tempo médio de espera na fila _ Via _ A: 7.0
Tempo médio de espera na fila _ Via _ B: 10.5
```

A próxima seção traz o caso em que parte dos veículos se direciona a outra via.

10.8.3 Cruzamento com dois semáforos e via de mão dupla

Nesta seção, estudaremos o caso em que as entidades que cruzam a via têm a possibilidade de mudar a direção. Essa situação pode ser visualizada abaixo, na Figura 10.21:

Figura 10.21 – Cruzamento com dois semáforos e via de mão dupla

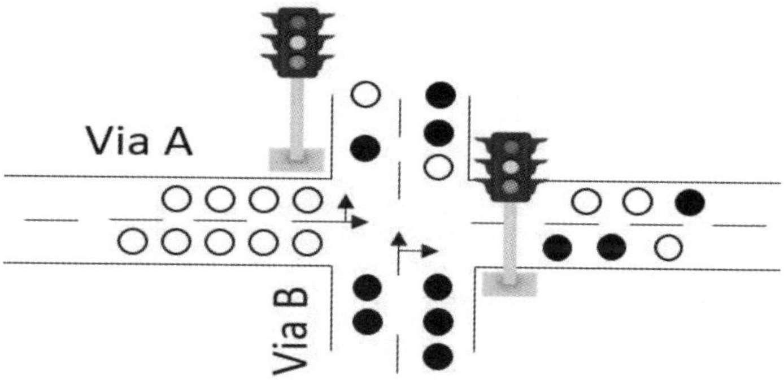

Fonte: Elaborado com imagem do Pixabay.

A imagem mostrada na Figura 10.21 exibe o caso em que os veículos podem mudar de via. Por exemplo, os veículos oriundos da via B podem tanto cruzá-la e continuar na via quanto passar para a via A após a abertura do semáforo. Continuando o exemplo da seção anterior e, considerando que 70% dos carros que cruzam uma via seguem por ela, o seguinte código pode representar o caso dos 30% que alternam de via após o cruzamento:

```
import simpy
from collections import deque
import numpy as np
import random
t _ verde _ A=20
t _ vermelho _ A=20
CHEGADAS=50
CHEGADAS _ B=50
DURACAO _ SIM=60
veiculosA,veiculosB=0,0
TAF,TAF _ B,TEF,TEF _ B,inicio,inicio2,fim,fim2=[],[],[],[],[],[],[],[]

def chegadasA(ambiente, entidade, obs, fila _ A, semaforo _ A):
    for contaChegadas in range(1, obs + 1):
        if semaforo _ A == 1 or fila _ A:
```

(Continua)

```
            fila_A.append(f"{entidade} {contaChegadas}")
            print(f"{entidade} {contaChegadas} chega em: {ambiente.
now} e se junta à fila da Via A na posição {len(fila_A)}")
        else:
            fila_A.append(f"{entidade} {contaChegadas}")
            print(f"{fila_A[0]} chega na Via A em {ambiente.now}")
        inicio.append(ambiente.now)
        yield ambiente.timeout(2)

def chegadasB(ambiente, entidade, obs, fila_B, semaforo_A):
    for contaChegadas in range(1, obs + 1):
        if semaforo_A == 0 or fila_B:
            fila_B.append(f"{entidade} {contaChegadas}")
            print(f"{entidade} {contaChegadas} chega em: {ambiente.
now} e se junta à fila da Via B na posição {len(fila_B)}")
        else:
            fila_B.append(f"{entidade} {contaChegadas}")
            print(f"{fila_B[0]} chega na Via B em {ambiente.now}")
        inicio2.append(ambiente.now)
        yield ambiente.timeout(2)

def partidas(ambiente, fila_A, semaforo_A):
    global veiculosA,veiculosB
    if semaforo_A == 0 and len(fila_A) > 0:
        if len(fila_A) == 1:
            if random.uniform(0,1)<0.7:
                print(f"{fila_A[0]} parte em {ambiente.now} e
continua na Via A")
                veiculosA+=1
            else:
                print(f"{fila_A[0]} parte em {ambiente.now} e
continua na Via B")
                veiculosB+=1
        else:
            if random.uniform(0,1)<0.7:
                print(f"{fila_A[0]} parte em {ambiente.now}
deixando {len(fila_A)-1} carro(s) na fila e continua na Via A")
                veiculosA+=1
            else:
                print(f"{fila_A[0]} parte em {ambiente.now}
deixando {len(fila_A)-1} carro(s) na fila e continua na Via B")
                veiculosB+=1
        fila_A.popleft()
        fim.append(ambiente.now)
        yield ambiente.timeout(0)

def partidasB(ambiente, fila_B, semaforo_A):
    global veiculosB,veiculosA
    if semaforo_A == 1 and len(fila_B) > 0:
        if len(fila_B) == 1:
            if random.uniform(0,1)<0.7:
                print(f"{fila_B[0]} parte em {ambiente.now} e
continua na Via B")
                veiculosB+=1
            else:
```

(Continua)

```
                print(f"{fila _ B[0]} parte em {ambiente.now} e
continua na Via A")
                veiculosA+=1
        else:
            if random.uniform(0,1)<0.7:
                print(f"{fila _ B[0]} parte em {ambiente.now}
deixando {len(fila _ B)-1} carro(s) na fila e continua na Via B")
                veiculosB+=1
            else:
                print(f"{fila _ B[0]} parte em {ambiente.now}
deixando {len(fila _ B)-1} carro(s) na fila e continua na Via A")
                veiculosA+=1
        fila _ B.popleft()
        fim2.append(ambiente.now)

        yield ambiente.timeout(0)

def tempo(ambiente):
    fila _ A = deque()
    fila _ B=deque()
    semaforo _ A = 0
    ambiente.process(chegadasA(ambiente, "Veículo _ A", CHEGADAS,
fila _ A, semaforo _ A))
    ambiente.process(chegadasB(ambiente, "Veículo _ B", CHEGADAS _ B,
fila _ B, semaforo _ A))
    while True:
        semaforo _ A = 0
        print("Semáforo A aberto e Semáforo B fechado em:",
ambiente.now)
        if fila _ B:
            print(f"{fila _ B[0]} na na posição {len(fila _ B)} da fila
da Via B esperando abertura do semáforo")
        for _ in range(t _ verde _ A):
            ambiente.process(partidas(ambiente, fila _ A,
semaforo _ A))
            yield ambiente.timeout(1)
            TAF.append(len(fila _ A))
            TAF _ B.append(len(fila _ B))
        semaforo _ A = 1
        print("\nSemáforo A fechado e Semáforo B aberto em:",
ambiente.now)
        if fila _ A:
            print(f"{fila _ A[0]} na posição {len(fila _ A)} da fila da
Via A esperando abertura do semáforo")
        for _ in range(t _ vermelho _ A):
            ambiente.process(partidasB(ambiente, fila _ B,
semaforo _ A))
            yield ambiente.timeout(1)
            TAF.append(len(fila _ A))
            TAF _ B.append(len(fila _ B))
        print("")

random.seed(12345)
ambiente = simpy.Environment()
ambiente.process(tempo(ambiente))
ambiente.run(until=DURACAO _ SIM)
```

(Continua)

```
TEF = [fim[i] - inicio[i] for i in range(len(fim))]
TEF_B = [fim2[i] - inicio2[i] for i in range(len(fim2))]
print("\n**Indicadores da Simulação")
print(f"{veiculosA} veículo(s)A passaram no cruzamento e seguiram na
via A")
print(f"{veiculosB} veículo(s)B passaram no cruzamento e seguiram na
via B")
print(f"Tamanho médio da fila_Via_A:",np.mean(TAF))
print(f"Tamanho médio da fila_Via_B:",np.mean(TAF_B))
print(f"Tempo médio de espera na fila_Via_A:",np.mean(TEF))
print(f"Tempo médio de espera na fila_Via_B:",np.mean(TEF_B))
```

A impressão do código mostra que cerca de 30% dos veículos mudam de via após o cruzamento:

```
Semáforo A aberto e Semáforo B fechado em: 0
Veículo_A 1 chega na Via A em 0
Veículo_B 1 chega em: 0 e se junta à fila da Via B na posição 1
Veículo_A 1 parte em 0 e continua na Via A
Veículo_A 2 chega na Via A em 2
Veículo_B 2 chega em: 2 e se junta à fila da Via B na posição 2
Veículo_A 2 parte em 2 e continua na Via A
Veículo_A 3 chega na Via A em 4
Veículo_B 3 chega em: 4 e se junta à fila da Via B na posição 3
Veículo_A 3 parte em 4 e continua na Via B
Veículo_A 4 chega na Via A em 6
Veículo_B 4 chega em: 6 e se junta à fila da Via B na posição 4
Veículo_A 4 parte em 6 e continua na Via A
Veículo_A 5 chega na Via A em 8
Veículo_B 5 chega em: 8 e se junta à fila da Via B na posição 5
Veículo_A 5 parte em 8 e continua na Via A
Veículo_A 6 chega na Via A em 10
Veículo_B 6 chega em: 10 e se junta à fila da Via B na posição 6
Veículo_A 6 parte em 10 e continua na Via A
Veículo_A 7 chega na Via A em 12
Veículo_B 7 chega em: 12 e se junta à fila da Via B na posição 7
Veículo_A 7 parte em 12 e continua na Via A
Veículo_A 8 chega na Via A em 14
Veículo_B 8 chega em: 14 e se junta à fila da Via B na posição 8
Veículo_A 8 parte em 14 e continua na Via A
Veículo_A 9 chega na Via A em 16
Veículo_B 9 chega em: 16 e se junta à fila da Via B na posição 9
Veículo_A 9 parte em 16 e continua na Via A
Veículo_A 10 chega na Via A em 18
Veículo_B 10 chega em: 18 e se junta à fila da Via B na posição 10
Veículo_A 10 parte em 18 e continua na Via A
Veículo_A 11 chega na Via A em 20
Veículo_B 11 chega em: 20 e se junta à fila da Via B na posição 11

Semáforo A fechado e Semáforo B aberto em: 20
Veículo_A 11 na posição 1 da fila da Via A esperando abertura do
semáforo
Veículo_B 1 parte em 20 deixando 10 carro(s) na fila e continua na
Via B
```

(Continua)

```
Veículo _ B 2 parte em 21 deixando 9 carro(s) na fila e continua na
Via B
Veículo _ A 12 chega em: 22 e se junta à fila da Via A na posição 2
Veículo _ B 12 chega em: 22 e se junta à fila da Via B na posição 10
Veículo _ B 3 parte em 22 deixando 9 carro(s) na fila e continua na
Via B
Veículo _ B 4 parte em 23 deixando 8 carro(s) na fila e continua na
Via B
Veículo _ A 13 chega em: 24 e se junta à fila da Via A na posição 3
Veículo _ B 13 chega em: 24 e se junta à fila da Via B na posição 9
Veículo _ B 5 parte em 24 deixando 8 carro(s) na fila e continua na
Via A
Veículo _ B 6 parte em 25 deixando 7 carro(s) na fila e continua na
Via B
Veículo _ A 14 chega em: 26 e se junta à fila da Via A na posição 4
Veículo _ B 14 chega em: 26 e se junta à fila da Via B na posição 8
Veículo _ B 7 parte em 26 deixando 7 carro(s) na fila e continua na
Via A
Veículo _ B 8 parte em 27 deixando 6 carro(s) na fila e continua na
Via B
Veículo _ A 15 chega em: 28 e se junta à fila da Via A na posição 5
Veículo _ B 15 chega em: 28 e se junta à fila da Via B na posição 7
Veículo _ B 9 parte em 28 deixando 6 carro(s) na fila e continua na
Via B
Veículo _ B 10 parte em 29 deixando 5 carro(s) na fila e continua na
Via B
Veículo _ A 16 chega em: 30 e se junta à fila da Via A na posição 6
Veículo _ B 16 chega em: 30 e se junta à fila da Via B na posição 6
Veículo _ B 11 parte em 30 deixando 5 carro(s) na fila e continua na
Via A
Veículo _ B 12 parte em 31 deixando 4 carro(s) na fila e continua na
Via B
Veículo _ A 17 chega em: 32 e se junta à fila da Via A na posição 7
Veículo _ B 17 chega em: 32 e se junta à fila da Via B na posição 5
Veículo _ B 13 parte em 32 deixando 4 carro(s) na fila e continua
na Via B
Veículo _ B 14 parte em 33 deixando 3 carro(s) na fila e continua na
Via B
Veículo _ A 18 chega em: 34 e se junta à fila da Via A na posição 8
Veículo _ B 18 chega em: 34 e se junta à fila da Via B na posição 4
Veículo _ B 15 parte em 34 deixando 3 carro(s) na fila e continua
na Via B
Veículo _ B 16 parte em 35 deixando 2 carro(s) na fila e continua na
Via A
Veículo _ A 19 chega em: 36 e se junta à fila da Via A na posição 9
Veículo _ B 19 chega em: 36 e se junta à fila da Via B na posição 3
Veículo _ B 17 parte em 36 deixando 2 carro(s) na fila e continua na
Via A
Veículo _ B 18 parte em 37 deixando 1 carro(s) na fila e continua na
Via A
Veículo _ A 20 chega em: 38 e se junta à fila da Via A na posição 10
Veículo _ B 20 chega em: 38 e se junta à fila da Via B na posição 2
Veículo _ B 19 parte em 38 deixando 1 carro(s) na fila e continua na
Via B
Veículo _ B 20 parte em 39 e continua na Via A
```

(Continua)

```
Veículo _ A 21 chega em: 40 e se junta à fila da Via A na posição 11
Veículo _ B 21 chega em: 40 e se junta à fila da Via B na posição 1

Semáforo A aberto e Semáforo B fechado em: 40
Veículo _ B 21 na na posição 1 da fila da Via B esperando abertura
do semáforo
Veículo _ A 11 parte em 40 deixando 10 carro(s) na fila e continua
na Via B
Veículo _ A 12 parte em 41 deixando 9 carro(s) na fila e continua
na Via B
Veículo _ A 22 chega em: 42 e se junta à fila da Via A na posição 10
Veículo _ B 22 chega em: 42 e se junta à fila da Via B na posição 2
Veículo _ A 13 parte em 42 deixando 9 carro(s) na fila e continua
na Via A
Veículo _ A 14 parte em 43 deixando 8 carro(s) na fila e continua
na Via A
Veículo _ A 23 chega em: 44 e se junta à fila da Via A na posição 9
Veículo _ B 23 chega em: 44 e se junta à fila da Via B na posição 3
Veículo _ A 15 parte em 44 deixando 8 carro(s) na fila e continua
na Via A
Veículo _ A 16 parte em 45 deixando 7 carro(s) na fila e continua
na Via B
Veículo _ A 24 chega em: 46 e se junta à fila da Via A na posição 8
Veículo _ B 24 chega em: 46 e se junta à fila da Via B na posição 4
Veículo _ A 17 parte em 46 deixando 7 carro(s) na fila e continua na
Via A
Veículo _ A 18 parte em 47 deixando 6 carro(s) na fila e continua na
Via B
Veículo _ A 25 chega em: 48 e se junta à fila da Via A na posição 7
Veículo _ B 25 chega em: 48 e se junta à fila da Via B na posição 5
Veículo _ A 19 parte em 48 deixando 6 carro(s) na fila e continua
na Via A
Veículo _ A 20 parte em 49 deixando 5 carro(s) na fila e continua na
Via A
Veículo _ A 26 chega em: 50 e se junta à fila da Via A na posição 6
Veículo _ B 26 chega em: 50 e se junta à fila da Via B na posição 6
Veículo _ A 21 parte em 50 deixando 5 carro(s) na fila e continua na
Via B
Veículo _ A 22 parte em 51 deixando 4 carro(s) na fila e continua
na Via B
Veículo _ A 27 chega em: 52 e se junta à fila da Via A na posição 5
Veículo _ B 27 chega em: 52 e se junta à fila da Via B na posição 7
Veículo _ A 23 parte em 52 deixando 4 carro(s) na fila e continua
na Via B
Veículo _ A 24 parte em 53 deixando 3 carro(s) na fila e continua
na Via A
Veículo _ A 28 chega em: 54 e se junta à fila da Via A na posição 4
Veículo _ B 28 chega em: 54 e se junta à fila da Via B na posição 8
Veículo _ A 25 parte em 54 deixando 3 carro(s) na fila e continua
na Via B
Veículo _ A 26 parte em 55 deixando 2 carro(s) na fila e continua
na Via A
Veículo _ A 29 chega em: 56 e se junta à fila da Via A na posição 3
Veículo _ B 29 chega em: 56 e se junta à fila da Via B na posição 9
Veículo _ A 27 parte em 56 deixando 2 carro(s) na fila e continua
na Via B
```

(Continua)

```
Veículo _ A 28 parte em 57 deixando 1 carro(s) na fila e continua
na Via A
Veículo _ A 30 chega em: 58 e se junta à fila da Via A na posição 2
Veículo _ B 30 chega em: 58 e se junta à fila da Via B na posição 10
Veículo _ A 29 parte em 58 deixando 1 carro(s) na fila e continua
na Via A
Veículo _ A 30 parte em 59 e continua na Via A

**Indicadores da Simulação
27 veículo(s)A passaram no cruzamento e seguiram na via A
23 veículo(s)B passaram no cruzamento e seguiram na via B
Tamanho médio da fila _ Via _ A: 4.0508474576271185
Tamanho médio da fila _ Via _ B: 5.745762711864407
Tempo médio de espera na fila _ Via _ A: 7.0
Tempo médio de espera na fila _ Via _ B: 10.5
```

A próxima seção traz os exercícios propostos do capítulo.

10.9 Exercícios propostos

1. Utilizando o modelo do caixa de supermercado, com os parâmetros iniciais fornecidos e semente aleatória de 12345, execute uma simulação que compare a quantidade de clientes atendidos com um caixa e com dois caixas. Quantos clientes a mais foram atendidos com a abertura de um segundo caixa?

2. Considerando a questão anterior e sabendo que cada cliente adicional atendido gera um lucro residual de R$10, qual é o saldo monetário dessa alteração, tendo em vista que disponibilizar um caixa adicional gera um custo diário de R$500 com uma empresa terceirizada?

3. Considere o modelo do transporte cíclico no agronegócio. Com os parâmetros originais do modelo e semente aleatória de 12345, o recurso "frente" é o gargalo do sistema. Levando em conta a utilização, quantas frentes de colheita são necessárias para que o gargalo seja transferido para a máquina?

4. Considere o problema de manufatura de automóveis com os parâmetros originais e semente aleatória de 12345. Pela execução do modelo, nota-se que os recursos têm baixa utilização. Qual seria a nova utilização da vistoria, caso o tempo entre chegadas fosse reduzido para média 3 e desvio-padrão de 0,1?
   Obs.: Resposta em decimal com duas casas.

5. Continuando a questão anterior e retornando aos parâmetros originais, quantas cabines seriam necessárias para que a utilização da vistoria atingisse pelo menos o nível obtido na questão anterior?

6. Considere o modelo de simulação da balança de caminhões. Nas condições atuais, com semente aleatória de 12345, o processo de carregamento é o gargalo do sistema. Quantas equipes adicionais ao contexto inicial são necessárias para que a utilização desse processo seja inferior a 80%?

7. Considerando o contexto inicial do modelo completo da locadora de veículos, cuja duração é de uma semana e semente aleatória de 12345, quantos carros populares devem ser mantidos em estoque para que não ocorram locações excepcionais de carros de luxo?

8. Alterando a capacidade dos *buffers* do modelo de linha de produção de cinco para oito, qual é o incremento na produção ao utilizar semente aleatória de 12345?

9. De forma a aumentar o tempo da simulação para 200 segundos, altere o modelo de cruzamento com dois semáforos e via de mão dupla. Em qual tempo o último veículo cruzou qualquer uma das vias?

RESUMO

Neste capítulo, foram apresentadas diversas aplicações da simulação de eventos discretos com uso do SimPy. Foram desenvolvidos desde modelos simples, como o problema do caixa de supermercado, até o modelo mais complexo da locadora de veículos. A seguir serão apresentadas as considerações finais.

Considerações Finais

Neste livro, foram desenvolvidos os temas necessários para que o leitor possa dominar os fundamentos de simulação para a análise de um problema e de tomada de decisão. O primeiro capítulo apresentou os fundamentos e conceitos iniciais de simulação por meio de três exemplos distintos, que explicitaram os diferentes tipos de simulação.

No capítulo 2, foram estudadas formas de gerar números aleatórios e, por consequência, eventos aleatórios que representam a incerteza encontrada na realidade. No capítulo seguinte, foram introduzidos a lógica da simulação de variáveis aleatórias por meio das distribuições normal e exponencial. Outros modelos relevantes de variáveis aleatórias foram mostrados no capítulo seguinte.

O enquadramento de um conjunto de dados num modelo de distribuição específico foi estudado no capítulo 5 por meio dos testes de aderência Qui-quadrado e Kolmogorov-Smirnov. Foi visto ainda, neste capítulo, como estimar parâmetros dos modelos apresentados nos capítulos 3 e 4.

Com o devido modelo de distribuição de probabilidade selecionado, é possível conduzir a simulação de Monte Carlo ou a simulação de eventos discretos, de forma que as variáveis aleatórias simulem diversas observações, cada qual tendo a incerteza representada pela distribuição de probabilidade. Foi visto ainda como replicar as simulações, alterando os parâmetros do modelo para gerar distintos cenários. Com a análise dos resultados dos diferentes cenários, pode-se decidir, de forma mais adequada, quais parâmetros trazem retorno mais favorável ao problema modelado. O capítulo seguinte trouxe a aplicação dessa simulação para os mais variados problemas.

No capítulo 8 foram estudados os sistemas de fila cujo resultado a longo prazo pode ser obtido por meio da simulação e através de resolução analítica. Esse capítulo preparou o leitor para, ao longo dos dois capítulos seguintes, estudar modelos mais complexos de fila com o pacote SimPy do Python.

Outros temas relevantes no contexto da simulação que não foram tratados neste livro são a dinâmica de sistemas e a simulação baseada em agentes.

Referências

BORGES, Jorge Luís, "Sobre o Rigor na Ciência". In: **História universal da infâmia**. Lisboa: Assírio & Alvim, 1982.

FISCHER, Steven Roger. **História da leitura**. Unesp, 2006.

FOGLIATTI, Maria Cristina; MATTOS, Néli Maria Costas. **Teoria de filas**. 1ª ed. Rio de Janeiro: Ed. Interciência, 2007.

GEORGES, M. R. R.; FERREIRA, D. H. L.; CARNEVALLI, J. A. Modelagem conceitual em simulação: orientações para a construção de bons modelos. **Anais do LII Simpósio Brasileiro de Pesquisa Operacional**. João Pessoa-PB. 3 a 5 de novembro de 2020.

GOLDSMAN, David; NANCE, Richard E.; WILSON, James R. A brief history of simulation revisited. In: **Proceedings of the 2010 Winter Simulation Conference**. IEEE, 2010. p. 567-574.

HARRELL, Charles; GHOSH, Biman K.; BOWDEN, Royce O. **Simulation using Promodel**. 2 ed. McGraw-Hill, 2004.

HARRISON, J. Richard et al. Simulation modeling in organizational and management research. **Academy of management review**, v. 32, n. 4, p. 1229-1245, 2007.

HILLIER, Frederick S.; LIEBERMAN, Gerald J. **Introdução à pesquisa operacional**. 8. ed. Rio de Janeiro: McGraw Hill Brasil, 2013.

HOMERO, **Ilíada**. Rio de Janeiro: Ediouro, 2005.

INVESTING.COM. **PETR3 Dados Históricos.** s.d. Disponível em: <https://br.investing.com/equities/petrobras-on-historical-data>. Acesso em: 22 de fev. 2024.

KELTON, W. David; SADOWSKI, Randall P.; ZUPICK, Nancy B. **Simulation with ARENA**. 6 ed. McGraw-Hill, 2015.

KENDALL, David G. Stochastic processes occurring in the theory of queues and their analysis by the method of the imbedded Markov chain. **The Annals of Mathematical Statistics**, p. 338-354, 1953.

KOTZ, Samuel; VAN DORP, Johan René. **Beyond beta: other continuous families of distributions with bounded support and applications**. World Scientific, 2004.

KROESE, Dirk P.; TAIMRE, Thomas; BOTEV, Zdravko I. **Handbook of Monte Carlo methods**. John Wiley & Sons, 2013.

L'ECUYER, P., SIMARD, R., CHEN, E. J., & KELTON, W. D. An objectoriented random-number package with many long streams and substreams. **Operations research**, 50(6), 1073-1075, 2002.

L'ECUYER, P., & SIMARD, R. On the performance of birthday spacings tests with certain families of random number generators. **Mathematics and Computers in Simulation**, 55(1-3), 131- 137, 2001.

L'ECUYER, P., CORDEAU, J. F., & SIMARD, R. Close-point spatial tests and their application to random number generators. **Operations research**, 48(2), 308-317, 2000.

LEAL, Fabiano; ALMEIDA, DA de; MONTEVECHI, José Arnaldo Barra. Uma Proposta de Técnica de Modelagem Conceitual para a Simulação através de elementos do IDEF. **Simpósio Brasileiro de Pesquisa Operacional**, v. 40, p. 2503-2514, 2008.

LITTLE, John DC. A proof for the queuing formula: L= λ W. **Operations research**, v. 9, n. 3, p. 383-387, 1961.

MARSAGLIA, George; TSANG, Wai Wan. A simple method for generating gamma variables. **ACM Transactions on Mathematical Software (TOMS)**, v. 26, n. 3, p. 363-372, 2000.

MEDINA, A. C.; BUBACK, R. T. **Introdução ao SimPy:** Simulação em Python. 1ª edição. São Paulo: Ed. dos Autores, 2020. Disponível em: <https://simpy.livrosimulacao.eng.br/>. Acesso em 22 de fev. 2024.

MOORE, Jeffrey H. & WEATHERFORD, Larry R. **Tomada de decisão em administração com planilhas eletrônicas**. 6ª Edição. Porto Alegre: Bookman, 2005.

NANCE, Richard E.; SARGENT, Robert G. Perspectives on the Evolution of Simulation. **Operations research** 50(1): 2002, 161-172.

PEARL, Judea; MACKENZIE, Dana. **The book of why: the new science of cause and effect**. Basic books, 2018.

PEIXOTO, Túlio Almeida et al. Ururau-Um Ambiente para Desenvolvimento de Modelos de Simulação a Eventos Discretos. **Pesquisa Operacional para o Desenvolvimento**, v. 5, n. 3, p. 373-405, 2013.

PIXABAY. **Semáforo de rodovia com luz parada**. s.d. Disponível em: <https://pixabay.com/pt/illustrations/sem%C3%A1foro-rodovia-luz-de-parada-6585166/>. Acesso em: 22 de fev. 2024.

RABELO, L.N. et al. Estudo de modelagem e simulação de uma fila em uma empresa salineira. In: **Anais do XXXIV ENEGEP**, Curitiba, PR, 2014.

ROSS, Sheldon. **Probabilidade:** um curso moderno com aplicações. 8ª Ed. Porto Alegre: Bookman, 2010.

WINSTON, Wayne L.; ALBRIGHT, S. Christian. **Practical Management Science**. 4th. ed. Cengage Learning: 2011.

WINSTON, Wayne L. **Simulation modeling using@ RISK**. Duxbury, 2000.

Resolução dos exercícios propostos

CAPÍTULO 1

1. R$137,5
2. Média de R$100 e desvio-padrão 0
3. R$20
4. A resposta desse exercício vai variar de acordo com os diferentes eventos aleatórios gerados, tanto da chegada dos clientes quanto dos tempos de operação.
5.

```
from random import *
choice(['face1', 'face2', 'face3', 'face4', 'face5', 'face6'])
```

6.

```
def simula(n):
    from random import choice
    import numpy as np
    lucro = np.array([])
    for i in range(n):
        lucro = np.append(lucro,5*min(choice([150,50]),50)-3*50)
    return sum(lucro)/n
```

7.

```
dado = sample(c("face1","face2","face3","face4","face5","face6"),
size=10,replace=TRUE)
dado
```

8.

```
simula=function(n){
  lucro = replicate(n,5*min(sample(c(50, 150), size=1, replace=TRUE),50)-3*50)
  mean(lucro)
}
```

9.

```
def simula(n):
    from random import choice
    import numpy as np
    receita = np.array([])
    for i in range(n):
        receita = np.append(receita,(-18**2+36*18)*choice([.5,.6,.7,.8,.9,1]))
    return sum(receita)/n
```

10.

```
simula=function(n){
  receita = replicate(n,(-18**2+36*18)*sample(c(.5,.6,.7,.8,.9,1), size=1,
replace=TRUE))
  mean(receita)
}
```

CAPÍTULO 2

1. 0,3663
2. 0,7592
3.

```
def aleatorio(n):
    a=21
    c=3
    zi=[13]
    m=16
    ui=[]
    for i in range(1,n+1):
        zi.append((a*zi[i-1]+c)%m)
        ui.append(zi[i]/m)
    return ui
```

4. 0,7058
5.

```
def simulaMoeda(n):
    import random as rd
    aleatorios=[]
    faces = []
    for i in range(n):
        aleatorios.append(rd.random())
    for i in aleatorios:
        if i<0.50:
            faces.append("cara")
        else:
            faces.append("coroa")
    return faces
```

6.

```
import matplotlib.pyplot as plt
import numpy as np
faces, frequencia = np.unique(simulaMoeda(10000), return _ counts=True)
plt.bar(faces, frequencia)
plt.show()
```

7.

Evento aleatório	Números aleatórios
Sol	De 0 a 0,33
Chuva	De 0,34 a 0,66
Nublado	De 0,67 a 1

8.

C2 `=SE(B2<1/3;"Sol";SE(B2>2/3;"Nublado";"Chuva"))`

	A	B	C
1	Observação	N.Aleatório	Evento.Aleatório
2	1	0,769643158	Nublado
3	2	0,455449076	Chuva
4	3	0,235356447	Sol
5	...	...	Nublado
6	98	0,939709499	Nublado
7	99	0,037447417	Sol
8	100	0,853787877	Nublado
9			

9.

```
def simulaTempo(n):
    import random as rd
    aleatorios=[]
    tempo = []
    for i in range(n):
        aleatorios.append(rd.random())
    for i in aleatorios:
        if i<1/3:
            tempo.append("Sol")
        elif i<2/3:
            tempo.append("Chuva")
        else:
            tempo.append("Nublado")
    return tempo
```

10.

```
def aleatorio(n):
    a=630360016
    c=0
    zi=[20]
    m=2**31-1
    ui=[]
    for i in range(1,n+1):
        zi.append((a*zi[i-1]+c)%m)
        ui.append(zi[i]/m)
    return ui
```

CAPÍTULO 3

1.

- **a.** 332 a 397
- **b.** 6
- **c.** 0,14
- **d.** 0,90
- **e.** 494
- **f.** Normal
- **g.** 0.0012
- **h.**

$$z = \frac{x - \mu}{\sigma} = \frac{400 - 549{,}74}{115{,}35} = -1{,}2981$$

- **i.** 0,0971
- **j.**

```
z.test(dados,mu=500,sigma.x=115)
            One-sample z-Test
data:  dados
z = 3.0584, p-value = 0.002225
alternative hypothesis: true mean is not equal to 500
95 percent confidence interval:
 517.8642 581.6158
sample estimates:
mean of x
  549.74
```

- **k.**

```
z.test(dados,mu=550,sigma.x=115)
            One-sample z-Test
data:  dados
z = -0.015987, p-value = 0.9872
alternative hypothesis: true mean is not equal to 550
95 percent confidence interval:
 517.8642 581.6158
```

sample estimates:
mean of x
549.74

l.
hist(rnorm(10000,549.74,115.35))
min(rnorm(10000,549.74,115.35))
max(rnorm(10000,549.74,115.35))
mean(rnorm(10000,549.74,115.35))
sd(rnorm(10000,549.74,115.35))

2.

a. 0,01 a 4,51
b. 8
c. 0,08
d. 0,98
e. 11
f. Exponencial
g. 0,1857
h.

```
hist(rexp(10000,1/9.73))
min(rexp(10000,1/9.73))
max(rexp(10000,1/9.73))
mean(rexp(10000,1/9.73))
```

3. 0,06
4. 0,55
5. 0,02
6. 0,63
7. (13,15] (15,17] (17,19] (19,21] (21,23] (23,25] (25,27]
6 5 7 15 8 5 4
(13,15] (15,17] (17,19] (19,21] (21,23] (23,25] (25,27]
0.12 0.10 0.14 0.30 0.16 0.10 0.08
[1] 0.00 0.12 0.22 0.36 0.66 0.82 0.92
8. [1] 15.88 17.78 19.64 21.34 23.18 25.08 27.00
9.

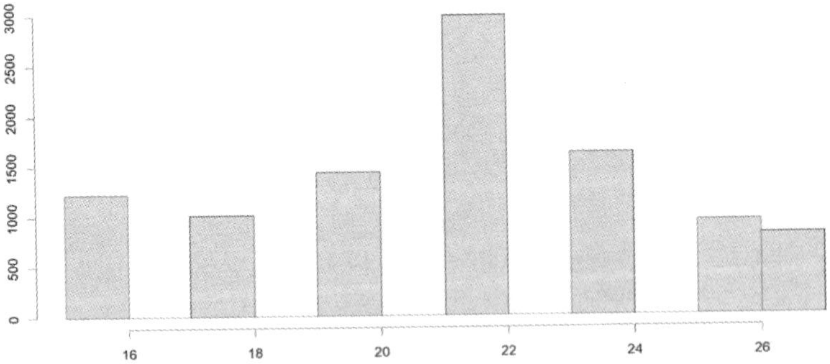

10. R$ 8253

CAPÍTULO 4

1.

a. Triangular
b. Weibull
c. Log-normal
d. Gama
e. Uniforme

2. a)
3. a)
4. 0,5841198
5. a)

6. 0,02638
7. a)
8. d)
9. a)
10.
   Média = 10
   p=0,0004
11.
   Média=0,28
   p=0,34

CAPÍTULO 5

1. a) Exponencial com lambda=10,38
2. b) Média 0 e desvio-padrão de 0,22
3. 107, 295 e 192
4. 99
5. 0,58
6. 0,57
7. 0,07
8. 0,48
9. 0,07
10. 0,61 e 0,10, respectivamente.

CAPÍTULO 6

1. R$3.600
2. ~R$3.600
3. ~R$3.455
4. ~R$4.250 +/-20
5. 0,033
6. 12
7. 120
8. ~1124

CAPÍTULO 7

1.

```
def prodEstoque(dias):
    import numpy as np
    ei = [200]
    prod = [200]
    demanda = np.random.normal(210, 30, dias)
    ef = [ei[0] + prod[0] - demanda[0]]
    ei.append(ef[0])
    for i in range(1, dias):
        prod.append(400 if ei[i] < 100 else 200)
        ef.append(ei[i] + prod[i] - demanda[i])
        if i < dias - 1:
            ei.append(ef[i])

    resultado = [np.mean(ei), np.sum(np.array(prod) > 200)]
    return resultado
```

2. ~287
3. ~366
4. 292
5. ~264,12
6. ~25
7. 301
8. 0

9. 200
10. ~50
11. ~25
12.

```
import random
def calcular_termino(n):
    a = [random.normalvariate(15, 2) for _ in range(n)]
    b = [random.uniform(3, 5) for _ in range(n)]
    c = [random.expovariate(1/10) for _ in range(n)]
    d = [random.gammavariate(3, 2) for _ in range(n)]
    e = [10 * random.betavariate(5, 2) for _ in range(n)]
    f = [random.normalvariate(8, 1) for _ in range(n)]

    termino = [max(a[i] + b[i], c[i]+ d[i] + e[i]) + f[i] for i in range(n)]

    # Criar novas listas com cada tempo acrescido de 0.01
    a_acrescido = [tempo + 0.01 for tempo in a]
    b_acrescido = [tempo + 0.01 for tempo in b]
    c_acrescido = [tempo + 0.01 for tempo in c]
    d_acrescido = [tempo + 0.01 for tempo in d]
    e_acrescido = [tempo + 0.01 for tempo in e]
    f_acrescido = [tempo + 0.01 for tempo in f]

    # Calcular o término acrescido para cada variável
    termino_acrescido_a = [max(a_acrescido[i] + b[i], c[i]+ d[i] + e[i]) +
f[i] for i in range(n)]
    termino_acrescido_b = [max(a[i] + b_acrescido[i], c[i]+ d[i] + e[i]) +
f[i] for i in range(n)]
    termino_acrescido_c = [max(a[i] + b[i], c_acrescido[i]+ d[i] + e[i]) +
f[i] for i in range(n)]
    termino_acrescido_d = [max(a[i] + b[i], c[i]+ d_acrescido[i] + e[i]) +
f[i] for i in range(n)]
    termino_acrescido_e = [max(a[i] + b[i], c[i]+ d[i] + e_acrescido[i]) +
f[i] for i in range(n)]
    termino_acrescido_f = [max(a[i] + b[i], c[i]+ d[i] + e[i]) + f_
acrescido[i] for i in range(n)]

    # Calcular o percentual de vezes que cada variável acrescida resultou em
um término maior
    percentual_a = sum(1 for i in range(n) if termino_acrescido_a[i] >
termino[i]) / n * 100
    percentual_b = sum(1 for i in range(n) if termino_acrescido_b[i] >
termino[i]) / n * 100
    percentual_c = sum(1 for i in range(n) if termino_acrescido_c[i] >
termino[i]) / n * 100
```

(Continua)

```
    percentual_d = sum(1 for i in range(n) if termino_acrescido_d[i] >
termino[i]) / n * 100
    percentual_e = sum(1 for i in range(n) if termino_acrescido_e[i] >
termino[i]) / n * 100
    percentual_f = sum(1 for i in range(n) if termino_acrescido_f[i] >
termino[i]) / n * 100

    return percentual_a, percentual_b, percentual_c, percentual_d,
percentual_e, percentual_f

percentuais = calcular_termino(10000)
percentuais
```

(42.14,
42.14,
57.940000000000005,
57.940000000000005,

57.940000000000005,
100.0)

13. -0,0019

14. 0,0356

15.

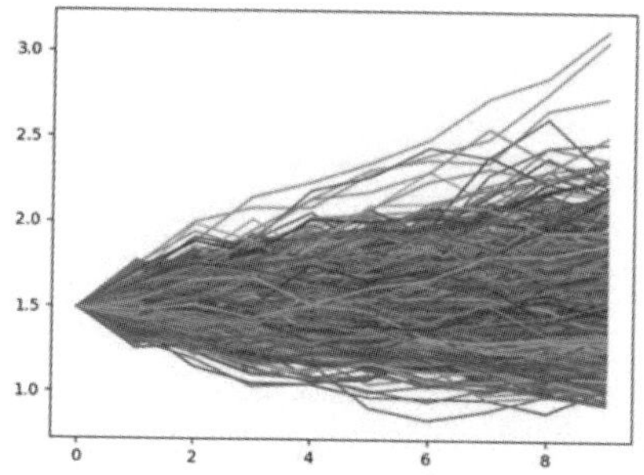

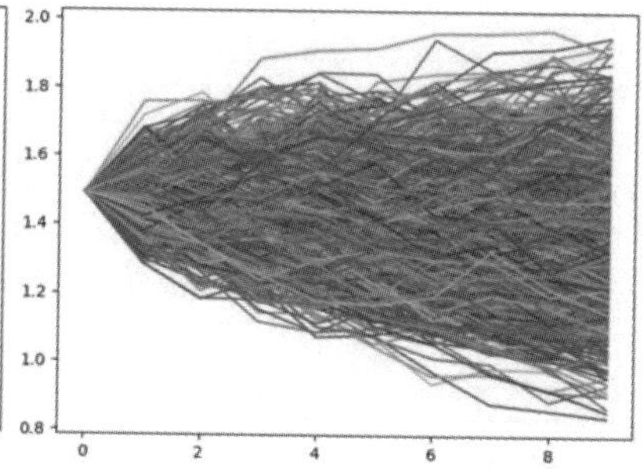

CAPÍTULO 8

1.

TAS	6,5
TAF	5,633333
TES	97,5
TEF	84,5
u	0,866667

2. 12,4

3. 15,8

4. tef= 76.63
tes= 89.63
taf= 5.10
tas= 5.96
u= 0.86

5.

TAS	2,5
TAF	1,785714
TES	15
TEF	10,71429
U	0,714286

CAPÍTULO 9

1.

```
import simpy
import random
def chegadas(ambiente,entidade,obs):
    for contaChegadas in range(1,obs+1):
        yield ambiente.timeout(10)
        idade=round(random.normalvariate(20,1))
        print(f"{entidade} {contaChegadas} chega em: {ambiente.now:.1f} com
idade: {idade}")
random.seed(12345)
ambiente = simpy.Environment()
ambiente.process(chegadas(ambiente,"Entidade",10))
ambiente.run()
idade=20
```

2.

```
import simpy
def chegadasCarretas(ambiente,entidade,obs):
    for contaChegadas in range(1,obs+1):
        yield ambiente.timeout(10)
        print(f"{entidade} {contaChegadas} chega em: {ambiente.now:.1f}")
def chegadasCaminhoes(ambiente,entidade,obs):
    for contaChegadas in range(1,obs+1):
        yield ambiente.timeout(20)
        print(f"{entidade} {contaChegadas} chega em: {ambiente.now:.1f}")
def chegadasCarros(ambiente,entidade,obs):
    for contaChegadas in range(1,obs+1):
        yield ambiente.timeout(5)
        print(f"{entidade} {contaChegadas} chega em: {ambiente.now:.1f}")
ambiente = simpy.Environment()
ambiente.process(chegadasCarretas(ambiente,"Carreta",5))
ambiente.process(chegadasCaminhoes(ambiente,"Caminhão",3))
ambiente.process(chegadasCarros(ambiente,"Carro",10))
ambiente.run()
```

Caminhão 3 chega em: 60.0

3.

```
import random
def chegadas(ambiente,entidade,obs):
    contaChegadas = 0
    while contaChegadas<obs:
        yield ambiente.timeout(random.expovariate(1/10))
        contaChegadas +=1
        print("%s %i chega em: %.1f " % (entidade, contaChegadas, ambiente.
now))
random.seed(12345)
ambiente = simpy.Environment()
ambiente.process(chegadas(ambiente,"Entidade",10))
ambiente.run()
```

50,3

4.

```
import random
def chegadas(ambiente,entidade,obs):
    contaChegadas = 0
    while contaChegadas<obs:
        yield ambiente.timeout(random.normalvariate(20,1))
        contaChegadas +=1
        print("%s %i chega em: %.1f " % (entidade, contaChegadas, ambiente.
now))
random.seed(12345)
ambiente = simpy.Environment()
ambiente.process(chegadas(ambiente,"Entidade",10))
ambiente.run()
```

201,5

5.

```
import simpy
import numpy as np
import matplotlib.pyplot as plt
import random
import math
Chegadas=0
Saidas=0
TEF=[]
TES=[]
TAF=[]
TAS=[]
u=[]
SERVIDOR=1
tempo_utilizacao=0
tempo=[]
TEMPO_SIMULACAO=480
QTD_CHEGADAS=10000
AQUECIMENTO=0
imprime_simulacao=True
def tempos(modelo):
    return {‘chegada’: random.expovariate(1/12),
            ‹servico’:random.expovariate(1/10)}.get(modelo, 0.0)
def chegadas(ambiente,entidade,obs):
    global Chegadas
    for contaChegadas in range(1,obs+1):
        yield ambiente.timeout(tempos(‘chegada’))
        Chegadas+=1
        if imprime_simulacao:
            print(f”{entidade} {contaChegadas} chega em: {ambiente.now:.1f}”)
        ambiente.process(servico(ambiente, f”{entidade} {contaChegadas}”,
servidor))
def servico(ambiente, entidade, servidor):
    global Saidas, tempo_utilizacao
    chegada=ambiente.now
    with servidor.request() as request:
        yield request
        inicio=ambiente.now
        if ambiente.now > AQUECIMENTO:
          TEF.append(ambiente.now-chegada)
        if imprime_simulacao:
            print(f’{ambiente.now:.1f} Servidor inicia o serviço de
{entidade}.’)
        yield ambiente.timeout(tempos(‘servico’))
        if imprime_simulacao:
            print(f’{ambiente.now:.1f} Servidor termina o serviço de
{entidade}.’)
        Saidas+=1
        if ambiente.now > AQUECIMENTO:
          TES.append(ambiente.now-chegada)
          TAF.append(len(servidor.queue))
          TAS.append(len(servidor.queue)+servidor.count)
        tempo_utilizacao+=ambiente.now-inicio
        u.append(tempo_utilizacao/(SERVIDOR*ambiente.now))
        tempo.append(ambiente.now)
def grafico(tipo):
    if tipo == “Escada_TAF”:
        plt.step(tempo, TAF)
    elif tipo == “Escada_TAS”:
        plt.step(tempo, TAS)
    elif tipo == “Histograma_TEF”:
        plt.hist(TEF)
    elif tipo == “Histograma_TES”:
        plt.hist(TES)
    elif tipo == “Histograma_u”:
        plt.hist(u)
    else:
        return 0.0
    plt.show()
def indicadores():
```

(Continua)

```
    print("\n** Indicadores da Simulação **")
    print(f"Quantidade de chegadas =",Chegadas)
    print(f"Quantidade de saídas =",Saidas)
    print(f"TEF =",np.mean(TEF))
    print(f"TES =",np.mean(TES))
    print(f"TAF =",np.mean(TAF))
    print(f"TAS =",np.mean(TAS))
    print(f"u =",u[-1])
    grafico("Histograma _ TEF")
random.seed(12345)
ambiente = simpy.Environment()
servidor = simpy.Resource(ambiente,capacity=SERVIDOR)
ambiente.process(chegadas(ambiente,"Entidade",QTD _ CHEGADAS))
ambiente.run(until=TEMPO _ SIMULACAO)
if imprime _ simulacao:
    indicadores()
```

33

6. 5,25
7. 4
8. 0,86
9. 61
10. 0
11.

```
import simpy
import random
def chegadas(ambiente, entidade, obs):
    for contaChegadas in range(1, obs + 1):
        yield ambiente.timeout(random.expovariate(1/10)) #tempo entre chegadas
        print(f"{entidade} {contaChegadas} chega em: {ambiente.now:.1f}")
        ambiente.process(transporte(ambiente, f"{entidade} {contaChegadas}",
transportador))
def transporte(ambiente, entidade, transportador):
    with transportador.request() as request:
        yield request
        print(f'{ambiente.now:.1f} {entidade} entra no taxi.')
        yield ambiente.timeout(5) #processo de transporte, a movimentação
dura 5 minutos constantes
        print(f'{ambiente.now:.1f} {entidade} sai do taxi.')
        ambiente.process(servico(ambiente, f"{entidade}", servidor))
def servico(ambiente, entidade, servidor):
    with servidor.request() as request:
        yield request
        print(f'{ambiente.now:.1f} {entidade} inicia o embarque.')
        yield ambiente.timeout(random.normalvariate(10, 2))  #tempo de
atendimento
        print(f'{ambiente.now:.1f} {entidade} termina o embarque.')
random.seed(12345)
ambiente = simpy.Environment()
servidor = simpy.Resource(ambiente, capacity=1)
transportador = simpy.Resource(ambiente, capacity=1)
ambiente.process(chegadas(ambiente, "Passageiro", 30)) #quantidade de
simulações
ambiente.run()
```

301,4

CAPÍTULO 10

1. 275
2. 2250
3. 3
4. 0,55
5. 1
6. 3
7. 190
8. 299
9. 109

Glossário de termos técnicos

Amostra: conjunto de dados coletados que representam uma fração aleatória de uma população.

Cenário: conjuntura específica representada pelos parâmetros de um modelo.

Desenho experimental: detalhamento da forma de execução de um experimento.

Desvio-padrão: como a variância, expressa o grau de dispersão de um conjunto de dados, sendo a raiz quadrada da variância.

Distribuição de probabilidade: função que descreve o padrão de ocorrência de uma variável aleatória.

Estimação de parâmetros: método que obtém os parâmetros de determinado modelo de distribuição de probabilidade de um conjunto de dados.

Eventos aleatórios: acontecimentos com incertezas que afetam um modelo.

Experimento: ocorrência de um modelo com controle dos parâmetros, sejam estes determinísticos (cenários) ou aleatórios (eventos).

Função de densidade de probabilidade (FDP): função que retorna a probabilidade de uma variável aleatória, resultando em certo valor.

Função de distribuição acumulada (FDA): função que retorna a probabilidade cumulativa de uma variável aleatória, assumindo uma faixa de valores.

Hipótese alternativa: uma afirmação que se deseja verificar, geralmente em contraponto à hipótese nula.

Hipótese nula: uma afirmação que se deseja verificar.

Intervalo de confiança: estimativa de um intervalo do parâmetro populacional, geralmente desconhecido.

Máximo: maior valor encontrado em um conjunto de dados.

Média: geralmente é utilizada a média aritmética, que é o quociente da soma dos valores pela quantidade dos mesmos.

Mediana: valor central de um conjunto de dados.

Método da máxima-verossimilhança: método que estima os parâmetros de uma distribuição de probabilidade.

Mínimo: menor valor encontrado em um conjunto de dados.

Moda: valor com maior frequência em um conjunto de observações.

Modelo: protótipo do funcionamento de uma realidade.

Níveis de um experimento: diferentes parâmetros que estão sendo variados em num experimento.

Nível de confiança: probabilidade de que um intervalo de confiança contenha o valor estimado.

Nível de significância: probabilidade de rejeitar a hipótese nula quando ela é verdadeira.

Número aleatório: valor cuja chance de ocorrência é igual no contínuo entre 0 e 1.

Número pseudoaleatório: número aleatório gerado por uma função matemática.

Observação: simulação de um modelo com evento aleatório sob um determinado cenário.

População: conjunto da totalidade de dados ou observações.

Processo estocástico: variável aleatória que evolui com o tempo.

p-valor: estimativa de que um resultado é devido ao acaso.

Replicação: conjunto de observações.

Semente aleatória: valor específico com o qual um bloco de números aleatórios são gerados.

Simulação de eventos discretos: técnica que gera observações interdependentes entre si e registra os dados quando há eventos (aleatórios) discretos relevantes.

Simulação de Monte Carlo: técnica que busca resolver problemas ou estimar resultados de um modelo, gerando diversas observações sob incerteza.

Simulação: é o processo de analisar uma realidade por meio de um modelo cujos parâmetros representam um ou mais cenários que se deseja estudar, sendo ainda afetado por eventos aleatórios.

Simulador: ferramenta utilizada para gerar os eventos aleatórios.

Teste de aderência: teste de hipóteses que avalia a aderência de um conjunto de dados a determinado modelo de distribuição de probabilidade:

Teste de hipóteses: teste que geralmente executa um cálculo para tomar uma decisão acerca de uma hipótese nula e de uma hipótese alternativa.

Tratamento experimental: parâmetro específico que está sendo avaliado em um determinado experimento.

Variância: como o desvio-padrão, expressa o grau de dispersão de um conjunto de dados, sendo o desvio-padrão elevado ao quadrado.

Variável aleatória: número ou evento aleatório que ocorre muitas vezes com determinado padrão, geralmente de acordo com um modelo de distribuição de probabilidade conhecido.

Variável aleatória contínua: número ou evento aleatório que pode apresentar valores fracionados em um determinado intervalo.

Variável aleatória discreta: número ou evento aleatório que pode assumir valores inteiros ou eventos definidos.

Índice

E

F

G

H

I

L

M

N

O

P

Q

R

S

T

U

V

W